経済物理学
ECONOPHYSICS

青山 秀明・家富　洋・池田 裕一
相馬　亘・藤原 義久
著

共立出版

2008年8月5日

前がき

　本書は5人の理論物理学攻の研究者からなるグループが、経済物理学という新しい研究分野の日本語による初の教科書をまとめたものである。

　彼等はすでに「パレトファームズ：企業の発化とつるかたつく科学」という斬新で独創性の高い本を出版している。

　このグループによる第2弾ともいうべき本書は、通常のマクロ経済学教科書とは大変異質で勝れた内容のものである。例えば、生産関数と生産工ピニう、ランダム行列の理論、つながりをもとく道具等、新しいマクロ経済学を構築、発展させるのにかっせない視点や道具が盛り込まれている。

　本書はこれら5人の将来の活躍も大いに期待させる出来ばえだといえる。

青木正直

（UCLA 経済学部名誉教授）

目次

前がき i

プロローグ vii

第 1 章 確率と統計の道具 1
1.1　確率分布と初等的な例 2
1.2　最尤法 10
1.3　最尤法と変分理論 18
1.4　赤池情報量規準 21
1.5　分布のパラメータに対する最尤推定 32
1.6　コピュラ 37
付録 1: Cramér-Rao の不等式 59
付録 2: Hill の推定量の導出 62
演習問題 67
珈琲の時間：赤池情報量基準と英語の単語数分布 69

第 2 章 べき分布の数理 71
2.1　定義 72
2.2　Pareto 分布 73
2.3　Monte Carlo 法 83
2.4　悪魔の階段 84
2.5　平均値 86
2.6　最大値とそのシェア 87
2.7　第 2 最大値とそのシェア 97
2.8　シェアのすべて 100

演習問題		103
珈琲の時間：国立大学は競争にさらされているか？		104

第3章　つながりをひもとく道具　　105

3.1	グラフとその探索	106
3.2	ランダム・グラフ	120
3.3	構造の統計的な性質	124
3.4	n 次のつながり計算	140

演習問題　　160

珈琲の時間：頻出集合, クリーク, ビールと紙おむつ　　162

第4章　時系列モデルの考え方　　163

4.1	非定常性	164
4.2	長期記憶	171
4.3	基本的な線形モデル	173
4.4	Brown 運動	176
4.5	長期記憶を再現する線形モデル	183
4.6	ボラティリティ・クラスタリングを再現するモデル	184
4.7	決定論的カオス	187
4.8	時間変動性の原因	194
4.9	将来予測の可能性	198

演習問題　　200

珈琲の時間：将来予測の科学的アプローチ　　201

第5章　ランダム行列理論とポートフォリオ　　203

5.1	ランダム行列理論	204
5.2	相関行列	216
5.3	銘柄の相関構造	219
5.4	ポートフォリオ	234
5.5	素数とランダム行列	244

演習問題　　250

珈琲の時間：素数とゼータ関数　　251

第6章　生産関数と生産コピュラ　　253

| 6.1 | ミクロとマクロの生産関数 | 254 |

6.2	生産関数	256
6.3	Cobb-Douglas 型生産関数	261
6.4	CES 型生産関数	262
6.5	最適生産関数	264
6.6	利潤	266
6.7	生産コピュラ	275
付録1: 部分完全相関コピュラ		287
演習問題		289
珈琲の時間:異常気象と極値統計と E. J. Gumbel		290

第 7 章　エージェントモデルの数理　291

7.1	エージェントとは?	292
7.2	マルコフ過程とマスター方程式	295
7.3	エージェントを記述する確率微分方程式	297
7.4	金融デリバティブとの対応関係	303
7.5	相互作用の取り扱い	306
7.6	競争環境の取り扱い	310
7.7	自律的に意思決定する企業エージェント	316
7.8	エージェントモデルの応用事例	320
7.9	エージェントモデルの解法	326
演習問題		331
珈琲の時間:企業の行動ルール		332

第 8 章　ハイパフォーマンス・コンピューティング　333

8.1	ベクトル計算機と超並列計算機	335
8.2	並列計算の基本技術	337
8.3	代表的な並列計算プログラミング	345
8.4	ネットワーク構造の可視化	354
8.5	大規模取引ネットワークの構造と可視化	361
演習問題		369
珈琲の時間:S. Cray の敗北		370

付録 A　計算言語　371

A.1	*Mathematica*	372
A.2	ruby: グラフ探索アルゴリズムの実装	374

	A.3	R	379
	A.4	ネットワーク解析ソフトウェア	380

演習問題解答 383

エピローグ 405

謝辞 407

各種目次 409
  図目次 409
  表目次 415

参考文献 417

索引 429

プロローグ

サルビアッチ 「やあやあ, こんにちは. 元気かね, サグレド君, シンプリチオ君. 今日はこの本を見せたくて, 集まってもらったよ.」

サグレド 「おお, 経済物理学, "Econophysics" の本だね. 前に集まったときは, 『パレート・ファームズ ─企業の興亡とつながりの科学─』[14] についてだったけど, 今度は同じ著者達による新しい本だね.」

シンプリチオ 「ああ, あれは面白い本だった. あの本で初めて知ったことが沢山あったよ. 今までにも, 理系, 特に物理の人たちが経済関係の研究をしているのは知っていたけど, 僕は漠然と金融工学的なものをイメージしていた. だけど, あれは企業の活動などの実体経済を扱っていたね.」

サルビアッチ 「それに, あの本は比較的一般向けで, 数式をほとんど使わずに, 経済物理学の方法論や最近の成果を分かりやすく説明していた.」

シンプリチオ 「それでも, ある書評には『初学者にはかなり難解な部分もある』なんて書かれていたぞ (笑).」

サルビアッチ 「まあまあ, そう茶化さずに.」

サグレド 「僕はこの, 物理, いや厳密科学の実証的な精神でもって, 社会や経済の現象に取り組むという姿勢に, 非常に興味を覚えたな. それで, 少し本格的に勉強してみようと思うんだけど, 『パレート・ファームズ』には, 解析や計算の結果しか書いてないし, 英語の参考文献も無かったから, どこから取りかかればよいか, ちょっと困っているんだ.」

サルビアッチ 「うん, 実際にそんな声も著者達には聞こえてきたそうだよ. この本は, まさにサグレド君のような人のために書かれたようなものだ. ここでは著者達が知っておいてほしいと思う必要な考え方やそれらを通じて彼らが得てきた物事のとらえ方がきっちり解説されているよ. その意味で, この本は『経済物理学』の真骨頂だ.」

シンプリチオ 「でも, さぞかし難しいんだろうな〜.」

サルピアッチ 「そんなことはないよ．普通の大学の理系の数学知識しか仮定せずに，一からちゃんと説き起こしているから，これから本格的に勉強しようと思う学生や，この分野で研究をしてみたいと思っている研究者の人たちにも向いているだろう．」

サグレド 「それは頼もしいね．」

サルピアッチ 「うん，それに経済学の人にもぜひ読んでもらって，意見を聞けたら嬉しいと著者達も言っているそうだ．」

サグレド 「各章には演習問題があって，その解答も本の最後に載せられているから，勉強の役に立つだろうね．」

シンプリチオ 「なるほど，それに，各章の最後に ☕ 印でコラムがあるね．これは珈琲の時間かな．少し本筋から離れたトピックについて書いてあるね．息抜きに読んでみよう．」

サグレド 「それから，今度も，この本の追加説明，修正，プログラムなどのアフターケアは，

http://www.econophysics.jp/book_econophysics

でするそうだ．ここを覗いてみるのもよいだろうね．」

サグレド 「ではじっくり内容を読んでみることにするよ．」

シンプリチオ 「僕もそうするよ．この本を読み終わってから，また会うことにしよう．」

The true logic of this world is in the calculus of probabilities.
James Clerk Maxwell

1
確率と統計の道具

本章の扉にある J. C. Maxwell の言葉を待つまでもなく, 経済と社会における実際のデータを扱う上で, 確率と統計は基盤となる言語と言ってもよい. ここでは確率と統計についての基本的な知識を前提として, 特に経済物理学に関係の深い, いくつかのアドバンスト・トピックについて述べる. これらについて一通りの知識がある読者にとってもいくつかの発見があることだろう.

記号として以下を用いる. x などのボールド体は, 各成分が $(x_1, \ldots, x_n)$ であるようなベクトルを表す. 行列としてみたとき, $n \times 1$ の縦ベクトルとみなす. したがって, $\boldsymbol{x} = (x_1, \ldots, x_n)^\mathsf{T}$. 添字 T は行列の転置を表す. log は自然対数の意味に用いる.

1.1 確率分布と初等的な例

まず, 本書で繰り返し登場する確率分布の定義とその基本的な性質, よく用いられる初等的な分布と性質についてまとめておこう. この節で述べる事柄は初等的なものばかりなので, 式の導出は読者への演習問題とする.

1 次元の連続的な確率変数 X を考える. X がある値 x 以下の値をとる確率を

$$P_<(x) = \Pr[X \leq x] \tag{1.1}$$

と書き, 累積分布関数 (Cumulative Distribution Function), 累積確率 (Cumulative Probability), あるいは単に分布関数 (Distribution Function) と呼ぶ.[*1] $P_<(x)$ は x の単調非減少関数である. 確率変数 X がとる値の範囲を $-\infty < X < \infty$ とすると, 定義より

$$P_<(-\infty) = 0, \tag{1.2}$$
$$P_<(\infty) = 1 \tag{1.3}$$

が成立する.

$P_<(x)$ の導関数

$$p(x) = \frac{d}{dx} P_<(x) \tag{1.4}$$

を確率密度関数 (Probability Density Function), あるいは単に密度関数 (Density Function) と呼ぶ.[*2] 確率変数 X が $p(x)$ に従うことを

$$X \sim p(x) \tag{1.5}$$

[*1] $P_<(x)$ は確率論の文献では $F(x)$ と表記されることが多いが, 本書では上の表記を採用する.
[*2] $p(x)$ は確率論の文献ではよく $f(x)$ と表記される.

1.1 確率分布と初等的な例

と書く. 確率密度関数の定義式 (1.4) を積分形で書けば

$$P_<(x) = \int_{-\infty}^{x} p(x')\, dx' \tag{1.6}$$

である. 確率変数の任意の変換 $Y = Y(X)$ (逆変換 $X = X(Y)$ がきちんと定義できるとする) に対して, 確率は不変である:

$$p_X(x)dx = p_Y(y)dy \tag{1.7}$$

から, これにより

$$p_Y(y) = p_X(x(y)) \left|\frac{dx}{dy}\right| \tag{1.8}$$

と変換が得られる. $|dx/dy|$ は Jacobian である. 引数から明らかなときには, 確率密度関数の添字 X, Y は省略されることがある.

累積分布関数として確率変数 X がある値 x 以上の値をとる確率を考える場合には

$$P_>(x) = \Pr[X \geq x] = \int_x^{\infty} p(x')\, dx'. \tag{1.9}$$

特に確率分布の裾野部分の振る舞いを議論するときに便利である. 2 つの累積分布関数 (1.1), (1.9) は補完的であり

$$P_<(x) + P_>(x) = 1 \tag{1.10}$$

の関係をもつ.

確率変数 X の k 次のモーメント

$$m_k := \langle X^k \rangle = \int_D dx\, p(x)\, x^k \tag{1.11}$$

がすべて有限であるとき (D は全定義域), **モーメント母関数** (Moment Generating Function)

$$\phi(\xi) := \langle e^{\xi X} \rangle = \sum_{k=0}^{\infty} \frac{m_k}{k!} \xi^k \tag{1.12}$$

が計算できれば, モーメントは

$$m_k = \frac{1}{k!} \left.\frac{d^k \phi(\xi)}{d\xi^k}\right|_{\xi=0} \tag{1.13}$$

と求められる．特に線形な変換 $Y = aX + b$ のもとで，Y に対するモーメント母関数 $\phi_Y(\xi)$ は，X に対する $\phi_X(\xi)$ を用いて

$$\phi_Y(\xi) = e^{b\xi}\,\phi_X(a\xi) \tag{1.14}$$

と変換される．

k 次のキュムラント c_k は，モーメント母関数の対数で与えられる**キュムラント母関数** (Cumulant Generating Function) の展開係数によって次式で定義される：

$$\log \phi(\xi) = \sum_{k=1}^{\infty} \frac{c_k}{k!} \xi^k. \tag{1.15}$$

上の和で $k=0$ の項がないのは，$\phi(0) = 1$ だからである．この定義から

$$c_1 = m_1\,, \tag{1.16}$$

$$c_2 = m_2 - m_1^2\,, \tag{1.17}$$

$$c_3 = m_3 - 3m_2 m_1 + 2m_1^3\,, \tag{1.18}$$

$$c_4 = m_4 - 4m_3 m_1 - 3m_2^2 + 12 m_2 m_1^2 - 6m_1^4 \tag{1.19}$$

などと k 次のキュムラントは k 次以下のモーメントで表され，またその逆も同様である．c_1 は**平均**，c_2 は**分散**である．ある数より大きな次数のモーメントが発散するような場合には，モーメント母関数自身は定義できないが，その数以下の次数について，キュムラントは上式によってモーメントから定義されると考えてもよい．キュムラントは線形変換 $Y = aX + b$ のもとで

$$c_1^Y = a\,c_1^X + b\,, \tag{1.20}$$

$$c_k^Y = a^k c_k^X \qquad (k \geq 2) \tag{1.21}$$

と変換される (式 (1.14) から明らか)．これにより，$c_1 = 0$, $c_2 = 1$ とするような線形変換がいつでも可能であることが分かる．

n 個の標本 $x_1, \ldots, x_n$ が，同一の確率分布から互いに独立に実現された (独立同分布; i.i.d.=independently and identically distributed) とする．その標本を記述する統計量としての平均と分散はそれぞれ

$$\bar{x} := \frac{1}{n} \sum_{i=1}^{n} x_i\,, \tag{1.22}$$

$$s^2 := \frac{1}{n-1} \sum_{i=1}^{n} (x_i - \bar{x})^2 \tag{1.23}$$

1.1 確率分布と初等的な例

と定義される*3 が, さらに 3 次および 4 次の統計量として**歪度** (Skewness) と**尖度** (Kurtosis) を

$$\text{skew} := \frac{1}{n} \sum_{i=1}^{n} \left(\frac{x_i - \bar{x}}{s} \right)^3, \tag{1.24}$$

$$\text{kurt} := \frac{1}{n} \sum_{i=1}^{n} \left(\frac{x_i - \bar{x}}{s} \right)^4 - 3 \tag{1.25}$$

と定義して用いることがある.*4 $n \to \infty$ の極限で

$$\text{skew} = c_3/c_2^{3/2}, \tag{1.26}$$
$$\text{kurt} = c_4/c_2^2 \tag{1.27}$$

となることが, 式 (1.18) と (1.19) から分かる.

独立同分布で得られる n 個の確率変数 $X_1, X_2, \ldots, X_n$ に対して, その実現値を大きさの順に並べたとき, k 番目の値をとるような確率変数を, k 番目の**順序統計量** (k-th Order Statistics) と呼ぶ. 順序統計量は

$$X^{(1)} \geq X^{(2)} \geq \cdots \geq X^{(n)} \tag{1.28}$$

を満たす. $X^{(k)}$ に対する確率密度関数を $p^{(k)}(x)$ とすると

$$\begin{aligned} p^{(k)}(x)\,dx &= \Pr\left[X^{(k)} \in [x, x+dx]\right] \\ &= \Pr\Big[\text{ある } X \in [x, x+dx];\; \{k-1 \text{ 個だけ } X > x\};\; \{n-k \text{ 個だけ } X < x\}\Big] \\ &= n\,p(x) \binom{n-1}{k-1} (1 - P_<(x))^{k-1} (P_<(x))^{n-k}\,dx \end{aligned} \tag{1.29}$$

と書ける.

正規分布

平均と分散をパラメータ $\boldsymbol{\theta} = (\mu, \sigma^2)$ とする正規分布 (Normal Distribution) または Gauss 分布 (Gaussian Distribution) の確率密度は

$$p(x) = \frac{1}{\sqrt{2\pi\sigma^2}} \exp\left[-\frac{(x-\mu)^2}{2\sigma^2} \right] \quad (-\infty < x < \infty), \tag{1.30}$$

---

*3 式 (1.23) にある因子 $n-1$ は, s^2 の期待値が確率分布の分散 c_2 に一致する, すなわち $\langle s^2 \rangle = c_2$ となるようにするためである (確かめてみよ).

*4 尖度の定義式右辺で, 3 を引かずに定義する場合もある.

累積分布関数は
$$P_>(x) = \frac{1}{2} - \frac{1}{2}\,\mathrm{erf}\left[\frac{x-\mu}{\sqrt{2}\sigma}\right] \tag{1.31}$$
である．ここで，$\mathrm{erf}(z)$ は
$$\mathrm{erf}(z) := \frac{2}{\sqrt{\pi}} \int_0^z dt\, e^{-t^2} \tag{1.32}$$
で定義される誤差関数 (Error Function) である．

モーメント母関数は
$$\phi(\xi) = \exp\left[\mu\xi + \frac{\sigma^2}{2}\xi^2\right] \tag{1.33}$$
であるから，3 次以上のキュムラントはすべてゼロに等しい．したがって，式 (1.26) と (1.27) から，正規分布の歪度と尖度はゼロである．

対数正規分布

$\log X$ が正規分布に従うような確率変数 X の従う分布を，対数正規分布 (Log-normal Distribution) という．その確率密度関数は
$$p(x) = \frac{1}{\sqrt{2\pi\sigma^2}} \frac{1}{x} \exp\left[-\frac{(\log x - \mu)^2}{2\sigma^2}\right] \qquad (x > 0) \tag{1.34}$$
で与えられる (変換式 (1.8) から)．パラメータ $\boldsymbol{\theta} = (\mu, \sigma^2)$ は，$\log X$ の平均と分散に等しい．累積分布関数は
$$P_>(x) = \frac{1}{2} - \frac{1}{2}\,\mathrm{erf}\left[\frac{\log x - \mu}{\sqrt{2}\sigma}\right] \tag{1.35}$$
である (式 (1.31) から)．

正規分布のモーメント母関数 (1.33) を $\varphi(\xi) := \exp[\mu\xi + \sigma^2\xi^2/2]$ と表すと，対数正規分布のモーメント母関数は変数変換により
$$\phi(\xi) = \sum_{k=0}^{\infty} \frac{\varphi(k)}{k!} \xi^k \tag{1.36}$$
と書けるから，X 自身の平均と分散は
$$c_1 = \varphi(1) = e^{\mu + \sigma^2/2}\,, \tag{1.37}$$
$$c_2 = \varphi(2) - \varphi(1)^2 = e^{2\mu + \sigma^2}(e^{\sigma^2} - 1) \tag{1.38}$$
である．

指数分布

指数分布 (Exponential Distribution) の確率密度関数は

$$p(x) = \lambda e^{-\lambda x} \qquad (x \geq 0) \tag{1.39}$$

である．パラメータ $\theta = \lambda$ は平均の逆数を表す．累積分布関数は

$$P_>(x) = e^{-\lambda x} \tag{1.40}$$

となる．

モーメント母関数は

$$\phi(\xi) = \frac{\lambda}{\lambda - \xi} \tag{1.41}$$

であるから，平均と分散は

$$c_1 = 1/\lambda , \tag{1.42}$$
$$c_2 = 1/\lambda^2. \tag{1.43}$$

任意の $s, t > 0$ に対して，$P_>(s+t) = P_>(s) P_>(t)$ を満たす．これを条件付確率で書き直すと

$$\Pr[X > s + t | X > t] = \Pr[X > s] \tag{1.44}$$

が成り立つ．指数分布に従う確率変数の例として放射性原子の寿命を考えると，式 (1.44) は，その原子がどれくらい長く安定していたかによらずに，寿命は同じ指数分布に従うことを意味する．これは指数分布の**無記憶性** (Memoryless Property) と呼ばれる．無記憶性をもつ連続な確率変数で自明でないものは指数分布だけであることも簡単に示せる．

ガンマ分布

ガンマ分布 (Gamma Distribution) の確率密度関数は

$$p(x) = \frac{\lambda}{\Gamma(s)} (\lambda x)^{s-1} e^{-\lambda x} \qquad (x > 0) \tag{1.45}$$

である．パラメータ $\boldsymbol{\theta} = (\lambda, s)$ は，それぞれスケールの逆数と分布の形状を決める正数である．$\Gamma(s)$ は

$$\Gamma(s) := \int_0^\infty dt\, e^{-t} t^{s-1} \tag{1.46}$$

で定義されるガンマ関数 (Gamma Function) である．ガンマ関数の性質のうち

$$\Gamma(s+1) = s\,\Gamma(s) \tag{1.47}$$

と，0 または正の整数 n に対して

$$\Gamma(n+1) = n! \tag{1.48}$$

はよく用いられる．累積分布関数は

$$P_>(x) = \Gamma(s, \lambda x)/\Gamma(s). \tag{1.49}$$

ここで，$\Gamma(s,z)$ は

$$\Gamma(s,z) := \int_z^\infty dt\, e^{-t}\, t^{s-1} \tag{1.50}$$

で定義される，Legendre の第 2 種不完全ガンマ関数 (Incomplete Gamma Function of the Second kind) である．なお，第 1 種不完全ガンマ関数 (Incomplete Gamma Function of the First kind) は

$$\gamma(s,z) := \int_0^z dt\, e^{-t}\, t^{s-1} = \Gamma(s) - \Gamma(s,z) \tag{1.51}$$

と定義される．

モーメント母関数は

$$\phi(\xi) = \left(\frac{\lambda}{\lambda - \xi}\right)^s \tag{1.52}$$

であるから，平均と分散は

$$c_1 = s/\lambda\,, \tag{1.53}$$

$$c_2 = s/\lambda^2 \tag{1.54}$$

である．s が整数の場合には，式 (1.52) と指数分布に対する式 (1.41) から明らかなように，ガンマ分布に従う確率変数は互いに独立な s 個の指数分布の和として書ける．

ベータ分布

ベータ分布 (Beta Distribution) の確率密度関数は

$$p(x) = \frac{1}{B(r,s)} x^{r-1}(1-x)^{s-1} \qquad (0 \leq x \leq 1) \tag{1.55}$$

1.1 確率分布と初等的な例

である．パラメータ $\boldsymbol{\theta} = (r, s)$ は分布の形状を決める正数である．$B(r,s)$ は

$$B(r,s) := \int_0^1 dt\, t^{r-1}(1-t)^{s-1} = \frac{\Gamma(r)\,\Gamma(s)}{\Gamma(r+s)} \tag{1.56}$$

で定義されるベータ関数 (Beta Function) である．累積分布関数は

$$P_>(x) = 1 - B(x,r,s)/B(r,s) \tag{1.57}$$

である．ここで，$B(x,r,s)$ は

$$B(x,r,s) := \int_0^x dt\, t^{r-1}(1-t)^{s-1} \tag{1.58}$$

で定義される不完全ベータ関数 (Incomplete Beta Function) である．

モーメント母関数は

$$\phi(\xi) = F(r, r+s; \xi) \tag{1.59}$$

と書ける．ここで，$F(a,b;z)$ は合流型超幾何関数 (Confluent Hypergeometric Function) であり，ガンマ関数を用いて

$$F(a,b;z) := \frac{\Gamma(b)}{\Gamma(a)} \sum_{k=0}^{\infty} \frac{\Gamma(a+k)}{\Gamma(b+k)} \frac{z^k}{k!} \tag{1.60}$$

と定義される．平均と分散は

$$c_1 = r/(r+s)\,, \tag{1.61}$$
$$c_2 = rs/[(r+s)^2\,(r+s+1)] \tag{1.62}$$

と計算できる．

$[0,1]$ 区間の一様分布 (Uniform Distribution) を独立同分布とする，n 個の確率変数に対する k 番目の順序統計量の確率密度関数は，一様分布の累積分布関数が $P_<(x) = x$ であるから，式 (1.29) より

$$p^{(k)}(x) = n \binom{n-1}{k-1} (1-x)^{k-1} x^{n-k} = \frac{x^{n-k}\,(1-x)^{k-1}}{B(n-k+1, k)} \tag{1.63}$$

と書ける．すなわち，一様分布の k 番目の順序統計量は，パラメータ $r = n - k + 1$，$s = k$ のベータ分布に従う．

1.2 最尤法

偶然をともなう現象から得られるデータは，ある確率分布に従う確率変数の実現値であるとみなせる．この確率分布に近いモデルを**統計モデル**あるいは単に（分布）モデルと呼ぶ．与えられたデータからモデルを推定する方法を示す．モデルも確率分布として実現されることが多いので，データを生成している真の確率分布[*5]に対してモデルの確率分布がどの程度「近い」のか，によってモデルの良さを評価することができると考えられる．したがって，データからモデルを推定するには，真の確率分布に「より近い」確率分布を求めるという方法が使える．

1.2.1 Kullback-Leibler 距離

確率分布 q と p の隔たりを測る基準である **Kullback-Leibler 距離** (Kullback-Leibler Divergence) は

$$D(q,p) := \int d\boldsymbol{x}\, q(\boldsymbol{x}) \log \frac{q(\boldsymbol{x})}{p(\boldsymbol{x})} \tag{1.64}$$

で定義される．Kullback-Leibler(KL) 距離は次のような性質をもつ．

1. **非対称性**
   定義から明らかなように，一般には
   $$D(q,p) \neq D(p,q) \tag{1.65}$$

2. **非負性**
   $$D(q,p) \geq 0 \tag{1.66}$$
   等号成立の必要十分条件は，すべての $\boldsymbol{x}$ について $q(\boldsymbol{x}) = p(\boldsymbol{x})$ となることである．

   実際，$\log x \leq x - 1$（等号は $x = 1$ のときのみに成り立つ）を用いて
   $$D(q,p) = -\int d\boldsymbol{x}\, q(\boldsymbol{x}) \log \frac{p(\boldsymbol{x})}{q(\boldsymbol{x})} \geq \int d\boldsymbol{x}\, q(\boldsymbol{x}) \left(1 - \frac{p(\boldsymbol{x})}{q(\boldsymbol{x})}\right) = 1 - 1 = 0\ . \tag{1.67}$$

   等号が成り立つ必要十分条件は，上の通りであることも分かる．

[*5] 有限個のデータだけしか与えられていないときに「真の確率分布」というのは，確率的なモデルを構築するための作業仮説としてここでは理解されたい．

1.2 最尤法

3. **三角不等式は不成立**

   距離の公理である三角不等式は満たさない.

   例えば, 3 つの分布 q, p, r について

   $$D(q,p) = \int d\boldsymbol{x}\, q(\boldsymbol{x}) \log \frac{q(\boldsymbol{x})}{p(\boldsymbol{x})} \ , \tag{1.68}$$

   $$D(q,r) = \int d\boldsymbol{x}\, q(\boldsymbol{x}) \log \frac{q(\boldsymbol{x})}{r(\boldsymbol{x})} \ , \tag{1.69}$$

   $$D(p,r) = \int d\boldsymbol{x}\, p(\boldsymbol{x}) \log \frac{p(\boldsymbol{x})}{r(\boldsymbol{x})} \ . \tag{1.70}$$

   簡単な計算で次が示せる.

   $$D(q,p) + D(p,r) - D(q,r) = \int d\boldsymbol{x}\, (p(\boldsymbol{x}) - q(\boldsymbol{x})) \log \frac{p(\boldsymbol{x})}{r(\boldsymbol{x})} \ . \tag{1.71}$$

   この式右辺の符号は不定であるので, 一般には三角不等式は成り立たない.

4. **意味**

   $-D(q,p)$ は, モデル p から生成される n 個の独立なデータから得られる分布が, 真の分布 q に一致する確率の対数 (の $1/n$) に漸近的に等しい.

   確率変数 $\boldsymbol{x}$ が離散的な状態をもつとして説明する. 各状態 $s = 1, \ldots, M$ に対して, 確率モデル p_s ($\sum_s p_s = 1$) を考える. いま独立な観測データ $\boldsymbol{x}_1, \ldots, \boldsymbol{x}_n$ が得られているとする. 各状態をデータがとった頻度を $n_1, \ldots, n_M$ とする ($\sum_s n_s = n$). モデルによるとそのような頻度が得られる確率 P は

   $$P = \frac{n!}{n_1! \ldots n_M!} p_1^{n_1} \cdots p_M^{n_M} \tag{1.72}$$

   である. $n \to \infty$ で, 各 n_i が十分に大きな数であるとすると, Stirling の公式 $\log n! \approx n \log n - n$ を用いて

   $$\log P = \log n! - \sum_s \log n_s! + \sum_s n_s \log p_s$$
   $$\approx -n \sum_s \left(\frac{n_s}{n}\right) \left(\log \frac{n_s}{n} - \log p_s\right) \tag{1.73}$$

   となる. 真の分布を q_s とすると, 大数の法則から $n_s/n \to q_s$ であるから

   $$\log P \approx -n \sum_s q_s \log \frac{q_s}{p_s} = -n\, D(q,p) \tag{1.74}$$

と書ける. ちなみに, $D(q,p)$ はエントロピーとも呼ばれている. Boltzmann による熱力学的エントロピーの確率論的解釈は, k_B を Boltzmann 定数, 系が取りうる状態の数を Ω とすると, $S = k_B \log \Omega$ によって与えられる. モデルとして $p_s = 1/\Omega$ (等重率の原理) を考えれば, $D(q,p) = \log \Omega + \sum_s q_s \log q_s$ となり, 原点とスケールを除いて, Boltzmann エントロピーに等しい [4]. したがって, 次に述べる最尤推定は一種の最大エントロピー原理である.

1.2.2 最尤推定

真の分布 q との隔たりができるだけ小さくなるようなモデル p を選択するのが自然である. 式 (1.64) は

$$D(q,p) = \int d\boldsymbol{x}\, q(\boldsymbol{x}) \log q(\boldsymbol{x}) - \int d\boldsymbol{x}\, q(\boldsymbol{x}) \log p(\boldsymbol{x}) \tag{1.75}$$

であるが, 右辺第 1 項は真の分布だけに依存するのでモデルの良さを考える上では無視してもよい. 右辺第 2 項

$$\int d\boldsymbol{x}\, q(\boldsymbol{x}) \log p(\boldsymbol{x}) = \langle \log p(\boldsymbol{x}) \rangle_q \tag{1.76}$$

は**平均対数尤度** (Mean Log-Likelihood) と呼ばれ, これを最大にするモデルを選択すればよい. これ以降, $\langle \cdot \rangle_q$ は真の分布に対する平均を意味する.

q は未知だから, 平均対数尤度は直接には分からない. しかし観測データ $\boldsymbol{X} = \{\boldsymbol{x}_1, \ldots, \boldsymbol{x}_n\}$ が十分にあれば, 大数の法則から

$$\frac{1}{n} \sum_{i=1}^{n} \log p(\boldsymbol{x}_i) \to \langle \log p(\boldsymbol{x}) \rangle_q \tag{1.77}$$

が成り立つ. そこで**対数尤度** (Log-Likelihood)

$$\ell(\boldsymbol{X}) := \sum_{i=1}^{n} \log p(\boldsymbol{x}_i) \tag{1.78}$$

を最大にするモデルを選択する.

モデルとして

$$p(\boldsymbol{x}) = p(\boldsymbol{x}|\boldsymbol{\theta}) \tag{1.79}$$

というパラメトリックなモデルを考えることが多い. ここで $\boldsymbol{\theta}$ は

$$\boldsymbol{\theta} = (\theta_1, \ldots, \theta_K)^\mathsf{T} \tag{1.80}$$

1.2 最尤法

のように,その自由度が K であるようなパラメータの組を表す.1.1 節で述べた確率分布の初等的な例は,すべてパラメトリックなモデルである.この場合,対数尤度を

$$\ell(\boldsymbol{X};\boldsymbol{\theta}) := \sum_{i=1}^n \log p(\boldsymbol{x}_i|\boldsymbol{\theta}) \tag{1.81}$$

と書く.

対数尤度を最大にするパラメータ $\boldsymbol{\theta} = \hat{\boldsymbol{\theta}}$ を**最尤推定量** (Maximum Likelihood Estimator) といい,これによる推定を**最尤推定** (Maximum Likelihood Estimate; MLE) と呼ぶ.$\hat{\boldsymbol{\theta}}$ は

$$\frac{\partial \ell(\boldsymbol{X};\boldsymbol{\theta})}{\partial \boldsymbol{\theta}} = \sum_{i=1}^n \frac{\partial \log p(\boldsymbol{x}_i;\boldsymbol{\theta})}{\partial \boldsymbol{\theta}} = \boldsymbol{0} \tag{1.82}$$

の方程式の解である.これを**尤度方程式** (Likelihood Equation) という.便宜的に次の記法を定義する.[*6]

$$L(q,p) := \int d\boldsymbol{x}\, q(\boldsymbol{x}) \log p(\boldsymbol{x})\,. \tag{1.83}$$

観測データ $\boldsymbol{X} = \{\boldsymbol{x}_1,\ldots,\boldsymbol{x}_n\}$ からは**経験分布** (Empirical Distribution)

$$\hat{q}(\boldsymbol{x}) := \frac{1}{n}\sum_{i=1}^n \delta(\boldsymbol{x}-\boldsymbol{x}_i) \tag{1.84}$$

が得られる.ここで,$\delta(\cdot)$ は Dirac のデルタ関数で,1 変数の場合には,振る舞いの良い任意の関数 $f(x)$ に対して

$$\int dx\, \delta(x-x_0)\, f(x) = f(x_0)\,, \tag{1.85}$$

多変数の場合 $\delta(\boldsymbol{x})$ も同様に定義される.経験分布を用いると

$$L(\hat{q}, p(\boldsymbol{\theta})) = \int d\boldsymbol{x}\, \hat{q}(\boldsymbol{x}) \log p(\boldsymbol{x}|\boldsymbol{\theta}) = \frac{1}{n}\sum_{i=1}^n \log p(\boldsymbol{x}_i|\boldsymbol{\theta}) = \frac{1}{n}\ell(\boldsymbol{X};\boldsymbol{\theta}) \tag{1.86}$$

である.すなわち,$L(\hat{q}, p(\boldsymbol{\theta}))$ は対数尤度の $1/n$ 倍に等しい.最尤推定量が満たすべき式 (1.82) は次のように書ける.

$$\left.\frac{\partial L(\hat{q}, p(\boldsymbol{\theta}))}{\partial \boldsymbol{\theta}}\right|_{\hat{\boldsymbol{\theta}}} = \boldsymbol{0}\,. \tag{1.87}$$

[*6] これは文献 [145] の定義と符号が逆である.

観測データ $\{\boldsymbol{x}_1, \ldots, \boldsymbol{x}_n\}$ は,真の分布から i.i.d. で得られていると仮定する.対数尤度は観測データ $\boldsymbol{X}$ に依存するので,観測データによってはたまたま大きな値をとったり,小さな値をとったりするかもしれない.そこで観測データの実現に対する期待値を考えることができる.i.i.d. の仮定から,対数尤度の期待値は

$$\langle \ell(\boldsymbol{X};\boldsymbol{\theta}) \rangle_q = \sum_{i=1}^n \langle \log p(\boldsymbol{x}_i|\boldsymbol{\theta}) \rangle_q = n\, L(q, p(\boldsymbol{\theta})) \tag{1.88}$$

となる.

1 次元正規分布の例

簡単な例として,式 (1.30) の 1 次元正規分布を考えよう.パラメータは平均 μ と分散 σ^2 であり,$\boldsymbol{\theta} = (\mu, \sigma^2)^\mathsf{T}$ である.正規分布から観測データ $x_1, \ldots, x_n$ が独立に生成されているとするとき,対数尤度の $1/n$ 倍は

$$L(\hat{q}, p(\boldsymbol{\theta})) = -\frac{1}{2n\sigma^2}\sum_{i=1}^n (x_i - \mu)^2 - \frac{1}{2}\log(2\pi\sigma^2) \tag{1.89}$$

である.したがって対数尤度を最大にするための必要条件として

$$\frac{\partial L(\hat{q}, p(\boldsymbol{\theta}))}{\partial \mu} = 0 \quad \Rightarrow \quad \hat{\mu} = \frac{1}{n}\sum_{i=1}^n x_i , \tag{1.90}$$

$$\frac{\partial L(\hat{q}, p(\boldsymbol{\theta}))}{\partial \sigma^2} = 0 \quad \Rightarrow \quad \hat{\sigma}^2 = \frac{1}{n}\sum_{i=1}^n (x_i - \hat{\mu})^2 \tag{1.91}$$

と最尤推定量が求められる (十分条件も満たされる).

さて,経験分布とモデルの KL 距離を最小にするパラメータが最尤推定量であった.一方,真の分布とモデルの KL 距離を最小にするパラメータを,$\boldsymbol{\theta} = \bar{\boldsymbol{\theta}}$ と表し,この章では最適パラメータと呼ぶことにする.したがって最適パラメータは

$$\left.\frac{\partial L(q, p(\boldsymbol{\theta}))}{\partial \boldsymbol{\theta}}\right|_{\bar{\boldsymbol{\theta}}} = \boldsymbol{0} \tag{1.92}$$

を満たす.

確率分布全体からなる空間 (無限次元である) を模式的に描いて,経験分布 $\hat{q}$,真の分布 q,最尤推定量 $\hat{\boldsymbol{\theta}}$,最適パラメータ $\bar{\boldsymbol{\theta}}$ の関係を示すと図 1.1 のようになる.パラメータをもつモデル全体 $\mathcal{M} = \{p(\boldsymbol{\theta})|\theta \in \Theta\}$ (Θ はパラメータの値がとりうる領

1.2 最尤法

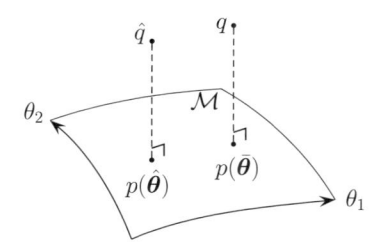

図 1.1 経験分布 $\hat{q}$, 真の分布 q, 最尤推定量 $\hat{\boldsymbol{\theta}}$, 最適パラメータ $\bar{\boldsymbol{\theta}}$ の関係

域) は「超曲面」となる. $\hat{q}$ と $p(\hat{\boldsymbol{\theta}})$ は, 観測データが異なると位置が変化することに注意する. 一方, q と $\bar{\boldsymbol{\theta}}$ は未知である. なお図で, q から $p(\bar{\boldsymbol{\theta}})$ へ「垂線」が延びているのは, $\mathcal{M}$ 上で $p(\bar{\boldsymbol{\theta}})$ の近傍にある任意の分布 r に対して,「ピタゴラスの定理」$D(q,p) + D(p,r) = D(q,r)$ が成立することが, $\bar{\boldsymbol{\theta}}$ が最適パラメータであることから示せるからである ($\hat{q}$ と $p(\hat{\boldsymbol{\theta}})$ も同様). 興味ある読者は文献 [7, 145] を参照されたい.

1.2.3 最尤推定量の漸近正規性

データ数が十分大きい場合, 最尤推定量は, (i) 推定量が真のパラメータに一致する (漸近一致性; Asymptotic Consistency), (ii) 真のパラメータに対する推定量として偏りがなくなる (漸近不偏性; Asymptotic Unbiasedness), (iii) 真のパラメータに対する推定量の誤差の分散が不偏推定量の中で最小である (漸近有効性; Asymptotic Efficiency) という性質をもつ (例えば文献 [161] の 4.4 節を見よ). 十分なデータからモデルを推定するために最尤法が用いられる理由は, これらの性質のためである.

真の分布 q に対応するパラメータを $\boldsymbol{\theta}^*$ とする. 観測データ $\{\boldsymbol{x}_1, \ldots, \boldsymbol{x}_n\}$ が与えられたとき, 経験分布を

$$\hat{q}(\boldsymbol{x}) := \frac{1}{n} \sum_{i=1}^{n} \delta(\boldsymbol{x} - \boldsymbol{x}_i) \tag{1.93}$$

とすると, 最尤推定量は

$$\left.\frac{\partial L(\hat{q}, p(\boldsymbol{\theta}))}{\partial \boldsymbol{\theta}}\right|_{\hat{\boldsymbol{\theta}}} = \frac{1}{n} \sum_{i=1}^{n} \left.\frac{\partial \log p(\boldsymbol{x}_i|\boldsymbol{\theta})}{\partial \boldsymbol{\theta}}\right|_{\hat{\boldsymbol{\theta}}} = \boldsymbol{0} \tag{1.94}$$

を満たす.

$\hat{\boldsymbol{\theta}}$ が $\boldsymbol{\theta}^*$ のまわりにどう分布するか調べるために

$$\frac{\partial L(\hat{q}, p(\boldsymbol{\theta}))}{\partial \boldsymbol{\theta}} = \frac{\partial L(\hat{q}, p(\boldsymbol{\theta}))}{\partial \boldsymbol{\theta}}\bigg|_{\boldsymbol{\theta}^*} + \frac{\partial^2 L(\hat{q}, p(\boldsymbol{\theta}))}{\partial \boldsymbol{\theta} \partial \boldsymbol{\theta}^\mathsf{T}}\bigg|_{\boldsymbol{\theta}^*} (\boldsymbol{\theta} - \boldsymbol{\theta}^*) + O(||\boldsymbol{\theta} - \boldsymbol{\theta}^*||^2) \quad (1.95)$$

と展開する. 漸近的なオーダーを表す記号 $g(x) = O(f(x))$ は, $x \to 0$ の極限で[*7], $|g(x)| \le C|f(x)|$ となるようなある正数 $C > 0$ が存在することを意味する. また, $||\boldsymbol{\theta} - \boldsymbol{\theta}^*||^2$ は, 誤差ベクトル $\boldsymbol{\theta} - \boldsymbol{\theta}^*$ の微小な大きさの二乗のオーダーを表す. $\boldsymbol{\theta} = \hat{\boldsymbol{\theta}}$ として, 式 (1.94) を用いると

$$\hat{\boldsymbol{\theta}} - \boldsymbol{\theta}^* = -\left[\frac{\partial^2 L(\hat{q}, p(\boldsymbol{\theta}))}{\partial \boldsymbol{\theta} \partial \boldsymbol{\theta}^\mathsf{T}}\bigg|_{\boldsymbol{\theta}^*}\right]^{-1} \frac{\partial L(\hat{q}, p(\boldsymbol{\theta}))}{\partial \boldsymbol{\theta}}\bigg|_{\boldsymbol{\theta}^*} + O(||\hat{\boldsymbol{\theta}} - \boldsymbol{\theta}^*||^2) \quad (1.96)$$

となる.

式 (1.96) の右辺の因子を別々に見てみる. まず

$$\frac{\partial^2 L(\hat{q}, p(\boldsymbol{\theta}))}{\partial \boldsymbol{\theta} \partial \boldsymbol{\theta}^\mathsf{T}}\bigg|_{\boldsymbol{\theta}^*} = \frac{1}{n} \sum_{i=1}^{n} \frac{\partial^2 \log p(\boldsymbol{x}_i|\boldsymbol{\theta})}{\partial \boldsymbol{\theta} \partial \boldsymbol{\theta}^\mathsf{T}}\bigg|_{\boldsymbol{\theta}^*} \quad (1.97)$$

の和の各要素は観測データに依存するので, それについての期待値をとる. いま

$$\mathbf{J}(q) := -\int d\boldsymbol{x}\, q(\boldsymbol{x}) \frac{\partial^2 \log p(\boldsymbol{x}|\boldsymbol{\theta})}{\partial \boldsymbol{\theta} \partial \boldsymbol{\theta}^\mathsf{T}}\bigg|_{\boldsymbol{\theta}^*} \quad (1.98)$$

とおく. $\boldsymbol{\theta}^*$ は真の分布 q に対するパラメータだから, $\mathbf{J}(q)$ と表した. 大数の法則から

$$\frac{\partial^2 L(\hat{q}, p(\boldsymbol{\theta}))}{\partial \boldsymbol{\theta} \partial \boldsymbol{\theta}^\mathsf{T}}\bigg|_{\boldsymbol{\theta}^*} \to -\mathbf{J}(q) \quad (1.99)$$

となる.

一方, もう 1 つの因子

$$\frac{\partial L(\hat{q}, p(\boldsymbol{\theta}))}{\partial \boldsymbol{\theta}}\bigg|_{\boldsymbol{\theta}^*} = \frac{1}{n} \sum_{i=1}^{n} \frac{\partial \log p(\boldsymbol{x}_i|\boldsymbol{\theta})}{\partial \boldsymbol{\theta}}\bigg|_{\boldsymbol{\theta}^*} \quad (1.100)$$

の和の各要素は観測データに依存するので, それについての期待値をとると, $\boldsymbol{\theta}^*$ は真のパラメータであるから

$$\int d\boldsymbol{x}\, q(\boldsymbol{x}) \frac{\partial \log p(\boldsymbol{x}|\boldsymbol{\theta})}{\partial \boldsymbol{\theta}}\bigg|_{\boldsymbol{\theta}^*} = \mathbf{0} \quad (1.101)$$

[*7] あるいはコンテクストによっては, $x \to \infty$ の極限で.

1.2 最尤法

とゼロとなる.そこで次のオーダーの項を見る.式 (1.100) に中心極限定理を用いると

$$\left.\frac{\partial L(\hat{q}, p(\boldsymbol{\theta}))}{\partial \boldsymbol{\theta}}\right|_{\boldsymbol{\theta}^*} \sim \mathbf{N}\left(\mathbf{0}, \frac{1}{n}\mathbf{I}(q)\right) \tag{1.102}$$

が成り立つ.[*8] ここで,$\mathbf{N}(\boldsymbol{\mu}, \boldsymbol{\Sigma})$ は,平均を $\boldsymbol{\mu}$,共分散を $\boldsymbol{\Sigma}$ とする多変量正規分布であり

$$\mathbf{I}(q) := \int d\boldsymbol{x}\, q(\boldsymbol{x}) \left[\left.\frac{\partial \log p(\boldsymbol{x}|\boldsymbol{\theta})}{\partial \boldsymbol{\theta}}\right|_{\boldsymbol{\theta}^*} \left.\frac{\partial \log p(\boldsymbol{x}|\boldsymbol{\theta})}{\partial \boldsymbol{\theta}^\mathsf{T}}\right|_{\boldsymbol{\theta}^*}\right] \tag{1.103}$$

を定義した.$\boldsymbol{\theta}^*$ は真の分布 q により決まるので,ここでも $\mathbf{I}(q)$ と表した.

したがって,式 (1.96) から

$$\hat{\boldsymbol{\theta}} - \boldsymbol{\theta}^* \sim \mathbf{J}(q)^{-1} \times \mathbf{N}\left(\mathbf{0}, \frac{1}{n}\mathbf{I}(q)\right) \sim \mathbf{N}\left(\mathbf{0}, \frac{1}{n}\mathbf{J}(q)^{-1}\mathbf{I}(q)\mathbf{J}(q)^{-1}\right) \tag{1.104}$$

を得る.実はすぐ下に示すように $\mathbf{J} = \mathbf{I}$ なので,結局

$$\hat{\boldsymbol{\theta}} - \boldsymbol{\theta}^* \sim \mathbf{N}\left(\mathbf{0}, \frac{1}{n}\mathbf{I}(q)^{-1}\right) \approx O(n^{-1/2}) \tag{1.105}$$

となる.これを最尤推定量の**漸近正規性** (Asymptotic Normality) という.$\mathbf{I} = \mathbf{J}$ は **Fisher 情報量行列** (Fisher Information Matrix) と呼ばれる.

$\mathbf{J} = \mathbf{I}$ であることはすぐに示せる.$p = p(\boldsymbol{x}|\boldsymbol{\theta})$ とおくと

$$\begin{aligned}\frac{\partial \log p}{\partial \boldsymbol{\theta}} &= \frac{1}{p}\frac{\partial p}{\partial \boldsymbol{\theta}}, \\ \frac{\partial^2 \log p}{\partial \boldsymbol{\theta}\partial \boldsymbol{\theta}^\mathsf{T}} &= -\frac{1}{p^2}\frac{\partial p}{\partial \boldsymbol{\theta}}\frac{\partial p}{\partial \boldsymbol{\theta}^\mathsf{T}} + \frac{1}{p}\frac{\partial^2 p}{\partial \boldsymbol{\theta}\partial \boldsymbol{\theta}^\mathsf{T}} \\ &= -\frac{\partial \log p}{\partial \boldsymbol{\theta}}\frac{\partial \log p}{\partial \boldsymbol{\theta}^\mathsf{T}} + \frac{1}{p}\frac{\partial^2 p}{\partial \boldsymbol{\theta}\partial \boldsymbol{\theta}^\mathsf{T}}\end{aligned} \tag{1.106}$$

である.この式を $\boldsymbol{\theta} = \boldsymbol{\theta}^*$ で評価して,$q = p(\boldsymbol{\theta}^*)$ に対する期待値をとると

$$\int d\boldsymbol{x}\, q(\boldsymbol{x})\left.\frac{\partial^2 \log p}{\partial \boldsymbol{\theta}\partial \boldsymbol{\theta}^\mathsf{T}}\right|_{\boldsymbol{\theta}^*} = -\int d\boldsymbol{x}\, q(\boldsymbol{x})\left.\frac{\partial \log p}{\partial \boldsymbol{\theta}}\frac{\partial \log p}{\partial \boldsymbol{\theta}^\mathsf{T}}\right|_{\boldsymbol{\theta}^*} + \int d\boldsymbol{x}\, \left.\frac{\partial^2 p}{\partial \boldsymbol{\theta}\partial \boldsymbol{\theta}^\mathsf{T}}\right|_{\boldsymbol{\theta}^*} \tag{1.107}$$

となり,右辺の第 2 項目は全確率 1 の 2 階微分でゼロであるから,$\mathbf{I} = \mathbf{J}$ を得る.

以上のようにして,漸近正規性から漸近一致性,漸近不偏性が成り立つことが分かる.漸近有効性については付録 1 を参照されたい.

[*8] 記号 $\sim$ は,その左辺が従う分布が右辺で与えられることを意味する.

1.3 最尤法と変分理論

統計物理学における代表的な計算手法として変分理論がある．この変分理論の考え方は統計学における最尤法と密接に関係している．物理学を専門とする読者への参考として，この節で最尤法と変分理論との関係について簡単に述べる．

1.3.1 変分原理

統計物理学では任意の密度行列 $\hat{\rho}$ に対してエントロピー S が次のように定義される：

$$S = S[\hat{\rho}] := -k_{\mathrm{B}} \operatorname{Tr} \hat{\rho} \log \hat{\rho} . \tag{1.108}$$

ここで k_{B} は Boltzmann 定数である．このエントロピー S とエネルギー $E = \operatorname{Tr} \hat{\rho} \hat{H}$ から，自由エネルギー F は $\hat{\rho}$ の汎関数として次のように与えられる．

$$F[\hat{\rho}] = E - TS = \operatorname{Tr} \hat{\rho} \hat{H} + k_{\mathrm{B}} T \cdot \operatorname{Tr} \hat{\rho} \log \hat{\rho} . \tag{1.109}$$

ここで $\hat{H}$ は系の Hamiltonian である．温度 $T(=(k_{\mathrm{B}}\beta)^{-1})$ の熱平衡状態の密度行列

$$\hat{\rho}_{\mathrm{eq}} = \frac{e^{-\beta \hat{H}}}{Q} \quad \left(Q = \operatorname{Tr} e^{-\beta \hat{H}} \right) \tag{1.110}$$

に対して，式 (1.109) が熱平衡状態の自由エネルギー

$$F_{\mathrm{eq}} = -k_{\mathrm{B}} T \log Q = F[\hat{\rho}_{\mathrm{eq}}] \tag{1.111}$$

を与えることは容易に確認できる．自由エネルギー最小原理は任意の密度行列に対して F_{eq} が最小となることを要請する：

$$F_{\mathrm{eq}} = F[\hat{\rho}_{\mathrm{eq}}] \leq F[\hat{\rho}] . \tag{1.112}$$

実は 2 つの自由エネルギーの差は

$$F[\hat{\rho}] - F[\hat{\rho}_{\mathrm{eq}}] = k_{\mathrm{B}} T \left(\operatorname{Tr} \hat{\rho} \log \hat{\rho} - \operatorname{Tr} \hat{\rho} \log \hat{\rho}_{\mathrm{eq}} \right) \tag{1.113}$$

であり，密度行列 $\hat{\rho}, \hat{\rho}_{\mathrm{eq}}$ に対する式 (1.64) で定義された KL 距離に定数倍を除いて等しい．つまり KL 距離の非負性が自由エネルギー最小原理を導くことが分かる．不等式の等号は $\hat{\rho}$ が $\hat{\rho}_{\mathrm{eq}}$ と一致するときのみ成り立つ．式 (1.113) の非負性の証明は演習問題 1.4 を参照のこと．

1.3.2 Gibbs-Bogoliubov-Feynman 不等式

任意の密度行列を次のような形:

$$\hat{\rho}_\theta = \frac{e^{-\beta \hat{H}_\theta}}{Q_\theta} \qquad \left(Q_\theta = \mathrm{Tr}\, e^{-\beta \hat{H}_\theta} = e^{-\beta F_\theta} \right) \tag{1.114}$$

で表現する．ここでパラメータ θ をもつ Hamiltonian $\hat{H}_\theta$ は素性のよく知れたもの（厳密解あるいは理論計算やシミュレーションなどによってほぼ正確な解が利用可能）であるとする．式 (1.114) を式 (1.112) に代入すると，

$$F_{\mathrm{eq}} \leq F_\theta + \mathrm{Tr}\left[\hat{\rho}_\theta \left(\hat{H} - \hat{H}_\theta \right) \right] = F_\theta + \left\langle \hat{H} - \hat{H}_\theta \right\rangle_\theta \tag{1.115}$$

が得られる．これは **Gibbs-Bogoliubov-Feynman (GBF) 不等式**と呼ばれる．不等式 (1.112), (1.115) は量子力学における基底状態エネルギー E についての変分原理を有限温度の場合に拡張したものであることに注意する:

$$E \leq E[\Psi] = \int dx\, \Psi^*(x) \hat{H} \Psi(x), \tag{1.116}$$

$$E \leq E[\Psi_\theta] = E_\theta + \int dx\, \Psi_\theta^*(x) \left(\hat{H} - \hat{H}_\theta \right) \Psi_\theta(x). \tag{1.117}$$

ここで Ψ は任意の波動関数，Ψ_θ は変分パラメータ θ をもった変分波動関数である．

GBF 不等式 (1.115) を利用すれば，熱平衡状態における自由エネルギー F_{eq} や密度行列 $\hat{\rho}_{\mathrm{eq}}$ に対する変分計算を定式化できる．つまり，式 (1.115) の右辺を θ について最小化することによって，最適な参照系を決定する．そのように定められた θ^* から，自由エネルギーに対する近似値（上限）F_{θ^*} や近似的な密度行列 $\hat{\rho}_{\theta^*}$ を求める．このような GBF 不等式に基づく変分理論の応用例として液体の統計力学（熱力学関数や相関構造の解析）がある [68]．その場合，剛体球系が参照系としてしばしば用いられている．また，経路積分法を創案した R. P. Feynman [49] は GBF 不等式の経路積分版を使って，固体中のポーラロン（電子と分極場からなる素励起）の問題へアプローチした．

ところで式 (1.115) で $\hat{H}$ と $\hat{H}_\theta$ の役割を交換すると，もう 1 つの不等式が得られる:

$$F_{\mathrm{eq}} \geq F_\theta - \mathrm{Tr}\left[\hat{\rho}_{\mathrm{eq}} \left(\hat{H}_\theta - \hat{H} \right) \right] = F_\theta + \left\langle \hat{H} - \hat{H}_\theta \right\rangle_{\mathrm{eq}}. \tag{1.118}$$

式 (1.115) に比して，この不等式は F_{eq} に対しての下限を与える．しかし，統計物理学の研究においては実際上，有用ではない．計算が不可能な知りたい系についての熱統

計平均操作が含まれているからである．ところが統計推定のための最尤法はこの不等式を利用するのである．

1.3.3 対数尤度

最尤法の基礎となる KL 距離の非負性と変分理論が礎としている GBF 不等式について，それらの数学的内容が同じであることをすでに示した．古典統計に従う粒子系を例にとり，最尤法と変分理論との関係性をより明らかにする．表記を簡単にするため 1 次元方向 x に運動する 1 粒子系を考える (もちろん議論の一般性は失われない)．ただし，粒子はポテンシャル $U(x)$ を感じるものとする．このとき座標表示を用いれば，熱平衡状態の密度行列は粒子の存在確率密度となる：

$$\hat{\rho}_{\text{eq}} \rightarrow p_{\text{eq}}(x) = \frac{1}{Q}e^{-\beta U(x)} \quad \left(Q = \int dx\, e^{-\beta U(x)}\right). \tag{1.119}$$

また，Hamiltonian はポテンシャルで，トレース操作は座標についての積分で置き換えればよい：

$$\hat{H} \rightarrow U(x), \tag{1.120}$$

$$\text{Tr} \rightarrow \int dx. \tag{1.121}$$

同様にパラメータ θ で特徴づけられたポテンシャル $U_\theta(x)$ をもった参照系を用意する：

$$\hat{\rho}_\theta \rightarrow p(x|\theta) = \frac{1}{Q_\theta}e^{-\beta U_\theta(x)} \quad \left(Q_\theta = \int dx\, e^{-\beta U_\theta(x)}\right), \tag{1.122}$$

$$\hat{H}_\theta \rightarrow U_\theta(x). \tag{1.123}$$

以上の置き換えを行うと，変分不等式 (1.115), (1.118) はそれぞれ

$$F_{\text{eq}} \leq \int dx\, p(x|\theta)\, U(x) + k_{\text{B}}T \int dx\, p(x|\theta) \log p(x|\theta), \tag{1.124}$$

$$F_{\text{eq}} \geq \int dx\, p_{\text{eq}}(x)\, U(x) + k_{\text{B}}T \int dx\, p_{\text{eq}}(x) \log p(x|\theta) \tag{1.125}$$

となる．

統計推定は，統計物理学の言葉を借りれば，系のポテンシャル $U(x)$ について正確な情報はないものの，十分な観測データ $\{x_1, ..., x_n\}$ があり，真の確率分布 $p_{\text{eq}}(x)$ についての物理量の平均値が精度良く計算できる場合に相当する．このことに注意して

1.4 赤池情報量規準

2 つの不等式をもう一度ながめてみると，式 (1.125) が統計推定にとって好都合であることが分かる．式 (1.125) の右辺を θ について最大化することによって，最適なパラメータ値 θ^* を求め，確率分布を推定すればよい：

$$p_{\text{eq}}(x) \simeq p(x|\theta^*). \tag{1.126}$$

その際，変分計算に関係するのは右辺第 2 項のみであり，その項は観測データから精度良く計算可能である：

$$\int dx\, p_{\text{eq}}(x) \log p(x|\theta) \simeq \frac{1}{n} \sum_{i=1}^{n} \log p(x_i|\theta). \tag{1.127}$$

これはまさに最尤法で最大化する対数尤度と同じものである．

1.4 赤池情報量規準

さて，複数の異なるモデルがある場合に，その良し悪しをどのような原理に基づいて判断したらよいだろうか．ここではその基本的な判断である，**赤池情報量基準** (Akaike Information Criterion; AIC) について述べる．

統計的なモデルの良さを，モデルが将来のデータを予測する際に良い近似を与えるかどうか，で決めるという考え方を導入しよう．ここでいう「将来のデータ」とは，データを生成している真の分布から新たに得られるであろう観測データという意味である．ここでいう予測とは，将来の観測データの値そのものを小さな誤差で予測するという意味ではなく，分布自体をより良く推測するという意味である．このような考え方に基づいて求めるべき分布を，ここでは**予測分布** (Predictive Distribution) と呼ぼう．

観測データ $\boldsymbol{X} = \{\boldsymbol{x}_1, \ldots, \boldsymbol{x}_n\}$ が与えられたとき，予測分布を $\hat{p}(\boldsymbol{x}; \boldsymbol{X})$ と書く．パラメトリックなモデル $p(\boldsymbol{x}|\boldsymbol{\theta})$ に対しては最尤推定量を用いて，$p(\boldsymbol{x}|\hat{\boldsymbol{\theta}}(\boldsymbol{X}))$ を予測分布とする．分布としては $\hat{p}(\boldsymbol{X})$ と書くことにする．

予測分布の良さを KL 距離 $D(q, \hat{p}(\boldsymbol{X}))$ で測る．$\hat{p}(\boldsymbol{X})$ は，現在手元にある観測データの組に依存するので，たまたま得られた $\boldsymbol{X}$ の値によっては，KL 距離は小さくなったり大きくなったりするかもしれない．そこで $\boldsymbol{X}$ の実現に関する期待値をとる．すなわち

$$\begin{aligned}\langle D(q, \hat{p}(\boldsymbol{X}))\rangle_q &= \int d\boldsymbol{x}_1 \ldots d\boldsymbol{x}_n\, q(\boldsymbol{x}_1)\ldots q(\boldsymbol{x}_n)\, D(q, \hat{p}(\boldsymbol{X})) \\ &= \int d\boldsymbol{x}_1 \ldots d\boldsymbol{x}_n d\boldsymbol{x}_{n+1}\, q(\boldsymbol{x}_1)\ldots q(\boldsymbol{x}_n) q(\boldsymbol{x}_{n+1}) \log \frac{q(\boldsymbol{x}_{n+1})}{\hat{p}(\boldsymbol{x}_{n+1}; \boldsymbol{X})}\end{aligned} \tag{1.128}$$

という**期待平均対数尤度** (Expected Mean Log-Likelihood) が小さいほど予測が良いとする．

複数の予測分布があるときにそれらを比較するには，上式でモデルに依存する部分だけを取り出し

$$\langle L(q, \hat{p}(\boldsymbol{X}))\rangle_q = \int d\boldsymbol{x}_1 \ldots d\boldsymbol{x}_n d\boldsymbol{x}_{n+1}\, q(\boldsymbol{x}_1)\ldots q(\boldsymbol{x}_n) q(\boldsymbol{x}_{n+1}) \log \hat{p}(\boldsymbol{x}_{n+1}; \boldsymbol{X}) \tag{1.129}$$

が大きいほどより良いモデルであるとする．

特にパラメトリックなモデルで最尤推定量を用いて予測分布を構成するときは，真の分布に対するモデル $p(\boldsymbol{\theta})$ の平均対数尤度

$$L(q, p(\boldsymbol{\theta})) \tag{1.130}$$

に最尤推定量 $\boldsymbol{\theta} = \hat{\boldsymbol{\theta}}(\boldsymbol{X})$ を代入したものを求めて，その量の観測データ $\boldsymbol{X}$ への依存性について期待値をとったもの

$$\langle L(q, p(\boldsymbol{\theta}))\rangle_q, \tag{1.131}$$

すなわち期待平均対数尤度が大きいモデルが選択される．

1.4.1　AIC の導出

期待平均対数尤度は真の分布 q に依存していて，直接には計算できない．そこで観測データ $\boldsymbol{X}$ だけから構成できる，経験分布 $\hat{q}$ に対する最尤モデル $p(\hat{\boldsymbol{\theta}})$ の平均対数尤度

$$L(\hat{q}, p(\hat{\boldsymbol{\theta}})) \tag{1.132}$$

を期待平均対数尤度の推定量として用いることを考える．式 (1.86) で述べたように，最大対数尤度は

$$\ell(\boldsymbol{X}; \hat{\boldsymbol{\theta}}) = n\, L(\hat{q}, p(\hat{\boldsymbol{\theta}})) \tag{1.133}$$

であるから，結局は最大対数尤度を期待平均対数尤度 (の n 倍) の推定量として用いることになる．この推定量はバイアスをもっており，そのバイアスを補正したものから AIC が導出できることを示す．

真の分布がモデルに含まれる場合，すなわち $q \in \mathcal{M}$ であることを仮定する．このときには，$q = p(\boldsymbol{\theta}^*)$ となる真のパラメータ $\boldsymbol{\theta}^*$ が存在して，それは最適パラメータ $\bar{\boldsymbol{\theta}}$ に等しい．式 (1.92) は

$$\left.\frac{\partial L(q, p(\boldsymbol{\theta}))}{\partial \boldsymbol{\theta}}\right|_{\boldsymbol{\theta} = \bar{\boldsymbol{\theta}} = \boldsymbol{\theta}^*} = \boldsymbol{0} \tag{1.134}$$

1.4 赤池情報量規準

である．

$L(q, p(\hat{\boldsymbol{\theta}}))$ を $\boldsymbol{\theta}^*$ のまわりに展開する．式 (1.134) を用いて

$$\begin{aligned} L(q, p(\hat{\boldsymbol{\theta}})) &= L(q, p(\boldsymbol{\theta}^*)) + \left.\frac{\partial L(q, p(\boldsymbol{\theta}))}{\partial \boldsymbol{\theta}^\mathsf{T}}\right|_{\boldsymbol{\theta}^*} (\hat{\boldsymbol{\theta}} - \boldsymbol{\theta}^*) \\ &\quad + \frac{1}{2}(\hat{\boldsymbol{\theta}} - \boldsymbol{\theta}^*)^\mathsf{T} \left.\frac{\partial L(q, p(\boldsymbol{\theta}))}{\partial \boldsymbol{\theta}\partial\boldsymbol{\theta}^\mathsf{T}}\right|_{\boldsymbol{\theta}^*} (\hat{\boldsymbol{\theta}} - \boldsymbol{\theta}^*) + O(||\hat{\boldsymbol{\theta}} - \boldsymbol{\theta}^*||^3) \\ &= L(q, p(\boldsymbol{\theta}^*)) - \frac{1}{2}(\hat{\boldsymbol{\theta}} - \boldsymbol{\theta}^*)^\mathsf{T} \mathbf{J}(q)(\hat{\boldsymbol{\theta}} - \boldsymbol{\theta}^*) + O(||\hat{\boldsymbol{\theta}} - \boldsymbol{\theta}^*||^3) \end{aligned}$$
(1.135)

を得る．ここで

$$\mathbf{J}(q) := -\left.\frac{\partial L(q, p(\boldsymbol{\theta}))}{\partial \boldsymbol{\theta}\partial\boldsymbol{\theta}^\mathsf{T}}\right|_{\boldsymbol{\theta}^*} = -\int d\boldsymbol{x}\, q(\boldsymbol{x})\, \left.\frac{\partial^2 \log p(\boldsymbol{x}|\boldsymbol{\theta})}{\partial \boldsymbol{\theta}\partial\boldsymbol{\theta}^\mathsf{T}}\right|_{\boldsymbol{\theta}^*} \quad (1.136)$$

とした．式 (1.135) の右辺第 2 項目を

$$\Delta(\hat{\boldsymbol{\theta}}, \boldsymbol{\theta}^*) := \frac{1}{2}(\hat{\boldsymbol{\theta}} - \boldsymbol{\theta}^*)^\mathsf{T} \mathbf{J}(q)(\hat{\boldsymbol{\theta}} - \boldsymbol{\theta}^*) = \frac{1}{2}\operatorname{tr}\left[\mathbf{J}(q)(\hat{\boldsymbol{\theta}} - \boldsymbol{\theta}^*)(\hat{\boldsymbol{\theta}} - \boldsymbol{\theta}^*)^\mathsf{T}\right] \quad (1.137)$$

とおく．$\Delta(\hat{\boldsymbol{\theta}}, \boldsymbol{\theta}^*) = \Delta(\boldsymbol{\theta}^*, \hat{\boldsymbol{\theta}})$ である．いま最尤推定量の漸近正規性 (1.2.3 節) から

$$\hat{\boldsymbol{\theta}} - \boldsymbol{\theta}^* \sim \mathbf{N}\left(\mathbf{0}, \frac{1}{n}\mathbf{I}(q)^{-1}\right) \approx O(n^{-1/2}) \quad (1.138)$$

である．ここで，$\mathbf{N}(\boldsymbol{\mu}, \boldsymbol{\Sigma})$ は平均 $\boldsymbol{\mu}$，共分散 $\boldsymbol{\Sigma}$ をもつ多変量正規分布であり，

$$\mathbf{I}(q) := \int d\boldsymbol{x}\, q(\boldsymbol{x}) \left[\left.\frac{\partial \log p(\boldsymbol{x}|\boldsymbol{\theta})}{\partial \boldsymbol{\theta}}\right|_{\boldsymbol{\theta}^*} \left.\frac{\partial \log p(\boldsymbol{x}|\boldsymbol{\theta})}{\partial \boldsymbol{\theta}^\mathsf{T}}\right|_{\boldsymbol{\theta}^*}\right] \quad (1.139)$$

とおいた．式 (1.135) の左辺と，右辺の $\Delta(\hat{\boldsymbol{\theta}}, \boldsymbol{\theta}^*)$ は観測データ $\boldsymbol{X}$ に依存しているので，それについての期待値をとる．式 (1.138) を用いて

$$\begin{aligned} \left\langle L(q, p(\hat{\boldsymbol{\theta}})) \right\rangle_q &= L(q, p(\boldsymbol{\theta}^*)) - \left\langle \Delta(\hat{\boldsymbol{\theta}}, \boldsymbol{\theta}^*) \right\rangle_q + O(n^{-3/2}) \\ &= L(q, p(\boldsymbol{\theta}^*)) - \frac{1}{2n}\operatorname{tr}\left[\mathbf{J}(q)\mathbf{I}(q)^{-1}\right] + O(n^{-3/2}) \\ &= L(q, p(\boldsymbol{\theta}^*)) - \frac{K}{2n} + O(n^{-3/2}) \end{aligned}$$
(1.140)

となる．最後の等式で，$\mathbf{J}(q) = \mathbf{I}(q)$ であることを用いた (1.2.3 節)．

一方,最尤推定量は式 (1.87):

$$\left.\frac{\partial L(\hat{q}, p(\boldsymbol{\theta}))}{\partial \boldsymbol{\theta}}\right|_{\hat{\boldsymbol{\theta}}} = \mathbf{0} \tag{1.141}$$

を満たす.いま,$L(\hat{q}, p(\boldsymbol{\theta}))$ を $\hat{\boldsymbol{\theta}}$ のまわりに展開すると,式 (1.141) を用いて

$$\begin{aligned}
L(\hat{q}, p(\boldsymbol{\theta})) &= L(\hat{q}, p(\hat{\boldsymbol{\theta}})) + \left.\frac{\partial L(\hat{q}, p(\boldsymbol{\theta}))}{\partial \boldsymbol{\theta}^\mathsf{T}}\right|_{\hat{\boldsymbol{\theta}}} (\boldsymbol{\theta} - \hat{\boldsymbol{\theta}}) \\
&\quad + \frac{1}{2}(\boldsymbol{\theta} - \hat{\boldsymbol{\theta}})^\mathsf{T} \left.\frac{\partial L(\hat{q}, p(\boldsymbol{\theta}))}{\partial \boldsymbol{\theta} \partial \boldsymbol{\theta}^\mathsf{T}}\right|_{\hat{\boldsymbol{\theta}}} (\boldsymbol{\theta} - \hat{\boldsymbol{\theta}}) + O(\|\boldsymbol{\theta} - \hat{\boldsymbol{\theta}}\|^3) \\
&= L(\hat{q}, p(\hat{\boldsymbol{\theta}})) - \frac{1}{2}(\boldsymbol{\theta} - \hat{\boldsymbol{\theta}})^\mathsf{T} \mathbf{H}(\hat{q})(\boldsymbol{\theta} - \hat{\boldsymbol{\theta}}) + O(\|\boldsymbol{\theta} - \hat{\boldsymbol{\theta}}\|^3)
\end{aligned} \tag{1.142}$$

である.ここで

$$\mathbf{H}(\hat{q}) := -\left.\frac{\partial^2 L(\hat{q}, p(\boldsymbol{\theta}))}{\partial \boldsymbol{\theta} \partial \boldsymbol{\theta}^\mathsf{T}}\right|_{\hat{\boldsymbol{\theta}}} = -\frac{1}{n}\sum_{i=1}^{n} \left.\frac{\partial^2 \log p(\boldsymbol{x}_i|\boldsymbol{\theta})}{\partial \boldsymbol{\theta} \partial \boldsymbol{\theta}^\mathsf{T}}\right|_{\hat{\boldsymbol{\theta}}} \tag{1.143}$$

とした.

式 (1.138) から漸近的には,$\hat{\boldsymbol{\theta}} - \boldsymbol{\theta}^* \approx O(n^{-1/2})$ であるから,大数の法則を使うと,$\mathbf{H}(\hat{q}) \to \mathbf{J}(q)$ となる.したがって,式 (1.142) は

$$L(\hat{q}, p(\boldsymbol{\theta})) = L(\hat{q}, p(\hat{\boldsymbol{\theta}})) - \Delta(\hat{\boldsymbol{\theta}}, \boldsymbol{\theta}) + O(n^{-3/2}) \tag{1.144}$$

となる.$\boldsymbol{\theta} = \boldsymbol{\theta}^*$ と代入して

$$L(\hat{q}, p(\boldsymbol{\theta}^*)) = L(\hat{q}, p(\hat{\boldsymbol{\theta}})) - \Delta(\hat{\boldsymbol{\theta}}, \boldsymbol{\theta}^*) + O(n^{-3/2}) \tag{1.145}$$

となる.$\hat{q}$ と $\hat{\boldsymbol{\theta}}$ は観測データ $\boldsymbol{X}$ に依存しているので,それについての期待値をとる.

$$\langle L(\hat{q}, p(\boldsymbol{\theta}^*))\rangle_q = \frac{1}{n}\sum_{i=1}^{n} \langle \log p(\boldsymbol{x}_i|\boldsymbol{\theta}^*)\rangle_q = L(q, p(\boldsymbol{\theta}^*)) \tag{1.146}$$

であるので,式 (1.140) と同様にして

$$L(q, p(\boldsymbol{\theta}^*)) = \left\langle L(\hat{q}, p(\hat{\boldsymbol{\theta}}))\right\rangle_q - \frac{K}{2n} + O(n^{-3/2}) \tag{1.147}$$

となる.

1.4 赤池情報量規準

したがって, 式 (1.140), (1.147) から漸近的に

$$\left\langle L(q, p(\hat{\boldsymbol{\theta}})) \right\rangle_q = L(q, p(\boldsymbol{\theta}^*)) - \frac{K}{2n},$$

$$\left\langle L(\hat{q}, p(\hat{\boldsymbol{\theta}})) \right\rangle_q = L(q, p(\boldsymbol{\theta}^*)) + \frac{K}{2n},$$

が成り立つ. 共通項 $L(q, p(\boldsymbol{\theta}^*))$ を消去すると

$$\left\langle L(\hat{q}, p(\hat{\boldsymbol{\theta}})) \right\rangle_q = \left\langle L(q, p(\hat{\boldsymbol{\theta}})) \right\rangle_q + \frac{K}{n} \tag{1.148}$$

となる.

すなわち, 最大対数尤度は期待平均対数尤度 (の n 倍) の推定量として, K だけ大きくバイアスをもつ. バイアスを計算できたので, それを差し引けば不偏な推定量が得られる:

$$L(\hat{q}, p(\hat{\boldsymbol{\theta}})) - \frac{K}{n}. \tag{1.149}$$

最大対数尤度 (1.133) について表すと

$$\ell(\boldsymbol{X}; \hat{\boldsymbol{\theta}}) - K =: -\frac{1}{2} \text{AIC}. \tag{1.150}$$

1/2 の因子は歴史的なものなので気にしなくてよい. これで, AIC が導出できた.

以上から

$$\text{AIC} = -2 \times (\text{最大対数尤度}) + 2 \times (\text{パラメータの自由度}) \tag{1.151}$$

がより小さなモデルを選択するのが, AIC となる. モデル間での AIC の差だけが意味があり, AIC の絶対値には意味がないことに注意しよう.

差の有意性は, 1.2.1 節で述べた KL 距離の意味から, 1 程度差があれば統計的に有意とされる [140]. あるいは, 観測データからブートストラップ法 (1.5.2 節) を用いて Monte Carlo 実験をやり, 信頼性評価を行うことも可能である [145].

真の分布がモデルに含まれない場合, すなわち $q \notin \mathcal{M}$ であるときはどうなるだろう (図 1.1). 現実のデータ解析では, 仮定したモデルのどれかが「正しい」と分かっている場合はむしろ稀であろう. しかし $q \notin \mathcal{M}$ であるといっても, q は $\mathcal{M}$ から比較的小さな隔たりしかもっていないはずである. そうでなければそもそもモデル自体が意味を失うからである. この場合にも, この節と同じような議論が成り立つ (竹内情報量基準 [145, 157]).

1.4.2 条件付モデルの例

確率変数 X の実現値 x が与えられたときの確率変数 Y の条件付確率を知りたいことがある。例えば時系列データで、X を時刻 t までの観測データ、Y を時刻 $t+1$ の観測値とする問題では、データの組 (x,y) が1つのデータ $\boldsymbol{x}_i$ であるとみなせばこれまでと同じ枠組で議論することができる。回帰分析も1つの例であり、具体的にここで計算してみる。

一般に Y のモデルとして、$s(y|\phi(x;\boldsymbol{\theta}))$ という条件付分布を考えるとき、これを**条件付分布モデル**という。パラメータは $\boldsymbol{\theta} = (\theta_1,\ldots,\theta_K)^\mathsf{T}$ であり、X を説明変数、Y を目的変数と呼ぶ。X と Y の同時分布としてのモデルは

$$p(x,y|\boldsymbol{\theta},\boldsymbol{\theta}') = r(x|\boldsymbol{\theta}')s(y|\phi(x;\boldsymbol{\theta})) \tag{1.152}$$

と表せる。ここで $r(x|\boldsymbol{\theta}')$ は、X に関する周辺分布であり、$\boldsymbol{\theta}'$ はその分布のパラメータの組を表す。

平均対数尤度は次のように書ける:

$$\begin{aligned}
L(q,p) &= \int dxdy\, q(x,y) \log p(x,y|\boldsymbol{\theta},\boldsymbol{\theta}') \\
&= \int dxdy\, q(x,y) \log r(x|\boldsymbol{\theta}') + \int dxdy\, q(x,y) \log s(y|\phi(x;\boldsymbol{\theta})) \\
&= \int dx\, q_X(x) \log r(x|\boldsymbol{\theta}') + \langle \log s(y|\phi(x;\boldsymbol{\theta})) \rangle_q .
\end{aligned}$$

ここで、$q_X(x) = \int dy\, q(x,y)$ は周辺分布である。X の分布に関心がなく、Y の条件付分布だけを推測したい場合がある。その場合は上式第2項目:

$$L(q,s(\phi(\cdot;\boldsymbol{\theta}))) = \langle \log s(y|\phi(x;\boldsymbol{\theta})) \rangle_q, \tag{1.153}$$

だけを考えればよい。これは**条件付平均対数尤度**と呼ばれる。

その場合も、前述と同様にして、真の同時分布からの独立な実現値として得られた観測データ $\boldsymbol{X} = ((x_i,y_i))\ (i=1,\ldots,n)$ から計算できる**条件付対数尤度**

$$\ell(\boldsymbol{X};\boldsymbol{\theta}) = \sum_i^n \log s(y_i|\phi(x_i;\boldsymbol{\theta})) \tag{1.154}$$

が定義できる。これを最大にする最尤推定量 $\hat{\boldsymbol{\theta}}(\boldsymbol{X})$ は

$$\boldsymbol{0} = \frac{\partial \ell(\boldsymbol{X};\boldsymbol{\theta})}{\partial \boldsymbol{\theta}} = \sum_{i=1}^n \frac{\partial \log s(y_i|\phi(x_i;\boldsymbol{\theta}))}{\partial \boldsymbol{\theta}} \tag{1.155}$$

1.4 赤池情報量規準

を満たす. 例えば, $\boldsymbol{\theta}$ に対する真のパラメータを $\bar{\boldsymbol{\theta}}$ として

$$\mathbf{J}(q) = -\int dx dy\, q(x,y) \left.\frac{\partial^2 \log s(y|\phi(x;\boldsymbol{\theta}))}{\partial \boldsymbol{\theta} \partial \boldsymbol{\theta}^\mathsf{T}}\right|_{\bar{\boldsymbol{\theta}}} \tag{1.156}$$

などと定義して ($\mathbf{I}$ も同様), 前述と同じように考えると, 最尤推定量の漸近正規性も成り立ち, AIC の議論がすべて成立する.

例として, X を説明変数, Y を目的変数とする回帰分析を考える. 普通の回帰分析では, 条件付分布モデルとして, Y の平均値が X の実現値に依存して変化する正規分布を考えている. すなわち

$$s(y|\mu(x;\boldsymbol{a}),\sigma^2) = \frac{1}{\sqrt{2\pi\sigma^2}}\exp\left[-\frac{(y-\mu(x;\boldsymbol{a}))^2}{2\sigma^2}\right] \tag{1.157}$$

である.

例えば多項式あてはめでは

$$\mu(x;\boldsymbol{a}) = a_0 + a_1 x + \cdots + a_m x^m \tag{1.158}$$

と仮定している.

一方, X のモデルとしては

$$r(x) = \begin{cases} 1 & (0 \le x \le 1)\,, \\ 0 & (\text{その他}) \end{cases} \tag{1.159}$$

という (パラメータを含まない) 一様分布を考えることがある. 次の例ではこれが仮定されている. 他の場合には, 説明変数に対するべき分布などを想定することもある.

多項式あてはめの例

多項式によるあてはめ (多項式回帰) 問題 (1.157) を例にして考える. 真のモデルは, 式 (1.158) において, $m=3$, パラメータは

$$\sigma_* = 0.01,\ a_0^* = 0.05,\ a_1^* = -0.40,\ a_2^* = 0.80,\ a_3^* = -0.50 \tag{1.160}$$

であるとする. x のモデルは区間 $[0,1]$ で一様分布 (1.159) であるとする. データ数 $n=50$ の観測データと, 真の平均値を図 1.2 に示す.

観測データ $\boldsymbol{X} = ((x_i, y_i))\ (i=1,\ldots,n)$ が与えられたとき, 条件付対数尤度は

$$\ell(\boldsymbol{X};\boldsymbol{a},\sigma^2) = -\frac{n}{2}\log 2\pi\sigma^2 - \frac{1}{2\sigma^2}\sum_{i=1}^n (y_i - \mu(x_i;\boldsymbol{a}))^2 \tag{1.161}$$

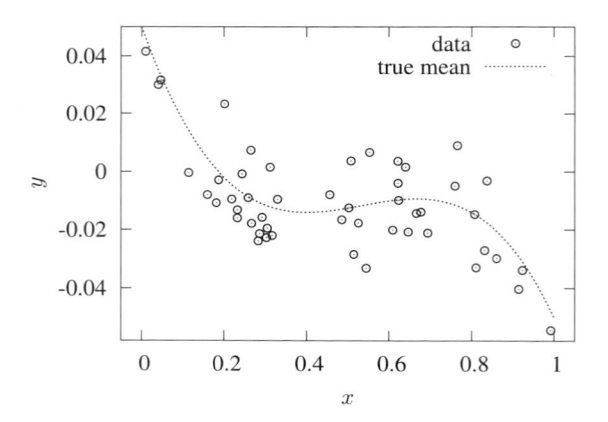

図 1.2 多項式によるあてはめ

である．
最尤推定量を計算するために

$$0 = \frac{\partial \ell}{\partial \sigma^2} = -\frac{n}{2\sigma^2} + \frac{1}{2\sigma^4} \sum_{i=1}^{n} (y_i - \mu(x_i; \boldsymbol{a}))^2 , \tag{1.162}$$

$$\boldsymbol{0} = \frac{\partial \ell}{\partial \boldsymbol{a}} \iff \boldsymbol{0} = \frac{\partial S}{\partial \boldsymbol{a}} \tag{1.163}$$

とする．ここで，$S := \sum_{i=1}^{n} (y_i - \mu(x_i; \boldsymbol{a}))^2$ である．したがっていまの場合，最尤推定は最小二乗法に帰着する．式 (1.163) は

$$\begin{aligned} 0 &= \frac{\partial S}{\partial a_0} = -2 \sum_{i} (y_i - a_0 - a_1 x_i - \cdots - a_m x_i^m) , \\ 0 &= \frac{\partial S}{\partial a_1} = -2 \sum_{i} x_i (y_i - a_0 - a_1 x_i - \cdots - a_m x_i^m) , \\ &\vdots \\ 0 &= \frac{\partial S}{\partial a_m} = -2 \sum_{i} x_i^m (y_i - a_0 - a_1 x_i - \cdots - a_m x_i^m) , \end{aligned} \tag{1.164}$$

1.4 赤池情報量規準

表 1.1 最大対数尤度と AIC

m	$\hat{\sigma}^2$	MLL	AIC
1	2.177×10^{-4}	139.85	-275.71
2	2.128×10^{-4}	140.43	-274.87
3	1.131×10^{-4}	156.24	-304.48
4	1.130×10^{-4}	156.25	-302.50
5	1.130×10^{-4}	156.26	-300.52
6	1.118×10^{-4}	156.51	-299.03

を書き直して

$$\begin{bmatrix} n & \sum x_i & \cdots & \sum x_i^m \\ \sum x_i & \sum x_i^2 & \cdots & \sum x_i^{m+1} \\ \vdots & \vdots & & \vdots \\ \sum x_i^m & \sum x_i^{m+1} & \cdots & \sum x_i^{2m} \end{bmatrix} \begin{bmatrix} a_0 \\ a_1 \\ \vdots \\ a_m \end{bmatrix} = \begin{bmatrix} \sum y_i \\ \sum x_i y_i \\ \vdots \\ \sum x_i^m y_i \end{bmatrix} \quad (1.165)$$

という連立一次式を解けば求められる．ここで $\sum$ は i についての和を表す．この解を $\hat{a}$ と書くと，式 (1.162) は

$$\hat{\sigma}^2 = \frac{1}{n} \sum_i (y_i - a_0 - a_1 x_i - \cdots - a_m x_i^m)^2 \quad (1.166)$$

である．したがって最大対数尤度は

$$\ell = -\frac{n}{2} \log 2\pi\hat{\sigma}^2 - \frac{n}{2} \quad (1.167)$$

となる．二乗誤差が小さなモデルほど最大対数尤度を大きくできるが，次数 m を上げるとモデルの自由度が大きくなる．

$n = 50$ としてパラメータ値 (1.160) のもとで実験をしてみると，モデルの次数 m，最小二乗誤差 $\hat{\sigma}^2$，最大対数尤度 MLL と AIC は表 1.1 のようになった．

AIC を最小にするモデルとして $m = 3$ が得られ，真の次数と一致する．[*9] モデルの良さに格段の差がある $m = 2$ と $m = 3$ などの場合，AIC の第 1 項目 (最大対数尤

[*9] しかし，AIC は正しいモデルの選択基準ではないことを強調しておく．実際の問題では，候補モデルの中に真の分布が含まれていることは稀である．また，たとえそうであっても文献 [140] の例のように，モデル自体に特異性がある場合を含めて，一般には必ずしも正しいモデルを与えるとは限らない．

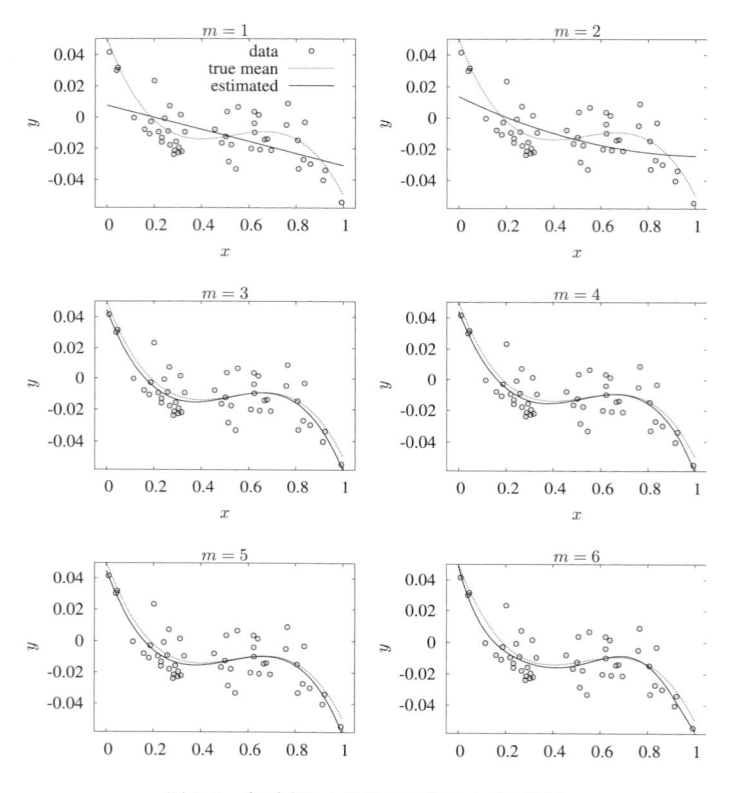

図 1.3 多項式によるあてはめのモデル比較

度) に大きな差が現れる．その差がほとんどない場合, 今の例では最小二乗誤差にほとんど違いがない場合 ($m = 3, \ldots, 6$) には, AIC の第 2 項目 (自由度) の少ない方が選択される．

各モデルについて最尤推定によるあてはまりの良さを図示したものが図 1.3 である．

この例では真の分布が分かっており, かつモデルが単純であるので, 平均対数尤度

1.4 赤池情報量規準

(1.153) に対する表式を求めることができる. 真の同時分布は

$$q(x,y) = \begin{cases} \dfrac{1}{\sqrt{2\pi\sigma_*^2}} \exp\left[-\dfrac{(y-\mu(x;\boldsymbol{a}^*))^2}{2\sigma_*^2}\right] & (0 \le x \le 1), \\ 0 & (\text{その他}) \end{cases} \qquad (1.168)$$

である. これと式 (1.157) を式 (1.153) に代入すると

$$\begin{aligned}
L(q,s) &= \int_0^1 dx \int_{-\infty}^{\infty} dy\, q(x,y) \log s \\
&= \int_0^1 dx \left[-\frac{\sigma_*^2}{2\sigma^2} - \frac{1}{2\sigma^2}\left(\mu(x;\boldsymbol{a}) - \mu(x;\boldsymbol{a}^*)\right)^2 - \frac{1}{2}\log 2\pi\sigma^2\right] \\
&= -\frac{\sigma_*^2}{2\sigma^2} - \frac{1}{2\sigma^2}\sum_{l=0}^{2m} \frac{\alpha_l}{l+1} - \frac{1}{2}\log 2\pi\sigma^2
\end{aligned}$$

を得る. ここで

$$\alpha_l := \sum_{k=\max(l-m,0)}^{\min(l,m)} b_k\, b_{l-k}, \qquad (1.169)$$

$b_k := a_k - a_k^*$ である. ただし $a_k^* := 0\ (k>3)$ とする.

表 1.2 最大対数尤度と平均対数尤度の中央値とその差

m	med(MLL)	med(ELL)	差
3	161.77	156.63	5.1
4	162.37	155.88	6.4
5	162.96	154.78	8.2

平均対数尤度に $\boldsymbol{a} = \hat{\boldsymbol{a}}$, $\sigma^2 = \hat{\sigma}^2$ を代入して, 最尤推定量 $\hat{\boldsymbol{a}}$, $\hat{\sigma}^2$ の観測データ $\boldsymbol{X}$ への依存性について期待値をとると, 期待平均対数尤度が求められる. このステップは直接実行できないので, 観測データ n 個の組を多数回生成して, その平均または中央値 (Median) で期待平均対数尤度を求める. 生成回数を 1,000, 最大対数尤度の中央値と平均対数尤度の中央値を比較すると表 1.2 のようになる.

最大対数尤度は平均対数尤度の推定量としては, 値を常に大きく見積もっていること, 大まかにはその差がモデルの自由度 ($K = m+2$) に等しいことが分かる.

1.5 分布のパラメータに対する最尤推定

最尤推定のよく用いられる応用例として，実データやシミュレーションの結果として得られる標本から，そのデータが生成されたと仮定する統計モデルに含まれるパラメータを実際に推定すること，その推定量に含まれる統計的な誤差の評価をどのように行うかについて見てみよう．また，特に分布の裾野部分が漸近的にべき則に従っているような状況で，そのべき指数の最尤推定についても述べる．

1.5.1 実データの例

企業サイズの分布として，2006 年の上場企業の資産 (有形固定資産合計) の分布を例としてあげる．資産 (百万円単位) を x とすると，$x > 10^2$ のデータが $x_1, \ldots, x_n$ ($n = 2{,}662$) だけある．ある分布 $p(x|\boldsymbol{\theta})$ から，互いに統計的に独立に n 個だけ実現されたものがその実データであるというのが，ここで考えるモデルである．

まずその確率密度関数と累積分布関数を調べると，それぞれ線形と両対数プロットで，図 1.4 (a) と (b) のようになる．累積分布関数から明らかに，このデータは裾野の長い分布をもっていることが分かる．

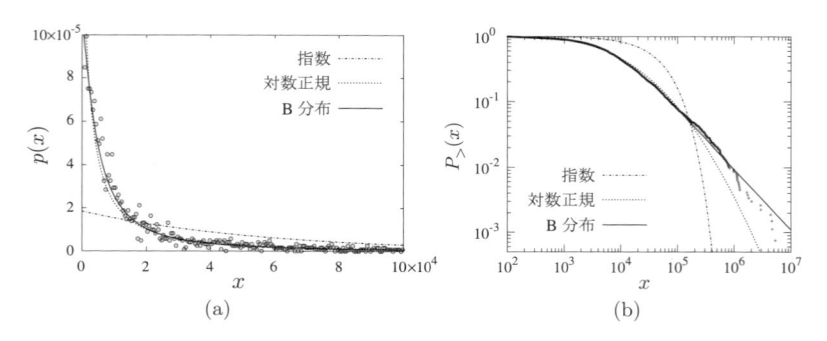

図 1.4 上場企業約 2,600 社の資産 (2006 年). (a) 確率密度関数, (b) 累積分布関数. それぞれに指数分布, 対数正規分布, B 分布のパラメータを最尤推定量とした関数形でフィットした.

具体的なモデルとして，指数分布，対数正規分布および 2.2.2 節 (80 ページ) で定義する B 分布を考えよう．指数分布は式 (1.39) で与えられ，パラメータは $\theta = \lambda$ である．対数正規分布は式 (1.34) で与えられ，パラメータは $\boldsymbol{\theta} = (\mu, \sigma^2)$ である．B 分布

1.5 分布のパラメータに対する最尤推定

は式 (2.29) で定義され, そのパラメータは $\boldsymbol{\theta} = (\mu, \nu, q, x_0)$ である.

対数尤度

$$\ell = \sum_{i=1}^{n} \log p(x_i|\boldsymbol{\theta}) \tag{1.170}$$

を最大にする最尤推定量 $\boldsymbol{\theta} = \hat{\boldsymbol{\theta}}$ は, 指数分布と対数正規分布については簡単に求められる. 指数分布については

$$\hat{\lambda}^{-1} = \hat{x_0} := \frac{1}{n}\sum_{i=1}^{n} x_i \tag{1.171}$$

であり, また対数正規分布については

$$\hat{\mu} = \frac{1}{n}\sum_{i=1}^{n} \log x_i , \tag{1.172}$$

$$\hat{\sigma}^2 = \frac{1}{n}\sum_{i=1}^{n} (\log x_i - \hat{\mu})^2 \tag{1.173}$$

となる. B 分布については式 (1.170) を数値的に最大化することにより, 最尤推定量 $(\hat{\mu}, \hat{\nu}, \hat{q}, \hat{x_0})$ が得られる. 最大化を数値計算で行う手法は, モデルのパラメータに対する依存性によって異なるが, 最大化すべき関数の導関数が不要であり, かつ高次元でも使える滑降シンプレックス法 (Downhill Simplex Method) はそのような数値的手法の 1 つである (例えば文献 [138] の第 10 章を見よ).[*10]

なお, 対数正規分布に対する最尤推定量 (1.172), (1.173) は, ちょうど変数の対数をとった場合の最尤推定量 (1.90), (1.91) と同じであることに注意しよう. 式 (1.34) で表される対数正規分布は, 正規分布に従う変数 x から変数変換 $x = \log y$ で得られるが, **最尤推定量は確率変数の変換に対して不変である**. なぜなら, 確率変数の変換 $x = x(y)$ のもとで, 確率分布の対数は

$$\log p(x|\boldsymbol{\theta}) = \log p(y|\boldsymbol{\theta}) + \log |dy/dx| \tag{1.174}$$

と変換されるが, Jacobian からくる右辺第 2 項目は対数尤度の最大化に無関係であるからである. したがって, 最尤推定量には変数の取り方による恣意性がないことを注意しておく.

このようにして得られた最尤推定量を表 1.3 にまとめる.

[*10] 例えば *Mathematica* にも, `FindMaximum` や `NMaximize` のルーチンが提供されている.

表 1.3 指数・対数正規・B 分布に対するパラメータの最尤推定量

分布	最尤推定量	標準誤差	対数尤度
指数	$\hat{x_0} = 5.424 \times 10^4$	0.105×10^4	-31681.0
対数正規	$\hat{\mu} = 9.040$	0.034	-29363.4
	$\hat{\sigma}^2 = 3.140$	0.086	
B 分布	$\hat{\mu} = 0.9280$	0.0636	-29338.8
	$\hat{\nu} = 1.012$	0.080	
	$\hat{q} = 1.164$	0.202	
	$\hat{x_0} = 7.372 \times 10^3$	0.734×10^3	

1.5.2 最尤推定量の統計的誤差

最尤推定量 $\hat{\boldsymbol{\theta}}$ は与えられた一組のデータ $\boldsymbol{X} = \{\boldsymbol{x}_1, \ldots, \boldsymbol{x}_n\}$ によって決まるから、たまたま得られた $\boldsymbol{X}$ の値によって、$\hat{\boldsymbol{\theta}}(\boldsymbol{X})$ はゆらぎをもっている。そこでその分散

$$\mathrm{Var}\left[\hat{\theta}_i\right] = \left\langle \left(\hat{\theta}_i(\boldsymbol{X}) - \left\langle \hat{\theta}_i(\boldsymbol{X}) \right\rangle_q \right)^2 \right\rangle_q \tag{1.175}$$

を考えよう。ここで $\langle \cdot \rangle_q$ は真の分布 q に対する期待値である。

パラメトリックなモデルの場合には、真の分布に対する平均を、統計モデルに対する期待値で評価したものに置き換えて計算することで、近似的な評価を行うことができる。実際, Fisher 情報量行列を

$$\mathbf{I}(\hat{\boldsymbol{\theta}}) = -\int dx\, p(x|\hat{\boldsymbol{\theta}})\, \frac{\partial^2 \log p(x|\boldsymbol{\theta})}{\partial \boldsymbol{\theta} \partial \boldsymbol{\theta}^\mathsf{T}}\bigg|_{\hat{\boldsymbol{\theta}}} \tag{1.176}$$

$$= \int dx\, p(x|\hat{\boldsymbol{\theta}}) \left[\frac{\partial \log p(x|\boldsymbol{\theta})}{\partial \boldsymbol{\theta}}\bigg|_{\hat{\boldsymbol{\theta}}} \frac{\partial \log p(x|\boldsymbol{\theta})}{\partial \boldsymbol{\theta}^\mathsf{T}}\bigg|_{\hat{\boldsymbol{\theta}}} \right] \tag{1.177}$$

で評価すれば、漸近的に

$$\mathrm{Var}\left[\hat{\theta}_i\right] = \frac{1}{n}\left[\mathbf{I}(\hat{\boldsymbol{\theta}})^{-1}\right]_{ii} \tag{1.178}$$

となることが、1.2.3 節で述べた式 (1.105) から分かる。ここで、$\left[\mathbf{I}(\hat{\boldsymbol{\theta}})^{-1}\right]_{ii}$ は、Fisher 情報量行列の逆行列の (i, i) 対角成分である。

式 (1.177) は、パラメトリックなモデルに対する期待値であるが、例えば B 分布のように、期待値の計算を解析的に行うことが困難な場合も多い。そのような場合には、

1.5 分布のパラメータに対する最尤推定

大数の法則を用いて，Fisher 情報量行列の (i,j) 成分を

$$n \times \left[\mathbf{I}(\hat{\boldsymbol{\theta}})\right]_{ij} \approx -\sum_{k=1}^{n} \left.\frac{\partial^2 \log p(\boldsymbol{x}_k|\boldsymbol{\theta})}{\partial \theta_i \partial \theta_j}\right|_{\hat{\boldsymbol{\theta}}} \tag{1.179}$$

と近似し，その逆行列の対角成分を数値的に求めればよい．

指数分布 (1.39) の場合，期待値 (1.177) は簡単に計算できて，それを用いて

$$\sqrt{\mathrm{Var}\left[\hat{x_0}\right]} = \hat{x_0}/\sqrt{n} \tag{1.180}$$

を得る．対数正規分布 (1.34) の場合，式 (1.177) は

$$\mathbf{I}(\hat{\mu}, \hat{\sigma}^2) = \begin{pmatrix} 1/\hat{\sigma}^2 & 0 \\ 0 & 1/(2\hat{\sigma}^4) \end{pmatrix} \tag{1.181}$$

となるから

$$\sqrt{\mathrm{Var}\left[\hat{\mu}\right]} = \hat{\sigma}/\sqrt{n}, \tag{1.182}$$

$$\sqrt{\mathrm{Var}\left[\hat{\sigma}^2\right]} = \sqrt{2}\,\hat{\sigma}^2/\sqrt{n} \tag{1.183}$$

を得る．B 分布については，数値的に式 (1.179) を計算してその逆行列を求めて，最尤推定量 $(\hat{\mu}, \hat{\nu}, \hat{q}, \hat{x_0})$ の統計的な誤差を求めることができる．このようにして求めた分散の平方根を**標準誤差** (Standard Error) と呼ぶ．実際の値を表 1.3 に計算した．

最尤推定量に対応する対数尤度の値を表 1.3 の最右列にのせた．これら 3 つのモデルに対する尤度の値からは，B 分布が最も良いモデルであると言えそうである．一方，最尤推定量に対する標準誤差が対数尤度の値にどの程度影響するかも情報として知りたい．そのためには，最尤推定量が漸近的に正規性をもっていることを利用して，最尤推定量を平均値，その標準誤差を標準偏差とするような正規分布から発生させた乱数をモデルのパラメータとして代入して，対数尤度にどの程度の違いが生じるかを見積もればよい．1,000 個の乱数による評価で得られた対数尤度の標準誤差は，指数・対数正規・B 分布に対して，それぞれ，0.8, 1.1, 30.2 程度であった．

上の例では，Fisher 情報量行列を求めるのに式 (1.179) を利用したが，データ数 n がそれほど多くない場合，あるいはその式を利用するために必要な，パラメータに関する導関数が簡単に求められないようなモデルに対しては，別の方法を用いて標準誤差を計算する必要が生じる．

その 1 つのやり方として，**ブートストラップ法** (Bootstrap Method) を手短に紹介する．パラメトリックなモデル $p(x|\boldsymbol{\theta})$ を考えているので，パラメトリックなブートストラップ法 (Parametric Bootstrap Method) と呼ばれる．この手法による標準誤差の推定は次のように簡単である．

1. 最尤推定量 $\boldsymbol{\theta} = \hat{\boldsymbol{\theta}}$ を求める
2. $b = 1, \ldots, B$ だけ次の手順を繰り返す
   (a) $p(x|\hat{\boldsymbol{\theta}})$ に従う乱数を n 個発生させる
   (b) それら n 個のデータに対して, 最尤推定量 $\hat{\boldsymbol{\theta}}_b$ を求める
3. $\{\hat{\boldsymbol{\theta}}_b\}$ $(b = 1, \ldots, B)$ の標準偏差を求めて, 元の最尤推定量 $\boldsymbol{\theta} = \hat{\boldsymbol{\theta}}$ の標準誤差とする

上の手順でもし乱数の発生を効率よくできない場合, 元のデータ $x_1, \ldots, x_n$ から復元抽出, すなわち重複を許して, n 個のデータを作成して, 最尤推定量 $\hat{\boldsymbol{\theta}}_b$ を求めることで上の手順を行うことができる. このような方法を, ノンパラメトリックなブートストラップ法と呼ぶ. どちらの場合も, 繰り返しの回数 B は, データ数 n や問題に応じて適切に決める必要があるが, 目安として数 100 回から 1,000 回程度行うことが多い. 最後に述べた復元抽出の代わりに, データを 1 つずつ除去した組 $\{x_1, \ldots, x_{i-1}, x_{i+1}, \ldots, x_n\}$ を $i = 1, \ldots, n$ について n 組用意して, 上と同様な推定を行う手法をジャックナイフ法 (Jackknife Method) と呼ぶ.

計算機を利用したこのようなブートストラップ法やジャックナイフ法は, 多くの分野で利用されている. それらの手法についてより広く知りたい読者は, 文献 [43, 167] を参照されたい.

1.5.3 漸近的なべき分布と Hill の推定量

確率変数が大きな値をとるような分布の裾野部分がべき関数で良く近似できるような場合が経済現象には少なくない [14]. 次章では, そのような漸近的な領域でのべき分布を一般に Pareto 分布と呼んで, そのべき指数が分布の振る舞いにとって重要であることを見る. そこで, 実データから漸近的な領域でのべき分布の形を決めるパラメータ, 特にべき指数 (以下, Pareto 指数と呼ぶ) を推定したい. そのような場合によく使われる **Hill の推定法** (Hill's Estimate) と呼ばれる最尤推定について述べる [70].

与えられた閾値 D に対して $x \geq D$ となる領域で, 累積分布関数が

$$P_{>}(x) \approx C \, x^{-\mu} \tag{1.184}$$

のように表されるモデルを考える. 他の領域での分布形は仮定しない. n 個のデータ $x_1, \ldots, x_n$ が独立に同じ分布から実現したと考えて, その順序統計量 (の実現値) を $x^{(1)} \geq x^{(2)} \geq \cdots \geq x^{(n)}$ とする. いま, 上位 $r + 1$ 個のデータ $\{x^{(1)}, \ldots, x^{(r+1)}\}$ が

D 以上である, すなわち $x^{(r+1)} \geq D$ であるという条件のもとで, 最尤推定量は

$$\hat{\mu} = \frac{r+1}{\displaystyle\sum_{i=1}^{r} \log x^{(i)} - r \log x^{(r+1)}} , \tag{1.185}$$

$$\hat{C} = \frac{r+1}{n} \left[x^{(r+1)} \right]^{\hat{\mu}} \tag{1.186}$$

で与えられる. また, 同じ条件のもとでの $\hat{\mu}$ の平均と分散は

$$\langle \hat{\mu} \rangle = \frac{r+1}{r-1} \mu , \tag{1.187}$$

$$\mathrm{Var}\,[\hat{\mu}] = \frac{(r+1)^2}{(r-1)^2(r-2)} \mu^2 \tag{1.188}$$

である. データ数が多く, $r \gg 1$ のときには, $\hat{\mu}$ の標準誤差は漸近的に

$$\sqrt{\mathrm{Var}\,[\hat{\mu}]} = \hat{\mu}/\sqrt{r} \tag{1.189}$$

と評価できる.

例えば, 図 1.4 (a) のデータに対して, 閾値を $D = 4 \times 10^4$ と定めると, $\hat{\mu} = 0.895 \pm 0.042$ を得る (誤差は標準誤差そのもの). 閾値は, 分布を見ながら目の子で選ぶほか, その大きさを変えて最尤推定量があまり大きく変化しないような漸近的な領域を探すこともよく行われる.

Hill の推定法は, 確率変数が小さな値をとるような逆の漸近的な領域でも用いることができる. そのことと, 以上の最尤推定量とその誤差の導出については付録 2 を参照されたい.

1.6 コピュラ

世界同時株安という言葉が最近, 巷を賑わすことがある. 東京市場ばかりではなく, ニューヨーク, ロンドン, 香港など世界中の市場が同時に急落する現象である. 例えば日経 225 と S&P500 はどのような関係性をもって振る舞っているのであろうか. それらの市場インデックス (Market Index) を確率変数とみなし, それらの間の相関関係 (日経 225 が 1% 以上下落したときに, S&P500 が同時に 1% 以上下落する確率など) を知ることができれば, 投資のリスク評価にとってとても有益な情報となる. さらに確率変数間の相関関係をモデル化できれば, 投資リスクに関する定量的なシミュレーションも可能になる.

確率変数間の相関関係を計量する標準的指標は相関係数[*11]である．しかし，相関係数に全幅の信頼をおくことはできない．むしろその有効性は限られている．相関係数は確率変数間に線形的な依存性があることを仮定しているからである．変数間に強い相関があっても，その依存関係に非線形性が強ければ，相関係数ではほとんど相関がないと判断してしまう場合がしばしばある．また，相関係数は本質的に正規分布に基づいた概念である．社会・経済現象において正規分布はむしろ特殊である．さらに相関係数は大域的に相関を特徴づけるだけであり，局所的な相関構造を知ることはできない．

相関係数に関する陥りやすい誤謬「強い相関はいつも大きな相関係数を導く」を示すために，次の例を考えてみよう．2つの確率変数 X と Y が正規分布 (平均値 0, 分散 1) に従う 1 つの確率変数 Z から次のように生成されるとする:

$$X = e^Z, \quad Y = e^{\sigma Z}. \tag{1.190}$$

すなわち X と Y は対数正規分布に従い，両者は完全に相関している (図 1.5 の左図; 各 σ について 100 個のサンプル点) :

$$Y = X^\sigma. \tag{1.191}$$

このとき X と Y との間の相関係数 ρ_{XY} を計算してみると，

$$\rho_{XY} = \frac{\langle (X - \langle X \rangle)(Y - \langle Y \rangle) \rangle}{\sqrt{\langle (X - \langle X \rangle)^2 \rangle}\sqrt{\langle (Y - \langle Y \rangle)^2 \rangle}} = \frac{e^\sigma - 1}{\sqrt{e - 1}\sqrt{e^{\sigma^2} - 1}} \tag{1.192}$$

となる．もし $\sigma = 1$ ならば，X と Y とは線形関係を満足し，確かに式 (1.192) は $\rho_{XY} = 1$ を与える．しかし，確率変数間の依存性を特徴づけるパラメータ σ が大きくなり，非線形性が強くなると，相関係数 ρ_{XY} は急速に 0 に近づく (図 1.5 の右図)．このように相関係数がいつも確率変数間の依存性を正しく抽出できるとは限らないことが分かる．

上記の問題を解決する解析ツールとして近年，**コピュラ** (Copula) が注目されている [30, 117, 163]．コピュラの語源はラテン語であり，リンクや結合などを意味する．文法においてコピュラは英語の be 動詞など主語と補語の関係をつける連結詞を表す．統計学においては，コピュラは確率変数間の相関関係を記述するのである．本書では後に (6.7 節) コピュラの応用例として企業の生産活動について論じる．ただし，コ

[*11] 詳しくは Pearson の積率相関係数と呼ばれる．通常，相関係数は Pearson のものを指す．

1.6 コピュラ

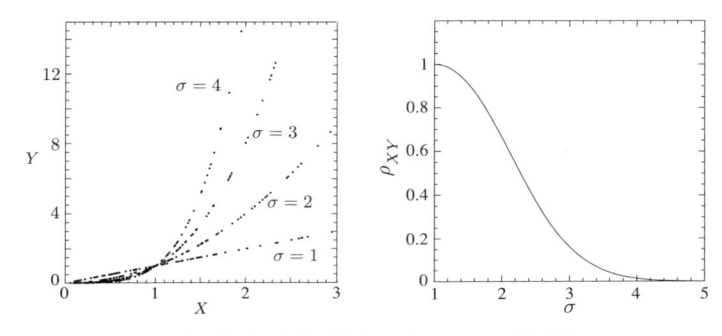

図 1.5 確率変数間の非線形依存性 (1.190) と相関係数 (1.192)

ピュラは万能ではない.あくまでもコピュラは道具であって,適材適所で個性豊かなコピュラを使いこなすのは我々である.特に極限状況下のリスク評価 (債務不履行の同時発生確率,株価の大幅な同時下落確率などの予測) において安易なコピュラの利用は禁物である.[*12]

1.6.1 同時分布とコピュラ

2 つの確率変数 X_1, X_2 の相関関係を議論するための道具として,1 変数の累積分布関数 (1.1) を拡張した同時累積分布関数 (Joint Distribution Function) がしばしば使われる:

$$P_<(x_1, x_2) = \Pr[X_1 \leq x_1, X_2 \leq x_2]. \tag{1.193}$$

つまり,同時累積分布関数 $P_<(x_1, x_2)$ は,確率変数 X_1 が x_1 以下の値をとり,かつ確率変数 X_2 が x_2 以下の値をとる確率である.その定義から明らかなように,

---

[*12] 2006 年後半に米国に端を発したサブプライムローンの問題は米国内にとどまらず,世界の金融システムに大きなダメージを与え,本書の執筆時 (2008 年夏) においても世界経済の先行きは不透明である.住宅ローンなどの債務そのものを証券化した債務担保証券は,正規分布に由来するコピュラを用いた簡便なリスク評価法が 2001 年に開発され,急速に普及した.サブプライムローンの問題は,債務担保証券の元になっている債務の不履行の多発 (米国における住宅バブルの崩壊による住宅ローンの破綻) がリスク評価の想定外であったことに起因する.これは金融分野におけるコピュラの有用性に疑問を投げかけるものではなく,その利用方法について警鐘を与えているのである.今後,金融を含めて様々な分野でコピュラがさらに活躍していくことに疑いの余地はない.

$P_<(x_1, x_2)$ は次の境界条件を満たす:

$$P_<(x_1, -\infty) = 0, \tag{1.194}$$
$$P_<(-\infty, x_2) = 0, \tag{1.195}$$
$$P_<(x_1, \infty) = P_<(x_1), \tag{1.196}$$
$$P_<(\infty, x_2) = P_<(x_2). \tag{1.197}$$

このように同時累積分布関数が独立変数領域の周辺で累積分布関数と一致することから，累積分布関数は周辺分布関数 (Marginal Distribution Function) とも呼ばれる．1 変数の場合と同様に補完的な同時累積分布関数

$$P_>(x_1, x_2) = \Pr[X_1 \geq x_1, X_2 \geq x_2] \tag{1.198}$$

を導入する．2 つの同時累積分布関数は

$$P_>(x_1, x_2) = P_<(x_1, x_2) - P_<(x_1) - P_<(x_2) + 1 \tag{1.199}$$

で結びつく．

さて，本節の主役であるコピュラ $C(u_1, u_2)$ は $P_<(x_1, x_2)$ から次のように定義される:

$$P_<(x_1, x_2) = C(u_1, u_2). \tag{1.200}$$

ここで $u_1 = P_<(x_1)$ および $u_2 = P_<(x_2)$ は各確率変数値に対応した累積確率である．

1.6.2 コピュラの基本的性質

式 (1.200) で定義されたコピュラが確率変数値ではなく，累積確率 (順位) の関数として与えられることは，Sklar の定理 [117, 149] によって保証される．順位相関を考えることによって相関構造をより一般的に捉えようとする心がコピュラの神髄である (物性科学における密度汎関数理論 [89] と気脈を通じるものがある)．このようにコピュラはノンパラメトリックな計量手法を提供し，どのような周辺分布をもつ確率変数間の相関構造にも適用可能である．

コピュラは一般的に次の条件を満足する:

$$C(0, u_2) = C(u_1, 0) = 0, \tag{1.201}$$
$$C(1, u_2) = u_2, \quad C(u_1, 1) = u_1, \tag{1.202}$$
$$C(v_1, v_2) - C(u_1, v_2) - C(v_1, u_2) + C(u_1, u_2) \geq 0. \tag{1.203}$$

1.6 コピュラ

ここで $0 \leqslant u_i \leqslant 1$, $0 \leqslant v_i \leqslant 1$, $u_i \leqslant v_i$ $(i = 1, 2)$ である．式 (1.201), (1.202) は同時累積分布関数の境界条件 (1.194), (1.195), (1.196), (1.197) をコピュラで書き換えたものである．不等式 (1.203) は確率密度の非負性の帰結である．

図 1.6 は，3 つの典型的な相関関係である完全反相関 (Perfect AntiCorrelation; PAC)，無相関 (No Correlation; NC)，完全相関 (Perfect Correlation; PC) に対するコピュラの振る舞いを示している：

$$C_{\mathrm{PAC}}(u_1, u_2) = \max(u_1 + u_2 - 1, 0), \tag{1.204}$$

$$C_{\mathrm{NC}}(u_1, u_2) = u_1 u_2, \tag{1.205}$$

$$C_{\mathrm{PC}}(u_1, u_2) = \min(u_1, u_2). \tag{1.206}$$

また任意のコピュラ $C(u_1, u_2)$ に対して，**Fréchet-Hoeffding** の限界と呼ばれる次の不等式が一般的に成立する：

$$C_{\mathrm{PAC}}(u_1, u_2) \leqslant C(u_1, u_2) \leqslant C_{\mathrm{PC}}(u_1, u_2). \tag{1.207}$$

1.6.3 コピュラ密度

確率変数 X_1, X_2 の同時確率密度関数 $p(x_1, x_2)$ は累積分布関数 $P_<(x_1, x_2)$ を変数 x_1, x_2 についてそれぞれ 1 回偏微分することによって得られる：

$$p(x_1, x_2) = \frac{\partial^2 P_<(x_1, x_2)}{\partial x_1 \partial x_2} = p(x_1) p(x_2) c(u_1, u_2). \tag{1.208}$$

ここで $c(u_1, u_2)$ は

$$c(u_1, u_2) := \frac{\partial^2 C(u_1, u_2)}{\partial u_1 \partial u_2} \tag{1.209}$$

で定義され，**コピュラ密度** (Copula Density) と呼ばれる．また，$p(x_1)$ と $p(x_2)$ はそれぞれ X_1, X_2 の周辺確率密度である．コピュラ密度は確率密度の非負性より，負の値をとらない．式 (1.208) からコピュラが，周辺分布に依らない確率変数間の純粋な相関構造を表すことが分かる．確率変数間に相関がまったく無い場合，$c(u_1, u_2) = 1$ であり，対応するコピュラは $C(u_1, u_2) = C_{\mathrm{NC}}(u_1, u_2)$ である．

1.6.4 完全相関コピュラ

確率変数 (x_1, x_2) $(x_{1,2} \in [0, \infty))$ について，次の関係がなりたっているとしよう．

$$x_1 = f(x_2). \tag{1.210}$$

ここで, $f(x)$ は任意の単調増加関数である. すなわち, 2 つの確率変数 x_1, x_2 は完全相関の関係にあることになる. もし x_2 が確率分布 $p_2(x_2)$ に従うとすると, x_1 の確率分布は以下で与えられる.

$$p_1(x_1)dx_1 = p_2(x_2)dx_2 = p_2(g(x_1))g'(x_1)dx_1. \tag{1.211}$$

ここで $g(x)$ は $f(x)$ の逆関数である:

$$x_2 = g(x_1). \tag{1.212}$$

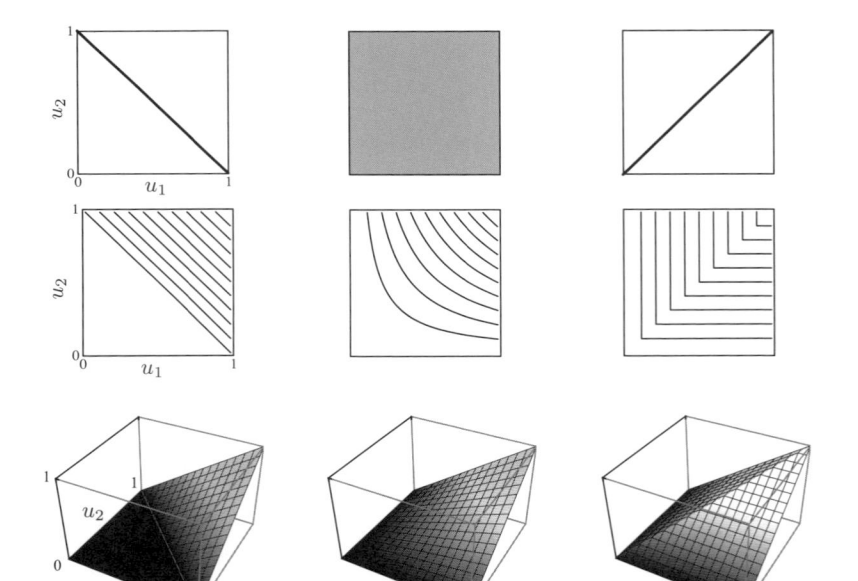

図 1.6 コピュラの典型例: (a) 完全反相関, (b) 無相関, (c) 完全相関. 上段は相関構造の様相, 中段は対応したコピュラの等高線図, 下段はその鳥瞰図である.

1.6 コピュラ

また, それぞれの累積分布関数は,

$$P_{>1}(x_1) = \int_{x_1}^{\infty} p_1(x_1')dx_1' = \int_{x_1}^{\infty} p_2(g(x_1'))g'(x_1')dx_1'$$
$$= \int_{g(x_1)}^{\infty} p_2(x_2')dx_2' = P_{>2}(g(x_1)), \tag{1.213}$$

$$P_{>2}(x_2) = \int_{x_2}^{\infty} p_2(x_2')dx_2' \tag{1.214}$$

となる.

(x_1, x_2) の同時分布は,

$$p_{12}(x_1, x_2) = \delta(x_1 - f(x_2))p_2(x_2) \tag{1.215}$$

で与えられる. 実際, 周辺分布を計算してみると,

$$\int_0^{\infty} p_{12}(x_1, x_2)dx_2 = \int_0^{\infty} \delta(g(x_1) - x_2)p_2(x_2)|g'(x_1)|dx_2$$
$$= p_2(g(x_1))g'(x_1) = p_1(x_1), \tag{1.216}$$

$$\int_0^{\infty} p_{12}(x_1, x_2)dx_1 = p_2(x_2) \tag{1.217}$$

と正しい関数が得られる. (1.215) から得られる同時累積分布関数は以下のようになる.

$$P_{>12}(x_1, x_2) = \int_{x_1}^{\infty} \int_{x_2}^{\infty} p_{12}(x_1', x_2')dx_1'dx_2'$$
$$= \int_{x_2}^{\infty} p_2(x_2')dx_2' \int_{x_1}^{\infty} \delta(x_1' - f(x_2'))dx_1'$$
$$= \int_{x_2}^{\infty} p_2(x_2')\,\theta(f(x_2') - x_1)dx_2' = \int_{x_2}^{\infty} p_2(x_2')\,\theta(x_2' - g(x_1))dx_2'$$
$$= \int_{\max\{x_2, g(x_1)\}}^{\infty} p_2(x_2')dx_2' = P_{>2}(\max\{x_2, g(x_1)\}). \tag{1.218}$$

ここで $\theta(x)$ は階段関数である: $\theta(x) = 0\ (x < 0),\ 1(x > 0)$.

さて, コピュラを求めよう. x_2 と $g(x_1)$ の大小関係を見るに,

$$x_2 > g(x_1) \Leftrightarrow P_{>2}(x_2) < P_{>2}(g(x_1)) \Leftrightarrow P_{>2}(x_2) < P_{>1}(x_1) \tag{1.219}$$

である. ここで式 (1.213) を用いた. したがって, 上式 (1.218) は次のように書くことができる:

$$P_{>12}(x_1, x_2) = \begin{cases} P_{>2}(x_2) & (P_{>2}(x_2) < P_{>1}(x_1)), \\ P_{>1}(x_1) & (P_{>2}(x_2) > P_{>1}(x_1)). \end{cases} \tag{1.220}$$

これを, $u_i = P_{<i}(x_i)$ $(i=1,2)$ としてコピュラに焼きなおすと,

$$C(u_1, u_2) = \begin{cases} u_2 & (u_2 < u_1), \\ u_1 & (u_2 > u_1). \end{cases} \quad (1.221)$$

確かに完全相関コピュラ (1.206) を得る.

1.6.5 サバイバル・コピュラ

サバイバル・コピュラ (Survival Copula) と呼ばれる $C(u_1, u_2)$ に付随するコピュラ $\hat{C}(u_1, u_2)$ は, $P_<(x_1, x_2)$ の代わりに補完的な累積分布関数 (1.198) に基づき定義される:

$$P_>(x_1, x_2) = \hat{C}(\bar{u}_1, \bar{u}_2). \quad (1.222)$$

ここで $\bar{u}_1 = P_>(x_1)$ および $\bar{u}_2 = P_>(x_2)$ は各変数の補完的な周辺累積分布関数である. 式 (1.199) より, サバイバル・コピュラは対応するコピュラ $C(u_1, u_2)$ と次の関係で結ばれることが分かる:

$$\hat{C}(u_1, u_2) = u_1 + u_2 - 1 + C(1 - u_1, 1 - u_2). \quad (1.223)$$

サバイバル・コピュラ密度 はコピュラ密度と同様に定義され, 対応するコピュラ密度と次の関係がある:

$$\hat{c}(u_1, u_2) := \frac{\partial^2 \hat{C}(u_1, u_2)}{\partial u_1 \partial u_2} = c(1 - u_1, 1 - u_2). \quad (1.224)$$

つまり, コピュラからサバイバル・コピュラに切り替えることによって, 得られるコピュラ密度の振る舞いを $(u_1, u_2) = (\frac{1}{2}, \frac{1}{2})$ を中心として反転させることができる.

1.6.6 コピュラの具体例

これまでに様々なコピュラの関数形が提案されてきた [117]. ここではいくつかの代表的なコピュラについて紹介する.

正規コピュラ

すでに見たようにコピュラは確率変数間の依存性における本質部分を抽象化したものである. しかし, コピュラの作成にあたっては具体的な確率分布形から出発することが多い. 確率分布の代表選手は正規分布である.

1.6 コピュラ

まず 1 変数の場合について考える．式 (1.30) で平均値を 0, 分散を 1 としたものを

$$\phi_{\mathrm{n}}(x) := \frac{1}{\sqrt{2\pi}} e^{-\frac{1}{2}x^2} \tag{1.225}$$

とおこう．累積分布関数：

$$\Phi_{\mathrm{n}}(x) := \frac{1}{\sqrt{2\pi}} \int_{-\infty}^{x} e^{-\frac{1}{2}y^2} dy \tag{1.226}$$

は，式 (1.32) で定義した誤差関数 erf(x) を用いて

$$\Phi_{\mathrm{n}}(x) = \frac{1}{2}\left\{1 + \mathrm{erf}\left(\frac{x}{\sqrt{2}}\right)\right\} \tag{1.227}$$

と書ける．次に 2 変数の正規確率密度関数は

$$\phi_{\mathrm{n}}(x_1, x_2; \rho) = \frac{1}{2\pi\sqrt{1-\rho^2}} \exp\left[\frac{2\rho x_1 x_2 - x_1^2 - x_2^2}{2(1-\rho^2)}\right] \tag{1.228}$$

で与えられる．ここで各確率変数の平均値と分散はそれぞれ 0 と 1 であり，パラメータ ρ ($|\rho| < 1$) は 2 変数間の相関係数に等しい．

累積分布関数に基づくコピュラの定義を思い起こせば，正規分布から導かれる**正規コピュラ** (Gaussian Copula) は

$$C_{\mathrm{n}}(u_1, u_2; \rho) = \Phi_{\mathrm{n}}(x_1, x_2; \rho) := \int_{-\infty}^{x_1} \int_{-\infty}^{x_2} \phi_{\mathrm{n}}(y_1, y_2; \rho) \, dy_1 dy_2 \tag{1.229}$$

となることが分かる．ここで x_i ($i = 1, 2$) は累積確率 u_i に対応した確率変数値である：

$$x_i := \Phi_{\mathrm{n}}^{-1}(u_i). \tag{1.230}$$

また，コピュラ密度は

$$c_{\mathrm{n}}(u_1, u_2; \rho) = \frac{1}{\sqrt{1-\rho^2}} \exp\left[\frac{2\rho x_1 x_2 - \rho^2 x_1^2 - \rho^2 x_2^2}{2(1-\rho^2)}\right] \tag{1.231}$$

である．

図 1.7 に正規コピュラ密度の等高線図と鳥瞰図を示す．採用したパラメータ値 $\rho = 0.924$ は後述 (1.6.8 節) の Kendall の順位相関係数 $\tau = 0.75$ を与える．今後に例示する各コピュラの可視化にあっても，Kendall の順位相関係数についてすべて同じ値を与えるようにパラメータ調整されている．最近では正規コピュラが債務担保証券の値付けなどの実務で大いに利用されるようになった．しかし，極限状況下では確率変量間の依存関係を十分に捉えることができない (後述の 1.6.7 節を参照)．

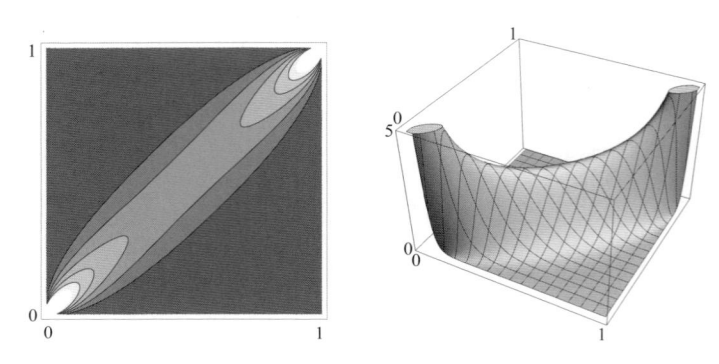

図 1.7 正規コピュラの密度分布

t コピュラ

正規分布と並んで著名な確率分布は t 分布である．1 変数に対して自由度 ν (> 0) の t 分布に対する確率密度関数は

$$t_\nu(x) := \frac{\Gamma\left(\frac{\nu+1}{2}\right)}{\sqrt{\pi\nu}\Gamma\left(\frac{\nu}{2}\right)}\left(1+\frac{x^2}{\nu}\right)^{-\frac{\nu+1}{2}} = \frac{\mathrm{B}\left(\frac{\nu}{2},\frac{1}{2}\right)^{-1}}{\sqrt{\nu}}\left(\frac{\nu}{\nu+x^2}\right)^{\frac{\nu+1}{2}} \quad (1.232)$$

である．ここで $\Gamma(x)$ および $\mathrm{B}(x,y)$ はそれぞれガンマ関数，ベータ関数である．具体的に $t_\nu(x)$ は $\nu+1$ 個の独立した標準正規乱数の総和が従う分布であり，中心極限定理から $\nu \to \infty$ の極限で正規分布に漸近する．また，t 分布の累積分布関数

$$T_\nu(x) := \int_{-\infty}^{x} t_\nu(y)\, dy = \frac{1}{2}\left[1 + \left\{1 - I_{\frac{\nu}{\nu+x^2}}\left(\frac{\nu}{2},\frac{1}{2}\right)\right\}\mathrm{sign}(x)\right] \quad (1.233)$$

は，正則化された不完全ベータ関数 $I_z(x,y)$ を使って書き下すことはできるが，正規分布の場合と同様に初等関数で表現できない．2 変数の場合へ拡張した確率密度関数は

$$t_\nu(x_1, x_2; \rho) = \frac{1}{2\pi\sqrt{1-\rho^2}}\left[1 + \frac{x_1^2 + x_2^2 - 2\rho x_1 x_2}{\nu(1-\rho^2)}\right]^{-\frac{\nu+2}{2}} \quad (1.234)$$

である．これより t 分布から導かれる **t コピュラ** (t Copula) は

$$C_t(u_1, u_2; \rho, \nu) = T_\nu(x_1, x_2; \rho) := \int_{-\infty}^{x_1}\int_{-\infty}^{x_2} t_\nu(y_1, y_2; \rho)\, dy_1 dy_2 \quad (1.235)$$

1.6 コピュラ

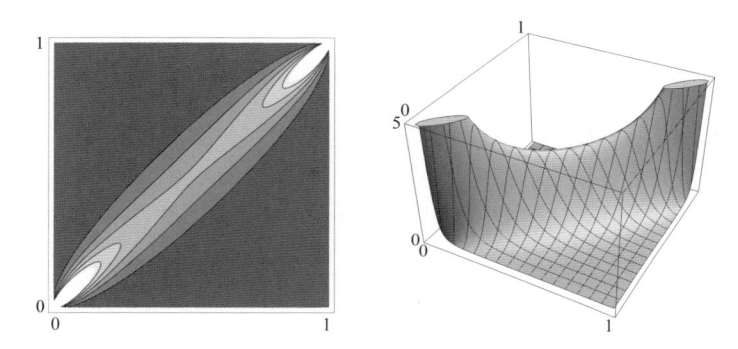

図 1.8 t コピュラの密度分布

で与えられる．ここで

$$x_i := T_\nu^{-1}(u_i) \tag{1.236}$$

である．対応してコピュラ密度は

$$c_t(u_1, u_2; \rho, \nu) = \frac{\Gamma\left(\frac{\nu+2}{2}\right)\Gamma\left(\frac{\nu}{2}\right)}{\sqrt{1-\rho^2}\left[\Gamma\left(\frac{\nu+1}{2}\right)\right]^2} \frac{\left[1 + \frac{x_1^2 + x_2^2 - 2\rho x_1 x_2}{\nu(1-\rho^2)}\right]^{-\frac{\nu+2}{2}}}{\left(1 + \frac{x_1^2}{\nu}\right)^{-\frac{\nu+1}{2}} \left(1 + \frac{x_2^2}{\nu}\right)^{-\frac{\nu+1}{2}}} \tag{1.237}$$

となる．

図 1.8 ($\nu = 3$, $\rho = 0.924$) は t コピュラ密度の振る舞いである．正規コピュラと比較すると，t コピュラの方が下位領域 (等高線図の左下隅) ならびに上位領域 (等高線図の右上隅) において強い依存性を示すことが分かる．

Archimedean コピュラ

区間 (0,1) で定義された関数 $\eta(u)$ を用いて次のようにコピュラを生成することができる:

$$C_A(u_1, u_2) := \eta^{-1}(\eta(u_1) + \eta(u_2)). \tag{1.238}$$

ただし，母関数 $\eta(u)$ は，(i) $\eta(1) = 0$, (ii) 狭義の単調減少 ($\eta'(u) < 0$), (iii) 下に凸 ($\eta''(u) > 0$), の性質をもつものとする．また，$\eta(0)$ が有限の値をとる場合には，逆関数 $\eta^{-1}(v)$ は $v > \eta(0)$ で 0 と定義する．このように生成されたコピュラは **Archimedean コピュラ**と呼ばれる．母関数を取り替えることにより，いくらでも

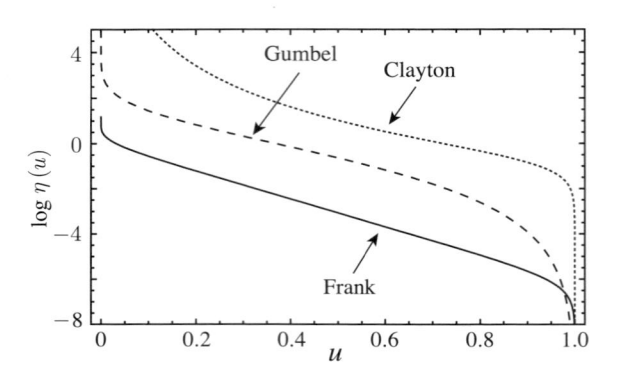

図 1.9 Archimedean コピュラの母関数.

自分の好きなコピュラを産み出すことができる．Archimedean コピュラは，生成式 (1.238) から明らかなように，変数の交換に対して対称である：

$$C_\mathrm{A}(u_1, u_2) = C_\mathrm{A}(u_2, u_1). \tag{1.239}$$

また，次の結合則を満足する：

$$\begin{aligned}C_\mathrm{A}(C_\mathrm{A}(u_1, u_2), u_3) &= C_\mathrm{A}(u_1, C_\mathrm{A}(u_2, u_3))\\ &= \eta^{-1}(\eta(u_1) + \eta(u_2) + \eta(u_3)). \end{aligned} \tag{1.240}$$

Archimedean コピュラの密度は

$$c_\mathrm{A}(u_1, u_2) = -\frac{\eta''(C_\mathrm{A}(u_1, u_2))\,\eta'(u_1)\,\eta'(u_2)}{[\eta'(C_\mathrm{A}(u_1, u_2))]^3} \tag{1.241}$$

で与えられる．

以下では典型的な 3 つの Archimedean コピュラ (Frank, Gumbel, Clayton) を紹介する．どのコピュラも 1 つのパラメータ θ で特徴づけられ，それぞれ特徴的な振る舞いをもっている．各コピュラに対する母関数 $\eta(u)$ を図 1.9 に示す．また，各コピュラの密度の等高線図と鳥瞰図については，正規コピュラや t コピュラの場合と同様に，Kendall の順位相関係数 $\tau = 0.75$ に対応する θ 値を採用している．

Frank コピュラ

M. J. Frank は，コピュラと対応するサバイバル・コピュラが同時に結合則を満たす場合の関数方程式を調べ，その解として次の **Frank コピュラ** (Frank Copula) を

1.6 コピュラ

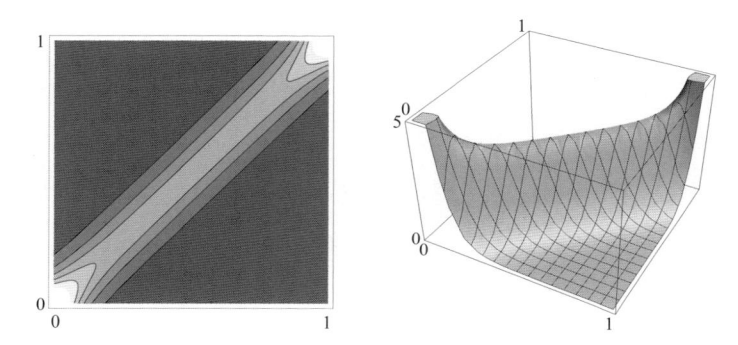

図 1.10 Frank コピュラの密度分布

導いた:

$$\eta(u) = -\log\left(\frac{e^{-\theta u} - 1}{e^{-\theta} - 1}\right), \tag{1.242}$$

$$\eta^{-1}(x) = -\frac{1}{\theta}\log\left[1 + e^{-x}\left(e^{-\theta} - 1\right)\right], \tag{1.243}$$

$$C_{\mathrm{F}}(u_1, u_2; \theta) := -\frac{1}{\theta}\log\left[1 + \frac{\left(e^{-\theta u_1} - 1\right)\left(e^{-\theta u_2} - 1\right)}{\left(e^{-\theta} - 1\right)}\right]. \tag{1.244}$$

言い換えれば, Frank は Archimedean コピュラのサバイバル・コピュラがやはり Archimedean となるようなコピュラを求めたことになる. 得られたコピュラは自身のサバイバル・コピュラと一致する:

$$\hat{C}_{\mathrm{F}}(u_1, u_2) = C_{\mathrm{F}}(u_1, u_2). \tag{1.245}$$

つまり, Frank コピュラ密度は $(u_1, u_2) = (\frac{1}{2}, \frac{1}{2})$ を中心として反転対称である. また, Frank コピュラは 2 つの極限 $\theta \to -\infty$, $\theta \to \infty$ でそれぞれ完全反相関, 完全相関を導き, $\theta = 0$ で無相関のコピュラに帰着する. このような包括的な性質は, 後述の Clayton コピュラと並んで Frank コピュラのユニークな特徴である. 図 1.10 ($\theta = 14.14$) から分かるように, Frank コピュラの相関強度は下位から上位にわたってほぼ一定である.

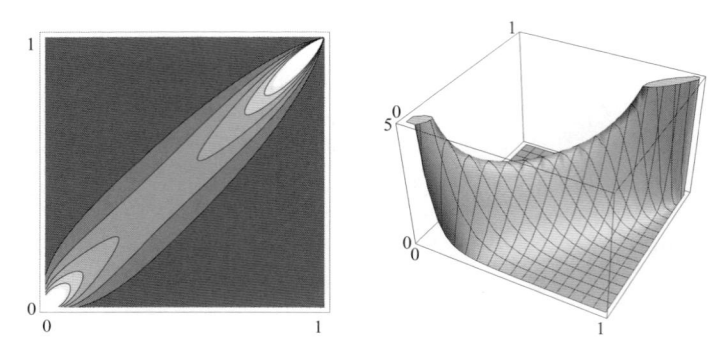

図 1.11　Gumbel コピュラの密度分布

Gumbel コピュラ

Gumbel のコピュラは次の B 型 2 変数極値分布に由来する:

$$P_<(x,y;\theta) = \exp\left[-\left(e^{-\theta x}+e^{-\theta y}\right)^{1/\theta}\right] \quad (-\infty < x,y < \infty). \tag{1.246}$$

上式は $\theta \geqslant 1$ で累積分布関数として意味をもち,その周辺分布として極値理論で典型的な Gumbel 分布を与える:

$$P_<(x) = \exp\left[-e^{-x}\right]. \tag{1.247}$$

これらをコピュラに読み替えると,**Gumbel コピュラ** (Gumbel Copula) を得る:

$$\eta(u) = (-\log u)^\theta, \tag{1.248}$$

$$\eta^{-1}(x) = \exp\left(-x^{1/\theta}\right), \tag{1.249}$$

$$C_G(u_1,u_2;\theta) := \exp\left[-\left\{(-\log u_1)^\theta + (-\log u_2)^\theta\right\}^{1/\theta}\right]. \tag{1.250}$$

Gumbel コピュラは $\theta = 1$ で無相関のコピュラに帰着する.図 1.11 ($\theta = 4$) は,Frank コピュラと異なり,Gumbel コピュラが上位で強い相関強度をもつことを示す.

Clayton コピュラ

Clayton のコピュラは次の 2 変数の累積分布関数と密接に関連する:

$$P_>(x,y;\theta) = (1+x+y)^{-1/\theta} \quad (0 \leqslant x,y < \infty). \tag{1.251}$$

1.6 コピュラ

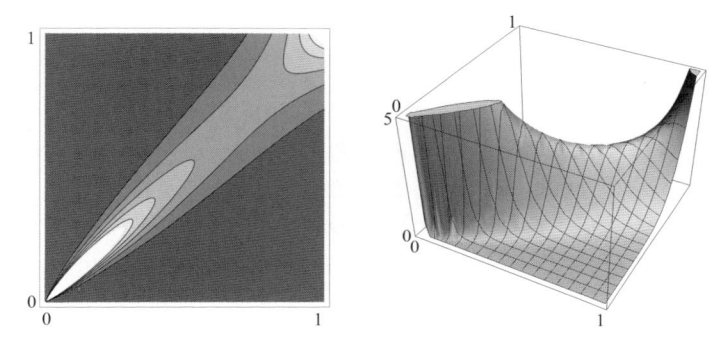

図 1.12 Clayton コピュラの密度分布

この分布は $\theta > 0$ で意味をもち，その周辺分布は後述 (2.7) の II 型 Pareto 分布 (Pareto Type II Distribution) である：

$$P_>(x) = (1+x)^{-1/\theta}. \tag{1.252}$$

これらからサバイバル・コピュラを求めると，

$$\hat{C}(u_1, u_2; \theta) = \left(u_1^{-\theta} + u_2^{-\theta} - 1\right)^{-1/\theta} \tag{1.253}$$

となる．このサバイバル・コピュラをあらためてコピュラと見なし，パラメータ領域を $\theta \geqslant -1$ まで拡張すると，次の **Clayton** コピュラ (Clayton Copula) を得る：

$$\eta(u) = \frac{1}{\theta}\left(u^{-\theta} - 1\right). \tag{1.254}$$

$$\eta^{-1}(x) = (\theta x + 1)^{-1/\theta}, \tag{1.255}$$

$$C_C(u_1, u_2; \theta) := \left[\max\left(u_1^{-\theta} + u_2^{-\theta} - 1, 0\right)\right]^{-1/\theta}. \tag{1.256}$$

Clayton コピュラは，Frank コピュラと並んで，パラメータ θ を変えることにより，完全反相関 ($\theta = -1$)，無相関 ($\theta = 0$)，完全相関 ($\theta \to \infty$) のコピュラすべてを網羅する．図 1.12 ($\theta = 6$) から明らかなように，下位で強い相関性を示す Clayton コピュラの振る舞いは Gumbel コピュラのものと好対照である．

1.6.7 テール依存性

コピュラを使って下位および上位極限で 2 つの確率変数同士がもつ相互依存性を定量的に特徴づけたい.そのための指数を導入する.まず一方の確率変数 X が下位 $100u$ パーセント以内の値をとるとき,他方の確率変数 Y が同じように下位 $100u$ パーセント以内の値をとる確率 $\lambda(u)$ を考える:

$$\lambda(u) := \Pr[Y \leq y_u | X \leq x_u] = \frac{P_<(x_u, y_u)}{P_<(x_u)}. \tag{1.257}$$

ここで x_u, y_u はそれぞれ累積確率値 u に対応した確率変数 X, Y の値である.さらにこの条件付確率の下位極限をとることによって,下位テール依存指数 λ_L を定義する.指数 λ_L はコピュラを使えば

$$\lambda_\mathrm{L} := \lim_{u \to 0^+} \lambda(u) = \lim_{u \to 0^+} \frac{C(u,u)}{u} \tag{1.258}$$

となる[*13].上位テール依存指数 λ_U についてもサバイバル・コピュラを使って同様に定義される:

$$\lambda_\mathrm{U} := \lim_{\bar{u} \to 0^+} \frac{\hat{C}(\bar{u}, \bar{u})}{\bar{u}} = \lim_{u \to 1^-} \frac{1 - 2u + C(u,u)}{1 - u}. \tag{1.259}$$

ここで $\bar{u} = 1 - u$ である.これらの指数はそれぞれの極限で 2 変数間の依存性を特徴づける.もし 2 変数間に相関が無ければ λ_L, λ_U ともに 0 となる.また,完全に相関する場合には両指数は 1 を与える.これまでに紹介したコピュラについて,λ_L および λ_U を計算した結果を表 1.4 にまとめる.これらの結果にはすでに可視化した各コピュラの振る舞いが反映されている.

1.6.8 順位相関係数

2 種類の確率変数 X, Y の相関関係をノンパラメトリックに (周辺分布に依存しないで) 計量する代表的な指標として,Kendall の τ ならびに Spearman の ρ_S がある [160].統計集団から 2 つの確率変数の組 $(X^{(1)}, Y^{(1)})$, $(X^{(2)}, Y^{(2)})$ を無作為に選んだとき,$X^{(1)}$ と $X^{(2)}$ の順位関係が $Y^{(1)}$ と $Y^{(2)}$ の順位関係と一致する確率を P_c,

---

[*13] $u \to a^+$ とは u を a より大きい側から (「上から」) a へ近づけることを意味する.もし $u \to a^-$ とあれば,u を a より小さい側から (「下から」) a へ近づけることを意味する.

1.6 コピュラ

表 1.4 下位および上位テール依存指数

コピュラ	$\lambda_{\rm L}$	$\lambda_{\rm U}$
正規	0	0
t	$2T_{\nu+1}\left(-\sqrt{\frac{(1-\rho)(\nu+1)}{1+\rho}}\right)$	$2\left\{1-T_{\nu+1}\left(\sqrt{\frac{(1-\rho)(\nu+1)}{1+\rho}}\right)\right\}$
Frank	0	0
Gumbel	0	$2-2^{1/\theta}$
Clayton	$2^{-1/\theta}$	0

一致しない確率を $P_{\rm d}$ とする.Kendall の τ は 2 つの確率の差として定義される:

$$\tau := P_{\rm c} - P_{\rm d} = 2P_{\rm c} - 1. \tag{1.260}$$

一方,Spearman の $\rho_{\rm S}$ は,確率変数値を順位に焼き直した場合の Pearson の相関係数である.どちらの指標も定義から明らかなように -1 (完全反相関) から 1 (完全相関) の間の値をとり,無相関の場合には 0 となる.

順位相関係数 τ および $\rho_{\rm S}$ は,コピュラを使って次のように表現できる:

$$\begin{aligned}\tau &= 4\int_0^1\int_0^1 C(u_1,u_2)\,dC(u_1,u_2) - 1 \\ &= 4\int_0^1\int_0^1 C(u_1,u_2)\,c(u_1,u_2)\,du_1du_2 - 1,\end{aligned} \tag{1.261}$$

$$\begin{aligned}\rho_{\rm S} &= 12\int_0^1\int_0^1 \left(C(u_1,u_2) - u_1u_2\right)du_1du_2 \\ &= 12\int_0^1\int_0^1 C(u_1,u_2)\,du_1du_2 - 3.\end{aligned} \tag{1.262}$$

特に Archimedean コピュラの τ に対しては母関数に関する 1 次元積分に単純化される:

$$\tau = 1 + 4\int_0^1 \frac{\eta(u)}{\eta'(u)}\,du. \tag{1.263}$$

Frank コピュラの場合にはこれらの順位相関係数について解析的な表式が利用可能である:

$$\tau = 1 - \frac{4}{\theta}\left[1 - D_1(\theta)\right], \tag{1.264}$$

$$\rho_{\mathrm{S}} = 1 - \frac{12}{\theta}\left[D_1(\theta) - D_2(\theta)\right]. \tag{1.265}$$

ここで $D_k(x)$ は次のように定義される Debye 関数である:

$$D_k(x) := \frac{k}{x^k}\int_0^x \frac{t^k}{e^t - 1}dt. \tag{1.266}$$

図 1.13 は,Frank コピュラについてこのように得られたパラメータ θ と τ および ρ_{S} との関数関係 (τ と ρ は θ の奇関数) を描いたものである.もし $\rho_{\mathrm{S}} \gtrsim 0.4$ を相関が強くなる目安とした場合には,$\theta \gtrsim 3$ がその条件に対応する.1.6.6 節で紹介した他のコピュラに対しても,τ については次式で簡単に計算できる:

$$\tau = \begin{cases} \dfrac{2}{\pi}\sin^{-1}\rho & (\text{normal}, t), \\[6pt] 1 - \dfrac{1}{\theta} & (\text{Gumbel}), \\[6pt] \dfrac{\theta}{\theta + 2} & (\text{Clayton}). \end{cases} \tag{1.267}$$

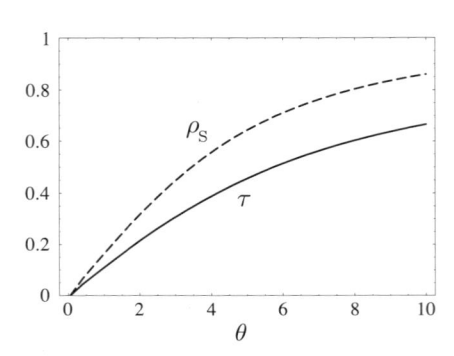

図 1.13 Frank コピュラと順位相関係数

1.6.9 多変数コピュラ

議論を簡単にするため,これまで 2 変数のコピュラについて述べてきた.多変数の場合でもコピュラを同様に定義できる.まず n 変数の同時累積分布関数を考える:

$$P_<(x_1, \ldots, x_n) := \Pr[X_1 \leq x_1, \ldots, X_n \leq x_n]. \tag{1.268}$$

1.6 コピュラ

対応した多変数コピュラは

$$P_< (x_1, \ldots, x_n) = C(u_1, \ldots, u_n) \tag{1.269}$$

で定義される．ここで $u_i := P_<(x_i)\,(i=1,\ldots,n)$ である．2変数の場合と同じように，n 変数の同時確率密度関数 $p(x_1,\ldots,x_n)$ はコピュラ密度 $c(u_1,\ldots,x_n)$ と

$$p(x_1,\ldots,x_n) = \frac{\partial^n P_<(x_1,\ldots,x_n)}{\partial x_1 \ldots \partial x_n} \tag{1.270}$$
$$= p(x_1)\ldots p(x_n)\, c(u_1,\ldots,u_n) \tag{1.271}$$

の関係で結ばれる．ここで

$$c(u_1,\ldots,u_n) := \frac{\partial^n C(u_1,\ldots,u_n)}{\partial u_1 \ldots \partial u_n} \tag{1.272}$$

である．

式 (1.201) に対応した多変数コピュラの基本的性質として，変数の中でどれか1つでも 0 であれば，コピュラは 0 になる：

$$C(u_1,\ldots,u_{n-1},u_n=0) = 0. \tag{1.273}$$

また，n 変数コピュラの変数の中で m 個が 1 であれば，n 変数コピュラは $(n-m)$ 変数コピュラに帰着する：

$$C(u_1,\ldots,u_{n-m},u_{n-m+1}=1,\ldots,u_n=1) = C(u_1,\ldots,u_{n-m}). \tag{1.274}$$

特に 1 つの変数以外がすべて 1 である場合には

$$C(u_1,u_2=1,\ldots,u_n=1) = u_1 \tag{1.275}$$

となる．これは式 (1.202) を拡張したものである．2変数の無相関コピュラ (1.205) および完全相関コピュラ (1.206) は，多変数の場合に

$$C_{\mathrm{NC}}(u_1,\ldots,u_n) = u_1\ldots u_n, \tag{1.276}$$

$$C_{\mathrm{PC}}(u_1,\ldots,u_n) = \min(u_1,\ldots,u_n) \tag{1.277}$$

となる．[*14] Fréchet-Hoeffding の不等式 (1.207) も次のように一般化される：

$$\max(u_1+\cdots+u_n-1,0) \leqslant C(u_1,\ldots,u_n) \leqslant C_{\mathrm{PC}}(u_1,\ldots,u_n). \tag{1.278}$$

[*14] 完全反相関状態は 2 変数のときのみ意味をもつ．

コピュラの下限を与える関数は, 2 変数の場合には完全反相関コピュラであるが, 多変数の場合にはコピュラとならない.

多変数へ拡張された正規コピュラの密度は次のように与えられる:

$$c_\mathrm{n}(u_1,\ldots,u_n;\mathbf{R}) = \frac{\frac{1}{(2\pi)^{n/2}\det(\mathbf{R})^{1/2}}\exp\left(-\frac{1}{2}\boldsymbol{x}^\mathsf{T}\mathbf{R}^{-1}\boldsymbol{x}\right)}{\prod_{j=1}^n \phi_\mathrm{n}(x_j)}. \quad (1.279)$$

ここで $\boldsymbol{x}^\mathsf{T} = (x_1, x_2, \ldots, x_n)$ であり, u_j と x_j の関係は式 (1.230) で規定される. また $\mathbf{R}$ は相関行列であり, すべての対角成分が 1 の正定値対称行列である. さらに式 (1.279) は次のように書き換えられる:

$$c_\mathrm{n}(u_1,\ldots,u_n;\mathbf{R}) = \frac{1}{\det(\mathbf{R})^{1/2}}\exp\left(-\frac{1}{2}\boldsymbol{x}^\mathsf{T}\left(\mathbf{R}^{-1}-\mathbf{1}\right)\boldsymbol{x}\right). \quad (1.280)$$

多変数の t コピュラ密度は, 正規コピュラ密度と同様に相関係数行列 $\mathbf{R}$ を使って,

$$c_t(u_1,\ldots,u_n;\mathbf{R},\nu) = \frac{1}{\det(\mathbf{R})^{1/2}}\frac{\Gamma\left(\frac{\nu+n}{2}\right)}{\Gamma\left(\frac{\nu}{2}\right)}\left[\frac{\Gamma\left(\frac{\nu}{2}\right)}{\Gamma\left(\frac{\nu+1}{2}\right)}\right]^n \frac{\left(1+\frac{1}{\nu}\boldsymbol{x}^\mathsf{T}\mathbf{R}^{-1}\boldsymbol{x}\right)^{-\frac{\nu+n}{2}}}{\prod_{j=1}^n\left(1+\frac{x_j^2}{\nu}\right)^{-\frac{\nu+1}{2}}} \quad (1.281)$$

で与えられる. Archimedean コピュラの多変数版は

$$C_\mathrm{A}(u_1,\ldots,u_n) = \eta^{-1}\left(\eta(u_1)+\cdots+\eta(u_n)\right) \quad (1.282)$$

で与えられる. 母関数を具体的に指定することにより, 多変数の場合に拡張された Frank, Gumbel, Clayton の各コピュラの表式を得ることができる.

1.6.10 コピュラ・キュムラント

式 (1.15) のキュムラントの概念を拡張して, 確率密度関数からキュムラント関数を次のように定義する:[15]

$$\lambda(x_1) := p(x_1), \tag{1.283}$$

$$\lambda(x_1, x_2) := p(x_1, x_2) - p(x_1)p(x_2), \tag{1.284}$$

$$\lambda(x_1, x_2, x_3) := p(x_1, x_2, x_3) - p(x_1)\lambda(x_2, x_3) - p(x_2)\lambda(x_1, x_3)$$
$$- p(x_3)\lambda(x_1, x_2) - p(x_1)p(x_2)p(x_3), \tag{1.285}$$

$$\lambda(x_1, x_2, x_3, x_4) := p(x_1, x_2, x_3, x_4) - p(x_1)\lambda(x_2, x_3, x_4) - p(x_2)\lambda(x_1, x_3, x_4)$$
$$- p(x_3)\lambda(x_1, x_2, x_4) - p(x_4)\lambda(x_1, x_2, x_3) - \lambda(x_1, x_2)\lambda(x_3, x_4)$$
$$- \lambda(x_1, x_3)\lambda(x_2, x_4) - \lambda(x_1, x_4)\lambda(x_2, x_3) - p(x_3)p(x_4)\lambda(x_1, x_2)$$
$$- p(x_2)p(x_4)\lambda(x_1, x_3) - p(x_2)p(x_3)\lambda(x_1, x_4)$$
$$- p(x_1)p(x_4)\lambda(x_2, x_3) - p(x_1)p(x_3)\lambda(x_2, x_4)$$
$$- p(x_1)p(x_2)\lambda(x_3, x_4) - p(x_1)p(x_2)p(x_3)p(x_4). \tag{1.286}$$

確率密度関数がモーメントに, キュムラント関数がキュムラントに対応する. キュムラント関数は Ursell 関数あるいはクラスター関数とも呼ばれ, 確率変数同士が互いに依存する本質的な相関部分を表す. もし統計的にまったく独立な確率変数が含まれていれば, その確率変数に関わるキュムラント関数は 0 となる.

累積分布関数からコピュラが導入されたことを思い起こそう. 確率密度とキュムラント関数との関係に着目すると, コピュラを次のように分解することは自然である:

$$\Omega(u_1, u_2) = C(u_1, u_2) - u_1 u_2, \tag{1.287}$$

$$\Omega(u_1, u_2, u_3) = C(u_1, u_2, u_3) - u_1\Omega(u_2, u_3) - u_2\Omega(u_1, u_3)$$
$$- u_3\Omega(u_1, u_2) - u_1 u_2 u_3, \tag{1.288}$$

$$\Omega(u_1, u_2, u_3, u_4) = C(u_1, u_2, u_3, u_4) - u_1\Omega(u_2, u_3, u_4) - u_2\Omega(u_1, u_3, u_4)$$
$$- u_3\Omega(u_1, u_2, u_4) - u_4\Omega(u_1, u_2, u_3) - \Omega(u_1, u_2)\Omega(u_3, u_4)$$
$$- \Omega(u_1, u_3)\Omega(u_2, u_4) - \Omega(u_1, u_4)\Omega(u_2, u_3) - u_3 u_4\Omega(u_1, u_2)$$
$$- u_2 u_4\Omega(u_1, u_3) - u_2 u_3\Omega(u_1, u_4)$$
$$- u_1 u_4\Omega(u_2, u_3) - u_1 u_3\Omega(u_2, u_4)$$
$$- u_1 u_2\Omega(u_3, u_4) - u_1 u_2 u_3 u_4. \tag{1.289}$$

---

[15] これらの具体例からより高次のキュムラント関数を書き下すのは容易であろう. 確率密度関数の独立変数についてすべての可能なグループ分割を行えばよい.

ここで定義した**コピュラ・キュムラント** $\Omega(u_1,\ldots,u_n)$ は,対応するコピュラから低次の相関に起因するみかけの相関が取り取り除かれたものである.また,コピュラ・キュムラントは,コピュラと確率密度関数と同様の関係でキュムラント関数と結ばれる:

$$\lambda(x_1,\ldots,x_n) = p(x_1)\ldots p(x_n) \left[\frac{\partial^n \Omega(u_1,\ldots,u_n)}{\partial u_1 \ldots \partial u_n}\right]_{u_i = P_<(x_i)}. \tag{1.290}$$

多変数コピュラの性質 (1.273), (1.274) を使うと,$\Omega(u_1,\ldots,u_n)$ は,その変数の中でどれか 1 つでも 0 あるいは 1 であれば,0 となることが分かる:

$$\Omega(u_1,\ldots,u_{n-1},u_n = 0) = 0, \tag{1.291}$$
$$\Omega(u_1,\ldots,u_{n-1},u_n = 1) = 0. \tag{1.292}$$

つまり,n 変数のコピュラ・キュムラントは n 次元立方体 $[0,1]\times\cdots\times[0,1]$ の表面上で「接地」されているのである.

付録 1：Cramér-Rao の不等式

1.2.3 節で，最尤推定量は不偏推定量の中で，推定量の誤差の分散が最も小さくなるという性質をもっていること，すなわち漸近有効性という性質に言及した．不偏推定量の推定誤差は，Cramér-Rao の不等式と呼ばれる下限を一般にもっている．最尤推定量は漸近的にその下限に達している．ここでは推定パラメータが多変数の場合に，Cramér-Rao の不等式を証明しておこう (1 変数の場合は例えば文献 [161] の第 4 章にある)．

データ $\bm{X} = \{\bm{x}_1, \ldots, \bm{x}_n\}$ に対し，統計的なモデルのパラメータ $\bm{\theta} = (\theta_1, \ldots, \theta_K)^\mathsf{T}$ を推定するための推定量 $\bm{T}(\bm{X})$ を考えているとする．推定量が不偏であるとは，パラメータの定義域において

$$\langle \bm{T}(\bm{X}) \rangle = \bm{\theta} \tag{1.293}$$

が成り立っていることを意味する．$\{\bm{x}_1, \ldots, \bm{x}_n\}$ が互いに独立に統計的なモデル $p(\bm{x}|\bm{\theta})$ に従って実現されているとして，以下この独立性を用いる．また，期待値 $\langle \cdot \rangle$ は $p(\bm{x}|\bm{\theta})$ についてとるものとする．上式をあらわに書くと

$$\int d\bm{x}_1 \cdots d\bm{x}_n\, p(\bm{x}_1|\bm{\theta}) \ldots p(\bm{x}_n|\bm{\theta})\, (\bm{T}(\bm{X}))_j = \theta_j \quad (j = 1, \ldots, K) \tag{1.294}$$

である．

まず，式 (1.294) の両辺を θ_i で微分すると

$$\left\langle \left(\sum_{k=1}^{n} \frac{\partial \log p(\bm{x}_k|\bm{\theta})}{\partial \theta_i} \right) (\bm{T}(\bm{X}))_j \right\rangle = \delta_{ij} \tag{1.295}$$

であることが分かる．ここで，δ_{ij} は Kronecker のデルタで，$i = j$ のとき $\delta_{ij} = 1$，それ以外で $\delta_{ij} = 0$ と定義される．

一方

$$\begin{aligned}
\left\langle \sum_{k=1}^{n} \frac{\partial \log p(\bm{x}_k|\bm{\theta})}{\partial \theta_i} \right\rangle &= \sum_{k=1}^{n} \int d\bm{x}_k\, p(\bm{x}_k|\bm{\theta}) \frac{\partial \log p(\bm{x}_k|\bm{\theta})}{\partial \theta_i} \\
&= \sum_{k=1}^{n} \int d\bm{x}_k\, \frac{\partial}{\partial \theta_i} p(\bm{x}_k|\bm{\theta}) = \sum_{k=1}^{n} \frac{\partial}{\partial \theta_i} \int d\bm{x}_k\, p(\bm{x}_k|\bm{\theta}) = \sum_{k=1}^{n} \frac{\partial}{\partial \theta_i} 1 \\
&= 0 \quad (i = 1, \ldots, K)
\end{aligned} \tag{1.296}$$

である．また，式 (1.296) を用いると

$$\left\langle \left(\sum_{k=1}^{n} \frac{\partial \log p(\boldsymbol{x}_k|\boldsymbol{\theta})}{\partial \theta_i} \right) \left(\sum_{\ell=1}^{n} \frac{\partial \log p(\boldsymbol{x}_\ell|\boldsymbol{\theta})}{\partial \theta_j} \right) \right\rangle$$
$$= \sum_{k=1}^{n} \left\langle \left(\frac{\partial \log p(\boldsymbol{x}_k|\boldsymbol{\theta})}{\partial \theta_i} \right) \left(\sum_{\ell=1}^{n} \frac{\partial \log p(\boldsymbol{x}_\ell|\boldsymbol{\theta})}{\partial \theta_j} \right) \right\rangle = n \left[\mathbf{I}(\boldsymbol{\theta}) \right]_{ij} \quad (1.297)$$

だから，共分散行列は

$$\mathrm{Cov}\left[\sum_{k=1}^{n} \frac{\partial \log p(\boldsymbol{x}_k|\boldsymbol{\theta})}{\partial \boldsymbol{\theta}} \right] = n \, \mathbf{I}(\boldsymbol{\theta}) \quad (1.298)$$

となる．ここで式 (1.297), (1.298) の右辺は，Fisher 情報量行列

$$\left[\mathbf{I}(\boldsymbol{\theta}) \right]_{ij} = \left\langle \frac{\partial \log p(\boldsymbol{x}|\boldsymbol{\theta})}{\partial \theta_i} \frac{\partial \log p(\boldsymbol{x}|\boldsymbol{\theta})}{\partial \theta_j} \right\rangle \quad (1.299)$$

である．

表記を簡単にするため，$i = 1, \ldots, K$ に対して

$$u_i \longleftrightarrow (\boldsymbol{T}(\boldsymbol{X}))_i$$
$$v_i \longleftrightarrow \sum_{k=1}^{n} \frac{\partial \log p(\boldsymbol{x}_k|\boldsymbol{\theta})}{\partial \theta_i} \quad (1.300)$$

と表し，確率変数から期待値を差し引く操作を

$$\tilde{u}_i = u_i - \langle u_i \rangle \quad (1.301)$$

などと書くことにする．上で得られた式 (1.295), (1.298) を，式 (1.296) を用いてまとめると

$$\langle \tilde{u}_i \tilde{v}_j \rangle = \delta_{ij}, \quad (1.302)$$
$$\langle \tilde{v}_i \tilde{v}_j \rangle = n \left[\mathbf{I}(\boldsymbol{\theta}) \right]_{ij} \quad (1.303)$$

である．

いま，任意の定数行列 (ただし逆が存在する) t_{ij} を係数として，線型結合

$$\tilde{w}_i := \tilde{u}_i - \sum_j t_{ij} \tilde{v}_j \quad (1.304)$$

付録1: Cramér-Rao の不等式

を考える. その共分散行列は非負定値, すなわち任意の非零ベクトル ξ_i に対して

$$\sum_{i,j=1}^{K} \langle \tilde{w}_i \tilde{w}_j \rangle \xi_i \xi_j \geq 0 \tag{1.305}$$

が成り立つ. そこで

$$t_i := \sum_j \xi_j t_{ji}, \tag{1.306}$$

$$A_{ij} := \langle \tilde{v}_i \tilde{v}_j \rangle, \quad b_i := -\sum_j \xi_j \langle \tilde{u}_j \tilde{v}_i \rangle, \quad c := \sum_{i,j} \xi_i \xi_j \langle \tilde{u}_i \tilde{u}_j \rangle \tag{1.307}$$

とおいて整理すると, 式 (1.305) は

$$f(\boldsymbol{t}) := \sum_{i,j} A_{ij} t_i t_j + 2 \sum_i b_i t_i + c \geq 0 \tag{1.308}$$

と表すことができる. A_{ij} は共分散行列, したがって非負定値性をもつ対称な行列であるから, 式 (1.308) が成り立つための必要十分条件は, $f(\boldsymbol{t})$ がその極値において非負であること, すなわち

$$-\sum_{i,j} (A^{-1})_{ij} b_i b_j + c \geq 0 \tag{1.309}$$

と書ける. ここで, $(A^{-1})_{ij}$ は, 行列 A_{ij} の逆行列の (i,j) 成分である. 式 (1.309) は

$$\sum_{i,j} \xi_i \xi_j \langle \tilde{u}_i \tilde{u}_j \rangle \geq \sum_{i,j} \xi_i \xi_j \sum_{k,\ell} (A^{-1})_{k\ell} \langle \tilde{u}_i \tilde{v}_k \rangle \langle \tilde{u}_j \tilde{v}_\ell \rangle \tag{1.310}$$

となる. 書き直して, 右辺に式 (1.302), (1.303) を用いると

$$\sum_{i,j} \xi_i \xi_j \left[\text{Cov}[\boldsymbol{T}(\boldsymbol{X})] \right]_{ij} \geq \sum_{i,j} \xi_i \xi_j \frac{1}{n} \left[\mathbf{I}(\boldsymbol{\theta})^{-1} \right]_{ij} \tag{1.311}$$

が任意の非零ベクトル ξ_i に対して成り立つ. ここで, $\left[\mathbf{I}(\boldsymbol{\theta})^{-1} \right]_{ij}$ は, Fisher 情報量行列の逆行列の (i,j) 成分である. 不偏推定量 $\boldsymbol{T}(\boldsymbol{X})$ の共分散は式 (1.311) の非負定値性の意味で下限をもつ. これを Cramér-Rao の不等式と呼ぶ. 1変数の場合は次式になる:

$$\text{Var}[T(\boldsymbol{X})] \geq 1/[n\,\mathrm{I}(\theta)]. \tag{1.312}$$

付録2：Hill の推定量の導出

1.5.3 節では，変数が大きな値をとる裾野領域におけるべき分布の最尤推定量について述べた．一方，逆に変数が小さな値をとる「逆の裾野」，すなわち，ある閾値 d に対して累積分布関数が，べき分布

$$P_<(x|\boldsymbol{\theta}) \approx C\,x^\mu \qquad (x < d) \tag{1.313}$$

に従うという，異なる漸近的な振る舞いも考えることができる．[*16] この場合，逆の裾野領域で，パラメータ $\boldsymbol{\theta}$ をべき指数 μ と規格化因子 C とするパラメトリックなモデルを考えており，他の領域での分布形は仮定しない．n 個のデータを降順に $x^{(1)} \geq x^{(2)} \geq \ldots x^{(n)}$ としたとき，下位 $r+1$ 個のデータが d 以下である，すなわち $x^{(n-r)} \leq d$ であるという条件のもとで，最尤推定量は

$$\hat{\mu} = \frac{r+1}{r\log x^{(n-r)} - \displaystyle\sum_{i=1}^{r}\log x^{(n-r+i)}}\,, \tag{1.314}$$

$$\hat{C} = \frac{r+1}{n}\left[x^{(n-r)}\right]^{-\hat{\mu}} \tag{1.315}$$

で求められる．

確率変数の逆を $Z = X^{-1}$ とおくと，X が小さな値をとる逆の裾野領域は，変数 Z が大きな値をとる裾野領域にちょうど対応している．実際

$$\Pr[Z \geq z] = \Pr\left[X \leq z^{-1}\right] \approx C\,z^{-\mu} \tag{1.316}$$

が領域 $z \geq d^{-1}$ で成り立つからである．したがって，式 (1.314) と (1.315) において，変数を $[x^{(i)}]^{-1} \to x^{(n+1-i)}$ と形式的に置き換えて整理すると，本文で述べた式 (1.185) と (1.186) が得られる．そこで，式 (1.314) と (1.315) を導出しよう．導出は文献 [70] に従うが，必要となる Rényi の表現定理も証明しておこう．

一般に，確率変数 $X \geq 0$ に対して，変数変換

$$U = P_<(X) \qquad (0 \leq U \leq 1)\,, \tag{1.317}$$

$$Y = -\log U \qquad (0 \leq Y) \tag{1.318}$$

[*16] 文献 [14] の 2.5 節「ロング・テール現象」では，この「逆の領域」に関連する話題について述べているので，参考にされたい．

付録2: Hill の推定量の導出

を考える. ここで, $P_<(x)$ は X の累積分布関数であり, その定義から $P_<(0) = 0$, $P_<(\infty) = 1$ を満たす単調増加関数である. U は区間 $[0,1]$ の一様乱数に従う. 実際

$$\Pr[U \leq u] = \Pr\left[X \leq P_<^{-1}(u)\right] = P_<\left(P_<^{-1}(u)\right) = u \tag{1.319}$$

である. したがって, Y は

$$\begin{aligned}\Pr[Y \leq y] &= \Pr\left[U \geq e^{-y}\right] = \Pr\left[X \geq P_<^{-1}(e^{-y})\right] \\ &= 1 - P_<\left(P_<^{-1}(e^{-y})\right) = 1 - e^{-y}\end{aligned} \tag{1.320}$$

を満たす. すなわち, Y は平均が 1 である指数分布に従う.

独立同分布で得られる n 個の確率変数 $X_1, X_2, \ldots, X_n$ に対して, その順序統計量

$$X^{(1)} \geq X^{(2)} \geq \cdots \geq X^{(n)} \tag{1.321}$$

を考える. 対応する変数を, $U^{(k)} = P_<(X^{(k)})$, $Y^{(k)} = -\log U^{(k)}$ と定義すると, 順序統計量

$$U^{(1)} \geq U^{(2)} \geq \cdots \geq U^{(n)}, \tag{1.322}$$
$$Y^{(1)} \leq Y^{(2)} \leq \cdots \leq Y^{(n)} \tag{1.323}$$

が得られる. Y は昇順になっていることに注意しよう.

平均 1 の指数分布に従う Y を, 1.1 節 (7 ページ) で述べたように放射性原子の寿命と考えると, 順序統計量 (1.323) は原子が順に崩壊する時刻の列と見なせる. いま, k 番目の崩壊が時刻 s に起こった条件下で, 次の崩壊までの時間が t 以上である確率は

$$\begin{aligned}\Pr\left[y^{(k+1)} - y^{(k)} > t \,\middle|\, y^{(k)} = s\right] &= \Pr\left[y^{(k+1)} > t + s \,\middle|\, y^{(k)} = s\right] \\ &= (\Pr[y > t + s \,|\, y > s])^{n-k} = (\Pr[y > t])^{n-k} = e^{-(n-k)t}\end{aligned} \tag{1.324}$$

となる. 2 番目の等式が成り立つのは, この条件付確率が時刻 s の時点で生き残っている $n - k$ 個の原子のいずれもが時刻 $t + s$ まで崩壊しない確率を意味しているからである. また, 3 番目の等式で指数分布の無記憶性 (1.44) を用いたが, そのために この式 (1.324) は付した条件に依存しない. したがって

$$\Pr\left[y^{(k+1)} - y^{(k)} > t\right] = e^{-(n-k)t} \tag{1.325}$$

が成り立つので, 順序統計量の階差も指数分布に従う. すなわち

$$e_{k+1} := (n-k)(y^{(k+1)} - y^{(k)}) \qquad (k = 0, 1, \ldots, n-1) \tag{1.326}$$

を定義する (ただし $y^{(0)} := 0$) と, e_k は平均が 1 の指数分布に従う. また $\{e_k\}$ は互いに独立である. なぜなら, 条件付確率

$$
\begin{aligned}
&\Pr\left[y^{(k+1)} - y^{(k)} > t \,\Big|\, y^{(1)} = s_1, y^{(2)} - y^{(1)} = s_2, \ldots, y^{(k)} - y^{(k-1)} = s_k\right] \\
&= \Pr\left[y^{(k+1)} - y^{(k)} > t \,\Big|\, y^{(1)} = s_1, y^{(2)} = s_1 + s_2, \ldots, y^{(k)} = s_1 + \cdots + s_k\right] \\
&= \Pr\left[y^{(k+1)} > t + s_1 + \cdots + s_k \,\Big|\, y^{(k)} = s_1 + \cdots + s_k\right] \\
&= e^{-(n-k)t}
\end{aligned} \tag{1.327}
$$

を考えると, 式 (1.324) と同じようにして, 付した条件に依存しないことが分かるからである. したがって, (平均 1 の) 指数分布の順序統計量は

$$
y^{(k)} = \frac{e_1}{n} + \frac{e_2}{n-1} + \cdots + \frac{e_k}{n+1-k} \qquad (k = 1, \ldots, n) \tag{1.328}
$$

のように, 互いに独立な (平均 1 の) 指数分布の和で表現することができる.

これを用いると, 順序統計量 (1.321) は一般に

$$
\begin{aligned}
x^{(k)} &= P_<^{-1}(u^{(k)}) = P_<^{-1}(\exp[-y^{(k)}]) \\
&= P_<^{-1}\left(\exp\left[-\left(\frac{e_1}{n} + \frac{e_2}{n-1} + \cdots + \frac{e_k}{n+1-k}\right)\right]\right)
\end{aligned} \tag{1.329}
$$

と, 互いに独立な (平均 1 の) 指数分布の和を用いて表現できる. この表現を, Rényi の表現定理 (Rényi's Representation Theorem) と呼ぶ.

この定理を一様分布に適用すると, 一様分布の累積分布関数は $P_<(x) = x$ であり, $x^{(k)}$ は式 (1.63) のベータ分布に従うから, 式 (1.329) の右辺に現れる指数分布の和を

$$
f_{n,k} := n\left(\frac{e_1}{n} + \frac{e_2}{n-1} + \cdots + \frac{e_k}{n+1-k}\right) \tag{1.330}
$$

とおくと, 変数 $f_{n,k}$ の確率密度関数は

$$
p(f_{n,k} = x) = \frac{1}{n\,B(n-k+1, k)}\, e^{-(n-k+1)x/n}\,(1 - e^{-x/n})^{k-1} \tag{1.331}
$$

と計算できる.

さて, 下位 $r+1$ 個のデータが d 以下であるという条件のもとで計算すべき量は

$$
L := p(x^{(n-r)}, x^{(n-r+1)}, \ldots, x^{(n)} | x^{(n-r)} \leq d) \tag{1.332}
$$

付録2: Hill の推定量の導出

の条件付尤度である．Rényi の表現定理を用いて，$r+1$ 個の変数 $\{x^{(k)}\}$ ($k = n-r, \ldots, n$) から

$$e_k = (n-k+1)\left(\log P_<(x^{(k-1)}|\boldsymbol{\theta}) - \log P_<(x^{(k)}|\boldsymbol{\theta})\right), \tag{1.333}$$

$$f_{n,n-r} = -n\log P_<(x^{(n-r)}|\boldsymbol{\theta}) \tag{1.334}$$

への変数変換を行う．ここで，$\{e_k\}$ ($k = n-r+1, \ldots, n$) は互いに独立であり，すべて $f_{n,n-r}$ とも独立である．なぜなら，$f_{n,n-r}$ はその定義式 (1.330) から，$i = 1, \ldots, n-r$ に対する $\{e_i\}$ だけに依存するからである．また，$x^{(n-r)}$ に対する条件は $f_{n,n-r}$ のみにきくので，条件付尤度は

$$L = |J| \times \prod_{k=n-r+1}^{n} p(e_k) \times p(f_{n,n-r}|x^{(n-r)} \le d) \tag{1.335}$$

と書ける．ここで，$|J|$ は変換 (1.333), (1.334) にともなう Jacobian である．

まず，Jacobian を計算すると

$$|J| \propto \prod_{i=1}^{r+1} \frac{d\log P_<(x^{(n+1-i)}|\boldsymbol{\theta})}{dx^{(n+1-i)}} \tag{1.336}$$

となる．式 (1.335) の第 2 項目は平均 1 の指数分布の積で書ける．また，第 3 項目は $p(f_{n,n-r}|x^{(n-r)} \le d) = \frac{p(f_{n,n-r})}{p(x^{(n-r)} \le d)}$ に等しいが，$p(f_{n,n-r})$ は式 (1.331) を用いて書ける．条件に対応する因子 $p(x^{(n-r)} \le d)$ は，変換式 (1.334) と式 (1.331) から，パラメータに依存しないので無視できる．以上を整理すると，対数尤度は

$$\begin{aligned}
\log L &= \sum_{i=1}^{r+1} \log\left[\frac{d\log P_<(x^{(n+1-i)}|\boldsymbol{\theta})}{dx^{(n+1-i)}}\right] \\
&\quad - \sum_{i=1}^{r} i\left[\log P_<(x^{(n-i)}|\boldsymbol{\theta}) - \log P_<(x^{(n+1-i)}|\boldsymbol{\theta})\right] \\
&\quad + (r+1)\log P_<(x^{(n-r)}|\boldsymbol{\theta}) + (n-r-1)\log\left[1 - P_<(x^{(n-r)}|\boldsymbol{\theta})\right] \\
&\quad + \text{const}
\end{aligned} \tag{1.337}$$

となる．const は $\boldsymbol{\theta}$ の最適化に無関係な定数である．

式 (1.313) の場合, 対数尤度は

$$\log L = (r+1)\log \mu - \mu \sum_{i=1}^{r} i \left(\log x^{(n-i)} - \log x^{(n+1-i)} \right)$$
$$+ (r+1) \log C(x^{(n-r)})^{\mu} + (n-r-1) \log \left[1 - C(x^{(n-r)})^{\mu} \right]$$
$$+ \text{const} \tag{1.338}$$

となる. これを最大にするパラメータ $\boldsymbol{\theta} = (\mu, C)$ を求めると

$$\hat{\mu} = \frac{r+1}{\displaystyle\sum_{i=1}^{r} i \left(\log x^{(n-i)} - \log x^{(n+1-i)} \right)} \tag{1.339}$$

と, 式 (1.315) を得る. 式 (1.339) の分母は

$$\eta := \sum_{i=1}^{r} i \left(\log x^{(n-i)} - \log x^{(n+1-i)} \right) \tag{1.340}$$

$$= r \log x^{(n-r)} - \sum_{i=1}^{r} \log x^{(n-r+i)} \tag{1.341}$$

に等しいので, これより式 (1.314) が得られた.

上の和 (1.340) は, 式 (1.333) に (1.313) を代入したもので書けるから

$$\eta = \frac{1}{\mu} \sum_{p=1}^{r} e_p \tag{1.342}$$

のように, 平均 1 の指数分布の r 個の和で表される. 1.1 節 (7 ページ) で述べたように, 独立な指数分布の和はガンマ分布に従うので, 最尤推定量の平均と分散が計算できる. このことを用いて計算すると

$$\langle \hat{\mu} \rangle = \frac{r+1}{r-1} \mu , \tag{1.343}$$

$$\text{Var}[\hat{\mu}] = \frac{(r+1)^2}{(r-1)^2 (r-2)} \mu^2 \tag{1.344}$$

を得る.

すでに述べたように, 1.5.3 節の本文で述べた, 変数が大きな値をとる裾野領域におけるべき分布の最尤推定量 (式 (1.185) と (1.186)) とその統計誤差 (式 (1.187) と (1.188)) が以上から直ちに導かれる.

付録 2: Hill の推定量の導出

演習問題

1.1 あるインチキ硬貨の表が出る確率が 0.7 または 0.5 であると, 2 つのモデルによりそれぞれ予想した. もしその確率の真の値が 0.4 であれば, 後者のモデルがより良いことは明らかである. では真の値が 0.6 であれば, どちらがより良いモデルであると言えるか. モデルを確率 p をもつ二項分布であるとして, 真の確率 q に対して KL 距離

$$D(q,p) = p\log(p/q) + (1-p)\log(1-p/1-q)$$

を計算して比較してみよ.

1.2 q を平均 μ, 分散 σ^2 の正規分布, p を平均 ξ, 分散 τ^2 の正規分布とするとき, KL 距離 $D(q,p)$ を計算せよ. 特に, $\mu = 0$, $\sigma^2 = 1$ とおいて, 2 次元上半平面 (ξ, τ^2) 上で, $D(q,p)$ の値がとる等高線を描いてみよ.

1.3 正規分布 $p_A(x) = e^{-x^2/2}/\sqrt{2\pi}$, Cauchy 分布 $p_B(x) = 1/(\pi(1+x^2))$ からそれぞれ乱数を 10 個ずつ数値的に生成する. それぞれのデータについて, モデル p_A と p_B に対する対数尤度を計算して, 正しいモデルが選択されるか確かめよ. (後者の乱数生成には, まず $[0,1]$ 区間の一様乱数 u を発生して, 変換 $x = \tan\pi(x - 1/2)$ を行えばよい.)

1.4 密度行列 $\hat{\rho}$, $\hat{\rho}_{\text{eq}}$ に対する KL 距離,

$$D(\hat{\rho}, \hat{\rho}_{\text{eq}}) = \text{Tr}\,\hat{\rho}\log\hat{\rho} - \text{Tr}\,\hat{\rho}\log\hat{\rho}_{\text{eq}}$$

が非負であることを証明せよ. また, KL 距離が 0 となるのは, 2 つの密度行列が一致するときに限ることを示せ. 例えば密度行列に対してそれらを対角化する表示を用いてみよ:

$$\hat{\rho} = \sum_i w_i |\psi_i\rangle\langle\psi_i| \quad \left(w_i \geq 0,\ \text{Tr}\,\hat{\rho} = \sum_i w_i = 1\right),$$

$$\hat{\rho}_{\text{eq}} = \sum_n v_n |\varphi_n\rangle\langle\varphi_n| \quad \left(v_n \geq 0,\ \text{Tr}\,\hat{\rho}_{\text{eq}} = \sum_n v_n = 1\right).$$

1.5 完全相関コピュラ (1.206) から同時分布 (1.215) を導出せよ.

1.6 Archimedean コピュラの密度が式 (1.241) で表されることを確かめよ．

1.7 式 (1.263) を使って，Gumbel および Clayton コピュラについての Kendall の順位相関係数 τ を求めよ．

付録 2: Hill の推定量の導出　　　　　　　　　　　　　　　　　　　　　**69**

☕ 赤池情報量基準と英語の単語数分布

　この章で述べた赤池情報量基準 (AIC) に関連した，ある話題について述べます．
　読者の皆さんは英語の単語が syllable (音節) からなっていることをご存知でしょう．英単語の長さはこの syllable の数で計るのが適切です．言語学の課題の 1 つに，この英単語の長さの分布の問題があります．
　筆者の一人はかつて，共同研究者の John Constable と共に，近代の小説を中心とした約 200 万単語の散文について，単語長の分布の構造を調べるという研究に携わりました．そして，その分布は右の図のようになっていて，これがほぼ幾何級数分布であることを発見しました．

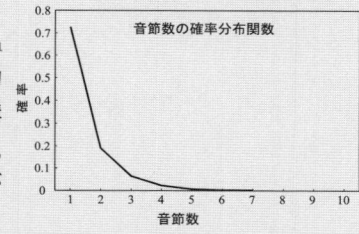

　一方，この発見に先立って，同様の研究を (はるかに少ない単語数のデータについてではありましたが) 行っていた「ゲッティンゲン・プロジェクト」というグループがありました．彼らは，約 200 種の関数を動員して，最適の関数とそのパラメータを見つけるという「アルトマン・フィッター」と呼ばれるソフトウェアを開発し，最適の関数の発見に腐心してきました．そう，技術的，数学的にみて，ゲッティンゲン・プロジェクトは非常に優れたものです．
　しかし，ちょっと待ってください．英語の単語は上のプロットにもあるように，それほど長いものは無く，せいぜい 7 までです．ですから，データ数は 7 個．それに対して，200 種，しかもそれぞれが複数のパラメータをもつ関数を考え，その 1 つがぴったりフィットするなどというのはナンセンスなことです．それくらいなら，7 つのパラメータをもつ 1 つの関数をうまく作って，データに完璧にフィットしてもよいですが，それで何も明らかにはなりません．
　これまでの項を読まれたら明らかなように，これを明白に示しているのが AIC です．
　実際，ばっさりと，単語長分布を「幾何級数分布」(これはパラメータ 1 つです) と見切ることから，「乱分割原理」という単語長の分布・相関構造についての説明原理が生まれました．これはさらにコミュニケーションについての示唆を含んでいて，大きな幾つかの課題を与えました．これについて興味ある読者は参考文献 [9, 12] をご覧ください．

(H.A.)

To accept an orthodoxy is always to inherit unresolved contradictions.

George Orwell, 1948

2
べき分布の数理

べき分布は，経済や社会の現象のあらゆる局面で登場する．べき分布はスケールに依存しない，つまり，変数 (x と呼ぼう) を定数倍 ($x \to cx$) しても，現象の様相が同じようであるという，正規分布や対数正規分布では見られない性質をもっていて，それが多くの場合にべき分布が現れる原因であると考えられる．一方，べき分布はそのように普遍的であるにもかかわらず，その特異な性質はあまり知られていない．著者らはべき分布の数理的な性質を解明し，それを数値シミュレーションで確認した．ここではその解説をする．

2.1 定義

べき分布は，発見者たちにちなみ「Pareto-Zipf 分布」，もしくは「Pareto 分布」と呼ばれる．特に後者は，べき指数が一般のものを指すのに適切なので，本章ではこの名称 **Pareto 分布**を採用することにする．[*1]

Pareto 分布とは，x の漸近領域 ($x \to \infty$) で，累積分布関数と確率密度がそれぞれ，以下のように振る舞う分布のことである．(累積分布関数の定義は式 (1.1) を参照.)

$$P_>(x) \propto x^{-\mu}, \quad p(x) \propto x^{-\mu-1}. \tag{2.1}$$

パラメータ μ を **Pareto 指数**と呼ぶ．式 (1.3) より，

$$\mu > 0 \tag{2.2}$$

でなければならない．

式 (2.1) における比例定数を決めておくと，後の議論に便利である．ここでは，

$$P_>(x) \xrightarrow{x \to \infty} \left(\frac{x}{x_\mathrm{P}}\right)^{-\mu}, \quad p(x) \xrightarrow{x \to \infty} \frac{\mu}{x_\mathrm{P}} \left(\frac{x}{x_\mathrm{P}}\right)^{-\mu-1} \tag{2.3}$$

としておく．x_P は x と同じ次元（「円」，「年数」など）をもつスケール因子であり，漸近領域を $x \gg x_\mathrm{P}$ と決める典型的な大きさ，スケールを与える．これを **Pareto スケール**と呼ぶことにする．

なお，本章では確率変数 X のとる範囲を $[0, \infty)$ とする．したがって，累積分布関数は式 (1.2) の代りに，

$$P_<(0) = 0 \tag{2.4}$$

[*1] Vilfredo Pareto はイタリアの経済学者で個人の収入がべき分布することを発見した．詳しくは参考文献 [134] の p.xv を見ていただきたい．

2.2 Pareto 分布

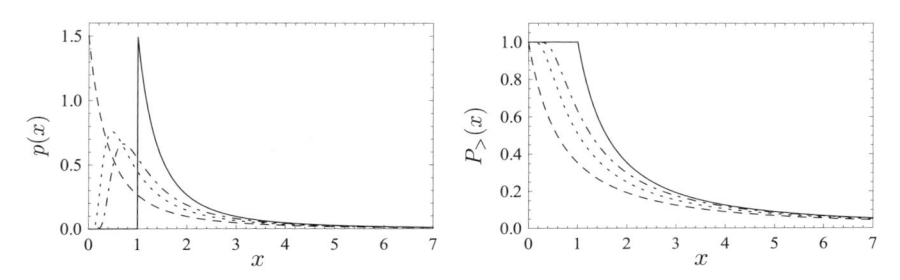

図 2.1 初等的 Pareto 分布の確率密度 $p(x)$ (左) と累積分布関数 $P_>(x)$ (右). いずれも, $\mu = 1.5, x_\mathrm{P} = 1$ で, 実線が古典 Pareto 分布, 破線が II 型 Pareto 分布, 点線が逆ガンマ分布, 一点鎖線が逆 Weibull 分布である.

を満たす. これは, 経済現象に現れる多くの量が正の値しかとらないことによる. しかし, 本章の多くの結果はこの下限に影響されないか, もしくは一般化することが容易である.

2.2 Pareto 分布

Pareto 分布は $x \to \infty$ の漸近領域での振る舞いが式 (2.1) に規定されているだけである. 実際, 式 (2.1) が $0 < x < \infty$ で成立すると, $\mu > 0$ のもとでは $P_>(0) = \infty$ となってしまうので, x が有限な領域でこの発散が何らかの形で抑えられて初めて, 意味のある分布になる. もちろん, その方法は無限にあるので, Pareto 分布は無限に種類がある. そのうち, まず最初に初等的なものを紹介する. そしてその後にシミュレーションや現象の解析に便利な 2 つの分布について詳しく解説する.

2.2.1 初等的な例

まず, 初等的な Pareto 分布を 5 例挙げる. 最初の 4 分布は図 2.1 に描かれているので, それを参考にしていただきたい. なお, これらのどれも, 歴史的に何度も発見, 再発見が繰り返されてきたものであり, 様々な異名が存在する. 本書ではそのうち, なるべく簡単で分かりやすい名前を採用することにした. 詳しくは参考文献 [87] を見られたい.

古典 Pareto 分布

たとえば,もっとも簡単にその発散を抑えた Pareto 分布としては以下がある.

$$P_>(x) = \begin{cases} 1 & (x < x_{\mathrm{P}}), \\ \left(\dfrac{x}{x_{\mathrm{P}}}\right)^{-\mu} & (x > x_{\mathrm{P}}). \end{cases} \quad (2.5)$$

これは Pareto によって提案された分布の最初のものなので,**古典 Pareto 分布** (Classical Pareto Distribution),もしくは **I 型 Pareto 分布** (Pareto Type I Distribution) と呼ばれる.その確率密度は,

$$p(x) = \begin{cases} 0 & (x < x_{\mathrm{P}}), \\ \dfrac{\mu}{x_{\mathrm{P}}}\left(\dfrac{x}{x_{\mathrm{P}}}\right)^{-\mu-1} & (x > x_{\mathrm{P}}) \end{cases} \quad (2.6)$$

となっていて不連続である.

II 型 Pareto 分布

以下も Pareto の提案した分布の 1 つである.

$$P_>(x) = \left[1 + \frac{x}{x_{\mathrm{P}}}\right]^{-\mu} \quad (2.7)$$

これは古典 Pareto 分布と異なり確率密度が連続だという利点があり,**II 型 Pareto 分布** (Pareto Type II Distribution) と呼ばれる.

逆ガンマ分布

$x=0$ での発散を抑える簡単な方法の 1 つは,

$$p(x) = \frac{x_1^{\mu}}{\Gamma(\mu)} e^{-x_1/x} x^{-\mu-1} \quad (x_1 > 0) \quad (2.8)$$

とすることである.こうすれば μ の値によらず $p(0)=0$ であって,式 (2.4) も満たしている.また,これを式 (2.3) と比較すると Pareto スケールは $x_{\mathrm{P}} = \Gamma(\mu+1)^{-1/\mu} x_1$ であることが分かる.この分布の累積分布関数は

$$P_>(x) = 1 - \frac{\Gamma(\mu, x_1/x)}{\Gamma(\mu)} \quad (2.9)$$

となる.ここで関数 $\Gamma(\mu, x_1/x)$ は 1.1 節で定義した第 2 種不完全ガンマ関数である.このことから,この分布は**逆ガンマ分布** (Inverse Gamma Distribution) と呼ばれる.

2.2 Pareto 分布

逆 Weibull 分布

古典ガンマ分布では，累積分布関数が初等関数にならなかった．後述するように，シミュレーションでは累積分布関数の逆関数が必要なので，古典ガンマ分布は多少面倒である．そこで，累積分布関数を初等関数にしたければ，次のように確率密度を少し変えればよい：

$$p(x) = \mu x_{\mathrm{P}}^{\mu} e^{-(x_{\mathrm{P}}/x)^{\mu}} x^{-\mu-1}. \tag{2.10}$$

実際，このときには累積分布関数は

$$P_>(x) = 1 - e^{-(x_{\mathrm{P}}/x)^{\mu}} \tag{2.11}$$

となっていて初等関数で書かれている．また，x_{P} は Pareto スケールである．この分布は通常の Weibull 分布で $x \to 1/x$ としたものであるので，**逆 Weibull 分布** (Inverse Weibull Distribution) と呼んでおこう．

q 分布

これまでに述べてきた分布はどれも，Pareto 指数 μ と Pareto スケール x_{P} 以外にパラメータをもたない．したがって，パラメータを最適化しても実際の分布にはあまりよく合わないことが多い．そのため，よりパラメータを多くもつ分布も知っておくことが望ましい．ここでは余分のパラメータをもつ分布のうち，簡単で便利なものを 1 つだけ与えておき，次の節ではより一般的な分布について述べることにする．

次のような分布を定義する．

$$P_>(x) = \left[1 + \left(\frac{x}{x_{\mathrm{P}}}\right)^q\right]^{-\mu/q} \quad (q > 0). \tag{2.12}$$

これは II 型 Pareto 分布 (2.7) にパラメータ q をもち込んで変形したものと考えればよい．当然，$q = 1$ とすると II 型 Pareto 分布を得る．また，$q \to \infty$ の極限で，古典 Pareto 分布 (2.5) が得られる．

この分布は著者 (H.A.) が考案して解析などに使った．上のようにパラメータ q を入れて，その極限の振る舞いを調整するのはあちこちで見られる手法である．たとえば，後述する CES 型生産関数や，Tsallis の非加法的統計物理学 (Nonextensive Statistical Physics) での q-Gaussian 分布などはそのよい例である．簡単な変形なので，すでに誰かがどこかで使っていてもまったく不思議はないのだが，この分布は既

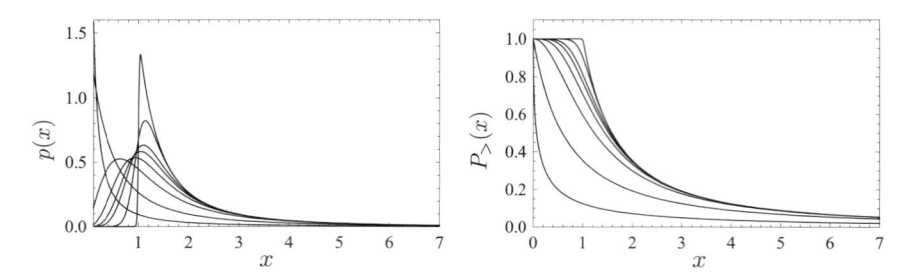

図 2.2 様々な q 分布の確率密度 (左) と累積分布関数 (右). いずれも $\mu = 1.5$, $x_{\rm P} = 1$ で, 確率密度では左から, 累積分布関数では下から, $q = 0.5, 1, 2, 3, 4, 5, 10, 100$ とした.

存の文献に見つけられなかった.[*2] 名無しでは不便なので, これを **q 分布** と呼ぶことにする.

2.2.2 Pareto 分布: A 分布と B 分布

これまでは比較的簡単な Pareto 分布について述べてきたが, それらだけでは, 現象の解析に力不足であることも多い. そのような場面では, よりパラメータを多く含み, 様々な形をとることのできる Pareto 分布が役に立つ. ここではそのような強力な分布について解説する.

A 分布

以下の確率密度で表される分布を A 分布と名づける.[*3]

$$p^{(\mathrm{A})}(x) = N^{(\mathrm{A})} \frac{1}{x} \left[1 + \left(\frac{x_1}{x}\right)^p \right]^{-\nu/p} \left[1 + \left(\frac{x}{x_0}\right)^q \right]^{-\mu/q}. \tag{2.13}$$

パラメータ x_0, x_1, μ, ν, p, q はいずれも正である. これらのパラメータのうち, x_0, x_1 はスケール因子であり, μ, ν, p, q は無次元で, 形状を決めるパラメータである. また, $N^{(\mathrm{A})}$ は $(x_0, x_1; \mu, \nu, p, q)$ に依存する規格化定数であるが, その解析的表式は知られていない.

[*2] 唯一, Stoppa 分布は多少この分布に近いが, 正確には異なる.
[*3] これも既存の文献には見当たらないので, オリジナルな名前である.

2.2 Pareto 分布

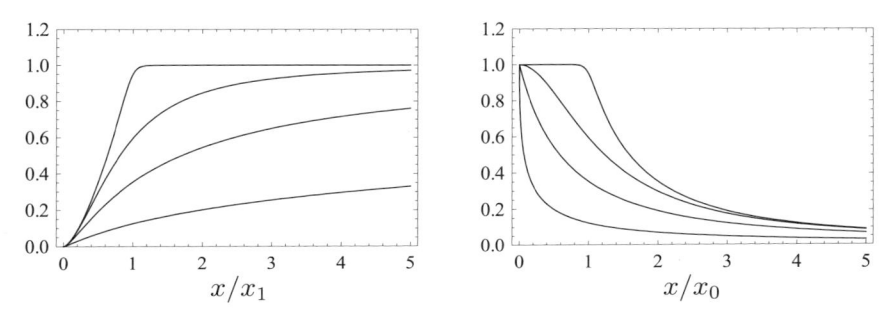

図 2.3 A 分布におけるパラメータ p, q の役割. 左の図の縦軸は $[1 + (x_1/x)^p]^{-1.5/p}$ で, 下の曲線から $p = 0.5, 1, 2, 20$ と選んだ. また, 右の図の縦軸は $[1 + (x/x_0)^q]^{-1.5/q}$ で, 下から $q = 0.5, 1, 2, 20$ と選んだ.

分布 (2.13) の漸近的性質は,

$$p^{(A)}(x) \simeq N^{(A)} \times \begin{cases} \dfrac{1}{x}\left(\dfrac{x_1}{x}\right)^{-\nu} & (x \to 0), \\ \dfrac{1}{x}\left(\dfrac{x}{x_0}\right)^{-\mu} & (x \to \infty) \end{cases} \tag{2.14}$$

である. したがって, μ は通常の Pareto 指数である. また, Pareto スケールは,

$$x_{\mathrm{P}} = \left(\frac{N^{(A)}}{\mu}\right)^{1/\mu} x_0 \tag{2.15}$$

であることが分かる.

A 分布は以下の変換の元で不変である.

$$\left\{\frac{x}{x_0},\ \mu,\ q\right\} \Leftrightarrow \left\{\frac{x_1}{x},\ \nu,\ p\right\}. \tag{2.16}$$

これは式 (2.13) において, $y = (x_0 x_1)/x$ と変数変換をして,

$$\left|\frac{dx}{x}\right| = \left|\frac{dy}{y}\right| \tag{2.17}$$

であることに注意すると分かる.

表 2.1 A 分布のパラメータとその役割

パラメータ	役割
ν	$x \to 0$ でのべき指数「第 2 Pareto 指数」
x_1	$x \to 0$ でのべきのスケール
p	$x \to 0$ でのべきの継続度
μ	Pareto 指数
x_0	$x \to \infty$ でのべきのスケール
q	$x \to \infty$ でのべきの継続度

式 (2.14) と,この不変性から分かるように,パラメータ ν は x の小さい領域での Pareto 指数に相当する.そこで,これを**第 2 Pareto 指数**と名づける.また,

$$\widetilde{x}_{\mathrm{P}} = \left(\frac{N^{(\mathrm{A})}}{\nu}\right)^{-1/\nu} x_1 \tag{2.18}$$

と定義すると $x \to 0$ において,

$$p^{(\mathrm{A})}(x) \simeq \frac{\nu}{x}\left(\frac{\widetilde{x}_{\mathrm{P}}}{x}\right)^{-\nu}, \tag{2.19}$$

$$P^{(\mathrm{A})}_<(x) \simeq \left(\frac{\widetilde{x}_{\mathrm{P}}}{x}\right)^{-\nu}, \tag{2.20}$$

となるので,$\widetilde{x}_{\mathrm{P}}$ を**第 2 Pareto スケール**と呼ぶことにする.

p, q の役割については図 2.3 を見るのがよい.いずれも,上の曲線ほど p, q の値が大きい.すなわち,p, q はそれぞれ,x の小さい領域と大きい領域でのべき的振る舞いがどれだけ長く続くかを決めている.A 分布はこれらの積を含んでいるので,一般に (p, q が同じ程度のとき) $x_1 \ll x_0$ ならばフラットな領域が長く続くし,$x_1 \gg x_0$ ならば分布は鋭く尖る.まとめると,各パラメータは表 2.1 のような役割をする.

A 分布の対数正規分布近似

ある確率密度関数 $p(x)$ について,$xp(x)$ が 1 つのピークを $x = x_{\ln}$ にもつとしよう.そのピークのまわりに

$$p(x) = \frac{1}{x}e^{-S(x)}, \quad S(x) = S(x_{\ln}) + \frac{1}{2}S''(x_{\ln})\log^2(x/x_{\ln}) + \cdots \tag{2.21}$$

2.2 Pareto 分布

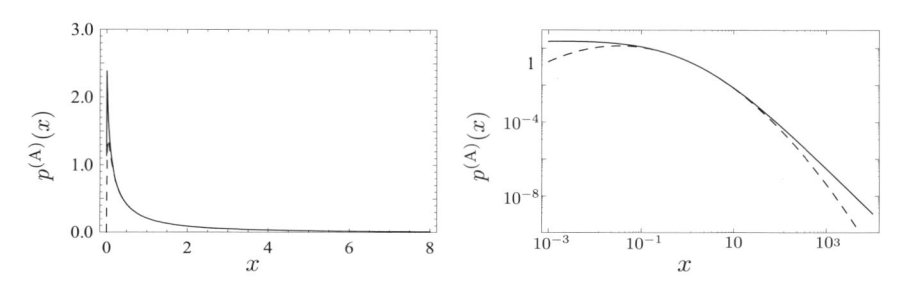

図 2.4 A 分布（実線）とその擬対数正規分布近似 ((2.23) 右辺, 点線) との比較. $x_1 = 2$, $x_0 = 1$, $\nu = 1.1$, $\mu = 1.5$, $p = q = 0.5$ とした. このとき, $\tilde{x}_{\ln} = 1.34$ であり, 領域 (2.26) は $0.27 \ll x \ll 7.4$ となる.

と $\log(x/x_{\ln})$ で展開して,[*4] 右辺第 2 項まででこの展開を打ち切って近似する F と, それは対数正規分布 (1.34) で $\mu = \log x_{\ln}$, $\sigma = 1/\sqrt{S''(x_{\ln})}$ としたものに比例する.[*5] 問題は, この正規分布近似がどの程度の範囲で有効かである.

A 分布においては,

$$S(x) = -\log N^{(A)} + \frac{\nu}{p} \log \left[1 + \left(\frac{x_1}{x} \right)^p \right] + \frac{\mu}{q} \log \left[1 + \left(\frac{x}{x_0} \right)^q \right] \tag{2.22}$$

であり, 第 2 項は x の単調減少関数, 第 3 項は x の単調増加関数 (図 2.3 参照) であるから, 必ず 1 つの $x_{\ln}$ が存在する. しかし, $x_{\ln}$ を解析的に求めることはできない.

しかし, 別に有用な近似が存在する. それは $S(x)$ を p, q について, それぞれ 0 の周りに展開することによって得られ,

$$p^{(A)}(x) \propto \frac{1}{x^{1+(\mu-\nu)/2}} \exp\left[-\frac{p\nu + q\mu}{8} \log^2 \left(\frac{x}{\tilde{x}_{\ln}} \right) \right] \tag{2.23}$$

ただし,

$$\tilde{x}_{\ln} := (x_1^{p\nu} x_0^{q\mu})^{1/(p\nu + q\mu)} \tag{2.24}$$

である. すなわち, A 分布は

$$\sigma = \frac{2}{\sqrt{p\nu + q\mu}}, \quad x_{\ln} = \tilde{x}_{\ln} \tag{2.25}$$

[*4] $\log^2(z)$ は対数の 2 乗, すなわち $(\log(z))^2$ を意味する. また, S'' は $\log x$ での 2 回微分を意味する.

[*5] 規格化定数は必ずしも対数正規分布と一致しない. これは元の分布の他の領域での振る舞いの影響を受けるためである.

の対数正規分布に余分な因子 $x^{(\nu-\mu)/2}$ をかけたもの (これを「擬対数正規分布」と呼んでおく) で近似される．この擬対数正規分布 (2.23) は，$\mu = \nu$ の場合に正確な対数正規分布になる．この近似の適正範囲は，

$$\max(x_1 e^{-1/p}, x_0 e^{-1/q}) \ll x \ll \min(x_1 e^{1/p}, x_0 e^{1/q}) \tag{2.26}$$

である．これらの式の導出は本章の演習問題としておく．

すでに述べたように，漸近的には式 (2.14) のように振る舞うので，A 分布は，中間的領域では擬対数正規分布として振る舞い，漸近的にはべき分布となるという性質をもっている．図 2.4 に A 分布と擬対数正規分布の比較を描いた．上に述べたように，領域 (2.26) では A 分布は擬対数正規分布とよく合い，$x \to 0, \infty$ ではそれからずれて，べき的な振る舞いをしている．このような振る舞いは，個人収入や企業の財務諸項目などの現実の分布の多くに見られる性質 [14] なので，A 分布は多くの分布の最適化に理想的である．

B 分布

上に定義した A 分布は多くの意味あるパラメータをもつので一般性が高く，解析に適切である．しかし規格化定数 $N^{(A)}$ が解析的には知られていないので，数値解析は面倒である．

そこで，A 分布においてパラメータを

$$x_1 = x_0, \quad p = q \tag{2.27}$$

と減らした以下の分布，B 分布，を定義する．[*6]

$$p^{(B)}(x) = N^{(B)} \frac{1}{x} \left[1 + \left(\frac{x_0}{x}\right)^q \right]^{-\nu/q} \left[1 + \left(\frac{x}{x_0}\right)^q \right]^{-\mu/q} \tag{2.28}$$

$$= N^{(B)} \frac{1}{x} \left(\frac{x}{x_0}\right)^{\nu} \left[1 + \left(\frac{x}{x_0}\right)^q \right]^{-(\mu+\nu)/q}. \tag{2.29}$$

この B 分布の $x \to \infty, 0$ での漸近的振る舞いは A 分布と同じであり，μ, ν はそれぞれ，Pareto 指数と第 2 Pareto 指数である．この分布の規格化定数 $N^{(B)}$ はベータ関数を使って以下のように解析的に表すことができる：

$$N^{(B)} = \frac{q}{B(\mu/q, \nu/q)}. \tag{2.30}$$

[*6] この分布を参考文献 [87] では "Generalized Beta Distribution of the Second Kind" と呼び，"GB2" と略している．本稿では簡明さのために B 分布と呼ぶことにする．"B" は "Beta" にも通じるので，これは適切な名前であろう．

2.2 Pareto 分布

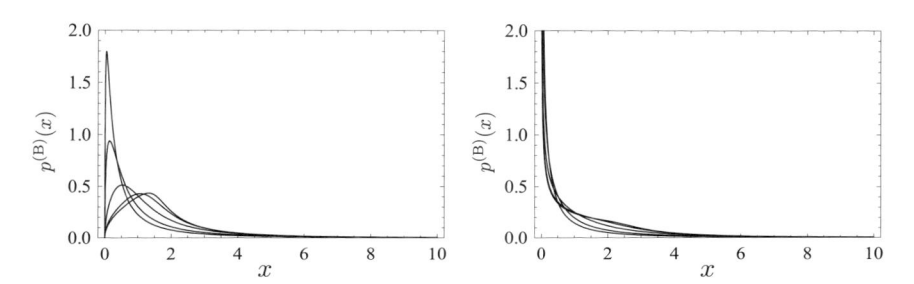

図 2.5　$q = 0.7, 1, 2, 5, 10$ での B 分布. q の値は x の大きい領域で下の曲線が一番小さい. また, 左右共に, $\mu = 1.5$ で, スケールは $x_\text{P} = 1$ に固定し, 左は $\nu = 1.5$, 右は $\nu = 0.5$ とした.

さらに, 累積分布関数は

$$P_>^{(\text{B})}(x) = \frac{B(z, \mu/q, \nu/q)}{B(\mu/q, \nu/q)}, \quad z = \left[1 + \left(\frac{x}{x_0}\right)^q\right]^{-1} \quad (2.31)$$

と書くことができる. ここで, $B(z, r, s)$ は 1.1 節で定義した不完全ベータ関数である. $B(1, r, s) = B(r, s)$, $B(0, r, s) = 0$ より規格化条件 (1.3) が保証されている. この分布のいくつかの形を図 2.5 に描いた.

B 分布の対数正規分布近似

この分布については当然, A 分布の擬対数正規分布近似 (2.23) が成立する.

$$p^{(\text{B})}(x) \propto \frac{1}{x^{1+(\mu-\nu)/2}} \exp\left[-\frac{(\nu+\mu)q}{8} \log^2(x/\tilde{x}_\text{ln})\right], \quad (2.32)$$

$$\tilde{x}_\text{ln} = x_0, \quad \sigma = \frac{2}{\sqrt{(\nu+\mu)q}}. \quad (2.33)$$

また, その適用範囲は式 (2.26) より, $x_0 e^{-1/q} \ll x \ll x_0 e^{1/q}$ である.

しかし一方, B 分布では正確なピークの位置を解析的に求めることができる:

$$x_\text{ln} = \left(\frac{\nu}{\mu}\right)^{1/q} x_0. \quad (2.34)$$

その周りで展開すると,

$$S(x) = -\log N^{(\mathrm{B})} + \frac{1}{q}\left((\mu+\nu)\log(\mu+\nu) - \nu\log\nu - \mu\log\mu\right)$$
$$+ \frac{\nu\mu q}{2(\nu+\mu)}\log^2\left(\frac{x}{x_{\ln}}\right) + \frac{\nu\mu(\nu-\mu)q^2}{6(\nu+\mu)^2}\log^3\left(\frac{x}{x_{\ln}}\right) + \cdots \quad (2.35)$$

となるので,

$$\sigma^2 = \frac{1}{q}\frac{\nu+\mu}{\nu\mu} \quad (2.36)$$

の対数正規分布を $p^{(\ln)}(x)$ として,

$$p^{(\mathrm{B})}(x) = N^{(\mathrm{B})}(\nu+\mu)^{-(\nu+\mu)/q}\nu^{\nu/q}\mu^{\mu/q}\sqrt{2\pi}\sigma\, p^{(\ln)}(x)$$
$$= \frac{\sqrt{2\pi}}{B(\nu/q,\mu/q)}\frac{\nu^{\nu/q-1}\mu^{\mu/q-1}}{(\nu+\mu)^{(\nu+\mu)/q-1}}\,p^{(\ln)}(x) \quad (2.37)$$

である. これがよい近似となっている範囲は, 第 2 項と第 3 項を比較すると

$$\left|\log\left(\frac{x}{x_{\ln}}\right)\right| \ll \frac{3}{q}\left|\frac{\nu+\mu}{\nu-\mu}\right| \quad (2.38)$$

となる. これは $\mu = \nu$ で無限に広い範囲となるが, その場合でも第 4 項以下はゼロとならないので, 実際の近似の有効範囲は有限である. 一般には

$$\left|\log\left(\frac{x}{x_{\ln}}\right)\right| \ll O\left(\frac{1}{q}\right) \quad (2.39)$$

すなわち,

$$x_{\ln}e^{-1/q} \ll x \ll x_{\ln}e^{1/q} \quad (2.40)$$

が対数正規近似の有効範囲だと考えるべきである.

B 分布の q 分布極限

2.2.1 節で述べた q 分布は, B 分布において $\nu = q$ とすると得られる. 実際,

$$B(z,r,1) = \int_0^z t^{r-1}dt = \frac{z^r}{r} \quad (2.41)$$

を使うと, 式 (2.31) より,

$$P_>^{(\mathrm{B})}(x) = \frac{B(z,\mu/q,1)}{B(\mu/q,1)} = z^{\mu/q} \quad (2.42)$$

なので, 式 (2.12) が得られる. 前に述べたように, 古典 Pareto 分布, II 型 Pareto 分布は q 分布から得られるので, それらも B 分布に含まれ, すなわち A 分布にも含まれている.

2.3 Monte Carlo 法

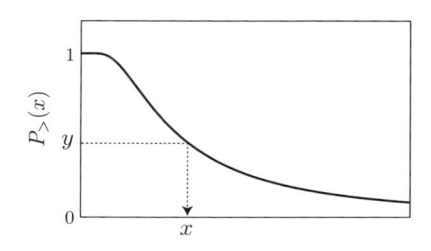

図 2.6 任意の分布関数 $P_>(x)$ に従う乱数を発生させる方法

2.3 Monte Carlo 法

これから, Pareto 分布の性質をいろいろと調べていく. その際には, 解析的に計算を行うのに並行して, Pareto 分布に従う乱数を発生させ, それらのデータについて数値計算を行って, 解析的計算をチェックするのが最善である. このように, 与えられた分布関数に従う乱数を発生させシミュレーションを行う方法を (カジノで有名な Monaco 公国の区にちなんで) Monte Carlo 法と呼ぶ.

それには以下の**逆分布関数法**を使う.

1. 区間 $[0,1]$ に一様に分布する (擬似) 乱数 $\{y_1, y_2, \ldots, y_N\}$ を発生させる.
2. 分布関数 $P_>(x)$ の逆関数 $P_>^{-1}(y)$ を使って, $x_i = P_>^{-1}(y_i)$ を求める (図 2.6 参照).

以上の手続きで得られた $\{x_1, x_2, \ldots, x_N\}$ は $p(x)$ に従う (擬似) 乱数になっていることを示すには,
$$y = P_>(x) \tag{2.43}$$
を微分して得られる,
$$dy = -p(x)dx \tag{2.44}$$
を見ればよい. この式から, 変数 x について確率密度 $p(x)$ をもつ分布は, 変数 y については確率密度 1 であることが分かる. したがって, y について一様分布する乱数を発生させて, 式 (2.43) によって変数 x に変換すれば, 確率密度 $p(x)$ に従う確率変数が得られるわけである.

この方法を使うには, 当然 $P_>^{-1}(y)$ が解けている, つまり解析的に知られている必要がある. また一般にはその数値的結果を高精度で得るには, 大きなデータを多数回

発生させる必要があるので, $P_>^{-1}(y)$ は数値計算が高速で行える関数であることが望ましい. 前節で述べたいくつかの分布はそのために有用である.

なお, 正規分布に従う乱数を発生させるには, 通常, 上の方法はそのまま使われない. これは $P_>^{-1}(y)$ が初等関数ではないために, 多くのプログラムで数値計算が面倒なためである. その代わりに, 正規分布を2次元化して, そこで正規分布の定積分が初等関数で書かれることを利用する. これにはまず, 同じ σ で平均値がゼロの正規分布に確率変数 x と y が従うとして, その同時分布を極座標 (r, θ) $(x = r\cos\theta, y = r\sin\theta)$ で書く:

$$\begin{aligned}p(x,y)dxdy &= \frac{1}{2\pi\sigma^2}e^{-(x^2+y^2)/2\sigma^2}dxdy \\ &= \frac{1}{2\pi\sigma^2}e^{-r^2/2\sigma^2}rdrd\theta.\end{aligned} \quad (2.45)$$

こうすると, r, θ 共に積分が可能であり, 累積分布関数が初等関数で書けることが分かる. (もちろん, これは通常の Gauss 積分の実行法と同じなのでよく知られた事実である.) そのため, r, θ のデータを Monte Carlo 法で発生させることは容易で, それから x を求めればよい. この簡単な発想に基づく方法は Box-Muller 法と呼ばれている.

2.4 悪魔の階段

さて, Pareto 分布のもっとも重要な性質は, x の大きな値の生成に関してである. 正規分布などでは x の大きな値は非常に小さな確率でしか許されないが, Pareto 分布では Pareto 指数 μ が小さければ, x が大きな値をもてる確率が大きくなる.

この性質を視覚的に見る1つの有用な方法は**累積シェア図**である. これを作るにはまず, 全部で N 個データがあるとして, それらを $\{x_1, x_2, x_3, \ldots, x_N\}$ とランダムに並べる. そして k 番目の値 x_k の累積シェア,

$$s_k = \frac{\sum_{i=1}^{k} x_i}{\sum_{i=1}^{N} x_i} \quad (2.46)$$

を横軸, その値の順番の比率 k/N を縦軸としてプロットし, それを線で繋ぐ. そうすると, N が非常に大きければ, すべての場所で微分が (ほぼ) ゼロであって, その意味で**悪魔の階段** (Devil's Staircase) である.[*7] このようにすると, (ほぼ) 平らな部分の

[*7] データ総数 N が少なくとも, 図の定義を少し変えれば, いたるところ微分はゼロとなるようにでき

2.4 悪魔の階段

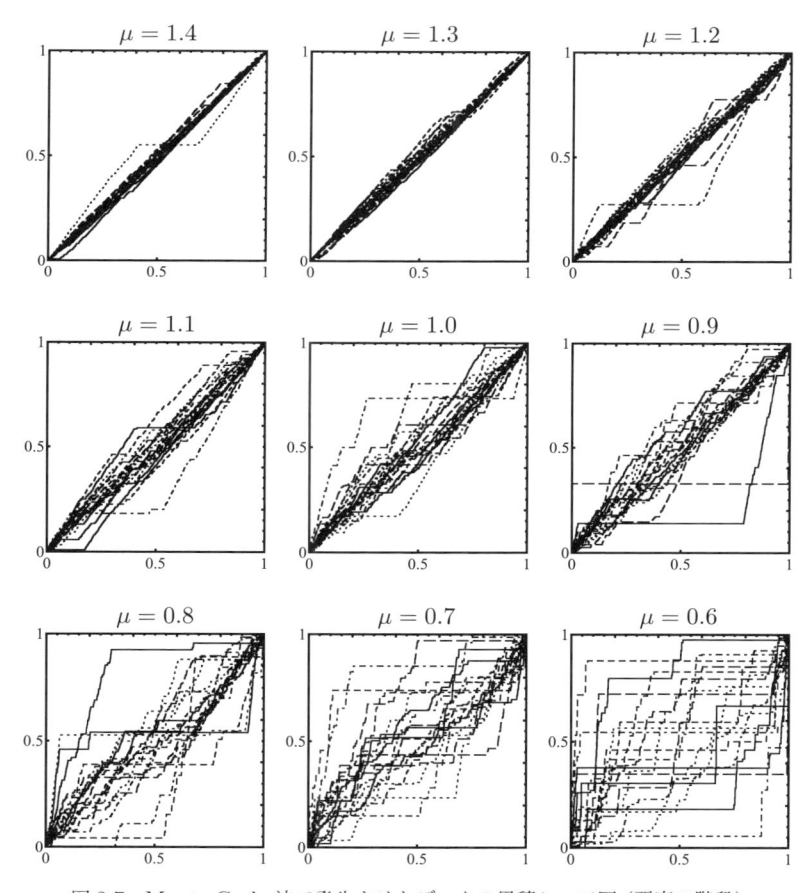

図 2.7 Monte Carlo 法で発生させたデータの累積シェア図 (悪魔の階段)

長さ,階段としてプロットを見るとステップの幅はそのデータのシェアを反映する.したがって,このような図は,データセットの中に大きなシェアをもつデータがどれだけあるかを視覚的に捉えるのに適している.

図 2.7 は,古典 Pareto 分布で $N = 10^5$ 個のデータを Monte Carlo 法で発生させ,その累積シェア図を,1 つの μ の値について 20 回ずつ重ねて描いたものである. (線

る.また,累積シェア図についての初等的な解説は参考文献 [14] 第 2 章を見られたい.

の種類はそれぞれ 5 種なので, 4 データセットが同じ種類の線で描かれている.) これを見れば分かるように, μ の値が大きいところでは悪魔の階段は傾き 45 度の対角線に近く, シェアのばらつきはあるものの, それほど目立たない. しかし, μ が小さくなるにつれて, 階段には他に比べて幅の広いステップが出始める. それは μ が 1 を切ると特に顕著であり, $\mu = 0.6$ に至っては, 線がこの空間を埋め尽くしそうなくらいである.

これより, μ が小さい, 特に 1 より小さい場合には Pareto 分布は非常に特異な振る舞いをすることが予想できる. 以下ではこれをさらに深く, 解析的かつ数値的に調べることにする.[*8] なお以下では, 簡単のために x のスケールを決める x_P は常に 1 とする. 必要とあらば, 得られた結果に, その次元から決まるべき乗だけ x_P を掛ければ, 一般的な結果が得られる.

2.5 平均値

まず, X の平均値,

$$\langle X \rangle = \int_0^\infty x \, p(x) dx \tag{2.47}$$

を見よう. Pareto 分布においては, これは $\mu > 1$ で有限, $\mu \leq 1$ で発散する. $\mu > 1$ での値は, Pareto 分布が x の有限な領域でどのように振る舞うかに影響される. ただし, その $\mu \to 1^+$ での振る舞い[*9]のうち, 主要項はユニークに,

$$\langle X \rangle = \frac{1}{\mu - 1} + O(1) \tag{2.48}$$

となる. これは以下のようにして分かる. まず, 古典 Pareto 分布 (2.5) で計算すると,

$$\langle X \rangle = \frac{\mu}{\mu - 1} \tag{2.49}$$

となる. そこで, 一般の分布について,

$$\langle X \rangle = \int_0^\infty x \left(p(x) - \mu x^{-\mu-1} \theta(x-1) \right) dx + \frac{\mu}{\mu - 1} \tag{2.50}$$

と書くことができる. この式の右辺第 1 項の被積分関数は $x \to \infty$ での振る舞いがよくなっているために, 積分は $\mu \to 1^+$ において収束するので, 式 (2.48) が成立することが分かる.

[*8] これに関連して, Lorenz 曲線や Gini 係数なども重要な話題だが, それらについて参考文献 [14] に詳しく解説したので, ここでは省略する.

[*9] $\mu \to 1^+$ とは μ が 1 より大きいところから, すなわち,「上から」1 に近づくことを意味する.

2.6 最大値とそのシェア

具体例

式 (2.48) は $\langle X \rangle$ が解析的に求まる場合と比較してチェックすることができる. 実際, 古典 Pareto 分布では,

$$\langle X \rangle = \frac{\mu}{\mu - 1}, \tag{2.51}$$

II 型 Pareto 分布では,

$$\langle X \rangle = \frac{1}{\mu - 1}, \tag{2.52}$$

逆ガンマ分布では,

$$\langle X \rangle = \frac{\Gamma(1 + \mu)^{1/\mu}}{\mu - 1}, \tag{2.53}$$

逆 Weibull 分布 (2.11) では,

$$\langle X \rangle = \Gamma\left(1 - \frac{1}{\mu}\right), \tag{2.54}$$

また, q 分布では,

$$\langle X \rangle = \frac{\Gamma\left(1 + \frac{1}{q}\right) \Gamma\left(\frac{\mu - 1}{q}\right)}{\Gamma\left(\frac{\mu}{q}\right)} \tag{2.55}$$

となる. また, B 分布でも $\langle X \rangle$ は解析的に求まるが, それは合流型超幾何級数を含む複雑な式なので, ここでは省略する. いずれにせよ, これらのどれも式 (2.48) を満たす.

2.6 最大値とそのシェア

次に, N 個からなるデータセットの中で最大のものの性質を調べる.

2.6.1 最大値

最大値 $X_N^{(\max)}$ の確率密度 $p_N^{(\max)}(x)$ は以下で与えられる:[10]

$$p_N^{(\max)}(x) = Np(x)(1 - P_>(x))^{N-1}. \tag{2.56}$$

---

[10] これは式 (1.29) の特別な場合になっている.

これは, N 個のうち 1 個を選ぶ場合の数 N に, その 1 個が x と $x+dx$ の間にある確率 $p(x)dx$ と他の $N-1$ 個が x より小さい確率 $(1-P_>(x))^{N-1}$ を掛けたものである. 式 (1.3) から, $N>1$ において

$$p_N^{(\max)}(0) = 0 \tag{2.57}$$

という性質があるが, これは直感的にも正しい.

また, $X_N^{(\max)}$ の累積分布関数 $P_{>N}^{(\max)}(x)$ は以下で与えられる:

$$P_{>N}^{(\max)}(x) = 1 - (1-P_>(x))^N. \tag{2.58}$$

これより $P_{>N}^{(\max)}(0) = 1$ であるので, 確率密度 (2.56) が規格化されていることが確認できる.

また, 当然のことながら,

$$p_1^{(\max)}(x) = p(x) \tag{2.59}$$

となっている.

表現式 (2.56) はまた, N 個の値を大きい順に $x, x_2, x_3, \ldots, x_N$ と並べ, x_2 以下について次のように積分しても得られる.

$$\begin{aligned} & N!\, p(x)dx \int_0^x p(x_2)dx_2 \int_0^{x_2} p(x_3)dx_3 \cdots \int_0^{x_{N-1}} p(x_N)dx_N \\ &= N!\, p(x)dx \frac{1}{(N-1)!} \left(\int_0^x p(x')dx' \right)^{N-1} = p_N^{(\max)}(x)\, dx. \end{aligned} \tag{2.60}$$

ここで以下の表式を使った.

$$\begin{aligned} G_N(x) &:= \int_0^x p(x_2)dx_2 \int_0^{x_2} p(x_3)dx_3 \cdots \int_0^{x_{N-1}} p(x_N)dx_N \\ &= \frac{1}{(N-1)!} \left(\int_0^x p(x')dx' \right)^{N-1}. \end{aligned} \tag{2.61}$$

これは $N-1$ 個の積分変数の任意の置換が $(N-1)!$ 個あることから成立する式で, 物理のあちこちに登場する. この式の帰納法での証明は演習問題にしておく.

最大値の期待値は,

$$\langle X_N^{(\max)} \rangle = \int_0^\infty x p_N^{(\max)}(x)\, dx = N \int_0^\infty x p(x)(1-P_>(x))^{N-1} dx \tag{2.62}$$

で与えられる. 以下に簡単に分かる点を幾つか列記しておく.

2.6 最大値とそのシェア

1. 式 (2.62) は, 当然,
$$\langle X_1^{(\max)} \rangle = \langle X \rangle \tag{2.63}$$
を満たしている. また, すべての N について, 特に $\langle X \rangle$ と同じく, $\mu \leq 1$ で発散する.

2. 全体の和の期待値は,
$$\langle \sum_{i=1}^{N} X_i \rangle = N \langle X \rangle \tag{2.64}$$
で与えられる. 表式 (2.62) と (2.64), (2.47) を比べると, 後者には被積分関数に $(1 - P_>(x))^{N-1}$ が入っている分だけ, 前者より小さいことが分かる.
$$\langle X_N^{(\max)} \rangle \leq \langle \sum_{i=1}^{N} X_i \rangle. \tag{2.65}$$
ここで, 等号が成立するのは, $P_>(x)$ があらゆるところで 0, すなわち, X が値 0 しかとらない場合のみである. これも当然の結果である.

最大値が N が非常に大きいときにどう振る舞うかを調べよう. 最大値の累積分布関数 (2.58) の因子 $(1 - P_>(x))$ は $x = 0$ で 0, $x \to \infty$ で 1 に漸近する関数である. したがって, 因子 $(1 - P_>(x))^{N-1}$ は, $N \gg 1$ では $x \gg 1$ の領域でのみ有限な値をもつ. このため, 式 (2.62) の積分の $N \gg 1$ での漸近的な振る舞いは, $x \gg 1$ での $p(x)$ の振る舞い (2.1) のみによって決定される. これは非常に重要な点である. なぜなら, この性質により, $N \gg 1$ での最大値の分布の主要な振る舞いは**すべての Pareto 分布において同じ**となるからである. 実際, 以下のように漸近的な評価ができる.

$$P_{>N}^{(\max)}(x) = 1 - (1 - P_>(x))^N \simeq 1 - (1 - x^{-\mu})^N \simeq e^{-Nx^{-\mu}}. \tag{2.66}$$

したがって, 密度関数は,
$$p_N^{(\max)}(x) = -\frac{d}{dx} P_{>N}^{(\max)}(x) \simeq N\mu \, x^{-\mu-1} \, e^{-Nx^{-\mu}} \tag{2.67}$$
と振る舞う. これは Fréchet 分布と呼ばれる.

変数を x から $\tilde{x} = N^{-1/\mu} x$ というスケールされた変数に書き換えると, 上の累積分布関数と密度関数はそれぞれ,
$$\tilde{P}_{>N}^{(\max)}(\tilde{x}) \simeq 1 - e^{-\tilde{x}^{-\mu}}, \tag{2.68}$$
$$\tilde{p}_N^{(\max)}(\tilde{x}) \simeq \mu \, \tilde{x}^{-\mu-1} \, e^{-\tilde{x}^{-\mu}} \tag{2.69}$$

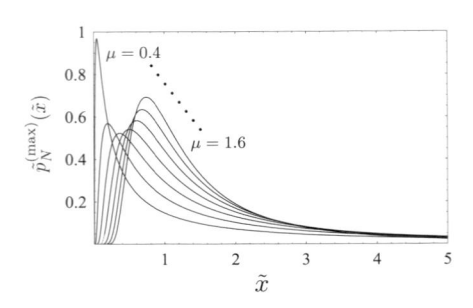

図 2.8 $\tilde{p}_N^{(\max)}(\tilde{x})$ の振る舞い. 曲線は左から $\mu = 0.4, 0.6, 0.8, 1.0, 1.2, 1.4, 1.6$ である.

となることを意味している. この変数 $\tilde{x}$ で見ると N は消えていて, 密度関数は $\tilde{x} \simeq O(1)$ で主に寄与があることが重要である. これは x から $\tilde{x}$ へのスケール変換が, 正しく $N \to \infty$ での主な寄与を拾っていることを意味している. 図 2.8 に $\tilde{p}_N^{(\max)}(\tilde{x})$ をプロットした.

$N \gg 1$ での $\langle X_N^{(\max)} \rangle$ を計算は以下のように簡単にできる.

$$\langle X_N^{(\max)} \rangle = \int_0^\infty x\, p_N^{(\max)}(x) dx = \int_0^\infty N^{1/\mu} \tilde{x}\, \tilde{p}_N^{(\max)}(\tilde{x}) d\tilde{x}$$
$$\simeq N^{1/\mu} \int_0^\infty z^{-1/\mu} e^{-z} dz = N^{1/\mu} \Gamma\left(1 - \frac{1}{\mu}\right). \tag{2.70}$$

ここで積分変数 z は, $z = \tilde{x}^{-\mu}$ と定義した. 上で得た表式 (2.70) は, $\mu \to 1^+$ において発散する. これは $\langle X_N^{(\max)} \rangle$ の表式 (2.62) の発散性と合致する.

いくつかの Pareto 分布では, 解析的な結果を得ることができる. たとえば古典 Pareto 分布では,

$$\langle X_N^{(\max)} \rangle = NB\left(N, 1 - \frac{1}{\mu}\right) \tag{2.71}$$

となっている. 式 (2.70) は, (2.71) の N が大きいときの漸近形 ($N = \infty$ の周りの展開の主要項) と一致する. これは有用な観察である. なぜなら, $\langle X_N^{(\max)} \rangle$ が $x \to \infty$ での $P_>(x)$ の漸近的振る舞いでのみ決定されるので, 厳密に求まる例があれば, その漸近的な振る舞いが一般的な結果を与えるからである.

2.6.2 シェア

次に最大値のもつシェア，すなわち

$$R_N^{(\max)} := \frac{X_N^{(\max)}}{\sum_{i=1}^N X_i} \tag{2.72}$$

を考えよう．

まず，$\langle R_N^{(\max)} \rangle$ を，式 (2.60) にならって，以下のように表す．

$$\begin{aligned}
\langle R_N^{(\max)} \rangle &= N \int_0^\infty p(x)dx \left(\prod_{i=2}^N \int_0^x p(x_i)dx_i \right) \frac{x}{x + \sum_{i=2}^N x_i} \\
&= N \int_0^\infty p(x)dx \left(\prod_{i=2}^N \int_0^x p(x_i)dx_i \right) \int_0^\infty x\, e^{-(x+\sum_{i=2}^N x_i)t} dt \\
&= N \int_0^\infty dt \int_0^\infty x\, e^{-xt} p(x) dx \left(\int_0^x e^{-x't} p(x') dx' \right)^{N-1}.
\end{aligned} \tag{2.73}$$

当然，

$$\langle R_1^{(\max)} \rangle = 1 \tag{2.74}$$

が成立する．

まず，式 (2.73) の t 積分の被積分関数を $H_N(t)$ と表す．

$$\langle R_N^{(\max)} \rangle = \int_0^\infty H_N(t) dt, \tag{2.75}$$

$$H_N(t) := N \int_0^\infty x\, e^{-xt} p(x) dx \left(\int_0^x e^{-x't} p(x') dx' \right)^{N-1}. \tag{2.76}$$

容易に分かるように，$H_N(t)$ は正定値の単調減少関数であり，以下の性質がある．

$$H_N(0) = \langle X_N^{(\max)} \rangle, \quad H_N(\infty) = 0. \tag{2.77}$$

$\langle X_N^{(\max)} \rangle$ は，$\mu > 1$ で有限であるが，$\mu \leq 1$ では発散する．図 2.9 に $\mu = 0.8$ (左) と $\mu = 1.2$ (右) の場合の $H_N(t)$ を $N = 1, \ldots, 10$ について描いた．

これより分かるように，$\langle R_N^{(\max)} \rangle$ の t 積分には $t \ll 1$ の領域が主要な寄与をするし，さらに $H_N(t)$ の $t \ll 1$ での振る舞いは式 (2.76) から分かるように，$x \gg 1$ の領域が寄与する．したがって，この $t \ll 1$, $x \gg 1$ で被積分関数を正しく評価する必要がある．

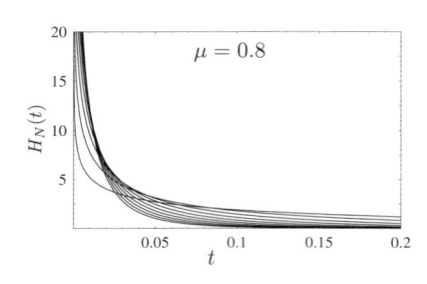

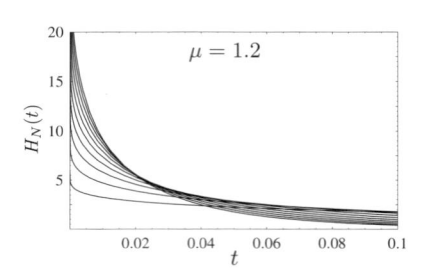

図 2.9　$H_N(t)$ の $\mu = 0.8$ (左) と $\mu = 1.2$ (右) の場合の振る舞い．それぞれの図で，10 本の曲線は右端で上から $N = 1, 2, \ldots, 10$ を表す．

$\langle X_N^{(\max)} \rangle$ の振る舞いから想像されるように，$\langle R_N^{(\max)} \rangle$ は $\mu > 1$, $\mu = 1$, $\mu < 1$ の 3 つの場合に，非常に異なった振る舞いをするので，以下にそれらを分けて論じる．

$\mu > 1$

まず，$\langle X_N^{(\max)} \rangle$ の評価のときと同様に $(N-1)$ 乗される関数を近似する．

$$\int_0^x e^{-x't} p(x') dx' = \int_0^\infty e^{-x't} p(x') dx' - \int_x^\infty e^{-x't} p(x') dx' \tag{2.78}$$

$$= 1 - G_1(t) - G_2(x, t), \tag{2.79}$$

$$G_1(t) := \int_0^\infty (1 - e^{-x't}) p(x') dx', \tag{2.80}$$

$$G_2(x, t) := \int_x^\infty e^{-x't} p(x') dx'. \tag{2.81}$$

関数 $G_1(t)$ は，

$$\left. \frac{d}{dt} G_1(t) \right|_{t=0} = \langle X \rangle \tag{2.82}$$

となるので，$t \ll 1$ で，

$$G_1(t) = \langle X \rangle t + O(t^2) \tag{2.83}$$

と評価できる．

また，関数 $G_2(x, t)$ は，

$$G_2(x, t) = P_>(x) + O(t) \tag{2.84}$$

である．

2.6 最大値とそのシェア

これらを式 (2.73) に代入すると,

$$\begin{aligned}
\langle R_N^{(\max)} \rangle &\simeq N \int_0^\infty dt \int_0^\infty dx\, x\, e^{-xt} p(x)(1 - \langle X \rangle t - P_>(x))^{N-1} \\
&\simeq N \int_0^\infty dt \int_0^\infty dx\, x\, e^{-xt} p(x)\, e^{-N\langle X \rangle t - N P_>(x)} \\
&= N \int_0^\infty dx\, x\, p(x)\, e^{-N P_>(x)} \frac{1}{x + N\langle X \rangle} \\
&\simeq \frac{\langle X_N^{(\max)} \rangle}{N \langle X \rangle} \simeq \frac{\Gamma(1 - 1/\mu)}{N^{1-1/\mu} \langle X \rangle}
\end{aligned} \qquad (2.85)$$

となる. ここで 3 行目を 4 行目で近似するに当たっては, $1/(x + N\langle X \rangle)$ の分母の x を無視したが, $\langle X_N^{(\max)} \rangle$ の計算では $x = O(N^{1/\mu})$ が主要な寄与をするので, この近似は正当である. また, t 積分においては $t = O(1/N)$ の領域が主要な寄与をしたので, $xt = O(N^{-1+1/\mu})$ である. これより, 式 (2.84) で行った指数関数 $e^{-x't}$ を 1 とした近似は正当であることが分かる.

式 (2.85) は, 式 (2.72) の $R_N^{(\max)}$ の分子と分母を独立に評価したものと同じ結果である. $\mu > 1$ より, $N \to \infty$ のときに $\langle X \rangle$ が有限のために, $\langle R_\infty^{(\max)} \rangle = 0$ となる.

Monte Carlo 計算で得られた $\langle R_N^{(\max)} \rangle$ と, 式 (2.85) の振る舞いを図 2.10 に示す. 特に μ が大きいところで, 近似がよいことが分かる. これは μ が 1 に近づくにつれて, $xt = O(1)$ となりここでは計算しなかった補正項が大きくなり, 近似が悪くなるためである. 実際, 以下に見るように, $\mu = 1$ では主要項の振る舞いが $\mu > 1$ とはまったく異なる.

$\mu = 1$

この場合は $xt = O(1)$ が主要な寄与をするので, 前節での計算が成立しない. そこで, 各項の振る舞いを丁寧に吟味していく.

まず, $\langle X \rangle = \infty$ なので, 式 (2.83) は使えない. その代わりに以下が成立する.

$$G_1(t) = -t \log t + C_1 t + O(t^2). \qquad (2.86)$$

この式の左辺第一項は $G'(0)$ の log 発散から来ていて, すべての Pareto 分布に共通の振る舞いである. しかし, 第 2 項の定数 C_1 は有限の x での振る舞いに影響される. 例として, II 型 Pareto 分布 (2.7) についてこれを計算しておくと,

$$G_1(t) = e^t\, t\, \Gamma(0, t) = -t \log t - \gamma_E\, t - t^2 \log t + O(t^2) \qquad (2.87)$$

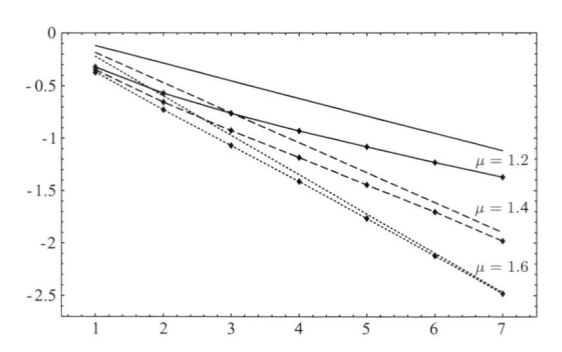

図 2.10　$\mu > 1$ での $\langle R_N^{(\max)} \rangle$ の $N \to \infty$ での振る舞い. 横軸は $\log_{10} N$, 縦軸は $\log_{10} \langle R_N^{(\max)} \rangle$. 一番上の実線は理論式 (2.85) の $\mu = 1.2$ での振る舞い. その下の実折れ線は菱形で示された Monte Carlo 計算の結果を折れ線で繋いだもの. N が大きくなるにつれて, それらが互いに近づいていくことが分かる. 同様に, $\mu = 1.4$ が破線, $\mu = 1.6$ が点線で示されている. μ が大きいほど, 理論と Monte Carlo 計算の結果は近くなる.

より, $C_1 = -\gamma_E$ となる. ただしここで, $\gamma_E = 0.577216\ldots$ は Euler の定数である. またここで, 1.1 節で定義した第 2 種不完全ガンマ関数 $\Gamma(p, z)$ を使った.

次に $G_2(x,t)$ だが, これは $x \gg 1$ であるから, $p(x')$ にその漸近形 x^{-2} を代入すると,

$$G_2(x,t) \simeq \int_x^\infty e^{-x't} x'^{-2} dx' = t\,\Gamma(-1, tx) \tag{2.88}$$

を得る.

以上を式 (2.73) に代入すると以下を得る.

$$\begin{aligned}
\langle R_N^{(\max)} \rangle &\simeq N \int_0^\alpha dt \int_0^\infty dx\, x\, e^{-xt} p(x)(1 - (-t \log t + C_1 t) - t\,\Gamma(-1, tx))^{N-1} \\
&\simeq N \int_0^\alpha dt \int_0^\infty dx\, x\, e^{-xt} p(x)\, e^{N(t \log t - (C_1 + \Gamma(-1,tx))t)} \\
&= N \int_0^\alpha dt \int_0^\infty \frac{dz}{z} e^{-z}\, e^{N(t \log t - (C_1 + \Gamma(-1,z))t)} \\
&= N \int_0^{\tilde\alpha} d\tilde t \int_0^\infty \frac{dz}{z} e^{-z}\, e^{C_1 + \Gamma(-1,z)}\, e^{A\tilde t \log \tilde t}.
\end{aligned} \tag{2.89}$$

2.6 最大値とそのシェア

ただしここで, x 積分を $z := xt$ に変数変換し,

$$\tilde{t} := te^{-(C_1+\Gamma(-1,z))}, \quad A := Ne^{C_1+\Gamma(-1,z)} \tag{2.90}$$

とした. また, t 積分の上限は ∞ からある定数値 α に変更した. これは, $G_1(t)$ の近似式 (2.87) が小さい t (たとえば $< 1/e$) の領域でしか正しくなく, また, 指数因子に見られるように, 実際に積分に寄与するのは $t = O(1/N)$ の領域であることによる. したがって, α ($\tilde{\alpha}$) は適当な値 (たとえば $1/e$) を選んでよく, その選択は $N \to \infty$ での振る舞いには影響しない. これについては以下の近似式が成立する. (その証明は演習問題とする.)

$$J(A) := \int_0^{\tilde{\alpha}} e^{A\tilde{t}\log\tilde{t}} d\tilde{t} \simeq \frac{1}{A\log A} \quad (A \gg 1). \tag{2.91}$$

これを使うと, 式 (2.89) から以下を得る.

$$\langle R_N^{(\max)} \rangle = \int_0^\infty \frac{e^{-z}}{\log N + C_1 + \Gamma(-1,z)} \frac{dz}{z}. \tag{2.92}$$

この積分は, $z \to 0$ では $\Gamma(-1,z) \simeq 1/z$ のために, 収束する. したがって, この $\Gamma(-1,z)$ の $z=0$ 周りでの振る舞いが主要な寄与をする. 実際,

$$\frac{1}{\log N + C_1 + \Gamma(-1,z)} = \frac{1}{\log N + 1/z + \log z + O(1)}$$
$$= \frac{1}{\log N + 1/z} - \frac{\log z}{(\log N + 1/z)^2} + \cdots \tag{2.93}$$

とすると, 展開の第 1 項から,

$$\int_0^\infty \frac{e^{-z}}{z\log N + 1} dz = \frac{1}{\log(N)} e^{\frac{1}{\log N}} \Gamma\left(0, \frac{1}{\log N}\right)$$
$$= \frac{\log(\log N) - \gamma_E}{\log N} + O\left(\frac{\log(\log N)}{(\log N)^2}\right) \tag{2.94}$$

を得るが, この主要項には式 (2.93) の第 2 項は寄与しない. したがって, 以下を得る:

$$\langle R_N^{(\max)} \rangle = \frac{\log(\log N) - \gamma_E}{\log N}. \tag{2.95}$$

ここで, 厳密に言えば主要項は $\log(\log N)$ のみであるが, 実際には $N = 10^7$ においてさえ $\log(\log N) = 2.7799...$ と小さいので次の γ_E の項は無視できない. (ただし, $\log(10^7) = 16.118...$ なので, $1/\log N$ での展開は有効であるとしてよい.)

式 (2.95) と Monte Carlo 計算の結果とを比較したのが, 図 2.11 である. この図から, 理論的に導いた式 (2.95) が $N \to \infty$ での漸近的な振る舞いを正しく与えているのが分かる.

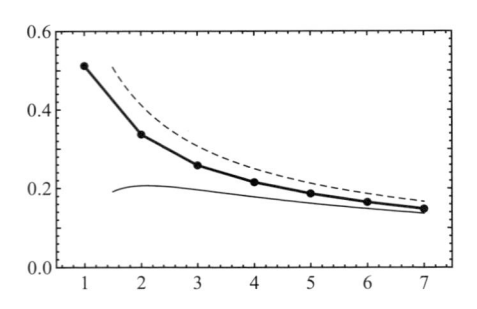

図 2.11 $\mu = 1$ における $\langle R_N^{(\max)} \rangle$ の振る舞い．縦軸は $\langle R_N^{(\max)} \rangle$，横軸は $\log_{10} N$ で，折れ線が Monte Carlo 計算の結果，破線が式 (2.92) で $C_1 = -\gamma_E$ として数値積分を行った結果，実線が式 (2.95).

$\mu < 1$

この場合，$G_1(t)$ は，以下のように部分積分を使って評価できる．

$$\begin{aligned}
G_1(t) &= \int_0^\infty (1 - e^{-x't}) \left(-\frac{d}{dx'} P_>(x') \right) dx' \\
&= -\left.(1 - e^{-tx}) P_>(x)\right|_0^\infty + t \int_0^\infty e^{-x't} P_>(x') dx' \\
&\simeq 0 + t \int_0^\infty e^{-x't} x'^{-\mu} dx' \\
&= t^\mu \Gamma(1 - \mu).
\end{aligned} \quad (2.96)$$

ここで，2 行目第 2 項の x' 積分は，$t \to 0$ のときに $\mu \leq 1$ のために発散することから，$P_>(x')$ の $x' \to \infty$ の振る舞いで決定されることを使って評価した．

続いて $G_2(x,t)$ であるが，$p(x')$ にその漸近形を使うと，

$$G_2(x,t) \simeq \int_x^\infty e^{-x't} \mu x'^{-\mu-1} dx' = t^\mu \mu \Gamma(-\mu, tx) \quad (2.97)$$

を得る．

これらの表式から，以下を得る:

$$\langle R_N^{(\max)} \rangle \simeq N \int_0^\infty dt \int_0^\infty x \, e^{-tx} \mu x^{-\mu-1} e^{-Nt^\mu (\Gamma(1-\mu) + \mu \Gamma(-\mu, tx))} dx. \quad (2.98)$$

2.7 第2最大値とそのシェア

ここで，積分変数 (t,x) を

$$t = N^{-1/\mu}\tilde{t}, \quad x = N^{1/\mu}\tilde{x} \tag{2.99}$$

と定義される $(\tilde{t},\tilde{x})$ に変えると，

$$\langle R_N^{(\max)} \rangle \simeq \int_0^\infty d\tilde{t} \int_0^\infty \tilde{x}\, e^{-\tilde{x}\tilde{t}} \mu \tilde{x}^{-\mu-1} e^{-\tilde{t}^\mu(\Gamma(1-\mu)+\mu\Gamma(-\mu,\tilde{t}\tilde{x}))} d\tilde{x} \tag{2.100}$$

となる．この式の右辺には N が登場しない．すなわち，$(\tilde{t},\tilde{x})$ はいずれも $O(1)$ の領域が寄与する．これは，前に述べた仮定が正しく，上式が $N\to\infty$ での正しい評価になっていることを意味している．ここで，積分変数をさらに $\rho = \tilde{t}^\mu, z = \tilde{t}\tilde{x}$ に変更すると以下を得る：

$$\begin{aligned}\langle R_N^{(\max)} \rangle &\simeq \int_0^\infty d\rho \int_0^\infty e^{-z} z^{-\mu} e^{-\rho(\Gamma(1-\mu)+\mu\Gamma(-\mu,z))} dz \\ &= \int_0^\infty \frac{e^{-z} z^{-\mu}}{\Gamma(1-\mu)+\mu\,\Gamma(-\mu,z)}\, dz.\end{aligned} \tag{2.101}$$

この式の分母は，

$$\Gamma(1-\mu) + \mu\Gamma(-\mu,z) = e^{-z}z^{-\mu} + \gamma(1-\mu,z) \tag{2.102}$$

と変形することができる．ここで $\gamma(1-\mu,z)$ は第1種不完全ガンマ関数である．したがって，$N\to\infty$ での解析的表式は以下のように書くことができる．

$$\langle R_\infty^{(\max)} \rangle = \int_0^\infty \frac{1}{1+e^z z^\mu \gamma(1-\mu,z)}\, dz. \tag{2.103}$$

式 (2.103) の分母で $\mu = 0$ ととると，$\gamma(1,z) = 1-e^{-z}$ より $\langle R_\infty^{(\max)} \rangle = 1$ が分かる．また，$\mu = 1$ では $\gamma(0,z) = \infty$ から $\langle R_\infty^{(\max)} \rangle = 0$ となる．

上で得られた解析的結果と，Monte Carlo 計算の結果とをまとめて表したのが図 2.12 である．実際に $N\to\infty$ で，Monte Carlo 計算の結果が解析的結果に近づくのがよく見てとれる．

2.7 第2最大値とそのシェア

次にこれまでの手法を利用して，第2の最大値 (2番目に大きい値) $X^{(2)}$ について調べる．

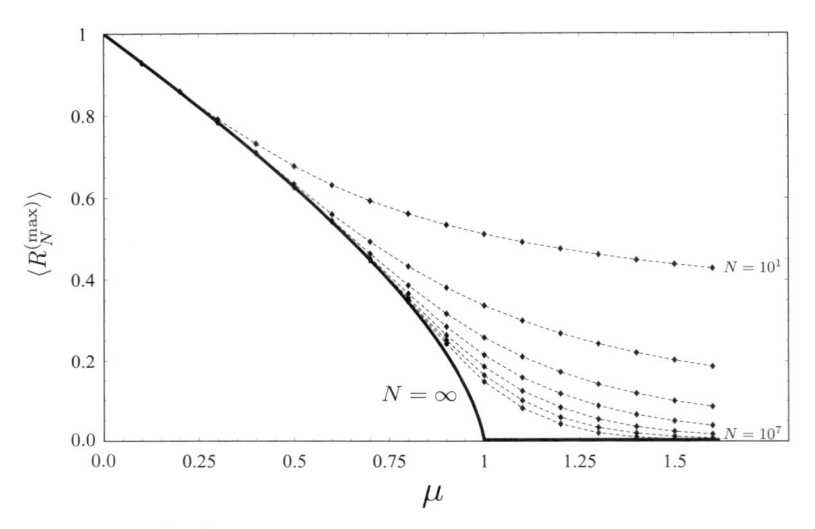

図 2.12 $\langle R_N^{(\max)} \rangle$ の Monte Carlo 計算で得られた結果と,理論式 (2.103) の $\langle R_\infty^{(\max)} \rangle$. 前者は上から $N = 10^{1,2,3,4,5,6,7}$ である. $N \to \infty$ につれて,Monte Carlo 計算の結果は $\langle R_\infty^{(\max)} \rangle$ の解析的結果に収束している. 黒点が計算結果で,95% 信頼区間がエラーバーで示してあるが,多くの点についてはエラーバーが十分短く,黒点に隠れて見えない.

2.7.1 第 2 最大値

まずその平均値であるが,これは以下のように与えられる.

$$\langle X_N^{(2)} \rangle = \int_0^\infty p(x_1)dx_1 \int_0^{x_1} x_2 p(x_2) dx_2 N(N-1) \left(\int_0^{x_2} p(x')dx' \right)^{N-2}. \quad (2.104)$$

$N \to \infty$ では,式 (2.66) のように

$$\left(\int_0^{x_2} p(x')dx' \right)^{N-2} \simeq e^{-N x_2^{-\mu}} \quad (2.105)$$

2.7 第2最大値とそのシェア

として、(x_1, x_2) の積分順序を入れ替えると、以下を得る:

$$\begin{aligned}\langle X_N^{(2)} \rangle &\simeq \int_0^\infty x_2 p(x_2) dx_2 N^2 e^{-Nx_2^{-\mu}} \int_{x_2}^\infty p(x_1) dx_1 \\ &\simeq \int_0^\infty \mu x_2^{-2\mu} N^2 e^{-Nx_2^{-\mu}} dx_2 \\ &= N^{1/\mu} \Gamma\left(2 - \frac{1}{\mu}\right).\end{aligned} \tag{2.106}$$

この表式は $\mu > 1/2$ で有効であり、$\mu \leq 1/2$ では $\langle X_N^{(2)} \rangle = \infty$ となる.

2.7.2 シェア

次に第2最大値のシェアについて調べる.

$$\langle R_N^{(2)} \rangle := \frac{X^{(2)}}{\sum_{i=1}^N X_i} \tag{2.107}$$

の平均値を考える. この場合、以前と同様の議論により、$N = \infty$ では $\mu > 1$ において $\langle R_N^{(2)} \rangle = 0$ であるが、$\mu < 1$ においては有限の値が得られる可能性がある.

さて、期待値は以下のように書かれる.

$$\begin{aligned}\langle R_N^{(2)} \rangle &= N(N-1) \int_0^\infty p(x_1) dx_1 \int_0^{x_1} p(x_2) dx_2 \left(\prod_{i=3}^N \int_0^{x_2} p(x_i) dx_i\right) \frac{x_2}{\sum_{i=1}^N x_i} \\ &= N(N-1) \int_0^\infty dt \int_0^\infty x_2 e^{-tx_2} p(x_2) dx_2 \int_{x_2}^\infty e^{-tx_1} p(x_1) dx_1 \\ &\quad \times \left(\int_0^{x_2} e^{-tx'} p(x') dx'\right)^{N-2}.\end{aligned} \tag{2.108}$$

なお、上では x_1 と x_2 の積分順序を入れ替えた. これを以前と同様に $N \gg 1$ で評価していくと、ここでの計算は以前の計算に比べて、x_1 積分から来る因子

$$\int_{x_2}^\infty e^{-tx_1} p(x_1) dx_1 \simeq t^\mu \mu \Gamma(-\mu, tx_2) \tag{2.109}$$

を余分に含んでいることに気づく. これを入れると、式 (2.101) の代わりに以下の表式を得る.

$$\begin{aligned}\langle R_N^{(2)} \rangle &\simeq \int_0^\infty d\rho \int_0^\infty dz\, e^{-z} z^{-\mu} \rho \mu \Gamma(-\mu, z) e^{-\rho(\Gamma(1-\mu) + \mu \Gamma(-\mu, z))} \\ &= \int_0^\infty \frac{e^{-z} z^{-\mu} \mu \Gamma(-\mu, z)}{(\Gamma(1-\mu) + \mu \Gamma(-\mu, z))^2} dz.\end{aligned} \tag{2.110}$$

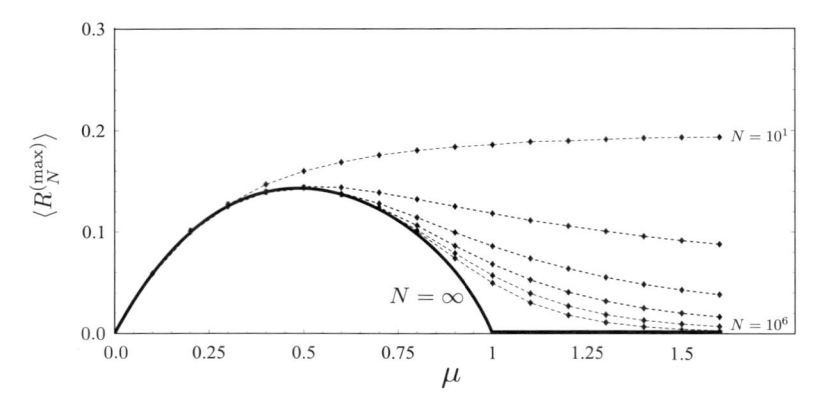

図 2.13　第 2 最大値のシェア $\langle R_N^{(2)} \rangle$ の $N = \infty$ での解析的結果 (2.111) と $N = 10^{1,2,3,4,5,6}$ の Monte Carlo 計算の結果. 後者は N が増えるに連れて前者へと漸近していくのが分かる.

ここで式 (2.102) を使うと,

$$\langle R_\infty^{(2)} \rangle = \int_0^\infty \frac{1 - e^z z^\mu \Gamma(1-\mu, z)}{(1 + e^z z^\mu \gamma(1-\mu, z))^2} \, dz \tag{2.111}$$

となる. この結果と, Monte Carlo 計算の結果を図 2.13 に与える. 表式 (2.111) が正しいことは一目瞭然である.

2.8　シェアのすべて

これまでの解析を拡張すると, 任意の k 番目の最大値のシェア,

$$R_N^{(k)} := \frac{X^{(k)}}{\sum_{i=1}^N X_i} \tag{2.112}$$

の $N = \infty$ の極限について, 解析的表式を得ることができる. 以下でそれを導出するが, この極限は k を固定したまま, $N \to \infty$ とすることに注意してほしい.

2.8 シェアのすべて

まず, 式 (2.108) に対応して,

$$\langle R_N^{(k)} \rangle = N(N-1)\ldots(N-k+1) \int_0^\infty dt \int_0^\infty x_k e^{-tx_k} p(x_k) dx_k$$
$$\times \frac{1}{(k-1)!} \left(\int_{x_k}^\infty e^{-tx''} p(x'') dx'' \right)^{k-1} \left(\int_0^{x_k} e^{-tx'} p(x') dx' \right)^{N-k}. \tag{2.113}$$

これを変数変換していくと,

$$\langle R_N^{(k)} \rangle \simeq \frac{1}{(k-1)!} \int_0^\infty d\rho \int_0^\infty dz\, e^{-z} z^{-\mu} \left(\rho\mu\Gamma(-\mu,z) \right)^{k-1} e^{-\rho(\Gamma(1-\mu)+\mu\Gamma(-\mu,z))}$$
$$= \int_0^\infty \frac{e^{-z} z^{-\mu} (\mu\Gamma(-\mu,z))^{k-1}}{(\Gamma(1-\mu)+\mu\,\Gamma(-\mu,z))^k} \, dz. \tag{2.114}$$

ここで, 当初分母にあった $(k-1)!$ は, ρ 積分から出る $\Gamma(k)$ と相殺した. ここで以前と同様に式 (2.102) を使うと, 以下を得る:

$$\langle R_\infty^{(k)} \rangle = \int_0^\infty \frac{(1-e^z z^\mu \Gamma(1-\mu,z))^{k-1}}{(1+e^z z^\mu \gamma(1-\mu,z))^k} \, dz. \tag{2.115}$$

さらにこの $k = 1, 2, \ldots, m$ についての和, すなわちトップ m 社の合計のシェアを計算すると,

$$\sum_{k=1}^m \langle R_\infty^{(k)} \rangle = 1 - \frac{1}{\Gamma(1-\mu)} \int_0^\infty e^{-z} z^{-\mu} \left(\frac{1-e^z z^\mu \Gamma(1-\mu,z)}{1+e^z z^\mu \gamma(1-\mu,z)} \right)^m dz \tag{2.116}$$

となる. これは $\mu < 1$ において, $m = \infty$ とすると, 1 となる興味深い性質をもつ.

$$\sum_{k=1}^\infty \langle R_\infty^{(k)} \rangle = \begin{cases} 1 & (\mu < 1), \\ 0 & (\mu \geq 1). \end{cases} \tag{2.117}$$

これを企業に例えて述べるなら, $\mu < 1$ では企業が無限にあろうとも, 上位の有限個の企業は必ず, 有限のシェアをもっているのに対して, $\mu \geq 1$ では, 有限個の企業は無限小のシェアしかもっていない, つまりくだいて言えば, 企業が比較的に平等な分布をしているということを意味している. 図 2.14 には, 式 (2.116) を下から順に $m = 1, 10, 20, \ldots, 100$ まで描いた.

これより, $\mu < 1$ で, 寡占・独占状態が出現することは明らかである. いくつかの μ の値について, 上位 10 社, 50 社, 100 社のシェアをパーセント単位でリストしたのが

表 2.2 式 (2.116) で与えられる上位 10 社, 50 社, 100 社のシェア (%).

μ	Top 10	Top 50	Top 100
0.90	40.0	49.8	53.5
0.95	24.2	30.5	33.0
0.98	11.8	14.7	15.9

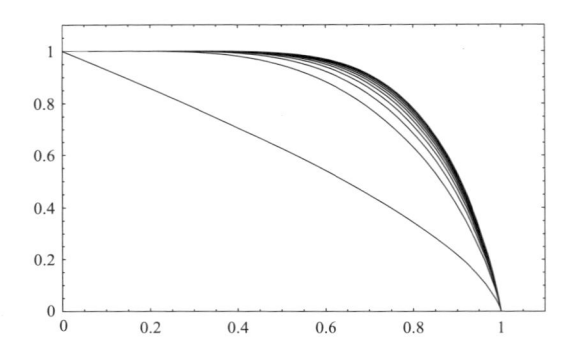

図 2.14 上位の合計シェア (2.116) の振る舞い. 曲線は下から $m = 1, 10, 20, \ldots, 100$ である.

表 2.2 である. たとえば $\mu = 0.9$ では, 上位 10 社で全体 (∞ 社!) の 40% を占めることになる.

この事情はまた図 2.14 にも見られる. このような寡占状態は大抵の場合, 社会の認めるところではなく, 企業分割等の手段による μ の上昇圧力が高まるであろう. $\mu = 1$ に近づくにつれて, 有限個数の上位企業のシェアはゼロに近づくので, この圧力は $\mu \to 1$ でゼロに近づく. この **悪魔の階段効果** が $\mu = 1$ の**ユニバーサリティ** (Universality) の一因であると考えられる. これについては参考文献 [14] 2.6 節に詳しいのでそれをご覧いただきたい. また, 本章のコラムでは関係した話題を扱っている.

2.8 シェアのすべて

演習問題

2.1 式 (2.61) を N についての帰納法で証明せよ．

2.2 確率密度が,
$$p(x) = \delta(x - a) \tag{2.118}$$
となっていて, X が必ず値 a しか取れない場合について以下の設問に答えよ．

1. 累積分布関数 $P_>(x)$ を求め, 図示せよ.
2. 式 (2.62) を計算して, その結果の正当性について述べよ.

2.3 A 分布の擬対数近似 (2.23) を導け．また, その適用範囲が (2.26) であることを示せ.

2.4 近似式 (2.91) を導け.

☕ 国立大学は競争にさらされているか？

べき分布が様々な自然現象について見られることは多くの読者になじみのことでしょう．それが社会と経済の現象にも見られることは，社会物理学や経済物理学の発展を導きました．

ここでは，その興味深い例として国立大学（法人）の研究費 [13] について述べます．まず，左図を見てください．

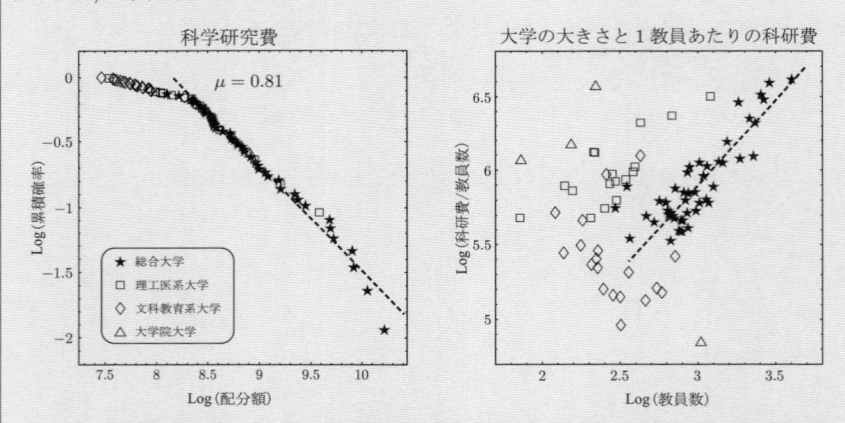

ここで，横軸は全国にある 87 の国立大学法人が 2007 年度に受け取った科学研究費補助金（略して「科研費」）の分布を描いたものです．この図では大学を大きく 4 分類し，異なった記号で表しています．この分布の右 2/3 は「総合大学」と「理工医系大学」で占められているが，それらがきれいに直線状に分布，すなわち，べき分布をしていることが見てとれます．そして，その Pareto 指数は $\mu \simeq 0.81$ です．この 1 より小さい Pareto 指数は本章で述べたように，「独占・寡占状態」が実現していることを意味しています．国立大学はここ数年，大きく変革を求められ，競争原理が導入されていると言われているが，激しい自由競争にさらされている企業が $\mu \simeq 1$ の分布をしているのとは対照的ですね．

また右図は，教員一人当たりの科研費と教員数との相関です．ここで，★印の「総合大学」だけを取り上げると，それらは図の破線の付近に分布しています．この破線は，

$$[1\,教員当たりの科研費] \propto [大学の規模\,(教員数)]^{1.15}$$

を意味しています．これが国立大学の現実です． (H.A.)

I read somewhere that everybody on this planet is separated by only six other people. Six degrees of separation. Between us and everybody else on this planet.
In a play written by John Guare

3
つながりをひもとく道具

例えば，人々の間の友人関係というつながりがどのような構造をもっているのかを解析したいという場合，その関係性をグラフ (Graph) またはネットワーク (Network) として表現することができる．この場合，そのネットワークを構成する基本的な単位は人であり，その間の関係性は友人関係である．近年，これまで調査することさえ不可能であると考えられてきたような大規模なネットワークのデータが経済や社会の現象において入手可能になりつつある．

この章では，そのような大規模なネットワークの統計的な性質，非均質な構造の抽出などの解析を行うために必要な道具について解説する．複雑ネットワークに関する他のより広い話題については，レビュー論文 [6, 38, 121] や [28, 39, 69] などの書籍，また多くの分野での成果をまとめた文献 [15] などが参考になる．

3.1 グラフとその探索

グラフのアルゴリズムの多くは，グラフ内をどう巡るかというグラフ探索にその基礎があるといってもよい．探索の方法とは，グラフを過不足なく巡るために探索中に印をつけていく一定のやり方をさす．Minotaur を倒した英雄 Theseus が，Crete 島の迷宮から脱出するため，女神 Ariadne の糸を用いたというギリシャ神話と同じ話であるが，はるかに巧妙である．

グラフのアルゴリズムは囲碁や将棋に似ていて大変奥が深い．初学者はその証明を教科書でなぞる前に，できるだけ多くの具体例にアルゴリズムを適用して，その妙味をまず感じとることを勧める．証明やより多くの話題については [1, 33, 79, 105, 106, 147] などの計算機科学の教科書を参照されたい．

本節の目的は，以下のような解析が自分でできるようにすることにある．

- 友達の友達の数を重複なく数えたい．より，一般に友達の (友達の)^n の数 ($n = 1, 2, \dots$) を計算したい．
- A さんから B さんへの最短距離だけではなく，最短経路をすべて列挙したい．
- ウェブ文書のリンク構造についてよく知られている，中央大陸 (最大の強連結成分)・IN 大陸・OUT 大陸・半島や島 (非連結成分) の解析 [26] を行いたい．

これらはグラフ探索の簡単な応用であるが，計算機科学の教科書にはあらわには書かれておらず，また既存のプログラムに含まれていないことが多い．そこで，最も基本的な探索アルゴリズムを示した上で，読者が解析のためにプログラムを読んだり，変更したりできるように，アルゴリズムをできるだけ端折らずに説明するように試みた．

なお，アルゴリズムを特定のプログラミング言語に依存せずに書くため，一種の疑

3.1 グラフとその探索

似コード (Pseudo-code) を用いる.その簡単な例を下記に示す.

アルゴリズム 3.1　階乗 7! の計算

1 　$n \leftarrow 7$
2 　**return** Factorial (n)

アルゴリズム 3.2　Factorial(n)

1 　**if** $n = 1$
2 　　**return** 1　// for 1! = 1
3 　**else**
4 　　**return** $n *$ Factorial $(n-1)$　// for n! = n * (n-1)!

各行頭は行番号である.n のような斜体は変数を,$\leftarrow$ は変数への代入を,//以下行末までは実行と無関係なコメントを表す.アルゴリズム 3.1 の 2 行目や 3.2 の Factorial のような大文字は,関数や別のアルゴリズムまたは定数などを表す.また,アルゴリズム 3.2 の 1 行目の条件が成立した場合の処理はインデントで字下げされた次行だけであり,このように処理の範囲をインデントだけで表す.**if–else** や **return** などは C や Java などのプログラミング言語の予約語と同じである.たとえそれらの言語を知らなくても,英語と同じような表現を用いていると理解すれば十分である.

3.1.1　グラフとその表現

基本的な定義から始める.グラフを構成する基本的な単位をノード (Node) または頂点 (Vertex) と呼び,ノード間のつながりをリンク (Link) または枝 (Edge) と呼ぶ.ノードとリンクは,分野により異なる呼び方をされることが多い.例えば社会学,物理学などの分野では,頂点をアクター (Actor),サイト (Site),枝を紐帯 (Tie),ボンド (Bond) などと呼ぶこともある.

ノードの集合を V,リンクの集合を E とすると,その対がグラフ $G(V, E)$ である.

有向グラフ (Directed Graph または Digraph) のリンク $e \in E$ は,順序のあるノード対 $e = (u, v)$ (ここで $u, v \in V$) の集合である.無向グラフ (Undirected Graph) のリンク $e \in E$ は,順序のないノード対 $e = \{u, v\}$ (ここで $u, v \in V$ かつ $u \neq v$) の集合である.無向グラフのリンクを便宜的に (u, v) と表し,$(u, v) = (v, u)$ であるとする (ただし $u \neq v$).

$e = (u, v) \in E$ であるとき,v は u に隣接する (Adjacent) という.無向グラフの場合,v が u に隣接すれば,u は v に隣接する.有向グラフでは,リンクに向きがあるの

で必ずしもそうならない. $e = (u, v)$ の端点は, u または v であり, 有向グラフの場合には, u をそのリンクの始点, v を終点と呼ぶ. リンク $e = (u, v)$ は, ノード u (または v) に接続しており, さらに有向グラフでは, u から出ている (incident from u), v に入っている (incident to v) という.

自己閉路 (Self-Loop) とは, 始点と終点が同じであるようなリンクをいう. 無向グラフではリンクを順序のないノード対の集合と定義するので, 自己閉路はないと定めるのが自然である. 無向グラフは, その各リンクを互いに向きの異なる有向リンクちょうど 2 本からできていると解釈すれば, 常に有向グラフと見なせる. したがって, 対応する有向グラフで自己閉路を考えれば十分である. また, **多重枝** (Multiple Edge, Multiedge) または**並行枝** (Parallel Edge) とは, 両端を同じノード対とする 2 つ以上のリンクをいう.

リンクの**重み** (Weight) は, 関係の重要性を指標化して, 各リンクの属性として与えた数値である. 多重枝は, 整数値として与えられたリンクの重みとしても解釈できる.

ノードに接続するリンク数を, そのノードの**次数** (Degree) と呼ぶ. 有向グラフの場合, ノードから出ているリンク数と入っているリンク数をそれぞれ**入次数** (In-Degree), **出次数** (Out-Degree) という. すべてのノードに対しての次数の分布を**次数分布** (Degree Distribution) と呼ぶ.

$|V|$ と $|E|$ はノードの総数とリンクの総数をそれぞれ表す. また, アルゴリズムの計算時間を表す時間計算量や, その動作をさせるための記憶域の大きさを表す空間計算量の表記では, $O(V)$, $O(V + E)$ などという書き方に従う.

一般にグラフは, 図 3.1 の左図や図 3.2 の左図にあるように描画することができる. ここではノードに名前をつけて, リンクをノード間の線として表現している. 有向リンク (u, v) には, u から v への矢印があるものとしている. 一般にはノード間の隣接関係を以下のように表現すると解析のために便利である.

グラフ $G(V, E)$ の表現として, 次の 2 つのデータ構造が基本的である.

隣接リスト (Adjacency List) では, 各ノード u に隣接するノード

$$Adj[u] := \{v \in V | (u, v) \in E\} \tag{3.1}$$

を保持する. 無向グラフと有向グラフの例を図 3.1 と図 3.2 にあげた. ここでは保持にリスト構造 (List) を用い, リスト中で次を指すポインタを * で, 終端を / で表した. $Adj[u]$ の中に入るノードの順番は一般には任意である. したがって, 例えば図 3.1 の隣接リストで, $Adj[a]$ を {b,e} ではなく, {e,b} として保持してもよい. ただし, **グラフ内の探索は各隣接リスト中のノードの順番に依存する**ことに注意しよう. 隣接リストの保持には, 配列 (Array) や集合 (Set) やハッシュ (Hash) のデータ構造を用い

3.1 グラフとその探索

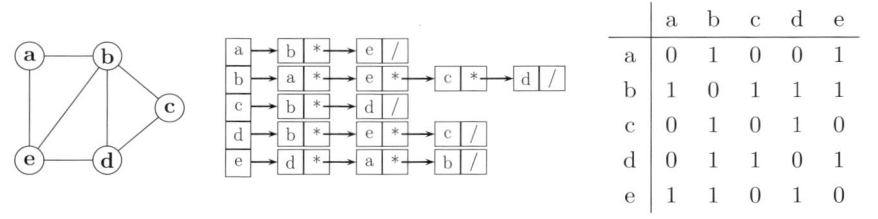

図 3.1 無向グラフの例 (左) とその隣接リスト (中) および隣接行列 (右)

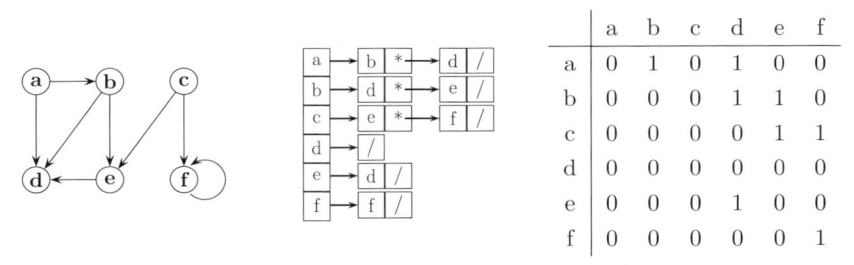

図 3.2 有向グラフの例 (左) とその隣接リスト (中) および隣接行列 (右)

ることもある.

隣接リストの長さの合計は, 有向グラフでは $|E|$, 無向グラフでは $2|E|$ であるから, グラフの記憶域としては $O(V+E)$ が必要である.

隣接行列 (Adjacency Matrix) では, $|V| \times |V|$ の行列 A の各要素 A_{ij} を

$$A_{ij} = \begin{cases} 1 & ((i,j) \in E), \\ 0 & ((i,j) \notin E) \end{cases} \tag{3.2}$$

のように定めて表現する. 図 3.1 と図 3.2 に例を示した. 明らかに隣接行列は $O(|V|^2)$ の記憶域を必要とする. 無向グラフの場合, A は対称行列である.

大まかに言って, $|E| \ll |V|^2$ であるようなグラフを**疎な** (Sparse) グラフ, $|E| \sim |V|^2$ であるグラフを**密な** (Dense) グラフという. 大規模なネットワークで対象とされるものの多くは, 疎なグラフだろう. その場合, 隣接リストがグラフの探索などに適する一方で, 隣接行列もグラフ構造の理論的な計算 (固有値解析など) には便利である.

ノード u の隣接ノードを列挙する計算は, 隣接リストの場合は $O(\deg(u))$ ($\deg(u)$ は u の次数), 隣接行列の場合には $O(V)$ である. 一方, リンク (u,v) の存在の問い合

わせは，隣接行列の場合は $O(1)$ であるのに対し，隣接リストでは $O(\deg(u))$ の計算となる．しかし後者は，疎なグラフに対しては，$O(|E|/|V|)$ の程度にすぎない．リストではなく例えばハッシュの構造にしてみても $O(\log(|E|/|V|))$ となるだけで，実際にはそれほど利点はない．

なお，リンクの重みは隣接リストではリスト中に埋め込むなどして，隣接行列では行列要素として表現できる．

ノードに 2 種類があって，異なる種類のノード間にのみリンクが存在するような場合は **2 部グラフ** (Bipartite Graph) と呼ばれる．例えば，論文とその共著者における共著関係，会社とその役員における役員関係，金融機関と企業における貸借関係などは 2 部グラフの例である．図 3.3 (a) は 2 部グラフの簡単な例で，$v_{1,2,3}$ を論文，$\alpha_{1,2,3,4}$ を著者などと考える．共通の著者により書かれた 2 つの論文にはつながりがあるとして，2 部グラフから論文ノードだけのグラフへ縮約を行うことができる．同様にして，論文の共著者からすべての著者対間につながりがあるとして，著者ノードだけのグラフへ縮約することもできる．図 3.3 (a) から縮約によって得られるグラフを，(b) と (c) に示した．異なる 2 部グラフから同じ縮約したグラフが生成されうるから，縮約の操作により，元のグラフの情報は一般に欠落することに注意する．また，共著者として何回論文を書いたかによって，縮約グラフにおける著者間のリンクに重みを定義して表現することができる．

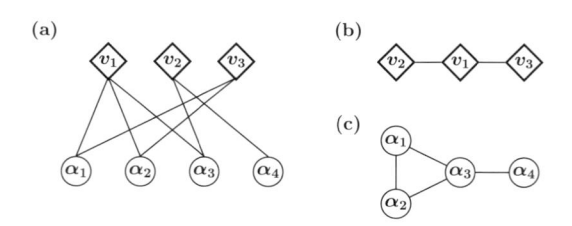

図 3.3　2 部グラフ (左) とその縮約グラフ (右)．

3.1.2　深さ優先探索

深さ優先探索 (Depth-First Search; DFS) では，最も新しく初訪問したノード v から出ている未探索リンク (v, w) をたどり，w が未訪問であればそれに印をつけて，これを繰り返す．未探索リンクがなければ，v を訪問したきっかけになったノードへ「バックトラック」して，先と同じ操作を繰り返す．こうしてたどれるノードに印をつ

3.1 グラフとその探索

け終えたら, 残っているノードから 1 つ選んで, 再び同じことを行う.

ノードにつける印をペンキの色にして, WHITE: 未訪問, GRAY: 初訪問時にこれに塗られる, BLACK: そこから出ているリンクすべての探索終了, の意味に定める. 手順をアルゴリズム 3.3 に示す. その中核はアルゴリズム 3.4 である.

アルゴリズム 3.3　深さ優先探索

```
1   // Initialize
2   for each vertex v in V[G]
3      color[v] ← WHITE
4      p[v] ← NIL
5   time ← 0   // global time
6   for each vertex v in V[G]
7      if color[v] is WHITE
8         DFSVISIT(G,v)
```

アルゴリズム 3.4　DFSVISIT(G,v)

```
1   color[v] ← GRAY
2   time ← time + 1
3   discover_time[v] ← time
4   for each vertex w in Adj[v]
5      if color[w] is WHITE
6         // (v,w) is a tree edge
7         p[w] ← v
8         DFSVISIT(G,w)
9      else if color[w] is GRAY
10        // (v,w) is a back edge
11     else if color[w] is BLACK
12        // (v,w) is a cross edge or a forward edge
13  color[v] ← BLACK
14  time ← time + 1
15  finish_time[v] ← time
```

アルゴリズム 3.4 の 3 行目ではノードの初訪問時間を, 15 行目ではノードの探索終了時間を記録している.

アルゴリズム 3.4 の 7 行目では, 最も新しくペンキで塗られたノード v から出ている未探索リンク (v,w) をたどり, ノード w を初めて訪問しているが, このとき w の親 $p[w]$ を v と定めている. この親子関係はグラフ内に木 (Tree) の構造を決める. こ

れを**深さ優先探索木** (DFS Tree) と呼ぶ．再帰から戻るときにバックトラックを行っていることになる．

アルゴリズム 3.3 では各ノード v について，DFSVISIT(G, v) が一度ずつ呼ばれて，また DFSVISIT(G, v) では，v から出るリンクが一度ずつ探索されるので，全体の計算は $O(V + E)$ である．

隣接リストが図 3.2 に与えられる有向グラフの例に対する深さ優先探索を図 3.4 にあげる．図 3.4 の各図は，アルゴリズム 3.4 で時間ステップがすすむ 3 行目または 15 行目の直後で出力している．

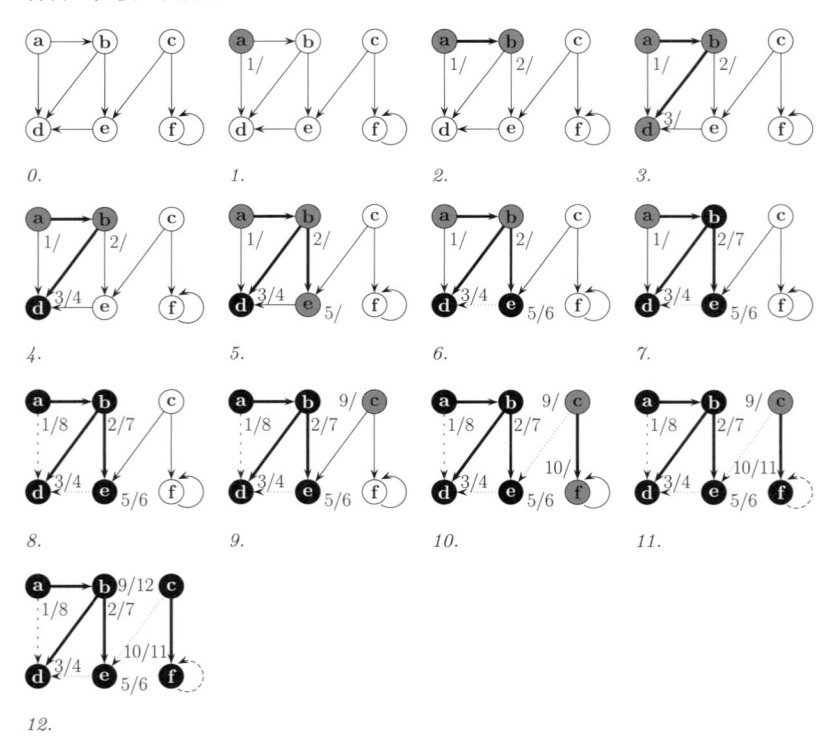

図 3.4　有向グラフの例に対する深さ優先探索

例を吟味すると以下のことが分かる．深さ優先探索木は一般に複数個できる．木を張るリンクは，$(p[v], v)$ $(p[v] \neq$ NIL$)$ である．1 つの木は，$discover\_time$ が最小のノードを根 (Root) とする，根付木 (Rooted Tree) である．深さ優先探索木において，

3.1 グラフとその探索

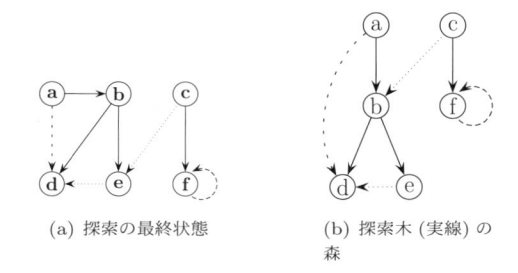

(a) 探索の最終状態   (b) 探索木 (実線) の森

図 3.5 深さ優先探索木

木を張るリンクに沿って u から v へ到達できるとき，u は v の先祖，v は u の子孫であるという．互いに祖先でも子孫でもないノード対はもちろんある．木の根は，木のすべてのノードの先祖である．隣接リストが与えられると，深さ優先探索木はただ 1 つに決まる．このときグラフの各リンクは，木を張る枝 (Tree Edge)，木における u からその先祖 v へのリンク (u,v) (後退枝; Back Edge)，木における u からその子孫 v へのリンク (u,v) (前進枝; Forward Edge)，異なる深さ優先探索木を結ぶリンク・1 つの木において互いに祖先子孫の関係にないノード対を結ぶリンク (横断枝; Cross Edge) のいずれかに分類できる．

リンク (u,v) が初めて探索が行われたとき (u の色は GRAY)，v の色が WHITE ならば (u,v) は木を張るリンク，GRAY ならば後退枝，BLACK ならば前進枝または横断枝であり，その場合，$discover\_time[u] < discover\_time[v]$ ならば前進枝，$discover\_time[u] > discover\_time[v]$ ならば横断枝となる．

図 3.4 では，木を張る枝を太線，後退枝を破線，前進枝を荒い破線，横断枝を点線で表した．深さ優先探索木と枝の分類を図 3.5 に示す．

無向グラフの場合には，v の色が BLACK ならば，すでに (v,u) の逆向きに同じリンクを探索しているはずだから，木を張る枝と後退枝だけで分類できる．これについては演習問題を参照していただきたい．

強連結成分

深さ優先探索の応用は広いが，ここでは**強連結成分** (Strongly Connected Component) について手短に述べる．

有向グラフにおいて，ノード u から v への経路が存在する，または $u = v$ のとき，v は u から到達可能であると呼ぶ．u と v が互いに他方から到達可能であるとき，二

項関係 $u \sim v$ があると定義すると，反射律・対称律・推移律[*1] を明らかに満たすので，V 上の同値関係が与えられる．したがって，その同値関係により，V は同値類 V_i ($i = 1, \ldots, p$) に分類できる．ここで，p は同値類の数である．両端が同じ V_i に入るようなリンクの集合を E_i とすると，G の部分グラフ $G_i = (V_i, E_i)$ が一意的に定まる．このとき，各 G_i を強連結成分という．

各成分をさまざまな目的で解析する前処理として，強連結成分への分解は有用である．深さ優先探索を少し変更すると，強連結成分を求めるアルゴリズムが 3.5 とアルゴリズム 3.6 のように得られる．自明ではなく，証明を要する（文献 [158] または [1] の I 巻 5 章を見よ）．

アルゴリズム 3.5　強連結成分

1　// Initialize
2　**for** each vertex v in $V[G]$
3　　$color[v] \leftarrow$ WHITE
4　　$p[v] \leftarrow$ NIL
5　　$scc\_id[v] \leftarrow$ NIL　　// v belongs to which SCC
6　$time \leftarrow 0$　　// global time
7　$num\_scc \leftarrow 0$ // number of SCCs
8　**for** each vertex v in $V[G]$
9　　**if** $color[v]$ is WHITE
10　　　SCCVISIT (G, v)

アルゴリズム 3.6　SCCVISIT(G, v)

1　$color[v] \leftarrow$ GRAY
2　$time \leftarrow time + 1$
3　$discover\_time[v] \leftarrow time$
4　$root[v] \leftarrow v$ // static hash
5　PUSH (S, v) // static stack
6　**for** each vertex w in $Adj[v]$
7　　**if** $color[w]$ is WHITE
8　　　$p[w] \leftarrow v$
9　　　SCCVISIT (G, w)
10　$color[v] \leftarrow$ BLACK
11　$time \leftarrow time + 1$

[*1] 反射律：すべての $u \in V$ に対して $u \sim u$．対称律：すべての $u, v \in V$ に対して，もし $u \sim v$ ならば $v \sim u$．推移律：すべての $u, v, w \in V$ に対して，もし $u \sim v$ かつ $v \sim w$ ならば $u \sim w$．

3.1 グラフとその探索

```
12      finish_time[v] ← time
13
14      for each vertex w in Adj[v]
15        if scc_id[w] is NIL
16          if discover_time[root[w]] < discover_time[root[v]]
17            root[v] ← root[w]
18      if root[v] is v
19        do
20          w ← POP(S)
21          scc_id[w] ← num_scc
22        while w is not v
23        num_scc ← num_scc + 1
```

$root[v]$ は, v が含まれる強連結成分の中で, 深さ優先探索の初到達時間が最小であるようなノードを指している (下例で確かめてみよ). アルゴリズム中にあるスタック (Stack) とは, より新しく入れたデータがより先に取り出されるようなデータ構造で, ちょうど「机上の書類の山」と同じである. ここでのスタック S は, 各強連結成分のノードを探索順に蓄えるために用いられる. SCCVISIT(G, v) の実行中, 同じ 1 つのスタックが存在している (静的な変数) ことに注意する.

例として, 図 3.6 (a) に対してアルゴリズム 3.5 を適用してみよう. その結果得られる強連結成分 $G_i = (V_i, E_i)$ は, 同図に灰色で示されているそれぞれの領域内にあるノードとリンクである. その両端が同値類 V_i と $V_j (i \neq j)$ に属するようなリンクは同一視し (例えば, b→f と e→f), また 1 つの強連結成分を 1 つのノードとして表すと, 有向グラフを縮約することができる (図 3.6 (b)). このようにして得られた縮約グラフには, その定義から巡回するような経路はないことが分かる. したがって, 強連結成分間の「上流」「下流」の関係が分かりやすくなる.

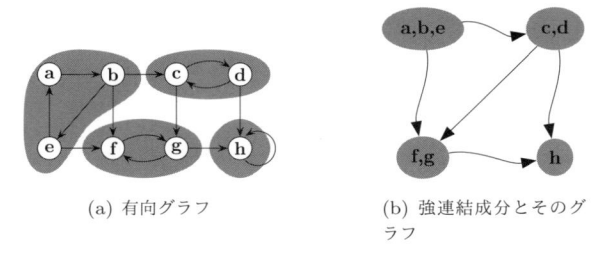

(a) 有向グラフ

(b) 強連結成分とそのグラフ

図 3.6 強連結成分への分解

3.1.3　幅優先探索

幅優先探索 (Breadth-First Search; BFS) では，最も早く初訪問したノード v から出ている未探索のリンク (v, w) をたどり，w が未訪問であればそれに印をつけて，これを繰り返す．

深さ優先探索と同様，ノードにつける印をペンキの色にして，WHITE: 未訪問，GRAY: 初訪問時にこれに塗られる，BLACK: そこから出ているリンクすべての探索終了，と定める．手順をアルゴリズム 3.7 に示す．幅優先探索はあるノードからの最短距離を見出すのに使われることが多いので，開始点を s とした．

アルゴリズム 3.7　幅優先探索 BFS(G, s)

```
1   // Initialize
2   for each vertex v in V
3       color[v] ← WHITE
4       d[v] ← INFINITY
5       p[v] ← NIL
6   color[s] ← GRAY
7   d[s] ← 0
8
9   Q ← empty queue
10  ENQUEUE(Q, s)
11  while Q ≠ empty
12      v ← DEQUEUE(Q)
13      for each vertex w in Adj[v]
14          if color[w] is WHITE
15              color[w] ← GRAY
16              d[w] ← d[v] + 1
17              p[w] ← v
18              ENQUEUE(Q, w)
19      color[v] ← BLACK
```

キュー (Queue) とは，より早く入れたデータがより先に取り出されるようなデータ構造で，ちょうど「店の待ち行列」と同じである．キュー Q は，幅優先探索において次に探索すべきノードを，初訪問時のより早いものから順に格納する．アルゴリズム 3.7 の 10 行目と 18 行目の ENQUEUE はキューの末尾への追加を，12 行目の DEQUEUE はキューの先頭から取り出す操作を意味する．

3.1 グラフとその探索

より早く初訪問したノード v から出ているリンク (v, w) をたどり, w が未訪問ならば, w の親 $p[w]$ を v と定めている (17 行目). この親子関係はグラフ内に木の構造を決める. これを幅優先探索木 (BFS Tree) と呼ぶ.

v から w へのすべての経路の中で, 長さが最小のものを**最短経路** (Shortest Path), その長さを v から w への**距離** (Distance) $d(v, w)$ と呼ぶ.[*2] もちろん, v から w へ到達可能である場合にのみ距離が定義できる. 幅優先探索の結果, 始点 s から到達可能なすべてのノード w への距離 $d(s, w)$ が求まる. 幅優先探索木の親子関係が決まる 16 行目において, 距離 $d[w] := d(s, w)$ が決定できる (下の例で確かめられたい).

アルゴリズム 3.7 では各ノード v は一度ずつ呼ばれて, v から出ているリンクが一度ずつ探索されるので, 1 つの始点からの幅優先探索の時間計算量は $O(V + E)$ である.

隣接リストが図 3.7 に与えられるような無向グラフに対する幅優先探索を, 図 3.8 に例示した. 図 3.8 の各々は, 10 行目の初期化直後と, 各ノードの探索が終了する 19 行目の直後で出力している. また, その時のキュー Q も表示した.

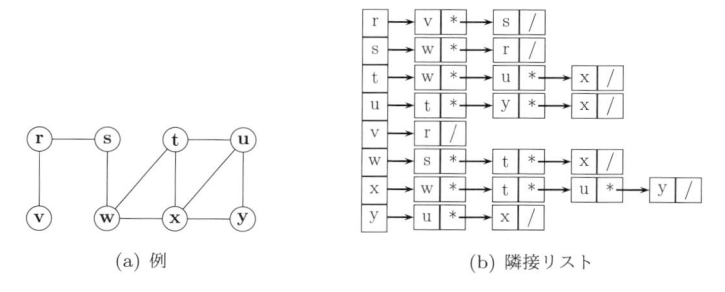

図 3.7 無向グラフの例

例を吟味すると以下のことが分かる. 幅優先探索木を張る枝は, $(p[v], v)$ $(p[v] \neq \text{NIL})$ である. その木の根が始点 s である. s からの距離について, $d[p[v]] = d[v] + 1$ が成り立つ. 木を張る枝 (Tree Edge) 以外の $(u, v) \in E$ について, $d[v] \leq d[u] + 1$ が成り立つ. 特に無向グラフの場合には, $d[v] = d[u]$ または $d[v] = d[u] + 1$ のいずれかが成り立つ.

図 3.8 では, 木を張る枝を太線, それ以外を破線で表した. 幅優先探索木を図 3.9 に示す.

[*2] 最短経路を測地線 (Geodesic Path), 距離を測地線距離 (Geodesic Distance) ともいう.

0: Q={s} 1: Q={w,r} 2: Q={r,t,x}

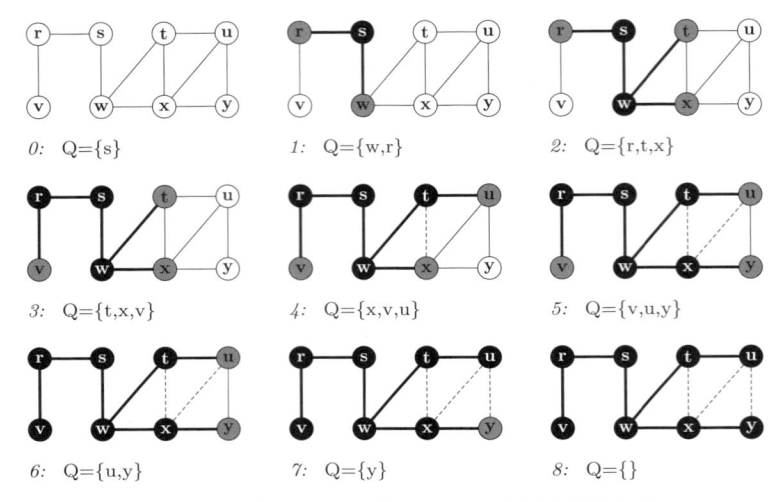

3: Q={t,x,v} 4: Q={x,v,u} 5: Q={v,u,y}

6: Q={u,y} 7: Q={y} 8: Q={}

図 3.8　無向グラフの例に対する幅優先探索

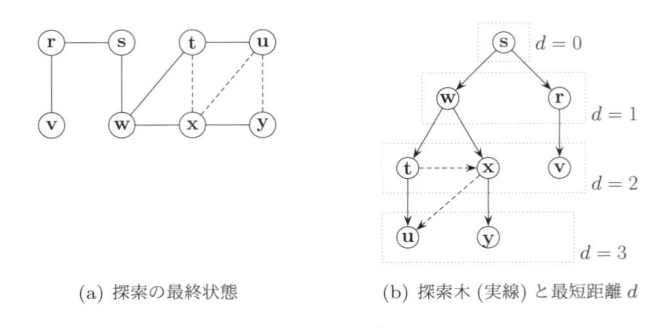

(a) 探索の最終状態　　(b) 探索木 (実線) と最短距離 d

図 3.9　幅優先探索木

　すべてのノードを始点として幅優先探索を繰り返し行えば，任意のノード対 (u,v) 間の距離が求まる．**平均最短距離**は，それらの距離の平均である．ネットワークの**直径** (Diameter) は，最短経路の中で最も長い距離として通常定義される．

友達の (友達の)^n 数

　始点 s からの最短距離がちょうど n であるようなノードを重複なく数えて，その数 $T_n(s)$ を知りたい．$T_2(s)$ は，いわば友達の友達の数，$T_3(s)$ は，友達の友達の友達の

3.1 グラフとその探索

数, ... などを意味する. $T_n(s)$ は始点 s ごとに一意的に決まる. すべてのノード v について, $T_n(v) > 0$ となるような n の上限は直径である.

幅優先探索では, ノードを初訪問した時点で始点からの最短距離が決まるのだから, その時点でそのノードと最短距離を記録しておけばよい. すべての探索が終わった段階で, 始点 s に対する $T_n(s)$ を計算することができる. 演習問題として, このアルゴリズムを作成してみてほしい.

最短経路の数え上げ

幅優先探索木は始点 s から任意のノードへの最短経路を, 木を張る枝に沿った経路として与えてくれるが, もちろん一般には最短経路は 2 つ以上存在する. 後で述べる媒介中心性の計算には, 最短経路の数え上げが必要となる.

さて, 幅優先探索木は始点 s から任意のノードへの最短経路を, 木を張る枝に沿った経路として与えてくれるが, もちろん一般には最短経路は 1 つだけと限らない. u から v への最短経路の数を σ_{uv} とする. 以下では, 始点 s からそれぞれのノード w への最短経路の数 σ_{sw} を求めたい.

例えば図 3.9 で, s から u には s → w → t → u と s → w → x → u のちょうど 2 つの最短経路があるので, $\sigma_{su} = 2$ である. また, s から u への最短経路は, s からの距離が u の距離よりちょうど 1 だけ小さなノード t と x の最短経路を必ず通るはずであるから, $\sigma_{su} = \sigma_{st} + \sigma_{sx} = 2$ となる.

そこで始点 s からの最短距離 $d(s, \cdot)$ がちょうど 1 だけ少ない位置にあるような, w に接続しているノードの集合を

$$P_s(w) := \{v \in V | \{v, w\} \in E, d(s, w) = d(s, v) + 1\} \tag{3.3}$$

と定義すると[*3]

$$\sigma_{sw} = \sum_{v \in P_s(w)} \sigma_{sv} \tag{3.4}$$

によって, σ_{sw} が計算できる. 始点 s の隣接点 v に対しては, $\sigma_{sv} = 1$ であるので, 式 (3.4) を用いることにより, 幅優先探索を行いながら同時に最短経路を列挙していくことができる.

アルゴリズム 3.8 始点 s からの最短経路の数え上げ

```
1  // Initialize
```

[*3] 図 3.9 (b) において, 例えば, $P_s(t) = \{w\}$, $P_s(u) = \{t, x\}$ など.

```
 2    for each vertex v in V
 3        d[v] ← −1
 4        P_s[v] ← empty array
 5    σ_s[s] ← 1
 6    d[s] ← 0
 7
 8    Q ← empty queue
 9    ENQUEUE(Q,s)
10    while Q ≠ empty
11        v ← DEQUEUE(Q)
12        for each vertex w in Adj[v]
13            if d[w] < 0    // w found for the first time
14                d[w] ← d[v] + 1
15                ENQUEUE(Q,w)
16            if d[w] = d[v] + 1    // shortest-path
17                σ_s[w] ← σ_s[w] + σ_s[v]
18                APPEND(P_s[w],v)
19    σ_s[s] ← 0    // by definition
```

アルゴリズム 3.8 の 3 行目の初期化では,すべての最短距離を便宜的に -1 に定め,13 行目にあるノードの初訪問の判定でそれを用いているので,ここでは色の変数 ($color[v]$) を用いていない.また幅優先探索木自体は使わないので,親ノード ($p[v]$) の変数も省いた.ここでは,σ_{sv} を変数 $\sigma_s[v]$ と呼んでいる.16 行目で最短経路の判定を行い,式 (3.3) と (3.4) の計算を行っている.5 行目で,始点の σ_s を定義して,始点以外のノードに対して式 (3.4) が成り立つようにして計算し,最後の 19 行目で $\sigma_s[s] = 0$ と定めていることに注意する.

最短経路の数を計算するアルゴリズム 3.8 は,媒介中心性の計算で用いる.

3.2 ランダム・グラフ

ランダム・グラフには無限のクラスが存在する.先験的な確率というものがあるのではなく,何をもって同等とするのかには自由度があるからである.Bertrand の逆説[*4] や,統計力学における Maxwell-Boltzmann 統計・Bose-Einstein 統計・Fermi-Dirac 統計の起源を思い出そう [88].

[*4] 円にでたらめに弦を引くとき,その長さが円の内接正三角形の一辺よりも長くなる確率はどれだけか.これには無限の解答が存在する.

3.2 ランダム・グラフ

3.2.1 Poisson ランダム・グラフ

P. Erdős と A. Rényi が 1950 年代から 60 年代にかけて研究したランダム・グラフのいくつかのクラスの中で,可能なすべてのノード対に対してリンクが存在する確率が独立に与えられるようなものがある.ノード数の大きなある極限では次数分布が Poisson 分布に従うので,このクラスを Poisson ランダム・グラフと呼ぶことにする. Poisson ランダム・グラフについて簡潔にまとめておく.

N 個のノードについて,可能なすべてのノード対に対してリンクが存在する確率が独立に p で与えられるとする.次数分布は二項分布に従う:

$$p(k) = \binom{N-1}{k} p^k (1-p)^{N-1-k} . \tag{3.5}$$

次数の平均と分散は

$$\langle k \rangle = (N-1)\,p \simeq N\,p , \tag{3.6}$$

$$\langle k^2 \rangle - \langle k \rangle^2 = (N-1)\,p(1-p) \simeq N\,p(1-p) \tag{3.7}$$

である.

確率分布 (3.5) の母関数を次のように定義して計算すると

$$\begin{aligned} g(x) &:= \sum_{k=0}^{\infty} p(k) x^k \\ &= \sum_{k=0}^{N-1} \binom{N-1}{k} p^k (1-p)^{N-1-k} x^k \\ &= (1 + px - p)^{N-1} \end{aligned} \tag{3.8}$$

となる. $N \to \infty$ かつ $Np \to$ 定数 $:= z$ の極限をとると

$$g(x) \to e^{z(x-1)} \tag{3.9}$$

となる. 式 (3.8) から $p(k)$ を逆に解くと

$$p(k) = \frac{1}{k!} \left. \frac{d^k g(x)}{dx^k} \right|_{x=0} \tag{3.10}$$

$$= \frac{1}{k!} z^k e^{-z} \tag{3.11}$$

と Poisson 分布が得られる．次数の平均と分散は

$$\langle k \rangle = z = Np , \tag{3.12}$$
$$\langle k^2 \rangle - \langle k \rangle^2 = z \tag{3.13}$$

であり，もちろん式 (3.6), (3.7) の極限と一致する．

Poisson ランダム・グラフでは，$\langle k^2 \rangle \sim \langle k \rangle^2$ となっていることに注意しよう．複雑ネットワークの実際のデータについては，いくつかの例外を除いて，Poisson ランダム・グラフの次数分布はその記述には不適切である．

3.2.2 一般化ランダム・グラフ

次数というのは，各ノードがどれだけ関係を紡いできたかを示す量であるから，ネットワークの構造を特徴づける上で重要であるが，ノードについて「1 次の構造」にすぎない．それは次のような意味である．

簡単のために無向グラフで説明する．ノード数を N，リンク数を M とする．いま，リンクの各々をハサミですべて切断する．切断されたリンクを切れ端 (Stub) と呼ぶことにすると，切れ端は全部で $2M$ 本あるのだから下図のような状態が得られる．

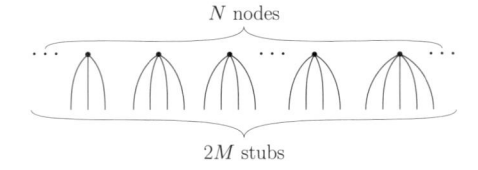

次に，それらの切れ端をでたらめにつなげる．その操作の一部を描くと下図のようになるだろう．

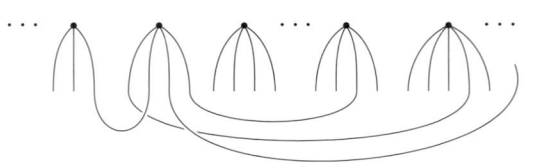

この操作の前後で，各ノードの次数はまったく変わらない．なぜなら各ノードから出ていたリンク数は変更していないからである．その一方で，2 つ以上のノード間に存在していた構造があったとしてもそれは壊される．例えば，リンクが存在するノード対の次数の相関構造はその例である．この操作によれば，次数分布だけを保存しなが

3.2 ランダム・グラフ

ら,それ以外の構造はでたらめであるようなランダム・グラフの1つのクラスが生成できる.

次数分布に従う,N 個の次数 k_i ($i=1,\ldots,N$) の組 (次数系列 (Degree Sequence) と呼ばれる) が与えられたとき,上の操作は,与えられた次数系列をもつすべての可能なグラフを等確率で生成する.このようにして,与えられた任意の次数分布に対して構成できるので,ここでは**一般化されたランダム・グラフ**と呼ぶことにする.[*5] 70年代以降の多くの研究があるが,その統計的な性質については比較的最近得られた (例えば文献 [110, 124] を参照されたい.)

一般化ランダム・グラフを帰無仮説として用いて,次数以外の構造がでたらめであるようなアンサンブルに対して統計量を計算して,手元にあるネットワークの構造を調べることができる.

余次数

一般化ランダム・グラフにおいて,すべてのノードから一様ランダムに1つノードを選ぶ.それに接続するリンクをでたらめに1つ選んで,その他端にあるノードをたどる.そのノードの次数が,たどったリンクも入れてちょうど k になる確率を考えてみよう.

この操作は次のように行われることもある.すべてのリンクから一様ランダムにリンクを1つ選ぶ.その端点である2つのノードからでたらめにどちらか一方をたどる.そのノードの次数が,たどったリンクも入れてちょうど k になる確率を考えることもできる.一般化ランダム・グラフの場合,どちらの操作でやっても同じ確率を与える.

実際,上の2つの操作 ── 全リンクからランダムに選ぶことと,全ノードからランダムに1つノードを選び,それに接続するリンクをランダムに選ぶこと── では,リンクを選ぶ確率は異なる.なぜなら,前者ではどのリンクも等確率で選ばれるのに対して,後者では,次数の小さなノードから出ているリンクは,次数の大きなノードから出ているリンクよりも選ばれやすいからである.しかしその後で,リンクの他端を見るのだから,一般化ランダム・グラフの場合は,前者と結局同じことをしているのである.

この確率は $p(k)$ ではないことに注意しよう.この確率は $k \times p(k)$ に比例する.これは下図を見て考えれば明らかである.

[*5] configuration model とも呼ばれる [121].

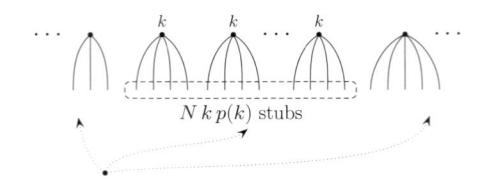

いずれにせよ，たどってきたリンク以外に何本のリンクをもっているかという情報に意味があるので，それらのリンクを余ったリンク (Remaining Edges, Outgoing Edges)，その本数を**余次数** (Excess Degree) とここでは呼ぶことにする．余次数に 1 を足すとちょうど次数に等しい．

ランダムに選ばれたリンクをたどってきたノードの余次数がちょうど ℓ である確率を $q(\ell)$ と表すと，$q(\ell) \propto (\ell+1)\,p(\ell+1)$ である．これを規格化すれば

$$q(\ell) = \frac{(\ell+1)\,p(\ell+1)}{\displaystyle\sum_{k=0}^{\infty} k\,p(k)} = \frac{1}{\langle k \rangle}\,(\ell+1)\,p(\ell+1) \tag{3.14}$$

となる．

確率 $q(k)$ が $p(k+1)$ ではなく $(k+1)p(k+1)$ に比例するという単純な事実はとても重要である．あなたが友人ネットワークからでたらめに選ばれたとする．あなたの友人の中から一人をランダムに取り出す操作は，実は人間のランダム・サンプリングではないことを意味する．なぜなら次数のより大きな人は，まさにその性質により，あなたの知り合いである確率が高くなっているからである．別の言い方をすると，孤高の人と超人気者は，人をたどるというこのやり方では異なる確率でバイアスを受けてサンプリングされる．

上の事実 (3.14) は，一般化ランダム・ネットワークにおけるクラスタ係数の評価や，n ステップ先にいるノード数 T_n に自明でない帰結をもたらす．このことについて，3.3.4 節と 3.4 節で説明しよう．

3.3 構造の統計的な性質

複雑ネットワークの研究の成果の 1 つとして，これまでネットワークやグラフを利用してきた他の分野ではあまり調べられてこなかった，統計的な性質とその起源についての研究があげられるだろう．統計的な性質は，ネットワークがなぜいまあるような構造をもつようになったか，その時間発展や進化についての知見に関係し，またその上でのさまざまなダイナミクスに深いつながりがある．これらの点については本章

3.3 構造の統計的な性質

の始めにあげた文献を参照していただくとして，ここではもっとも基本となる統計的性質について述べる．

3.3.1 次数分布

実際の社会・経済の多くのネットワークを調べると，次数分布が裾野の長い分布をしていることが少なくない．特に，次数 k の大きな領域で，その確率密度関数が漸近的に

$$p(k) \approx \left(\frac{k}{k_0}\right)^{-\nu-1}, \tag{3.15}$$

または同じことであるが，その累積分布関数が

$$P_>(k) := \sum_{k'=k}^{\infty} p(k') \approx \left(\frac{k}{k_0}\right)^{-\nu} \tag{3.16}$$

のように振る舞うことがしばしば観測される．この性質をスケールフリー・ネットワーク (Scale-Free Network) と呼ぶ．[*6]

これは第2章の始めに述べた Pareto 分布にほかならない．Pareto 指数 ν や Pareto スケール k_0 を実際にデータから推定するには，第1章で述べた最尤推定，特に Hill の推定法がよく用いられる．

3.3.2 同類選択

「2次の構造」としてみるべき量は，実際にリンクを形成したノード対の属性であろう．一般化ランダム・グラフを生成すれば，明らかにその性質はランダム化されて，ノード対の属性は互いに統計的に独立になってしまう．

下表は参考文献 [120] に引用されている（「普通の」ヘテロな）性的関係に関する疫学 (epidemiology) の調査データである．人種間でどのような性的関係が形成されているか，標本中の人数が記録されている．明らかに異なる人種間よりも同じ人種間でのリンクが形成されやすい．つまり，自分と同類の属性をもつ異性からパートナーを選択しやすい．

より広く，生物同種間で選択交配が行われることを，assortative mixing というので，参考文献 [120] に従い，リンクの存在するノード対の属性にはっきりした関連があることを assortativity と呼び，ここでは**同類選択**と名づけることにする．

[*6] スケールフリー・ネットワークの簡単な解説は参考文献 [14] の第4章にある．

表 3.1 人種間の性的関係数. 1992 年サンフランシスコ市での調査.

	categories	女性				total
		black	hispanic	white	other	
男性	black	506	32	69	26	633
	hispanic	23	308	114	38	483
	white	26	46	599	68	739
	other	10	14	47	32	103
	total	565	400	829	164	1958

いまノードの属性がカテゴリー $1, \ldots, K$ に分類されているとする. M 本のリンク各々に対して, その端点となるノードの属性対を調べよう. 有向グラフの場合には, 始点と終点の属性対が (i, j) となるようなリンクの数を n_{ij} とする. 無向グラフの場合は, リンクそれぞれを向きが逆の有向リンク 2 つから成り立っていると便宜的にみなして, 有向グラフと同じ定義をする.[*7] いずれの場合にも

$$\sum_{i,j} n_{ij} = M \tag{3.17}$$

である. 属性対の分割表は次のようになるだろう.

	1	...	j	...	K	total
1	n_{11}	...	n_{1j}	...	n_{1K}	$n_{1\bullet}$
⋮	⋮		⋮		⋮	⋮
i	n_{i1}	...	n_{ij}	...	n_{iK}	$n_{i\bullet}$
⋮	⋮		⋮		⋮	⋮
K	n_{K1}	...	n_{Kj}	...	n_{KK}	$n_{K\bullet}$
total	$n_{\bullet 1}$	...	$n_{\bullet j}$	...	$n_{\bullet K}$	M

ここで

$$n_{i\bullet} := \sum_j n_{ij}, \tag{3.18}$$

$$n_{\bullet j} := \sum_i n_{ij}. \tag{3.19}$$

[*7] あるいは, 両端のノードが同属性 (i, i) をもつようなリンクを 1 と, 異なる属性 (i, j) $(i \neq j)$ をもつリンクを $1/2$ と数えても等価である.

3.3 構造の統計的な性質

属性対 (i,j) をもつリンクの割合を, $e_{ij} := n_{ij}/M$ とする. 式 (3.17) から

$$\sum_{i,j} e_{ij} = 1 \tag{3.20}$$

なる割合 e_{ij} に対して

$$a_i := \sum_j e_{ij}, \tag{3.21}$$

$$b_j := \sum_i e_{ij} \tag{3.22}$$

を定義する. 上の分割表を e_{ij} で書くと

	1	...	j	...	K	total
1	e_{11}	...	e_{1j}	...	e_{1K}	a_1
⋮	⋮		⋮		⋮	⋮
i	e_{i1}	...	e_{ij}	...	e_{iK}	a_i
⋮	⋮		⋮		⋮	⋮
K	e_{n1}	...	e_{nj}	...	e_{nK}	a_K
total	b_1	...	b_j	...	b_K	1

となる.

同類選択の強さ (Assortativity Coefficient) の定義は

$$r = \frac{\sum_{m=1}^{K} e_{mm} - \sum_{m=1}^{K} a_m b_m}{1 - \sum_{n=1}^{K} a_n b_n} \tag{3.23}$$

で与えられる [120].

分子の第 1 項目は, 同属性をもつ端点を結ぶリンクの割合である. 一般化ランダム・ネットワークでは, 明らかに

$$e_{ij} = a_i b_j \tag{3.24}$$

が成り立つ. なぜなら, 全リンクから一様ランダムに選ばれたリンクの端点が属性 i をもつ確率は a_i で, 他端については b_j で与えられるからである. したがって, 式 (3.23) の分子第 2 項目は, この帰無仮説の下で同類選択の強さをちょうどゼロにする

因子になっている. 式 (3.23) の分母は, 完全な同類選択の場合, すなわち, すべての $i,j = 1,\ldots,K$ $(i \neq j)$ について $e_{ij} = 0$ である場合に全体を規格化するための因子である.

ところで, 属性のカテゴリーとして考えられるものはさまざまである.

- ネットワーク構造以外の属性. 人種, 年令, 部署, 年収, $\cdots$
- ネットワーク構造自身に由来するもの. 例えば**次数相関**.
- 何らかのクラスター解析によって解析者が行った分類. **モジュラリティ** (Modularity) あるいは Q 値

$$Q = \sum_p e_{pp} - \sum_p a_p b_p \tag{3.25}$$

は異なるクラスタリング手法について, その良さを測る評価指標として使われる.

同類選択の指標 (3.23) は, M 人の患者を診た二人の医師が下した疾病分類間の一致する程度や, いわゆる級内相関と関連がある. ランダムに選ばれリンクの端点の属性対が, (i,j) となる確率が e_{ij} となるようなネットワークの統計的モデルを考えることができる. 手元にある観測データは, その統計的モデルの 1 つの標本であるとみなすことができる. e_{ij} が式 (3.20) を満たす多項分布 (Multinomial Distribution) を与えているとみなせば, 同類選択の強さ (3.23) に含まれる統計的誤差を考えることができる.

参考文献 [120] には, ジャックナイフ法によるものと, リンク数 M が大きいことを利用した大標本論 (Large Sample Theory) におけるデルタ (Delta) 法による評価がある.

前者によると (例えば参考文献 [43] を見よ)

$$\sigma_r^2 = \sum_{i=1}^{M}(r_i - r)^2 \tag{3.26}$$

である. ここで r_i は, リンク i を取り除いたネットワークに対する式 (3.23) の値である. σ_Q^2 に対しても同様である.

3.3 構造の統計的な性質

後者によると式 (3.23) の統計的誤差は, 帰無仮説 (3.24) のもとで

$$\sigma_r^2 := \mathrm{Var}[r] = \frac{1}{M} \frac{\sum_i a_i b_i + \left(\sum_i a_i b_i\right)^2 - \sum_i a_i b_i (a_i + b_i)}{\left(1 - \sum_i a_i b_i\right)^2} \tag{3.27}$$

から計算できる σ_r で評価できる.[*8] 同様に式 (3.25) の統計的誤差は, 帰無仮説 (3.24) のもとで

$$\sigma_Q^2 := \mathrm{Var}[Q] = \frac{1}{M} \left[\sum_i a_i b_i + \left(\sum_i a_i b_i\right)^2 - \sum_i a_i b_i (a_i + b_i) \right]. \tag{3.28}$$

表 3.1 の例では $M = 1958$, $K = 4$ であり,

$$r = 0.6214 \tag{3.29}$$

に対して, 帰無仮説 $r = 0$ のもとでは式 (3.27) は

$$\sigma_r = 0.0144 \tag{3.30}$$

であるから, $\hat{r} \sim 40\sigma_r$ となる. この値は, ジャックナイフ法による式 (3.26) にほぼ等しい.

同様に, $Q = \hat{Q} := 0.4301$ に対して, 帰無仮説 $Q = 0$ のもとで $\sigma_Q = 0.0100$ を得る.

3.3.3 次数相関

同類選択のうち, ネットワーク構造自身から決まる属性で最も単純なもの, 次数の場合を特に考えよう. 高次数同士で互いにリンクし合っているのか, 低次数のノードは高次数のノードにリンクされているのか. これらを定量的に測ることができる. ここでは簡単のため, 無向グラフを仮定する.

まず, リンクの端点の次数を調べると, それら次数は必ず 1 以上であるので, 関連性を調べる対象として適切なのは, 3.2.2 節で定義した余次数の対 (i, j) である. 次に, 次数はいわゆる名目 (Nominal) 変数であるカテゴリーとは異なり, 異同だけでなく値

[*8] 参考文献 [120] の対応する式は誤っていると思われる.

の大小が分かる変数である．したがって，統計的依存性だけでなく，依存性の大小も分かるように式 (3.23) の代わりに

$$\langle ij \rangle - \langle i \rangle \langle j \rangle := \sum_{i,j} ij \left(e_{ij} - q_i q_j \right) \tag{3.31}$$

を考えることができる．ここで e_{ij} は余次数の対が (i,j) となるリンクの割合を表す．e_{ij} は対称であり，式 (3.20) を満たす．

いま

$$q_i = \sum_j e_{ij} = \sum_j e_{ji} \tag{3.32}$$

とすると，式 (3.31) を最大にして式 (3.20) と式 (3.32) を満たすとき，$e_{ij} = q_i \delta_{ij}$ であることが分かる．ここで，$\delta_{ij} = 1$ ($i = j$ のとき)，$\delta_{ij} = 0$ (それ以外) である (Kronecker の記号)．そこで式 (3.31) を規格化して

$$r := \frac{1}{\sigma_q^2} \sum_{i,j} ij \left(e_{ij} - q_i q_j \right) \tag{3.33}$$

によって**次数相関**を定義する．ここで

$$\sigma_q^2 := \sum_k k^2 q_k - \left(\sum_k k q_k \right)^2 \tag{3.34}$$

である．式 (3.32) は余次数の確率分布 (3.14) にある $q(i)$ と等しいことに注意しよう．σ_q^2 は，余次数の確率分布の分散に等しい．

各リンク a ($a = 1, \ldots, M$) の両端ノードの余次数を (j_a, k_a) と表すと，式 (3.33) は次式に書き直せることが示せる：

$$r = \frac{\frac{1}{M} \sum_a j_a k_b - \left[\frac{1}{M} \sum_a \frac{1}{2}(i_a + j_a) \right]^2}{\frac{1}{M} \sum_a \frac{1}{2}(i_a^2 + j_b^2) - \left[\frac{1}{M} \sum_a \frac{1}{2}(i_a + j_a) \right]^2}. \tag{3.35}$$

ここで，和 $\sum_a$ はすべてのリンクについてとるものとする．

余次数は次数から 1 を引いたものにちょうど等しい．この関係を式 (3.35) に代入すると，j_a と k_a を次数として解釈しても恒等的に等しいことがすぐに分かる．すべてのリンクについて，その端点の次数対を，(ξ_i, η_i) と (η_i, ξ_i) のちょうど 2 度作り，(x, y) 平面に散布させて，1.6 節で述べた Pearson の積率相関係数を計算することが

3.3 構造の統計的な性質

できる.このようにして計算した相関係数は式 (3.35) に恒等的に等しいことが簡単に示せる.

次数相関の誤差の評価には,ジャックナイフ法が手軽だろう.リンクを順番に1つずつ除去したデータを M 作成して,線形相関を計算し,それを r_i とする.r の誤差を $\sigma_r^2 = \sum_{i=1}^{M}(r_i - r)^2$ で評価する.

なお,次数の同類選択を測るために,1.6 節で述べたコピュラやその考え方を用いることもできることを指摘しておく.

3.3.4 クラスタ係数

「友人」対の間の関係を一般化すれば,より大きな「友人」グループ内に存在する関係を議論することができる.そのうち最も単純なものが,3つ組内の関係である.これは「3次の」構造とも言うべき特徴である.ここでは無向グラフを仮定する.

クラスタ係数 (Clustering Coefficient) は,3つ組内でリンクがどれくらい密につながっているかを測る.**大局的な**クラスタ係数は

$$C := \frac{3 \times (三角形の数)}{連結3つ組の数} \tag{3.36}$$

で定義される.ここで連結3つ組とは,順序のない2ノードと,それらとリンクで結ばれている3番目の点からなるノードの3つ組を意味する.式 (3.36) の分子は,ネットワーク全体の中での三角形の数である.1つの三角形には連結3つ組がちょうど3つあるので,因子3で規格化すると C のとりうる範囲が,$0 \leq C \leq 1$ となる.C は,3つ組内に3番目のリンクがあって三角形を作るような連結3つ組の割合を表している.平たく言えば,共通の友人をもつ2人が互いに友人である確率である.

すぐに分かるように,式 (3.36) は次式でも表せる:

$$C = \frac{6 \times (三角形の数)}{長さが2の道の数}. \tag{3.37}$$

ここで長さが2の道とは,与えられたノードを始点とする向きのある経路を表す.因子6は,1つの三角形には長さが2の向きのある経路がちょうど6つあることによる.式 (3.37) は,あなたの友人の友人が,あなたの友人である確率が C である.

一方,**局所的な**クラスタ係数は,各ノード i に対して

$$C_i := \frac{i を含む三角形の数}{i を中心とする連結3つ組の数} \tag{3.38}$$

と定義される.この式の分母は,ノード i の隣接点のすべての対の数,分子はその中で間にリンクがある場合の数を表す.i の次数を k_i とすると,分母は $k_i(k_i-1)/2$ に等

しい. $k_i = 0, 1$ の場合, 分母も分子も 0 であるので, $C_i = 0$ と定義する. 平均クラスタ係数は

$$C_{\text{local}} := \frac{1}{N} \sum_i C_i \tag{3.39}$$

で定義される.

局所的なクラスタ係数 C_{local} と大局的なクラスタ係数 C とは一般には異なる値をとり, その大小は対象とするネットワークに依存する. 連結3つ組数に対する三角形の数の比をとるという操作と, 全ノードに対して平均をとるという操作をその順で行っているのが C_{local} である. 比をとってから平均を計算するとき, より小さな次数をもつノードは相対的により大きな重みをつけて平均されていることになる.

C_i は, ノード i の属性 (例えば次数 k_i) との統計的な相関関係を見るために便利な量である. 一方, C は共通の隣接点をもつ2つのノードが隣接している確率であるから, 理論的な計算には使いやすい.

なお, C は以下の簡単なアルゴリズムで計算できる. ここでは, 各ノードに異なる整数がふられているなどして, ノードの大小が比較できると仮定する.

アルゴリズム 3.9　Clustering global (G)

```
1   num_triangles ← 0   // 3* (三角形の数)
2   num_triples ← 0     // 連結3つ組の数
3   for each vertex u of V[G]
4     k ← Degree(u, G)
5     num_triples ← num_triples + k*(k−1)/2
6     for each vertex v in Adj[u]  // Adj: 隣接リスト
7       for each vertex w in Adj[u]
8         if v < w and v is adjacent to w
9           num_triangles ← num_triangles + 1
10  C ← num_triangles / num_triples
11  return C
```

一般化ランダム・グラフにおいて, 大域的なクラスタ係数の評価を求めよう. あるノード v に隣接するノードから i と j を選ぶ. i と j の余次数をそれぞれ k_i, k_j とする. 3つ組 v, i, j を考えたとき, k_i の中のあるリンクが j に接続する確率は, $k_j/(2M)$ である. したがって, i と j がリンクで結ばれている確率は, $k_i k_j/(2M)$ の平均で与えられる.

3.3 構造の統計的な性質

$2M = N \langle k \rangle$ であることを用いて

$$C = \frac{\langle k_i\, k_j \rangle_q}{N \langle k \rangle} \tag{3.40}$$

と評価できる．分子の平均は余次数の分布 (3.14) についてとる．一般ランダム・グラフの構成から，余次数 k_i と k_j は統計的に独立である．したがって

$$\sum_k k q_k = \frac{1}{\langle k \rangle} \sum_{k=0}^{\infty} k(k+1)\, p(k+1) = \frac{1}{\langle k \rangle} \sum_{k=1}^{\infty} (k-1)k\, p(k) = \frac{\langle k^2 \rangle - \langle k \rangle}{\langle k \rangle} \tag{3.41}$$

を用いて

$$C = \frac{\langle k \rangle}{N} \left[\frac{\langle k^2 \rangle - \langle k \rangle}{\langle k \rangle^2} \right]^2 \tag{3.42}$$

を得る．

Poisson ランダム・グラフの場合には，式 (3.12), (3.13) を式 (3.42) に代入すると

$$C = \frac{\langle k \rangle}{N} \tag{3.43}$$

となる．Poisson ランダム・グラフでは，任意のノード間にリンクが存在する確率が他のリンクの存在とは独立に $\langle k \rangle / N$ により与えられるから，それがクラスタ係数にちょうど等しい．十分大きな N に対して，$C \sim O(N^{-1})$ と振る舞う．

一方，次数が裾野の長い分布に従うときは，振る舞いがまったく異なることに注目しよう．その場合，分散が平均の二乗よりもはるかに大きくなるので，クラスタ係数は Poisson ランダム・グラフのそれよりもかなり大きくなる．

いま，次数 $k \gg 1$ に対して，次数分布がべき分布に従うとしよう．次数のモーメントのサイズ N への依存性を調べると

$$\langle k^m \rangle \propto \begin{cases} k_{\max}^{m-(\alpha-1)} & m > \alpha - 1, \\ O(1) & m < \alpha - 1 \end{cases} \tag{3.44}$$

となることがモーメントの定義から分かる．ここで，$k_{\max}$ はネットワーク内の**最大次数**である．累積分布の定義から

$$P_>(k_{\max}) \sim \frac{1}{N} \tag{3.45}$$

であるから，$k_{\max} \sim N^{1/(\alpha-1)}$ の依存性をもつことが分かる．これを式 (3.44) に代入して，式 (3.42) に必要なモーメント $m = 1, 2$ を使うと

$$C \propto \frac{1}{N} k_{\max}^{6-2\alpha} \propto N^{-\frac{3\alpha-7}{\alpha-1}} \tag{3.46}$$

という依存性が得られる．これによると，十分大きな N に対して，$\alpha > 7/3$ では C はゼロに漸近するが，$\alpha < 7/3$ では C はいくらでも大きくなる．後者の場合，実際には単にクラスタ係数が 1 以下の有限な値をもち，一般化ランダム・グラフの仮定自体が破綻するので，$C \sim O(1)$ というべきだろう．

ネットワークのデータが与えられたとき，そのクラスタ係数は，一般化ランダムネットワークにおける評価で十分説明できる可能性がある．そして，それは次数が裾野の長い分布をもっていることの帰結である．

3.3.5 媒介中心性

より「高次な」構造の中で，特定のノードが他のノード間の関係をどのように仲介しうるのかについて考えてみることができる．任意のノード対の間に「情報」や「信号」のやりとりがあるとき，それを第 3 のノードが媒介する過程を抽象化できる．

次数はノード単独の性質であり，同類選択はリンク端点のノードペアの属性の関連であった．これに対して，ノードペア間の関係にとって，第 3 のノードが果たす役割について考えてみることができる．人のつながりで言えば，A さんから B さんへの情報の伝達に C さんがどのように寄与しているか，ということである．一般に，任意のノードペアの間に情報や影響の波及があるとき，それを第 3 のノードが媒介する過程を抽象化することができる．

ノードの媒介性を測る指標の 1 つは，第 3 のノードの存在がノードペアをつなぐ最短経路に寄与する程度を求めるものである [54]．これは，Freeman の**媒介中心性** (Betweenness Centrality) として社会ネットワーク分析で 1970 年頃に具体的に定式化された指標である．情報媒介の担い手という意味では，ノードよりもむしろリンクに媒介性を付与できるとみなす方が自然かもしれない．情報は相手との関係がなければ媒介のしようがなく，ノードペアに関係性が存在することの方が媒介に重要と考えられるからである．したがって，リンクの媒介性という指標も考えられる [57, 123]．

一方，情報や影響は必ずしも最短経路を通る必要がないかもしれない．情報伝搬のモデル化により，異なる媒介性が定義できる．そのもっとも極端なものは，でたらめな伝搬によるものである．第 3 のノードの存在が，始点から終点へのランダム・ウォークにどれだけ寄与するかを考えることもできるだろう．グラフの隣接行列の性質と数学的な関係がある [40, 123] ことだけにここでは言及することにして，初めに述べた最短経路による媒介性について焦点を絞る．

3.3 構造の統計的な性質

ノード u の媒介中心性 C_v は次のように定義できる:

$$C_v(u) = \frac{1}{2} \sum_{s,t \neq u} \frac{\sigma_{st}(u)}{\sigma_{st}}. \tag{3.47}$$

ここで, σ_{st} はノードペア (s,t) 間の最短経路の数であり, $\sigma_{st}(u)$ はそのうち u を通るものの数である. 始点と終点のペアにつき, 各最短経路をちょうど 2 回だけ和の中で訪問することになるので, 因子 1/2 をつけた. リンクの媒介中心性 C_e も同様に定義でき, $\sigma_{st}(u)$ の代わりに, リンク e を通る最短経路の数 $\sigma_{st}(e)$ を用いればよい.

$C_v(u)$ の最大値は, ノード u のみが他の $N-1$ 個のノードすべてと接続し, かつそれ以外にリンクがないとき, 自分以外のノードペアすべての組合せに等しい $(N-1)(N-2)/2$ によって与えられる. また, 次数が 1 であるような末端のノード u に対しては, $C_v(u) = 0$ であることに注意する.

媒介中心性は 3.1.3 節で述べた幅優先探索の簡単な応用により計算できる. アルゴリズム 3.10 およびその中核となるアルゴリズム 3.11 はそれを示したものである. アルゴリズム 3.10 では, ノードとリンクの媒介中心性を初期化して, 各始点 s からの計算をアルゴリズム 3.11 で行う. アルゴリズム 3.11 は, 3.1.3 節で述べた, 始点 s からの最短経路の数え上げを幅優先探索で行うアルゴリズム 3.8 とほぼ構造が同じである.

1 つの始点からの幅優先探索の計算量が $O(V+E)$ であったから, 疎なグラフの場合, $O(VE)$ の計算量で行える [24, 123].

アルゴリズム 3.10 媒介中心性

1   **for** each vertex v in V
2     $C_v[v] \leftarrow 0$
3   **for** each edge e in E
4     $C_e[e] \leftarrow 0$
5   **for** each vertex s in V
6   BETWEENNESSCORE(G,s)

アルゴリズム 3.11 BETWEENNESSCORE(G,s)

1   **for** each vertex v in V
2     $d[v] \leftarrow -1$
3     $\sigma_s[v] \leftarrow 0$
4     $\delta_{s\bullet}[v] \leftarrow 0$
5     $P_s[v] \leftarrow$ empty array

```
 6    σ_s[s] ← 1
 7    d[s] ← 0
 8
 9    S ← empty stack      // vertices in order of visiting
10    Q ← empty queue
11    ENQUEUE (Q,s)
12    while Q ≠ empty
13        u ← DEQUEUE (Q)
14        PUSH (S,u)
15        for each vertex v in Adj[u]
16            if d[v] < 0    // v found for the first time
17                d[v] ← d[u] + 1
18                ENQUEUE (Q,v)
19            if d[v] = d[u] + 1   // shortest-path
20                σ_s[v] ← σ_s[v] + σ_s[u]
21                APPEND (P_s[v],u)
22    // end of BFS
23    while S ≠ empty
24        w ← POP (S)
25        for all vertex v in P_s[w]
26            x ← (σ_s[v]/σ_s[w]) (1 + δ_{s•}[w])
27            δ_{s•}[v] ← δ_{s•}[v] + x
28            C_e[(v,w)] ← C_e[(v,w)] + x
29        if w ≠ s
30            C_v[w] ← C_v[w] + δ_{s•}[w]
31    δ_{s•}[s] ← 0   // by definition
```

スタック S は，幅優先探索を行った順にノードを格納するために用いられる．アルゴリズム 3.11 の 14 行目はスタックに積む操作，24 行目はスタックから取り出す操作を意味する．22 行目で幅優先探索を終えて，媒介中心性の計算を行う，次に述べる再帰 (3.50) のために S を用いている．

アルゴリズム 3.11 において，$\delta_{st}(v)$ は寄与度

$$\delta_{st}(v) \stackrel{\text{def}}{=} \frac{\sigma_{st}(v)}{\sigma_{st}} \tag{3.48}$$

を表す．寄与度は，始点 s から終点 t への最短経路の中で，ノード v を通るものの割合である．寄与度をすべての終点について足した量として，始点 s のノード v への依存

3.3 構造の統計的な性質

度 $\delta_{s\bullet}(v)$

$$\delta_{s\bullet}(v) \stackrel{\text{def}}{=} \sum_{t \in V} \delta_{st}(v) \tag{3.49}$$

を定義する．

アルゴリズム 3.11 では，依存度が次の再帰的な関係を満たすことを用いている．

$$\delta_{s\bullet}(v) = \sum_{\{w | v \in P_s(w)\}} \frac{\sigma_{sv}}{\sigma_{sw}} (1 + \delta_{s\bullet}(w)) . \tag{3.50}$$

ここで，$P_s(w)$ は式 (3.3) で定義した，始点 s からの最短距離がちょうど 1 だけ少ない位置にあるような，ノード w に接続しているノードの集合である．依存度の和が媒介中心性にほかならない．

式 (3.50) の証明は紙面の都合上省くが，その代わりにこの再帰的な関係を手で確かめるための例を図 3.10 にあげた．グラフが木の例 (a) では，最短経路は任意のノードペア間にただ 1 つだけあることに注意する．この場合には最短経路の数はすべて 1 である．閉路を含む場合 (b) には，最短経路の数を数え上げる必要があるが，3.1.3 節で述べたやり方で計算できる．読者は木の場合に再帰的な関係がなぜ成り立つのかを感じとった上で，閉路を含む場合を確かめてほしい．

なお式 (3.50) の証明は参考文献 [24] が分かりやすい．

(a) 木の例   (b) 閉路を含む例

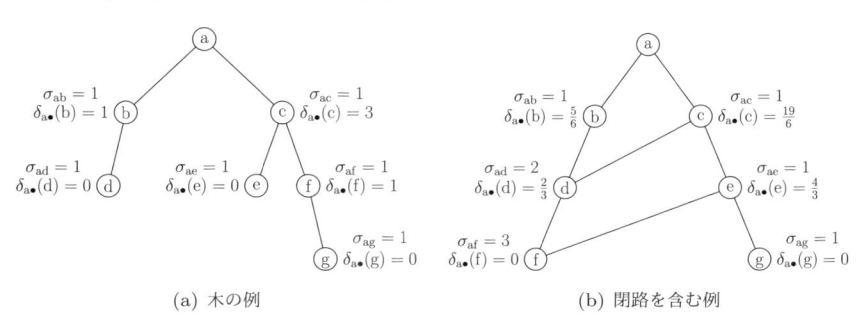

図 3.10 式 (3.50) の例

Girvan-Newman コミュニティ抽出

社会・経済の実際のネットワークの構造は非均質であり，ノードはその異なる性質のために，あるかたまりを形成していることが多い．例えば，業種，地域，販売・仕入先，貸出・借入先が同じである企業や銀行はそのような非均質な構造を形成すると

考えられる．これらのかたまりは，その内部ではより多くのリンクで互いにノードがつながっていて，異なるかたまり間では，より少ない数のリンクでしかつながっていない．

図 3.11 は無向グラフにおける典型的な例である．このようなかたまりを**コミュニティ**と呼ぶ．この図では 3 つのコミュニティがあり，それぞれのサイズはコミュニティ内にあるノード数で定義される．サイズが 5 のコミュニティでは，その 5 つのノードからなる部分グラフで，可能なすべてのリンクが形成されている．このようにそれぞれのノードから他のノードへすべてリンクが存在するようなグラフを**クリーク** (Clique) と呼ぶ．クリークだけがコミュニティではなく，図中にあるサイズ 6 と 7 の部分グラフは，その内部でより密なリンクを形成し，かつネットワークの他の部分とのリンクが少ないので，その相対的な性質によりコミュニティとみなす．また，クリークも，例えばより大きなクリークの一部であるときには，コミュニティとはみなされない．

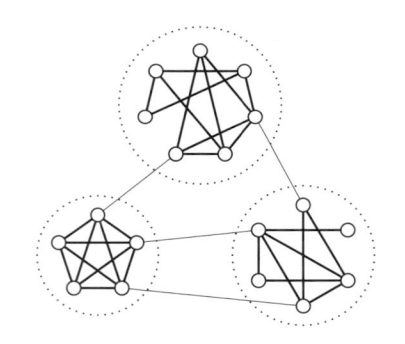

図 3.11 コミュニティの例

このように，コミュニティの判定基準はその抽出手法ごとに異なりうる (文献 [122] には，社会学・計算機科学・複雑ネットワークの分野でのコミュニティ抽出のレビューがある)．上で述べた，リンクの媒介中心性をコミュニティ抽出に利用することができる．その考え方は，図 3.11 を見れば明らかである．すなわち，異なるかたまりを結合しているリンクは明らかに媒介中心性が高い．別のコミュニティに到達するためにそのリンクをたどる必要性が高いからである．この手法は，文献 [57] で提案されたので，ここでは Girvan-Newman コミュニティ抽出と呼ぶ．

アルゴリズム 3.12 に，Girvan-Newman コミュニティ抽出法を示した．媒介中心性の最大のリンク (同じ媒介中心性をもつリンクが複数ある場合にはそれらからランダ

3.3 構造の統計的な性質

ムに) を除去する．その結果得られる部分グラフに対して，同じことを繰り返す．

アルゴリズム 3.12 Girvan-Newman コミュニティ抽出

1 **do**
2   calculate betweenness C_e **for** all edge E in $G(V,E)$
3   delete edge e with maximum value of C_e
4     $G \leftarrow G(V, E\text{-}\{e\})$
5 **while** G is not empty
6 report G with *(local)* maximum value of Q

このようにして次々にリンクを切断していくと，非連結なノード群が次々にでき，最終的にはすべてのノードがばらばらになる．そのために途中で，最も良いコミュニティ抽出段階を選択する必要がある．これには，3.3.2 節で説明したモジュラリティの式 (3.25) を用いることができる [123]．同類選択におけるカテゴリーを，コミュニティ抽出の途中で一時的に得られている分類であるとすると，それに対する Q 値の式 (3.25) をコミュニティ抽出の指標として用いることができる．アルゴリズム 3.12 の初期状態では，ただ 1 つのコミュニティすなわちグラフ全体があるだけなので，$Q = 0$ である．終状態ではすべてのノードがそれぞれ 1 つのコミュニティとして分離されてリンクが存在せず，したがって式 (3.25) の第 1 項目がゼロなので $Q < 0$ である．一般にはその途中，Q 値が最大のコミュニティ分割が存在するので，アルゴリズム 3.12 の 6 行目でそれを出力したものが，Girvan-Newman コミュニティである．

このように考えると，モジュラリティ Q 値を最大にするようなコミュニティ分割を探索するという手法も考えられる．一般に，ある数のノードをすべてのやり方で分割する場合の数は膨大になるので，全探索を行うことは不可能である．そこで山登り法 (Hill-Climbing) を用いて，局所的に最大となる Q 値に対応するコミュニティを抽出することが文献 [125] で提案されている．さらに，その考え方をより大規模なネットワークにも使えるアルゴリズムとして実装したものに，文献 [32] がある．[*9]

コミュニティ解析あるいはクラスタ解析は，複雑ネットワークを含め，特にウェブにおけるリンク構造や文書間関係性における発見法的な解析手法として近年盛んに研究されている．また，有向グラフや重み付きグラフにおけるコミュニティ抽出や，階層的なコミュニティの研究，1 つのノードが複数の互いに交わるようなコミュニティに

[*9] その手法を大規模なネットワークに適用し自明でない結果を得た例に，国内最大の SNS (Social Networking Service) である `mixi` の 2005 年春の時点でのマイミクのつながりを調べた文献 [172] がある．なお，そこでは GNS (Girvan-Newman Substructure) と呼んでいるが，ここで説明する文献 [57] の手法とは異なるので，誤解を生む用語の使い方である．文献 [171] では，より適切に引用している．

属する場合のアルゴリズムなど，最近の進展は速い．例えば書籍 [69] の第 6 章[*10] や文献 [31, 133] のほか，最近の学術雑誌やプレプリントに目を通す必要がある．

3.4 n 次のつながり計算

　この節では，これまで述べた事項を踏まえて，1 つの興味深い話題について述べる．すなわち，あるネットワークにおいて，ノードから n 次の隔たりにある，すなわち n 本のリンクで繋がっているノードの平均の個数 T_n について考察する [15].[*11] 3.1.3 節において，始点 s から最短距離 n にあるノード数を $T_n(s)$ で表したが，T_n はすべてのノード v について，$T_n(v)$ を平均したものに等しい．

　このネットワークが，人と人との友人関係を表すものであるならば，T_1 は「友達の平均の数」であるし，T_2 は「友達の友達の平均の数」である．これらの友達関係を描いたのが下のイラストである．[*12]

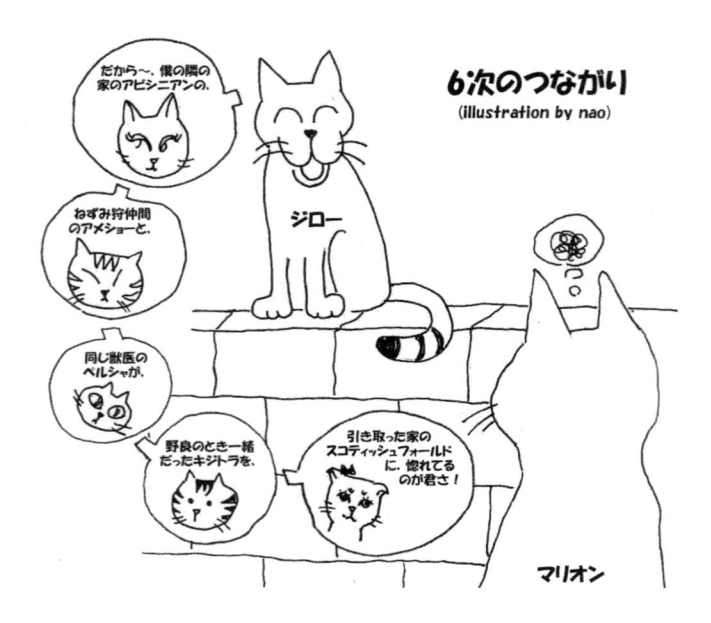

[*10] 小野 直亮, 湯上 聰夫「コミュニティ抽出法 〜社会ネットワーク分析から大規模解析まで〜」．
[*11] 青山 秀明「6 次の隔たり：ある計算」．
[*12] 『パレートファームズ』[14] より，原作者 nao 氏の許可を得て再掲．

3.4 n 次のつながり計算

S. Milgram によって 1967 年に行われた実験から "six degrees of separation" という概念が生まれたことはよく知られている.これは,人的ネットワークに主に適用され,**ネットワーク上の誰でもが,6 次以下の隔たりにある**というものである.この実験では,マサチューセッツで託された手紙のうち,実際にネブラスカの目標に達したのは少数であり,その結果の妥当性は疑わしい.しかしながら,これが概念として非常に面白いものであり,ネットワークの重要な性質に関連して,多くの応用に繋がることは事実である.

そこで,T_n をなるべく正確に計算・評価することが望ましい.しかし,これを直接に行うことは難しいので,本稿では,複数のリンクの繋がりである "ストリング" を定義し,その本数を評価する.これはネットワークにループがない場合に T_n に等しい.

3.4.1 ストリング

ネットワークにおいて,リンクで繋がっている一連のノードを,**ストリング (String)** と呼ぶことにする.また,リンク j 個からなるストリングを j-ストリングと呼ぶ.1-ストリングはリンク 1 本で繋がっている 2 つのノードからなる.j-ストリング で,ノードの次数が端から順に $k_0, k_1, \ldots, k_j$ であるものの本数を $K_j(k_0, k_1, \ldots, k_j)$ と定義する (図 3.12 参照).

ストリングは,すべてのノードの順序を逆にしても同じストリングであるから,以下の等式が成立する:

$$K_j(k_0, k_1, \ldots, k_j) = K_j(k_j, \ldots, k_1, k_0). \tag{3.51}$$

また,ストリングは途中で切れることはないので,$i \in \{1, \ldots, j-1\}$ について $k_i = 1$ の場合には,

$$K_j(k_0, k_1, \ldots, k_j) = 0 \tag{3.52}$$

となる.

また,全ノード数を N とすると,以下が成立する:

$$\sum_{k=1}^{\infty} K_0(k) = N. \tag{3.53}$$

図3.12 次数が $k_0, k_1, \ldots, k_{j-1}, k_j$ のストリング.

これは，$K_0(k)$ は単に次数 k のノードの数であることによる．また，

$$\sum_{k_1=1}^{\infty} K_1(k_0, k_1) = k_0 K_0(k_0), \tag{3.54}$$

$$\sum_{k_0=1}^{\infty} K_1(k_0, k_1) = K_0(k_1) k_1 \tag{3.55}$$

も成立する．この式 (3.54) は，次数 k_0 のノードには k_0 個のノードが繋がっていることによるし，式 (3.55) も同様である．また，式 (3.55) は式 (3.54) に対称性の式 (3.51) を適用しても得られる．さらに，高次，$j \geq 2$ については同様の理由により以下が成立することが分かる．

$$\sum_{k_j=1}^{\infty} K_j(k_0, k_1, \ldots, k_j) = K_{j-1}(k_0, k_1, \ldots, k_{j-1})(k_{j-1} - 1), \tag{3.56}$$

$$\sum_{k_0=1}^{\infty} K_j(k_0, k_1, \ldots, k_j) = (k_1 - 1) K_{j-1}(k_1, \ldots, k_j). \tag{3.57}$$

ここで，式 (3.56) において，次数 k_{j-1} のノードには，その左の次数 k_{j-2} のノードを除いて，$k_{j-1} - 1$ 個のノードが繋がっていることに注意されたい．式 (3.57) も同様である．これらの式は式 (3.52) を含む．

さて，以下の量は，1 ノードに繋がっている n-ストリングの平均本数を与える．

$$S_n = \frac{1}{N} \sum_{k_0, k_1, \ldots, k_n = 1}^{\infty} K_n(k_0, k_1, \ldots, k_n). \tag{3.58}$$

3.4 n 次のつながり計算

上のストリングの定義においては，あるノードが 2 リンク以上先のノードと同一であることを排除してない．また，$K_j(k_0, k_1, \ldots, k_j)$ の定義においては，ストリング同士がノードを共有することを許している．したがって，そのようなことがない，つまり，ループ (閉ストリング) がネットワーク上に存在しない場合にのみ，

$$T_n = S_n \tag{3.59}$$

となる．

以下では，S_n を小さい n から順に評価することにする．クラスター係数が無視できる程度に小さく，ストリング同士のノード共有が無視できる程度であれば，これは T_n の評価に繋がる．また，そうでない場合に関する考察も述べる．

3.4.2 $S_{1,2,3}$ の初等的計算

イラストにある猫の友達の名前を用いて，S_n ($n = 1, 2, 3, \ldots$) を順番に，アビシニアン数，アメショー数，ペルシャ数，キジトラ数などと呼ぶことにしよう．

アビシニアン数: S_1

$n = 1$ では，S_1 は常に T_1 に等しい．この「友達の平均数」は，式 (3.54) を使うと，

$$S_1 = \frac{1}{N} \sum_{k_0, k_1 = 1}^{\infty} K_1(k_0, k_1) = \frac{1}{N} \sum_{k_0 = 1}^{\infty} k_0 K_0(k_0) = \langle L \rangle \tag{3.60}$$

となるので，1 ノード当たりのリンクの平均数 (平均次数) を $\langle L \rangle$ と表すと，

$$S_1 = \langle L \rangle \tag{3.61}$$

を得る．

なお，$\langle \cdot \rangle$ で，**1** ノード当たりの平均を表すことにする．

$n = 1$ での確率表現

これを確率を使って表しておくのも便利だろう．任意のノードが次数 k である確率を $p_0(k)$ と記す．これは，

$$p_0(k) = \frac{K_0(k)}{N} \tag{3.62}$$

で与えられる．これは式 (3.53) より，

$$\sum_{k=1}^{\infty} p_0(k) = 1 \tag{3.63}$$

と規格化されている. リンクの平均数 $\langle L \rangle$ は,

$$\langle L \rangle = \sum_{k=1}^{\infty} k\, p_0(k) \tag{3.64}$$

とも表される.

また, リンクの m 次のモーメント $\langle L^m \rangle$ は,

$$\langle L^m \rangle = \sum_{k=1}^{\infty} k^m\, p_0(k) = \frac{1}{N} \sum_{k=1}^{\infty} k^m K_0(k) \tag{3.65}$$

である.

アメショー数 S_2

S_2 は以下のように求めることができる.

$$S_2 = \frac{1}{N} \sum_{k_0,k_1,k_2=1}^{\infty} K_2(k_0, k_1, k_2) \tag{3.66}$$

$$= \frac{1}{N} \sum_{k_0,k_1=1}^{\infty} K_1(k_0, k_1)(k_1 - 1) \tag{3.67}$$

$$= \frac{1}{N} \sum_{k_1=1}^{\infty} k_1 K_0(k_1)(k_1 - 1) \,. \tag{3.68}$$

ここで, 式 (3.66) から式 (3.67) へは式 (3.56), 式 (3.67) から式 (3.68) へは式 (3.55) を使った. したがって, S_2 は, 次数の 2 乗平均 $\langle L^2 \rangle$ を用いて,

$$S_2 = \langle L^2 \rangle - \langle L \rangle \tag{3.69}$$

と表せる.

この結果 (3.69) を T_2 について平均場近似的に求めた値と比較するのは有意義である. こう考えてみよう. まず, あるノードから出ているリンクの平均数は $\langle L \rangle$ である. そのリンクで繋がっているノード 1 つ当たりに, 最初のリンク以外で繋がっているノードの平均数は $\langle L \rangle - 1$ である. したがって, これより概算した 2 次のストリングの平均数は,

$$S_2^{(\mathrm{meanfield})} = \langle L \rangle \times (\langle L \rangle - 1) = \langle L \rangle^2 - \langle L \rangle \tag{3.70}$$

となる.

3.4 n 次のつながり計算

上の結果式 (3.69) はこの結果で $\langle L \rangle^2$ を $\langle L^2 \rangle$ に置き換えたものである. すべてのノードの次数が同じ値であるレギュラー・ネットワークを考えると, $\langle L^m \rangle = \langle L \rangle^m$ であるので, 式 (3.69) において $\langle L \rangle^2$ を $\langle L^2 \rangle$ に置き換えると S_2 が $S_2^{(\mathrm{meanfield})}$ になるのは, 必然的であることが分かる.

また, 一般の複雑ネットワークで, 次数分布 $p_0(k)$ がファットテールをもつ場合は, $\langle L^2 \rangle \gg \langle L \rangle^2$ であるので,

$$S_2 \gg S_2^{(\mathrm{meanfield})} \tag{3.71}$$

となる.

つまり, 友達の平均数が 100 人であれば, S_2 は 1 万人よりも多いのだ. そしてその大きさは次数分布の裾野部分の振る舞いが関係していることが分かる. また, A の友達 B の友達たちには, A とつながっている C, つまり三角形 $\triangle \mathrm{ABC}$ が存在しうる. このようにクラスタ係数の影響を近似的に取り入れるには, 上の評価に因子 $(1-C)$ の補正をかければよい.[*13]

$n=2$ での確率表現

式 (3.69) の計算を確率を使って表しておく. 次数 k_0 のノード 1 つについて, それに繋がっているノードが次数 k_1 である確率を $p_1(k_0, k_1)$ と定義する. $p_1(k_0, k_1)$ の k_1 依存性は $K_1(k_0, k_1)$ に比例する. つまり, $f(k_0)$ を k_0 のみに依存する係数として,

$$p_1(k_0, k_1) = f(k_0) \, K_1(k_0, k_1) \tag{3.72}$$

となっている. また, 規格化条件,

$$\sum_{k_1=1}^{\infty} p_1(k_0, k_1) = 1 \tag{3.73}$$

が満たされるので, 式 (3.54) から $f(k_0) = 1/(k_0 \, K_0(k_0))$, すなわち,

$$p_1(k_0, k_1) = \frac{K_1(k_0, k_1)}{k_0 \, K_0(k_0)} \tag{3.74}$$

となる.

[*13] また, $A \to B \to C$, $A \to D \to C$, かつ, B と D 間にはリンクがないような「四角形」がありえる. B と D 間にリンクがあるような 2 つの三角形 $\triangle \mathrm{ABD}$ と $\triangle \mathrm{BCD}$ からなる四角形の影響は評価できる [119].

S_2 の表式 (3.67) は，次のように，確率を使った式に書くこともできる．

$$S_2 = \frac{1}{N} \sum_{k_0, k_1 = 1}^{\infty} K_1(k_0, k_1)(k_1 - 1) \tag{3.75}$$

$$= \frac{1}{N} \sum_{k_0, k_1 = 1}^{\infty} k_0 \, K_0(k_0) p_1(k_0, k_1)(k_1 - 1) \tag{3.76}$$

$$= \sum_{k_0, k_1 = 1}^{\infty} k_0 \, p_0(k_0) \, p_1(k_0, k_1)(k_1 - 1). \tag{3.77}$$

この式 (3.77) から式 (3.69) を導くには次のようにする．まず式 (3.74) を式 (3.55) に代入して，

$$\sum_{k_0 = 1}^{\infty} k_0 \, K_0(k_0) p_1(k_0, k_1) = k_1 K_0(k_1). \tag{3.78}$$

この式の両辺を N で割ると，

$$\sum_{k_0 = 1}^{\infty} k_0 \, p_0(k_0) p_1(k_0, k_1) = k_1 p_0(k_1) \tag{3.79}$$

という確率間の関係式を得る．この式を式 (3.77) に代入すると式 (3.69) を得る．

与えられた次数分布をもつランダム・ネットワーク

さて，与えられた次数分布 (すなわち $K_0(k)$，$p_0(k)$) をもつが，他はランダムなネットワークを考えよう．

このようなネットワークでは，任意のリンクの先に次数 k_1 のノードが繋がる確率は $k_1 p_0(k_1)/\langle L \rangle$ である．したがって，

$$K_1(k_0, k_1) = k_0 K_0(k_0) \frac{k_1 p_0(k_1)}{\langle L \rangle} = \frac{k_0 K_0(k_0) k_1 K_0(k_1)}{N \langle L \rangle} \tag{3.80}$$

となっている．明らかに，式 (3.51)，(3.54)，(3.55) が満たされている．

これより，確率 $p_1(k_0, k_1)$ については，以下を得る：

$$p_1(k_0, k_1) = \frac{k_1 p_0(k_1)}{\langle L \rangle}. \tag{3.81}$$

これは上で導いた確率間の関係式 (3.79) を満たす．

3.4 n 次のつながり計算

ペルシャ数 S_3

以前と同様にして，k_i に関する和のうち，左端の $i = 0$ と右端の $i = 3$ は公式 (3.56) と (3.57) とを使ってできる．

$$S_3 = \frac{1}{N} \sum_{k_0,k_1,\ldots,k_3=1}^{\infty} K_3(k_0, k_1, \ldots, k_3) \tag{3.82}$$

$$= \frac{1}{N} \sum_{k_1,k_2=1}^{\infty} (k_1 - 1) K_1(k_1, k_2)(k_2 - 1). \tag{3.83}$$

因子 $(k_1 - 1)(k_2 - 1)$ を展開して得られる 4 項の内，$k_1 K_1(k_1, k_2) k_2$ は，一本のリンクの両端に次数 k_1 と次数 k_2 のノードがある場合を意味するので，この和は次数の 2 体相関係数 r_1 と関係する．実際，$\langle\!\langle L_l L_r \rangle\!\rangle_1$ を 1 リンク (1-ストリング) の左右両端にあるノードの次数 L_l, L_r の積のリンクについての平均，すなわち $K_1(k_1, k_2)$ で重み付けされた平均とすると，

$$\langle\!\langle L_l L_r \rangle\!\rangle_1 = \frac{\sum_{k_1,k_2=1}^{\infty} k_1 K_1(k_1, k_2) k_2}{\sum_{k_1,k_2=1}^{\infty} K_1(k_1, k_2)} = \frac{1}{NS_1} \sum_{k_1,k_2=1}^{\infty} k_1 K_1(k_1, k_2) k_2 \tag{3.84}$$

であるが，これはリンクの 2 体相関係数 r_1 と，

$$r_1 := \frac{\langle\!\langle L_l L_r \rangle\!\rangle_1 - \langle\!\langle L \rangle\!\rangle_1^2}{\langle\!\langle L^2 \rangle\!\rangle_1 - \langle\!\langle L \rangle\!\rangle_1^2} \tag{3.85}$$

という関係にある．ただしここで，

$$\langle\!\langle L_l^m \rangle\!\rangle_1 = \langle\!\langle L_r^m \rangle\!\rangle_1 := \langle\!\langle L^m \rangle\!\rangle_1 \tag{3.86}$$

と書いた．したがって，

$$\sum_{k_1,k_2=1}^{\infty} k_1 K_1(k_1, k_2) k_2 = NS_1 \left((1 - r_1) \langle\!\langle L \rangle\!\rangle_1^2 + r_1 \langle\!\langle L^2 \rangle\!\rangle_1\right) \tag{3.87}$$

となっている．また，

$$\langle\!\langle L^m \rangle\!\rangle_1 = \frac{1}{NS_1} \sum_{k_1,k_2=1}^{\infty} k_1^m K_1(k_1, k_2) = \frac{\langle L^{m+1} \rangle}{\langle L \rangle} \tag{3.88}$$

であることから,
$$\sum_{k_1,k_2=1}^{\infty} k_1 K_1(k_1,k_2) k_2 = N\left((1-r_1)\frac{\langle L^2 \rangle^2}{\langle L \rangle} + r_1 \langle L^3 \rangle\right) \tag{3.89}$$

であることが分かる.また,k_i について 1 次の項は,(前節でも計算したように)
$$\frac{1}{N}\sum_{k_1,k_2=1}^{\infty} k_1 K_1(k_1,k_2) = \frac{1}{N}\sum_{k_1,k_2=1}^{\infty} k_2 K_1(k_1,k_2) \tag{3.90}$$
$$= \frac{1}{N}\sum_{k_1=1}^{\infty} k_1 K_0(k_1) k_1 = \langle L^2 \rangle, \tag{3.91}$$

k_i について 0 次の項は,
$$\frac{1}{N}\sum_{k_1,k_2=1}^{\infty} K_1(k_1,k_2) = S_1 = \langle L \rangle \tag{3.92}$$

である.

以上より
$$S_3 = (1-r_1)\frac{\langle L^2 \rangle^2}{\langle L \rangle} + r_1 \langle L^3 \rangle - 2\langle L^2 \rangle + \langle L \rangle \tag{3.93}$$

得る.この表式で $r_1 = 0$ とすると,ランダム・ネットワークについて良く知られた結果を再現する.

これを以前と同様に,平均場近似的な答と比較しておく.友達の平均の数は $\langle L \rangle$,その一人当たりに自分以外の友達の平均の数は $\langle L \rangle - 1$,その一人当たりに最初の友達以外の友達の平均の数は $\langle L \rangle - 1$ である,したがって,
$$S_3^{(\text{meanfield})} = \langle L \rangle \times (\langle L \rangle - 1) \times (\langle L \rangle - 1) = \langle L \rangle^3 - 2\langle L \rangle^2 + \langle L \rangle \tag{3.94}$$

となる.上の正確な結果 (3.93) ですべての高次モーメント $\langle L^m \rangle$ を $\langle L \rangle^m$ に置き換えると,この結果に帰着する.

これまでの計算を簡単なネットワークについてチェックする問題を本章の演習問題として挙げておいた.読者にはぜひそれらの問題を解いてみていただきたい.

3.4.3 一般論

ここで,これまでの計算を一般の n に拡張する.

3.4 n 次のつながり計算

直接的計算法

まず, 式 (3.58) から出発して,

$$S_n = \frac{1}{N} \sum_{k_0,k_1,\ldots,k_n=1}^{\infty} K_n(k_0, k_1, \ldots, k_n)$$

$$= \begin{cases} 1 & (n=0), \\ \dfrac{1}{N} \displaystyle\sum_{k_1=1}^{\infty} k_1 K_0(k_1) & (n=1), \\ \dfrac{1}{N} \displaystyle\sum_{k_1=1}^{\infty} k_1 K_0(k_1)(k_1-1) & (n=2), \\ \dfrac{1}{N} \displaystyle\sum_{k_1,\ldots,k_{n-1}=1}^{\infty} (k_1-1) K_{n-2}(k_1,\ldots,k_{n-1})(k_{n-1}-1) & (3 \le n). \end{cases} \tag{3.95}$$

そこで, 以下の量を $j \ge 1$ について定義する.

$$A_j := \frac{1}{N} \sum_{k_1,\ldots k_j=1}^{\infty} k_1 K_{j-1}(k_1,\ldots,k_j) k_j, \tag{3.96}$$

$$B_j := \frac{1}{N} \sum_{k_1,\ldots k_j=1}^{\infty} k_1 K_{j-1}(k_1,\ldots,k_j). \tag{3.97}$$

これらを使うと式 (3.95) は,

$$S_n = \begin{cases} 1 & (n=0), \\ B_1 & (n=1), \\ A_1 - B_1 & (n=2), \\ A_{n-1} - 2B_{n-1} + S_{n-2} & (3 \le n). \end{cases} \tag{3.98}$$

と書かれる.

B_n は以下を満たす.

$$B_n = \begin{cases} \langle L \rangle & (n=1), \\ A_1 & (n=2), \\ A_{n-1} - B_{n-1} & (3 \le n). \end{cases} \tag{3.99}$$

ここまでに得られた式 (3.98) と式 (3.99) における係数の依存関係から S_n を求めると以下を得る.

$$S_n = \begin{cases} 1 & (n=0), \\ \langle L \rangle & (n=1), \\ A_1 - \langle L \rangle & (n=2), \\ A_2 - 2A_1 + \langle L \rangle & (n=3), \\ A_3 - 2A_2 + 3A_1 - \langle L \rangle & (n=4), \\ A_4 - 2A_3 + 3A_2 - 4A_1 + \langle L \rangle & (n=5), \\ \cdots \\ \sum_{j=1}^{n-1} (-1)^{j-1} j A_{n-j} + (-1)^{n+1} \langle L \rangle & (n \geq 2). \end{cases} \quad (3.100)$$

そこで, S_n を求める問題は A_n を求めることに帰着した. A_n は, 以下のように考えることができる. まず, n 本のリンクで隔てられた 2 つのノード (n-ストリングの両端にある 2 つのノード) の次数 L_l, L_r の $\{m_1, m_2\}$ 次のべきの平均は以下のように定義される:

$$H_n(m_1, m_2) := \langle\!\langle L_l^{m_1} L_r^{m_2} \rangle\!\rangle_n = \frac{1}{NS_n} \sum_{k_0, k_1, \ldots k_n = 1}^{\infty} k_0^{m_1} K_n(k_0, k_1, \ldots, k_n) k_n^{m_2}. \quad (3.101)$$

ここで, $\langle\!\langle \cdot \rangle\!\rangle_n$ は n-ストリングについての平均であり, 以前に定義したリンクについての平均 $\langle\!\langle \cdot \rangle\!\rangle_1$ の拡張になっている. また, 規格化には式 (3.58), すなわち, $K_n(k_0, k_1, \ldots, k_n)$ のすべての引数についての 1 から ∞ までの和が NS_n であることを使った. このように定義した $H_n(m_1, m_2)$ と係数 A_n は,

$$A_n = S_{n-1} H_{n-1}(1, 1) \quad (3.102)$$

という関係にある.

そこで, $H_n(m_1, m_2)$ について一般的に調べよう. まず, すぐに分かるように, 以下が成立する.

$$H_n(0, 0) = 1 \ , \quad (3.103)$$
$$H_n(m_1, m_2) = H_n(m_2, m_1) \ , \quad (3.104)$$
$$H_0(m_1, m_2) = \langle L^{m_1 + m_2} \rangle \ . \quad (3.105)$$

3.4 n 次のつながり計算

また,

$$H_n(m_1, 0) = \begin{cases} \dfrac{S_0}{S_1} H_0(m_1, 1) = \dfrac{\langle L^{m_1+1} \rangle}{\langle L \rangle} & (n=1), \\ \dfrac{S_{n-1}}{S_n} \left(H_{n-1}(m_1, 1) - H_{n-1}(m_1, 0) \right) & (n \geq 2) \end{cases} \quad (3.106)$$

である.

ここで, n リンク隔てた 2 つのノード (n-ストリングの両端の 2 つのノード) の次数の $\{m_1, m_2\}$ 次のべきの相関係数 $r_{n\{m_1,m_2\}}$ を以下のように定義する.

$$\begin{aligned} r_{n\{m_1,m_2\}} &= \left\langle\!\!\left\langle \frac{L_l^{m_1} - \langle\!\langle L_l^{m_1}\rangle\!\rangle_n}{\sqrt{\langle\!\langle (L_l^{m_1} - \langle\!\langle L_l^{m_1}\rangle\!\rangle_n)^2\rangle\!\rangle_n}} \frac{L_r^{m_2} - \langle\!\langle L_r^{m_2}\rangle\!\rangle_n}{\sqrt{\langle\!\langle (L_r^{m_2} - \langle\!\langle L_r^{m_2}\rangle\!\rangle_n)^2\rangle\!\rangle_n}} \right\rangle\!\!\right\rangle_n \\ &= \frac{H_n(m_1, m_2) - H_n(m_1, 0) H_n(0, m_2)}{\sqrt{(H_n(2m_1, 0) - H_n(m_1, 0)^2)(H_n(0, 2m_2) - H_n(0, m_2)^2)}} \end{aligned} \quad (3.107)$$

なお,

$$r_{n\{1,1\}} = r_n \quad (3.108)$$

と簡略に表記することにする. この $r_{n\{m_1,m_2\}}$ は前節で使った r_1 の拡張になっている. また, 必ず

$$-1 \leq r_{n\{m_1,m_2\}} \leq 1 \quad (3.109)$$

となっている.

式 (3.107) より, 以下を得る.

$$\begin{aligned} &H_n(m_1, m_2) \\ &= H_n(m_1, 0) H_n(0, m_2) \\ &\quad + r_{n\{m_1,m_2\}} \sqrt{(H_n(2m_1, 0) - H_n(m_1, 0)^2)(H_n(0, 2m_2) - H_n(0, m_2)^2)} \quad (3.110) \\ &= (1 - r_{n\{m,m\}}) H_n(m, 0)^2 + r_{n\{m,m\}} H_n(2m, 0), \text{ if } m_1 = m_2 = m. \quad (3.111) \end{aligned}$$

この式は $n \geq 1$ で正しく, $m_1 = 0$, もしくは $m_2 = 0$ の場合には恒等式であり, 式 (3.106) と矛盾しない. さて, 式 (3.106) と, (3.110) もしくは式 (3.111) を漸化的に使い, 最終的に式 (3.105) に帰着させることで, $H_n(1,1)$ を一般の 2 体相関係数 $r_{n\{m_1,m_2\}}$ とリンクのモーメント $\langle L^n \rangle$ を使って書くことができる. これらの式で, 以前に議論した平均場近似の結果との比較を行うことができる. すなわち, すべての $\langle L^m \rangle$ を $\langle L \rangle^m$ で置き換えると, $S_n = \langle L \rangle (\langle L \rangle - 1)^{n-1}$ を得る. この証明は省略する.

また，すべての相関係数 $r_{n\{m_1,m_2\}}$ をゼロと置くと，ランダム・ネットワークでの結果を再現する．その証明も省略する．(興味ある読者はチャレンジしてみてほしい．)

計算結果

では実際に，これまで導いた漸化式からどのように A_n が導かれるかを順に見ていこう．

まず S_2 については以下のようになる:

$$H_0(1,1) = \langle L^2 \rangle. \tag{3.112}$$

したがって，

$$A_1 = S_0 H_0(1,1) = \langle L^2 \rangle. \tag{3.113}$$

S_3 については，

$$H_1(1,1) = (1-r_1)H_1(1,0)^2 + r_1 H_1(2,0), \tag{3.114}$$

$$H_1(1,0) = \frac{S_0}{S_1} H_0(1,1) = \frac{\langle L^2 \rangle}{\langle L \rangle}, \tag{3.115}$$

$$H_1(2,0) = \frac{S_0}{S_1} H_0(2,1) = \frac{\langle L^3 \rangle}{\langle L \rangle}. \tag{3.116}$$

したがって，

$$H_1(1,1) = (1-r_1)\frac{\langle L^2 \rangle^2}{\langle L \rangle^2} + r_1 \frac{\langle L^3 \rangle}{\langle L \rangle}. \tag{3.117}$$

これにより，

$$A_2 = S_1 H_1(1,1) = (1-r_1)\frac{\langle L^2 \rangle^2}{\langle L \rangle} + r_1 \langle L^3 \rangle \tag{3.118}$$

を得る．これは以前に導いた S_3 の結果, (3.93) を再現する．

キジトラ数 S_4 は,

$$H_2(1,1) = (1-r_2)H_2(1,0)^2 + r_2 H_2(2,0), \tag{3.119}$$

$$H_2(1,0) = \frac{S_1}{S_2}(H_1(1,1) - H_1(1,0)), \tag{3.120}$$

$$H_2(2,0) = \frac{S_1}{S_2}(H_1(2,1) - H_1(2,0)). \tag{3.121}$$

さらに，上の $H_1(2,1)$ は式 (3.110) により，相関係数 $r_{1\{2,1\}}$ を使って表される．

3.4 n 次のつながり計算

その結果は複雑で長い式となるが，以下のような量を用いて書くと，多少，簡略化される．

$$\ell_n = \begin{cases} \langle L \rangle & (n=1), \\ \langle L^2 \rangle - \langle L \rangle & (n=2), \\ \langle L^{2m-1} \rangle - \dfrac{\langle L^m \rangle^2}{\langle L \rangle} & (n=2m-1,\ m=2,3,\dots). \end{cases} \quad (3.122)$$

この定義から分かるように，n が 3 より大きい奇数の場合には ℓ_n の第 1 項と第 2 項は同じ L のべきとなっているが，$\ell_{1,2}$ はこの性質はもたない．また，平均場近似，もしくは次数が一定なレギュラー・ネットワークでは，ℓ_n は $n \geq 3$ でゼロとなる．したがって，相関係数 r. はそれらの ℓ_n との積でのみ現れる．

この表記を使うと，これまでに得た結果は以下のように表すことができる．

$$S_1 = \ell_1, \quad (3.123)$$
$$S_2 = \ell_2, \quad (3.124)$$
$$S_3 = \frac{\ell_2^2}{\ell_1} + r_1 \ell_3. \quad (3.125)$$

また，$Mathematica$ を使って，以下の結果を得た．

$$S_4 = \frac{\ell_2^3}{\ell_1^2} + \left(-2r_1 r_2 + (2r_1 + r_2 - 2r_1 r_2) \frac{\ell_2}{\ell_1} \right) \ell_3$$
$$+ r_1^2 (1 - r_2) \frac{\ell_3^2}{\ell_2} + r_{1\{2,1\}} r_2 \sqrt{\ell_3 \ell_5}. \quad (3.126)$$

このようにして S_5 と S_6 も求めたが，その表式は S_5 で 2 ページ，S_6 で数十ページにも及び，それをここに挙げても特に意義があるとは思えないので，記載は省略する．その代わりに，より有益な表現を以下で述べる．

S_n の漸化的表現

S_n をより簡潔に表す漸化的表現をここで求める．そのために，以下の量 $R_{n\{m_1, m_2\}}$ を導入する．

$$H_n(m_1, m_2) = H_n(m_1, 0) H_n(0, m_2) + R_{n\{m_1, m_2\}}. \quad (3.127)$$

式 (3.110) と式 (3.127) を比べれば，$R_{n\{m_1,m_2\}}$ と $r_{n\{m_1,m_2\}}$ が以下の関係にあることが分かる．

$$R_{n\{m_1, m_2\}} = r_{n\{m_1, m_2\}} \sqrt{F_{n, m_1} F_{n, m_2}}, \quad (3.128)$$
$$F_{n,m} = H_n(2m, 0) - H_n(m, 0)^2. \quad (3.129)$$

また，以前と同様に $R_{n\{1,1\}}$ を R_n と表記する．

まず，式 (3.85) より $n \geq 1$ について以下を得る：

$$R_n = H_n(1,1) - H_n(1,0)^2 \tag{3.130}$$

$$= \frac{1}{NS_n}\sum_k k_0 K_n(k_0,\ldots,k_n)k_n - \left(\frac{1}{NS_n}\sum_k k_0 K_n(k_0,\ldots,k_n)\right)^2. \tag{3.131}$$

この左辺第 1 項で，

$$k_0 k_n = (k_0-1)(k_n-1) + (k_0-1) + (k_n-1) + 1 \tag{3.132}$$

として，漸化式 (3.56),(3.57) を用いると，

$$\frac{1}{NS_n}\sum_k k_0 K_n(k_0,\ldots,k_n)k_n = \frac{1}{S_n}\left(S_{n+2} + 2S_{n+1} + S_n\right) \tag{3.133}$$

を得る．第 2 項も同様に，

$$\frac{1}{NS_n}\sum_k k_0 K_n(k_0,\ldots,k_n) = \frac{1}{S_n}\left(S_{n+1} + S_n\right) \tag{3.134}$$

となるので，これらを式 (3.131) に代入して，

$$R_n = \frac{S_{n+2}}{S_n} - \frac{S_{n+1}^2}{S_n^2} \tag{3.135}$$

を得る．これより，

$$S_{n+2} = \frac{S_{n+1}^2}{S_n} + R_n S_n \tag{3.136}$$

を得る．これは高次の S_n をそれ以下の S_n で表している漸化的な表現になっている．

R_n は，式 (3.128) を使って相関係数 $r_{n\{m_1,m_2\}}$ で書き表すことができる．式 (3.105) と (3.106) を使うと，$n=1$ では，

$$R_{1\{m_1,m_2\}} = r_{1\{m_1,m_2\}}\frac{\sqrt{\ell_{2m_1+1}\ell_{2m_2+1}}}{S_1} \tag{3.137}$$

となることが分かる．しかし $n \geq 2$ ではより複雑な表式が得られる．

3.4 n 次のつながり計算

式 (3.136) において, R_n は r_n に比例するので, r_n が S_{n+2} に初めて登場し, それ以降 $(S_{n+3}, S_{n+4}....)$ は S_{n+2} のみを通じて現れることが分かる. そのため, 例えば $n \geq 2$ では $r_n = 0$ とすると, 唯一残った r_1 は S_3 に登場し, それ以降は

$$S_4 = \frac{S_3^2}{S_2}, \tag{3.138}$$

$$S_5 = \frac{S_4^2}{S_3} = \frac{S_3^3}{S_2^2}, \tag{3.139}$$

$$\cdots \tag{3.140}$$

$$S_n = \frac{S_{n-1}^2}{S_{n-2}} = \cdots = \frac{S_3^{n-2}}{S_2^{n-3}} \tag{3.141}$$

とすべて求まる. このように, 漸化的表式 (3.136) は非常に有用である.

ともあれ, この方式で S_n を改めて書き下してみよう. S_1, S_2 は相関係数に依存しないために以前と同じ.

$$S_1 = \ell_1, \tag{3.142}$$

$$S_2 = \ell_2. \tag{3.143}$$

S_3 については以下の表式を得る.

$$S_3 = \frac{S_2^2}{S_1} + R_1 S_1, \tag{3.144}$$

$$R_1 = r_1 \frac{\ell_3}{\ell_1}. \tag{3.145}$$

S_4:

$$S_4 = \frac{S_3^2}{S_2} + R_2 S_2, \tag{3.146}$$

$$R_2 = r_2 F_{2,1}, \tag{3.147}$$

$$F_{2,1} = \frac{\ell_3}{S_1} + 2\frac{S_2}{S_1} + \frac{S_2^2}{S_1^2} - 2\frac{S_3}{S_2} - \frac{S_3^2}{S_2^2} + R_{1\{2,1\}} \frac{S_1}{S_2}, \tag{3.148}$$

$$R_{1\{2,1\}} = r_{1\{2,1\}} \frac{\sqrt{\ell_3 \ell_5}}{S_1}. \tag{3.149}$$

S_5:

$$S_5 = \frac{S_4^2}{S_3} + R_3 S_3, \tag{3.150}$$

$$R_3 = r_3 F_{3,1}, \tag{3.151}$$

$$F_{3,1} = \frac{\ell_3}{S_1} + \frac{2S_2}{S_1} + \frac{S_2^2}{S_1^2} - \frac{2S_4}{S_3} - \frac{S_4^2}{S_3^2} + R_{1\{2,1\}} \frac{S_1}{S_2} + R_{2\{2,1\}} \frac{S_2}{S_3}, \tag{3.152}$$

$$R_{2\{2,1\}} = r_{2\{2,1\}} \sqrt{F_{2,2} F_{2,1}}, \tag{3.153}$$

$$F_{2,2} = \frac{\ell_5}{S_1} - 2R_{1\{2,1\}} \left(\frac{\ell_3}{S_2} + 2 + \frac{S_1}{S_2} + \frac{S_2}{S_1} \right) + R_{1\{4,1\}} \frac{S_1}{S_2} - R_{1\{2,1\}}^2 \frac{S_1^2}{S_2^2}, \tag{3.154}$$

$$R_{1\{4,1\}} = r_{1\{4,1\}} \frac{\sqrt{\ell_3 \ell_9}}{S_1}. \tag{3.155}$$

さらに S_6 も 2/3 ページ程度で書き下せるが，ここでは省略する．いずれにせよ，このようにコンパクトな表式が得られるので，漸化的な表現は有用である．

3.4.4 「n 次の隔たり」問題

上で，閉じたストリングがないネットワークについて，n 次の隔たりにあるノードの平均値 $S_n = T_n$ を $n = 1, \ldots, 6$ について計算した．ネットワークが非常に大きい ($N \gg 1$) として，これらの平均値が全ノードの数 N のオーダー，

$$S_n = O(N) \tag{3.156}$$

であれば，平均して「ネットワークのどのノードも n 次の隔たりにある」と言える．これを **Milgram 条件**，それが満たされるときを **Milgram 臨界**と呼ぶことにする．以下では S_n の $N \gg 1$ での漸近的な振る舞いを調べ，ネットワークの Milgram 臨界について考察する．

リンク数の累積分布関数 $P_{0>}(k)$ が，$k \gg 1$ において，

$$P_{0>}(k) \simeq A k^{-\nu} \tag{3.157}$$

と与えられるスケールフリー・ネットワークを考えよう．その確率分布は，

$$p_0(k) \simeq A \nu k^{-\nu-1} \tag{3.158}$$

と振る舞うとする．この Pareto 指数 ν は確率の規格化条件より，$\nu > 0$ を満たす．

3.4 n 次のつながり計算

S_n の評価にはリンクの m 次モーメントの評価が必要であるが，$\langle L^m \rangle = \sum_{k=1}^{\infty} k^m p_0(k)$ とすると，これは $m \geq \nu$ で発散する．しかし，実際のネットワークはサイズが有限であるので，この発散は $N \to \infty$ で発散する何らかの N の関数 (例えば N の正べき) で抑えられている．この発散の評価をして，それがどれかの n について式 (3.156) を満たすどうか調べる．

そこで，$\langle L^m \rangle$ を有限の N で評価すると，以下のようになる．

$$\langle L^m \rangle = \sum_{k=1}^{\ell_{(\max)}} k^m p_0(k) \simeq \begin{cases} O(1) & (m < \nu), \\ Am \log \ell_{(\max)} & (m = \nu), \\ A \dfrac{\nu}{m-\nu} \ell_{(\max)}^{m-\nu} & (m > \nu). \end{cases} \quad (3.159)$$

ここで，$\ell_{(\max)}$ はこのネットワークでの次数の最大値であり，$N \gg 1$, $\nu > 1$ において，

$$\ell_{(\max)} \simeq \begin{cases} N & (\nu \leq 1), \\ N^{1/\nu} & (1 \leq \nu) \end{cases} \quad (3.160)$$

と振る舞うと思われる．これはたとえば，$1 < \nu$ の場合について拡張 Barabaśi-Albert モデルでのシミュレーションで検証することができる．実際，$\ell_{(\max)}$ は定義により $N-1$ を越えることができないので，このようになっていると考えられる．

したがって，$N \to \infty$ で発散するのは $m \geq \nu$ であり，

$$\langle L^m \rangle \propto \begin{cases} N^{m-\nu} & (\nu \leq 1), \\ N^{(m/\nu)-1} & (1 \leq \nu < m), \\ \log N & (\nu = m), \\ O(1) & (m < \nu) \end{cases} \quad (3.161)$$

であることが分かる．

これを使って，S_n のどの項が N の一番大きなべき指数をもっているかを正確に調べ上げるのは $n \geq 4$ では大変面倒である．しかし，前に述べたように，リンクが 2 以上の場合の両端の次数の相関は非常に弱いとして，相関係数 r_1 だけを残せば，S_n の漸化的表現 (3.136) が使える．

では実際に，S_4 を例にとり計算してみよう．

$$S_4 \simeq r_1^2 \frac{\langle L^3 \rangle^2}{\langle L^2 \rangle}$$

$$\propto \begin{cases} N^{(4/\nu)-1} & (1 \leq \nu < 2), \\ N^{(6/\nu)-2} & (2 < \nu). \end{cases} \quad (3.162)$$

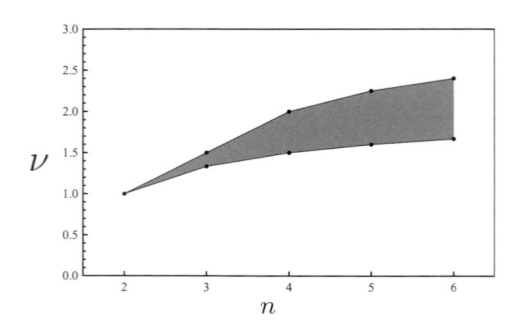

図 3.13 S_n での Milgram 臨界点の範囲

この項は S_4 の漸化的表現 (3.146) の第 1 項で，式 (3.93) の S_3 にある $r_1 \langle L^3 \rangle$ と，式 (3.69) の S_2 にある $\langle L^2 \rangle$ との寄与でできる．また，N のべきは式 (3.161) を使って評価した．これを見ると，S_4 は $\nu > 2$ では N のべき指数が 1 より小さく，ν を減少させていくと $\nu = 2$ で 1 に達し Milgram 条件が満たされる．($\nu = 2$ では $\log N$ の補正項もあるが，これはそれほど大きな量ではない[*14]ので，気にしないことにする．) したがって $S_4 = T_4$ ならば，$\nu \leq 2$ でネットワーク上ではすべての人が 4 次以下の隔たりにあることになる．その意味で，$\nu = 2$ は 4 次の隔たりの **Milgram 臨界点**と呼ぶことができる．もちろん，上の評価からは $\nu < 2$ では N のべきが 1 を越えるが，一般に $T_n < N$ なので，S_4 は T_4 の過大評価になっているはずである．1 つの予想としては，$\nu = 2$ が T_4 についても Milgram 臨界点にはなっているのではないだろうか．

$S_{4,5}$ についても同様な方法で Milgram 臨界点を求めると，S_5 では $\nu = 9/4$，S_6 では $\nu = 12/5$ と，隔たりが増えるに連れて上昇する．

ただ，これまでの Milgram 臨界点の評価には 1 つの問題がある．ここでは N のべきが一番大きいものを評価したが，これは N や r_1 の実際の値によっては正しくない場合がある．たとえば，多くのネットワークでは次数の小さいノードが大きいノードとつながりやすいために，$r_1 < 0$ となっている．そのような場合には r_1 の入っている項は，N のべき指数が低い非主要な項と実質的に同じ程度の大きさになっている．したがって，一概に N のべき指数だけ見ればよいわけではない．もし次に主要な項，つまり S_3 では $\langle L^2 \rangle^2 / \langle L \rangle$ の項を使って評価すると，Milgram 臨界値は $\nu = 2(n-1)/2$ と低い値となる．これらをまとめて図示したのが図 3.13 である．実際には，Milgram

---

[*14] たとえば，$N = 10^6$ でも $\log N \simeq 13.8$ である．

3.4 n 次のつながり計算

臨界値はこの図で灰色で示した範囲のどこかにあるのではないかと思われる.

ともあれ,実際のネットワークでは ν の値は 2 前後であることも多く,ここで述べた Milgram 臨界値の振る舞いからいって, 5 次や 6 次の隔たり現象が観測されるのが自然だと考えられる.

演習問題

3.1 隣接リストが図 3.14 に与えられる無向グラフの例に対する深さ優先探索を，始点をノード a から行い，探索の経過とその結果得られる深さ優先探索木を求めよ．

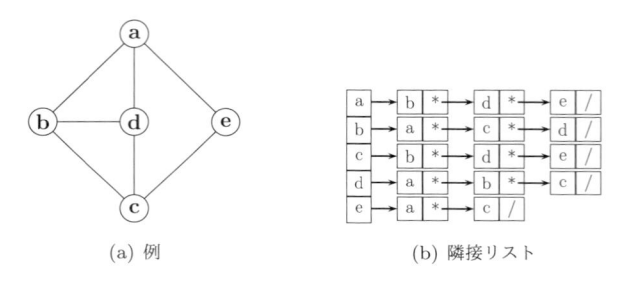

図 3.14 無向グラフの例

3.2 幅優先探索のアルゴリズム 3.7 を変更して，始点 s からちょうど距離 n にあるノード数 $T_n(s)$ を重複なしに数え上げるようにせよ．例えば，$T_2(s)$ は s の「友達の友達の数」を与える．

3.3 下の図のネットワークを考える．

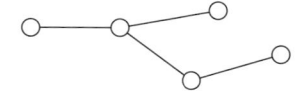

このネットワークでは，ストリング間の重複が無く，すべての n について $S_n = T_n$ となっている．以下の設問に答えよ．

1. $\langle L \rangle, \langle L^2 \rangle$ を求め，表式 (3.70) を使って S_2 を決定し，それが直接に数え上げた値と同じであることを確かめよ．
2. $\langle L^3 \rangle, r_1$ を求め，表式 (3.93) を使って S_3 を決定し，それが直接に数え上げた値と同じであることを確かめよ．

3.4 下の図のネットワークについて考える．

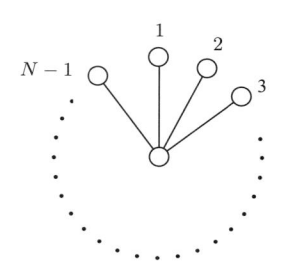

3.4 n 次のつながり計算

1. ゼロでないストリング数をすべて書き出せ.
2. ゼロでないリンクのモーメント $\langle L^m \rangle$ をすべて求めよ.
3. 表式 (3.69) を使って S_2 を決定し, それが直接に数え上げた値と同じであることを確かめよ.
4. 表式 (3.93) を使って S_3 を決定し, それが直接に数え上げた値と同じであることを確かめよ.

頻出集合，クリーク，ビールと紙おむつ

POS データで，6人の客が購入した商品 1~9 があるとします (下左). ある人数以上の客が同時に買った商品の同じ組合せを考えましょう. 例えば組合せ $\{7,9\}$ は 4 人に買われているので, $\{7,9\}_4$ と表すことにします. 閾値の人数を 3 人としたとき，組合せすべてをあげると下右のようになります. ある閾値が与えられたとき，それ以上の頻度で存在する組合せを頻出集合 (Frequent Itemsets) と呼びます.

a:	1,2,5,6,7,9	
b:	2,3,4,5	3 人以上に買われた商品の組合せ
c:	1,2,7,8,9	$\{1\}_3, \{2\}_5, \{7\}_4, \{9\}_4,$
d:	1,7,9	$\{1,7\}_3, \{1,9\}_3,$
e:	2,7,9	$\{2,7\}_3, \{2,9\}_3, \{7,9\}_4,$
f:	2	$\{2,7,9\}_3$

閾値を上げると頻出集合の数は少なくなりますが，当たり前の組合せしか得られません. 一方，閾値を下げると，膨大な数の頻出集合を数え上げなくてはなりません. 例えば $\{2,7\}$ は，同じ購買客 $\{a,c,e\}$ に対する頻出集合 $\{2,7,9\}$ に含まれているので, その数え上げは余分です. $\{7,9\}$ は，購買客 $\{a,c,d,e\}$ に対するどの頻出集合にも含まれていません. 後者を頻出飽和集合 (Closed Itemset) と呼びます.

いま，客と商品を 2 種類のノードとするような 2 部グラフを考えます. ノード $\{2,7\}_3$ は, ノード $\{a,c,e\}$ とすべてリンクをもつような, 2 部グラフの意味でのクリーク (Clique) を形成し, $\{7,9\}_4$ は同様に $\{a,c,d,e\}$ とクリークを形成しています. しかし，前者はより大きなクリークである $\{a,c,e\}$ と $\{2,7,9\}$ の部分になっているのに対して，後者は極大なクリーク (すなわち他のクリークの一部ではない) になっています. したがって，頻出飽和集合は 2 部グラフの意味での極大クリーク (Maximal Clique) であることが分かります.

最近，POS データやネットビジネスにおける購買データに代表されるような超巨大データでのデータマイニング手法の必要性が急激に高まってきています. ここで述べたような頻出集合の列挙もその 1 つであり，大規模データでも現実的な時間で数え上げを行えるようなアルゴリズムは最近になって開発されたものです. 2004 年の Frequent Itemset Mining Implementations という国際大会で優勝した日本人チームには，コンビニのデータマイニングで発見されたといわれる，若い男性が帰宅時に購入する組合せ，ビールと紙おむつが優勝賞品として贈呈されました.

(Y.F.)

The past and the present are within my inquiry, but what a man may do in the future is a hard question to answer.
　"The Hound of the Baskervilles", A. C. Doyle, 1902

4

時系列モデルの考え方

株価に代表される金融時系列について研究する第一歩は、それを図にすることである。図を眺めてみると、まず最初に、その値が時間的に大きく変動することに気づく。この性質を、時間変動性と呼ぼう。このほか、非定常性と長期記憶という重要な統計的性質をもつことが知られている。本章では、これら3つの性質に注目しながら、時系列データを適切にモデル化する方法を説明する。

4.1 非定常性

まず、時系列がもつ重要な統計的性質である非定常性について説明しよう [23]。

4.1.1 定常過程と非定常過程

1928年10月1日から2007年12月31日までのDow Jones工業平均株価 (Dow Jones Industrial Average) 終値の変動を、図4.1(a) に示す。この図から、1928年から1980年頃までは、株価は大きく変化していないが、1980年代後半から2000年にかけて急激に上昇していることが分かる。これは、インフレ (Inflation) や経済成長に原因がある。そして、2004年にかけて株価はいったん下落するが、その後もち直し、2007年にかけてふたたび上昇していることが分かる。2004年の下落はいわゆるITバブルの崩壊が原因である。

次に、日本における株価変動として、日経225銘柄株価平均を考えてみよう。図4.1(b) は、1984年1月4日から2007年12月28日までの終値の変動を表している。この図から分かるように、1984年から1990年にかけて株価は大きく上昇し、その後2004年にかけて小刻みに上昇と下落を繰り返しながら下落している。これは、いわゆる平成バブルとその崩壊である。小刻みな上昇と下降はインフレやデフレ (Deflation) が原因というよりは、経済の成長や衰退が原因である。2004年以降、株価は上昇に転じているが、2007年12月の時点では、日本の株式市場だけが世界の流れから取り残された状況にある。

このような株価変動を眺めることによって、多くのことを語ることができる。では、なぜ、そのようなことができるのだろうか。それは、私たちは株価変動の中にトレンド (Trend, 趨勢) と呼ばれる動きを見いだし、そのトレンドの変化と経済変動を対応づけているからである。時間の経過と共に変動するデータ

$$(x_1, x_2, \ldots, x_T) \tag{4.1}$$

は、時系列と呼ばれる。このように、トレンドが見られる時系列は、統計学の言葉では、

4.1 非定常性

(a) Dow Jones 工業平均株価

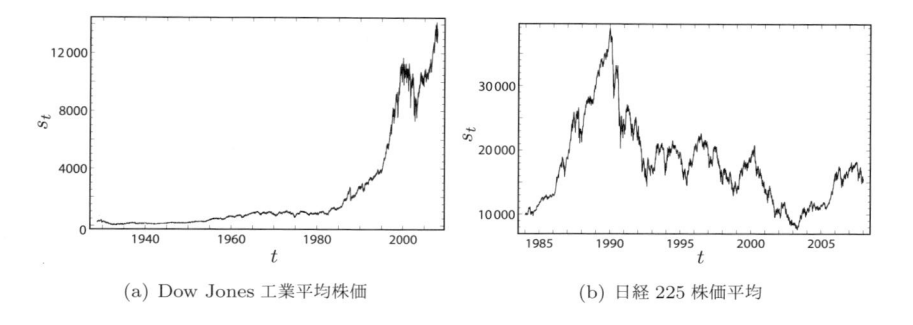

(b) 日経 225 株価平均

図 4.1 株価指数の日次推移

非定常過程であると言われる．

一方，非定常過程の対極にあるのが**定常過程**である．時系列 x_t は，以下の 3 つの条件を満たすとき，**弱定常**あるいは**広義定常**であると言われる．

- 平均値が時間に依存しない；

$$\mu_x = \frac{1}{T}\sum_{t=1}^{T} x_t = \text{const.} \tag{4.2}$$

- 分散が時間に依存しない；

$$\sigma_x^2 = \frac{1}{T-1}\sum_{t=1}^{T}(x_t - \mu_x)^2 = \text{const.} \tag{4.3}$$

- 異時点間の共分散が時間遅れ (ラグ) τ のみに依存する；

$$\text{Cov}(x_t, x_{t+\tau}) = \frac{1}{T-1}\sum_{t=1}^{T}(x_t - \mu_x)(x_{t+\tau} - \mu_x) = \gamma(\tau). \tag{4.4}$$

時系列 $(x_1, \ldots, x_T)$ の同時分布 $P(x_1, \ldots, x_T)$ と，時間 τ だけシフトした $(x_{1+\tau}, \ldots, x_{T+\tau})$ の同時分布 $P(x_{1+\tau}, \ldots, x_{T+\tau})$ が，すべての自然数 t とすべての整数 τ に対して互いに同じになる場合は，**強定常**あるいは**狭義定常**と呼ばれる．通常，時系列解析における定常性とは，弱定常性のことを指す．本書でも，定常を弱定常の意味で用いることにする．

4.1.2 定常化の方法

株価や為替に限らず多くの経済時系列は，非定常過程である．時系列データ解析の方法は定常過程を想定しているので，まずはデータの定常化が基本となる．非定常な時系列を**定常化**することを，トレンド除去と呼ぶ．以下では，代表的な定常化の方法を説明して，各々の方法の利点と問題点を整理する．

移動平均

時点 t を中心とした $2k+1$ 個のデータを用いて，移動平均

$$m_t(k) = \frac{s_{t-k} + \cdots + s_{t-1} + s_t + s_{t+1} + \cdots + s_{t+k}}{2k+1} \tag{4.5}$$

を求める．元の時系列 s_t から移動平均 $m_t(k)$ を差引いた残差

$$x_t = s_t - m_t(k) \tag{4.6}$$

は定常な時系列である．

価格差 (階差)

テレビのニュースで市況を伝えるときに，株価とともに，前日の終値との価格差が報じられる．価格差は，私たちにとって比較的なじみ深いものである．価格差 (階差) Δs_t は，以下のように定義される:

$$\Delta s_t := s_{t+\Delta t} - s_t \ . \tag{4.7}$$

階差による定常化は，Box-Jenkins の方法として知られている．1 階の階差により，1 次式で表されるトレンドを除去することができる．同様に，2 階の階差

$$\Delta^2 s_t = (s_t - s_{t-1}) - (s_{t-1} - s_{t-2}) = s_t - 2s_{t-1} + s_{t-2} \tag{4.8}$$

により，2 次式で表されるトレンドを除去することができる．価格差 (階差) を用いる利点は，非線形な変換や確率的変換を必要としないことである．一方，問題点は，スケールの変化に大きく依存してしまうことである．例えば，図 4.1(a) に示した Dow Jones 工業平均株価に対して価格差を計算すると，図 4.2(a) が得られる．この図から分かるように，ほぼ $\Delta s_t = 0$ の周りで振動する時系列へと変換されていて，図 4.1(a) に見られていたようなトレンドは見受けられない．しかし，1980 年代後半以降，振幅が大きくなっていることが分かる．これは，インフレというスケールの変化が原因である．そのため，この場合に Δs_t そのものを解析することには問題がある．

4.1 非定常性

(a) 価格差 Δs_t

(b) 規格化された価格差 Δs_t^d

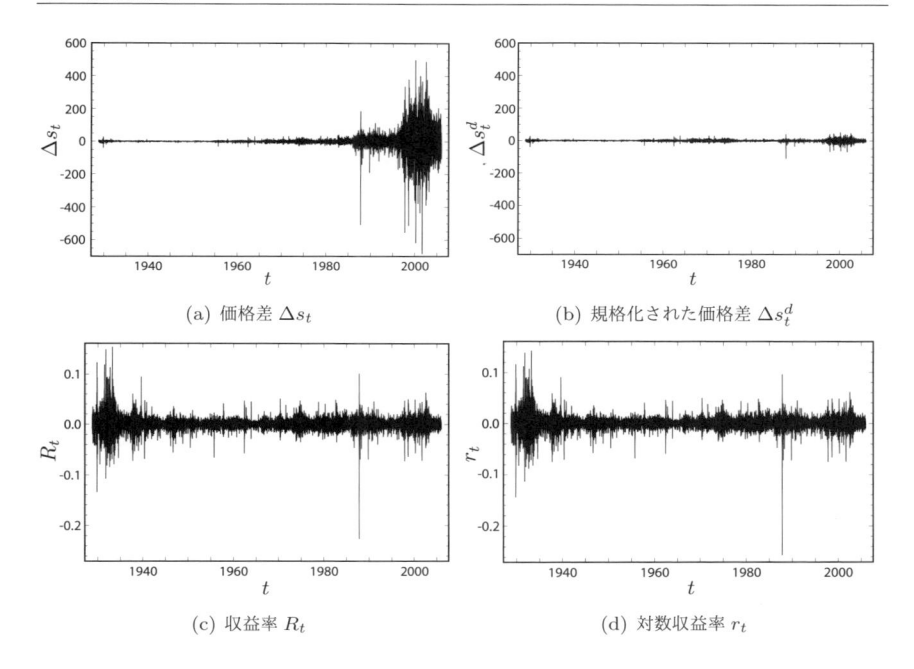

(c) 収益率 R_t

(d) 対数収益率 r_t

図 4.2　Dow Jones 工業平均株価の定常化

割引価格差

　価格差のときに見られたスケール変化の問題は，インフレやデフレの影響を割り引くことによって克服される．いま，スケールの変化を吸収する因子を d_t とすると，割引価格差 Δs_t^d は以下のように定義される：

$$\Delta s_t^d := \frac{s_{t+\Delta t} - s_t}{d_t} = \frac{\Delta s_t}{d_t}. \tag{4.9}$$

この場合の利点の 1 つは，価格差の場合と同様に，非線形な変換を必要としないことである．また，もう 1 つの利点は，いくら時間が経過したとしても，正しく d_t を与えることができれば，お金の価値が一定であるということである．しかし，正しく d_t を与えられるかどうかが問題である．実際，d_t の候補はたくさんあり，すぐに思いつくものとしても，消費者物価指数，国内総生産 (Gross Domestick Products; GDP)，金の価格などがあり，ユニークには決まらない．

ここでは，図 4.1(a) に示した Dow Jones 工業平均株価に対して価格差 Δs_t を計算する．そして，1970 年のアメリカ合衆国の GDP を 1 として，年ごとに割引率を計算する．つまり，y が 1970 年以降の年を表すとし，$d_y = \text{GDP}_y/\text{GDP}_{1970}$ として Δs_t を年ごとに割り引く．そうすると，図 4.2(b) が得られる．この図は，図 4.2(a) と同じスケールで描かれている．この図と図 4.2(a) を比較することによって，1980 年代以降の大きな振幅が無くなり，問題点が克服されていることが分かる．

収益率

投資の現場では，価格がいくら変化したということよりも，投資した金額に対してどの程度利益を得たのか，または失ったのかということが重視される．つまり，同じ 10 万円の利益を得るにしても，100 万円投資して得た 10 万円の方が，1 億円投資して得た 10 万円よりも意味が大きいのである．この意味の大きさを測るのものは，収益率 R_t と呼ばれ，次のように定義される：

$$R_t := \frac{s_{t+\Delta t} - s_t}{s_t} = \frac{\Delta s_t}{s_t}. \tag{4.10}$$

収益率を用いる場合の利点は，上にも述べたように，期間 Δt の間に得た，または失った割合が直接分かることである．一方，問題点は，期間 Δt が長い場合に，スケールの変化に対して敏感なことである．ここでも，図 4.1(a) に示した Dow Jones 工業平均株価に対して価格差 Δs_t を計算すると，図 4.2(c) が得られる．図から分かるように，図 4.1(a) に見られたようなトレンドが除去されている．この図は，図 4.2(a) や図 4.2(b) の場合とは，縦軸のスケールが異なっている．図中で，1988 年付近で，下方向に鋭いピークが見られる．これは，1987 年 10 月 19 日 (月) のブラック・マンデーによる下落である．

対数収益率

対数収益率は，

$$r_t := \log s_{t+\Delta t} - \log s_t \tag{4.11}$$

で与えられる．対数収益率を用いる場合の利点は，式 (4.9) のようにスケール変化の割り引き因子を陽に含まなくても，経済の成長率などによるスケール変化が定数と見なせる場合に，平均的なスケール変化の効果が自然に組み込まれることである．また問題点は，式 (4.11) のような非線形な変換は確率過程の統計的性質に大きな影響を与えることである．

4.1 非定常性

(a) 価格差 Δs_t

(b) 規格化された価格差 Δs_t^d

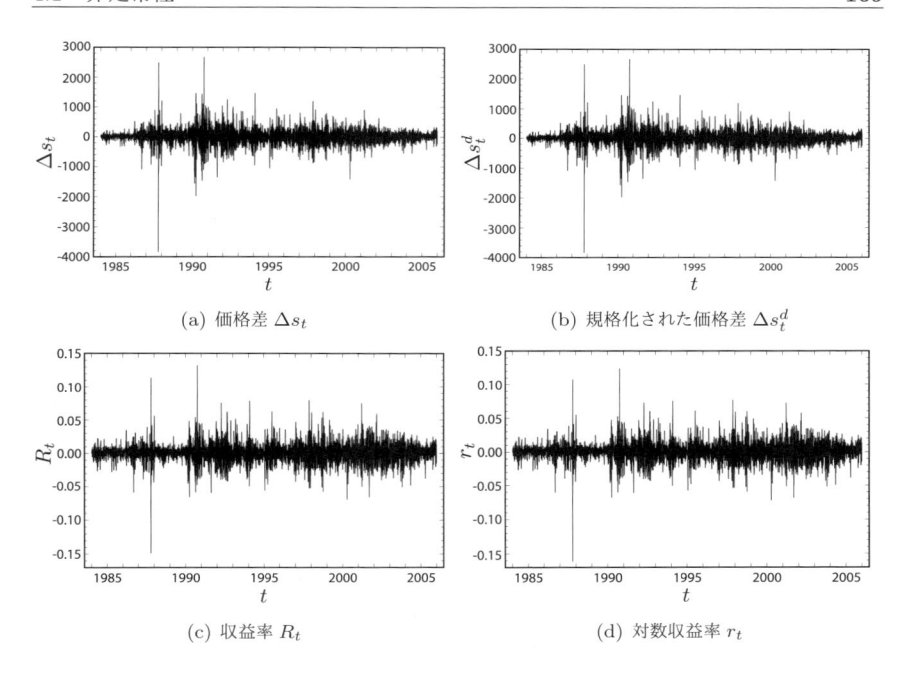

(c) 収益率 R_t

(d) 対数収益率 r_t

図 4.3 日経 225 銘柄株価平均株価の定常化

ここでも,図 4.1(a) に示した Dow Jones 工業平均株価に対して対数収益率 r_t を計算すると,図 4.2(d) が得られる.この図は,図 4.2(c) と同じスケールで描かれている.図 4.2(c) の場合と同様に,図 4.1(a) に見られたようなトレンドが除去されていることが分かる.また,図 4.2(c) と図 4.2(d) を比較して分かるように,これらはほとんど同じ時系列を与える.

ここまでは,Dow Jones 工業平均株価に対して,$\Delta s_t, \Delta s_t^d, R_t, r_t$ を計算して議論してきたが,日経 225 銘柄株価平均についても同様に解析できる.解析結果は,図 4.3 にまとめられる.図 4.3(a) と図 4.3(b) はそれぞれ Δs_t と Δs_t^d に対応している.これらの図は同じスケールで描かれている.図 4.3(b) を描くのに用いた割引因子 d_t は,1985 年の GDP が 1 になるように,$d_t = \text{GDP}_t/\text{GDP}_{1985}$ としている.これらの図を比較して分かるように,大きな違いはない.また,図 4.3(c) と図 4.3(d) はそれぞれ同じスケールで描かれた R_t と r_t であるが,これらに関しても大きな違いはない.

時間の間隔が短い場合

いま,式 (4.7) を用いると,式 (4.11) は,

$$r_t = \log \frac{s_{t+\Delta t}}{s_t} = \log \left[1 + \frac{\Delta s_t}{s_t}\right] \tag{4.12}$$

となる.ここで,時間間隔 Δt が非常に短く,s_t が高頻度データ (High-Frequency Data) であったとする.そうすると,$\Delta s_t \ll |s_t|$ と考えられるので

$$r_t = \log \left[1 + \frac{\Delta s_t}{s_t}\right] \simeq \frac{\Delta s_t}{s_t} = R_t \tag{4.13}$$

となる.また,図 4.1(a) と図 4.2(a) を比較して分かるように,Δs_t は急激に変化する変数であるのに対し,s_t は Δt が短い場合,比較的緩やかに変化する変数だと考えられる.したがって,時間に依存しない定数 C を用いて,近似的に

$$R_t \simeq C \Delta s_t \tag{4.14}$$

と書ける.また,Δt が非常に短い場合,D_t はほとんど 1 と仮定できるので,

$$\Delta s_t \simeq \Delta s_t^d \tag{4.15}$$

となる.以上をまとめると,

$$r_t \simeq R_t \simeq C \Delta s_t \simeq C \Delta s_t^d \tag{4.16}$$

となる.このような関係があるので,図 4.2 や図 4.3 の各図がよく似ていたのである.

おおくの時間的に変動する時系列について,対数変換して 1 階の階差をとると,定常な時系列を得る.本書では,この定常化した時系列の分散を,**ボラティリティ** (Volatility) と呼ぶことにする.このほかに,時系列の価格差をボラティリティと呼ぶこともあり,一般的にボラティリティとは「不確実性の大きさを表す指標」を意味する.株価を対数変換して 1 階の階差をとった対数収益率 r_t について,ボラティリティは一定でないことが経験的に知られている.図 4.2(d) や図 4.3(d) から分かるように,対数収益率 r_t の分散は,明確なトレンドはないが時点により大きく変動している.分散はいったん大きく (小さく) なると,しばらく大きい (小さい) 時期が続く.このような現象は,ボラティリティ・クラスタリング (Volatility Clustering) と呼ばれる.ボラティリティ・クラスタリングを示す時系列は,厳密には定常的とみなすことはできない.

4.2 長期記憶

次に，もう 1 つの重要な統計的性質である長期記憶について説明しよう [104]．

4.2.1 自己相関関数と平均相互情報量

時系列 x_t について，**自己相関関数** $\rho(\tau)$ は

$$\rho(\tau) = \frac{\gamma(\tau)}{\gamma(0)} = \frac{\mathrm{Cov}(x_t, x_{t+\tau})}{\sigma_x^2} \tag{4.17}$$

で定義される．自己相関関数 (Autocorrelation Function)$\rho(\tau)$ が

$$\sum_{\tau=-\infty}^{\infty} \rho(\tau) = \mathrm{const.} \tag{4.18}$$

であるとき，時系列 x_t は短期記憶過程 (Short-Term Memory Process) と呼ばれる．また，

$$\sum_{\tau=-\infty}^{\infty} \rho(\tau) = \infty \tag{4.19}$$

であるとき，時系列 x_t は長期記憶過程 (Long-Term Memory Process) と呼ばれる．長期記憶過程の例として，ナイル川の最小水位の年次推移がよく知られている．

また，自己相関関数 $\rho(\tau)$ に類似した量として，**平均相互情報量** (Average Mutual Information) $I(\tau)$

$$I(\tau) = \sum_{x_t, x_{t+\tau}} P(x_t, x_{t+\tau}) \log_2 \frac{P(x_t, x_{t+\tau})}{P(x_t) P(x_{t+\tau})} \tag{4.20}$$

が使われることがある．これは，統計的に独立な場合の分布との Kullback-Leibler 距離 (1.64) に相当する．平面 $(x_t, x_{t+\tau})$ を小領域 $(\Delta x_t, \Delta x_{t+\tau})$ に分割して，その小領域を通過するデータ数 $P(x_t, x_{t+\tau})$ を数えることにより，平均相互情報量 $I(\tau)$ を求めることができる．平均相互情報量 $I(\tau)$ は，ノイズのある時系列について使われることが多い．時系列 x_n と時間遅れ τ の定義を，図 4.4 に示す．

4.2.2 株価収益率のボラティリティ

次に，対数収益率 r_t のボラティリティについて調べよう．1984 年 1 月から 2007 年 8 月までの期間 (5740 営業日) における日経 225 の価格 (終値) を用いて，10 営業日で

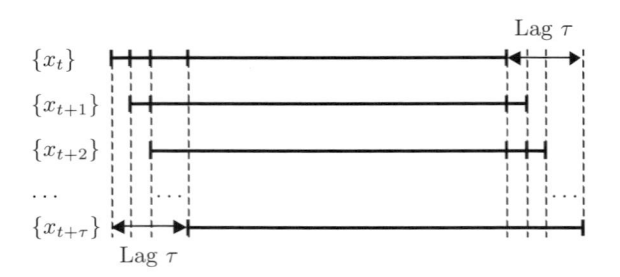

図 4.4　時系列 x_n と時間遅れ τ

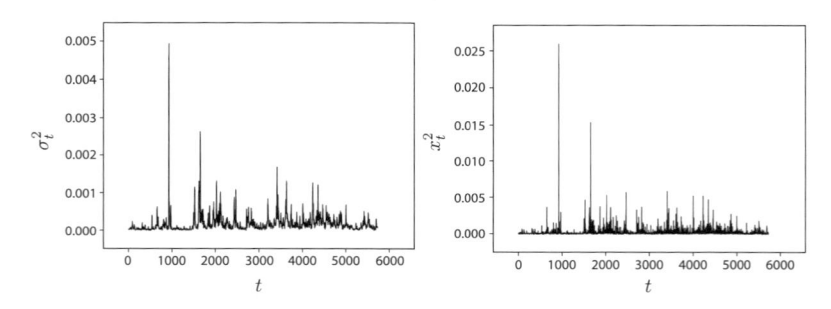

図 4.5　ボラティリティの計算値とその代理変数の日次推移

計算した収益率のボラティリティの日次推移を，図 4.5 の左図に示す．

同期間における，ボラティリティの代理変数の日次推移を，図 4.5 の右図に示す．ただし，ボラティリティの代理変数として，対数収益率の自乗

$$\sigma_t^2 = \left(\frac{r_t - r_{t-1}}{r_{t-1}}\right)^2 = x_t^2 \tag{4.21}$$

を用いた．両者の相関は非常に高いので，ボラティリティの代理変数として，対数収益率の自乗を用いることは妥当である．

さらに，株価の対数収益率とそのボラティリティについて，自己相関関数 $\rho(\tau)$ を求めた．対数収益率とそのボラティリティの自己相関関数 $\rho(\tau)$ を，図 4.6 に示す．図中の水平な点線は，有意水準である．対数収益率の自己相関は 1 日以下で有意でなくなる．したがって，日時データはランダムウォークとみなすことができる．一方，ボラティリティの自己相関は，数日から数十日の期間にわたり有意であり，正の相関を示

4.3 基本的な線形モデル

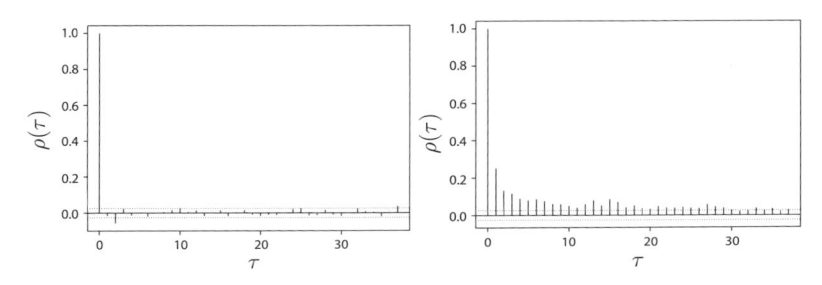

図 4.6 Nikkei225 対数収益率の自己相関とボラティリティの自己相関

す.対数収益率は,一旦大きくなると大きい時期がしばらく続き,逆に一旦小さくなると小さい期間がしばらく続くことを意味する.以上より,対数収益率のボラティリティは長期記憶過程ということができる.

4.3 基本的な線形モデル

4.3.1 自己回帰モデル

時系列に関する最も基本的な線形モデルは,**自己回帰モデル** (Auto Regression Model) である.p 次の自己回帰モデルは,

$$x_t = \xi_t + \sum_{i=1}^{p} \phi_i x_{t-i} \tag{4.22}$$

である.一般に,AR(p) モデルと記す.自己回帰モデルは,将来の値が過去の実績値によって予測できるとの見方に基づく.また,q 次の**移動平均モデル** (Moving Average Model) は,

$$x_t = \xi_t + \sum_{i=1}^{q} \pi_i \xi_{t-i} \tag{4.23}$$

である.一般に,MA(q) モデルと記す.ここで,ξ_t は,平均値 0,分散 σ^2 の正規過程に従うノイズ (ショック) である.移動平均モデルは,将来の値は,さまざまな外的なショックにより駆動されるとの見方に基づく.なお,式 (4.23) の「移動平均」は,式 (4.5) とは無関係であることに注意しておく.

表 4.1 株価の ARIMA$(p,1,q)$ モデルの AIC

q p	0	1	2
0	-	79640.	79616.
1	79628.	79625.	79603.
2	79590.	79590.	79592.

表 4.2 対数収益率の ARIMA$(p,0,q)$ モデルの AIC

q p	0	1	2
0	-	$-32992.$	$-33009.$
1	$-32985.$	$-32989.$	$-33004.$
2	$-32995.$	$-32997.$	$-32995.$

(p,q) 次の**自己回帰移動平均モデル** (Auto Regressive Moving Average Model) は,

$$x_t = \xi_t + \sum_{i=1}^{p} \phi_i x_{t-i} + \sum_{i=1}^{q} \pi_i \xi_{t-i} \tag{4.24}$$

である. 一般に, ARMA(p,q) モデルと記す. ARMA(p,q) は, 定常な時系列について適用するモデルである. 非定常な時系列については, d 階の階差をとった時系列データに自己回帰移動平均モデルを当てはめたモデルを適用する. このモデルは, **自己回帰和分移動平均モデル** (Auto Regressive Integrated Moving Average Model) と呼ばれ, 一般に ARIMA(p,d,q) と記す.

株価 s_t について ARIMA$(p,1,q)$ モデルを, 対数収益率 r_t について ARIMA$(p,0,q)$ モデルを用いて, パラメータの最尤推定を行った. 価格の ARIMA$(p,1,q)$ モデルの AIC を表 4.1 に, 収益率の ARIMA$(p,0,q)$ モデルの AIC を表 4.2 に示す. 表 4.2 より, 収益率の ARIMA$(p,0,q)$ モデルとして ARMA(1,2) が最良であることが分かる. 最尤推定で得られたパラメータ $\phi_1 = -0.432$, $\pi_1 = -0.417$, $\pi_2 = 0.0640$ を用いた ARMA(1,2) により計算した収益率の日次推移を図 4.7 に示す. 図 4.3(d) 右の実績値と比較して, 大きさのオーダーが異なることに気づく. このように, 単純な線形モデルでは株価やその収益率の特徴を再現することができない.

4.3 基本的な線形モデル

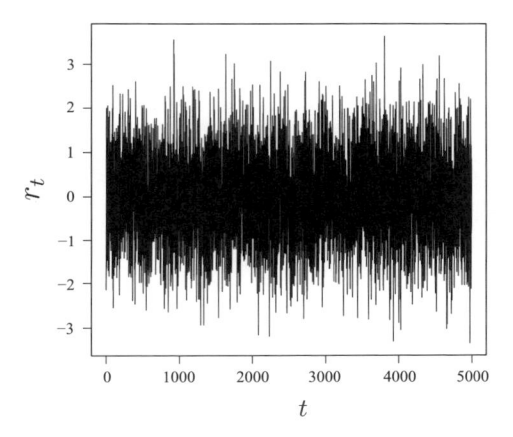

図 4.7 ARMA(1,2) により計算した対数収益率の日次推移

4.3.2 予測誤差の時間依存性

時系列が定常である場合と非定常である場合とでは，**予測誤差の時間依存性**の特徴が大きく異なる．定常である場合を ARMA(1,0) で，非定常である場合を ARIMA(1,1,0) で検討しよう．

ARMA(1,0) では，例えば連続する 3 つの時点での x_t は，

$$x_t = \phi_1 x_{t-1} + \xi_t, \tag{4.25}$$

$$x_{t-1} = \phi_1 x_{t-2} + \xi_{t-1}, \tag{4.26}$$

$$x_{t-2} = \phi_1 x_{t-3} + \xi_{t-2} \tag{4.27}$$

である．式 (4.25) に式 (4.26) と式 (4.27) を代入すると

$$x_t = \phi_1^3 x_{t-3} + \sum_{i=0}^{2} \phi_1^{2-i} \xi_{t-2+i} \tag{4.28}$$

を得る．したがって，連続する h 時点について，

$$x_t = \phi_1^h x_{t-h} + \sum_{i=0}^{h-1} \phi_1^{h-1-i} \xi_{t-h+1+i} \tag{4.29}$$

を得る．ここで，式 (4.25) の誤差項を，標準偏差 σ_1 を用いて，

$$\xi_t = \sigma_1 \epsilon_t \tag{4.30}$$

のように書くと，式 (4.29) の誤差項の分散は

$$\sigma_h^2 = \sigma_1^2 \sum_{i=0}^{h} \left(\phi_1^{h-i}\right)^2 \tag{4.31}$$

となる．定常過程では $|\phi_1| < 1$ なので，式 (4.31) において，$h \to \infty$ をとると，

$$\sigma_h^2 = \frac{\sigma_1^2}{1 - \phi_1^2} \tag{4.32}$$

となる．したがって，時系列が定常である場合は，予測誤差は一定値に収束する．

一方，非定常な ARIMA(1,1,0) では，連続する 3 つの時点での x_t は，

$$x_t = (1 + \phi_1) x_{t-1} - \phi_1 x_{t-2} + \xi_t, \tag{4.33}$$

$$x_{t-1} = (1 + \phi_1) x_{t-2} - \phi_1 x_{t-3} + \xi_{t-1}, \tag{4.34}$$

$$x_{t-2} = (1 + \phi_1) x_{t-3} - \phi_1 x_{t-4} + \xi_{t-2} \tag{4.35}$$

であるので，

$$\begin{aligned} x_t =&\, (1+\phi_1)(1+\phi_1^2) x_{t-3} - (\phi_1 + \phi_1^2 + \phi_1^3) x_{t-4} \\ &+ \xi_t + (1+\phi_1) \xi_{t-1} + (1+\phi_1+\phi_1^2) \xi_{t-2} \end{aligned} \tag{4.36}$$

を得る．このとき，式 (4.36) の誤差項の分散は

$$\sigma_h^2 = \sigma_1^2 \sum_{i=0}^{h} \left(\sum_{j=0}^{i} \phi_1^j \right)^2 \tag{4.37}$$

となる ($h = 2$)．したがって，時系列が非定常である場合は，予測誤差は一定値に収束しない．非定常時系列では，予測誤差は時間とともに大きくなり，将来の予測値は「ある幅の範囲にある」という表現になる．

4.4 Brown 運動

長期記憶過程の原因は何であろうか？長期記憶と線形・非線形性とは，直接には関係しない．短期記憶を再現する非線形モデル，長期記憶を再現する線形モデルがある．標準 Brown 運動は，短期記憶過程を再現する線形モデルである [159, 29]．長期記憶過程を再現するように拡張したのが非整数 Brown 運動である．

4.4.1 標準 Brown 運動

微小な期間 $[t, t+\Delta t]$ における時系列 z_t の変化 Δz が

$$z_{t+\tau} - z_t = \Delta z_t , \tag{4.38}$$

$$\Delta z_t = \epsilon_t \sqrt{\Delta t} \tag{4.39}$$

で与えられるとする．ここで，ϵ_t は平均値 0, 分散 1 の標準正規乱数であり，

$$\langle \epsilon_s, \epsilon_t \rangle = \delta_{st} \tag{4.40}$$

を満足する．式 (4.38) より，有限の期間 $[t, t+\tau]$ における時系列 z_t の変化は

$$z_{t+\tau} - z_t = \sum_{i=t}^{t+\tau} \epsilon_i \sqrt{\Delta t} \tag{4.41}$$

と書くことができる．ただし，$\tau = n\Delta t$ である．このとき，時系列 z_t は，

$$\langle z_{t+\tau} - z_t \rangle = 0 , \tag{4.42}$$

$$\langle (z_{t+\tau} - z_t)^2 \rangle \propto \tau \tag{4.43}$$

という性質をもつ．ここでは，$\langle \cdot \rangle$ を時間平均の意味で用いた．式 (4.42), (4.43) を満たす時系列は，**標準 Brown 運動** (Standard Brownian Motion), または **Wiener 過程** (Wiener Process) と呼ばれる．

さて，標準 Brown 運動 z_t を元にして，

$$\Delta x = a(x,t)\Delta t + b(x,t)\Delta z \tag{4.44}$$

により，新しい時系列 x_t を作ることができる．$\Delta t \to 0$ とすると，連続時間における関係式

$$dx = a(x,t)dt + b(x,t)dz \tag{4.45}$$

を得る．ここで，$a(x,t)$, $b(x,t)$ は，それぞれドリフト (移流) と分散に対応するパラメータであり，x と t に依存する．式 (4.45) を満たす時系列は，伊藤過程 (Ito Process) と呼ばれる．

特に，パラメータが $a(x,t) = \mu$, $b(x,t) = \sigma$ のように定数である場合，

$$dx = \mu dt + \sigma dz \tag{4.46}$$

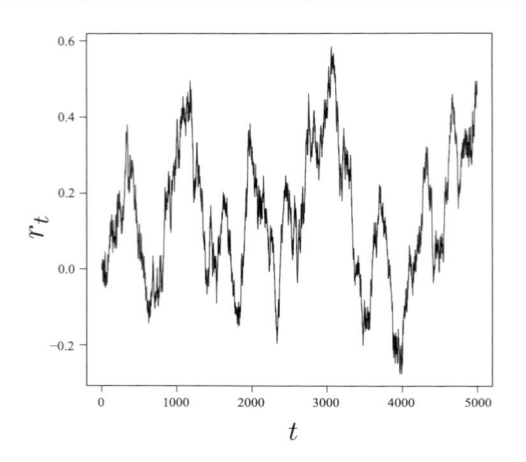

図 4.8 標準 Brown 運動により計算した収益率の日次推移

を得る. 時系列 x_t はドリフト付きの標準 Brown 運動 (Standard Brownian Motion with Drift), または単に標準 Brown 運動と呼ばれる. ただし, $\mu > 0$, $\sigma > 0$ である. さらに, $a(x,t) = \mu x$, $b(x,t) = \sigma x$ の場合,

$$dx = \mu x dt + \sigma x dz \qquad (4.47)$$

を得る. 時系列 x_t は, 幾何 Brown 運動 (Geometrical Brownian Motion) と呼ばれる. 1984 年 1 月から 2007 年 8 月までの期間 (5740 営業日) における日経 225 の収益率 r_n について推定した $\mu = 9.77 \times 10^{-5}$, $\sigma = 1.36 \times 10^{-2}$ を用いて, 標準 Brown 運動により計算した収益率の日次推移を, 図 4.8 に示す.

次に, 式 (4.45) を満たす伊藤過程 x_t を変数とする関数 $F(x,t)$ を考えてみよう. 関数 $F(x,t)$ の全微分を,

$$dF = \frac{\partial F}{\partial x}dx + \frac{\partial F}{\partial t}dt \qquad (4.48)$$

と書くことは適切でない. 右辺第 1 項の dx が $dz \propto \sqrt{dt}$ の項を含むからである. そこで,

$$dF = \frac{\partial F}{\partial x}dx + \frac{\partial F}{\partial t}dt + \frac{1}{2}\frac{\partial^2 F}{\partial x^2}(dx)^2 + \frac{1}{6}\frac{\partial^3 F}{\partial x^3}(dx)^3 + \cdots \qquad (4.49)$$

のように, dx に関する高次の項を含めることにする. ここで,

$$(dx)^2 = a^2(dt)^2 + 2ab(dt)^{3/2} + b^2 dt , \qquad (4.50)$$

4.4 Brown 運動

において, dt の 1 次までの項を残して, 高次の項は無視する. その結果,

$$dF = \frac{\partial F}{\partial x}dx + \frac{\partial F}{\partial t}dt + \frac{1}{2}b^2\frac{\partial^2 F}{\partial x^2}dt \tag{4.52}$$

$$(dx)^3 = a^3(dt)^3 + 3a^2b(dt)^{5/2} + 3ab^2(dt)^2 + b^3(dt)^{3/2} \tag{4.51}$$

を得る. 式 (4.52) は, 伊藤のレンマ (Ito's Lemma) と呼ばれる.

4.4.2 非整数 Brown 運動

有限の期間 $[t, t+\tau]$ における時系列 z_t の分散は

$$\langle (z_{t+\tau} - z_t)^2 \rangle \propto \tau^{2H} \tag{4.53}$$

のように振る舞う. ここで H は **Hurst 指数** (Hurst index) と呼ばれる. H が 1/2 であるとき, 式 (4.53) は式 (4.43) に等しくなり, 標準 Brown 運動となる. τ のべき指数 $2H$ が 1 以外の値をとる過程を, **非整数 Brown 運動** (Fractional Brownian Motion) という [102]. 式 (4.53) において, 期間を b 倍すると,

$$\langle (z_{t+b\tau} - z_t)^2 \rangle \propto b^{2H}\tau^{2H} \tag{4.54}$$

となるので,

$$z_{t+b\tau} - z_t = b^H (z_{t+\tau} - z_t) \tag{4.55}$$

を得る. すなわち, 時間を b 倍すると, z は b^H 倍になる. 各次元における長さ L_x と L_y が, 長さの尺度 S を用いて,

$$L_x \propto S^{\mu_x}, \tag{4.56}$$
$$L_y \propto S^{\mu_y} \tag{4.57}$$

と表すことができることを, 自己相似性 (Self-Similarity) という. このように, 尺度 S を変えても, 元と同じ図形が見えるものは**フラクタル** (Fractal) と呼ばれる. 特に, $\mu_x = \mu_y$ の場合は狭義のフラクタル, $\mu_x \neq \mu_y$ の場合は自己アフィン (Self-Affine) と呼ばれることがある. 非整数 Brown 運動の場合は, $\mu_x = 1$, $\mu_y = H$ である.

非整数 Brown 運動の相関係数 $\rho(\tau)$ を求めよう. $\gamma(0) = \langle z_t^2 \rangle = \langle z_{t+\tau}^2 \rangle$ に注意すると式 (4.53) より,

$$2\gamma(0) - 2\gamma(\tau) = A\tau^{2H} \tag{4.58}$$

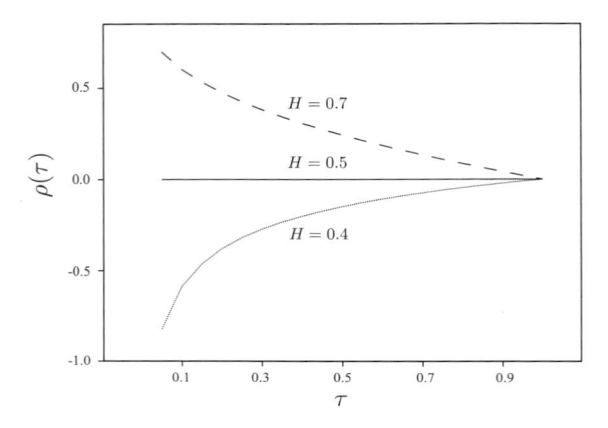

図 4.9 Hurst 指数と自己相関関数

である.したがって,自己相関係数 $\rho(\tau)$ は,

$$\rho(\tau) = \frac{\gamma(\tau)}{\gamma(0)} = 1 - \frac{A\tau^{2H}}{2\gamma(0)} \tag{4.59}$$

となる. $H = 1/2$ のとき $\rho(\tau) = 0$ より,

$$A = \frac{2\gamma(0)}{\tau} \tag{4.60}$$

である.

図 4.9 に,Hurst 指数 $H = 0.4, 0.7$ の場合の自己相関関数を図示する.$H < 1/2$ のときは,負の自己相関を示す.一方,$H > 1/2$ のときは,正の自己相関を示す.式 (4.59) より,$H > 1/2$ のとき自己相関関数はべき的な時間依存性を示す.したがって,非整数 Brown 運動は長期記憶を再現する線形モデルである.

非整数 Brown 運動を特徴づける Hurst 指数 H は,フラクタル次元の 1 つである.Euclid 幾何学 (Euclidean Geometry) では,点は 0 次元,直線は 1 次元,平面は 2 次元,直方体は 3 次元などのように,次元数は整数である.次元という概念を用いながら,非整数の次元数をとりうるものの総称がフラクタル次元である.対象に応じていろいろなフラクタル次元が定義されており,対応する計測方法もさまざまである.

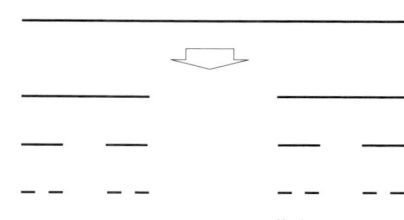

図 4.10　Cantor 集合

4.4.3　フラクタル次元

次に，幾つかのよく知られている**フラクタル次元** (Fractal Dimension) について説明しよう [156].

相似性次元

相似性次元 (Self-Similarity Dimension) D_s は，ある図形を一定割合 r で縮小したときに得られる，元の図形に相似な縮小図形の個数 a により，

$$a = \frac{1}{r^{D_s}} \tag{4.61}$$

または，

$$D_s = \lim_{r \to 0} \frac{\log a}{\log 1/r} \tag{4.62}$$

のように定義される. 例えば，$r = 1/2$ のとき $a = 2$ であれば，$D_s = 1$ である. 同様に，$r = 1/2$ のとき $a = 4$ であれば，$D_s = 2$ である. また，図 4.10 のように，線分を 3 等分して中央の線分を除く操作を行うことにより得られる Cantor 集合 (Cantor Set) については，$r = 1/3$ のとき $a = 2$ であるので，$D_s = 0.631$ である.

ボックス・カウンティング次元

自然界に見られる自己相似性をもつ図形は，縮小図形が元の図形の一部分に完全に一致することはない. 例えば，海岸線の図形を念頭において，2 次元平面状の曲線について考えよう. この 2 次元平面全体を縦横とも幅 ϵ の格子に分割して，曲線の通過した正方形の数 $N(\epsilon)$ を数える. このとき，ボックス・カウンティング次元

(Box-Counting Dimension) D_b は,

$$N(\epsilon) = \frac{1}{\epsilon^{D_b}} , \tag{4.63}$$

または,

$$D_b = \lim_{\epsilon \to 0} \frac{\log N(\epsilon)}{\log(1/\epsilon)} \tag{4.64}$$

のように定義される [14]. ボックス・カウンティング次元 D_b は, 容量次元 (Capacity Dimension) D_c と同等と考えてよい.

ここで, ボックス・カウンティング次元 D_b は, 非整数 Brown 運動のような自己アフィン性をもつデータに適用することは適切でないことに注意しよう. ボックス・カウンティング次元 D_b では, 縦横ともに同じ縮尺で格子の幅を変えることを仮定している. 非整数 Brown 運動の場合は, 横軸の尺度は $\mu_x = 1$, 縦軸の尺度は Hurst 指数 $\mu_y = H$ であるので, 縦横ともに同じ縮尺では図形の自己相似性は保障されないからである.

Hurst 指数

自己アフィン性をもつデータのフラクタル次元として, Hurst 指数 H が適切である [75]. $x_j(i)$ を, 始点 j から始まる i 番目のデータとする ($x_j(i) = x_{j+i-1}$) と Hurst 指数 H は,

$$S_j(\tau) = \max_{1 \le k \le \tau} \sum_{i=1}^{k} (x_j(i) - \langle x_j \rangle_\tau) - \min_{1 \le k \le \tau} \sum_{i=1}^{k} (x_j(i) - \langle x_j \rangle_\tau) , \tag{4.65}$$

$$V_j(\tau) = \left(\frac{1}{\tau} \sum_{i=1}^{\tau} (x_j(i) - \langle x_j \rangle_\tau)^2 \right)^{1/2} , \tag{4.66}$$

$$H = \lim_{\tau \to \infty} \frac{\log \langle S_j(\tau)/V_j(\tau) \rangle}{\log(\tau)} \tag{4.67}$$

により定義される.

1975 年から 2006 年までの TOPIX 終値データ (8282 日) s_t から求めた収益率の日次推移 x_t について, Hurst 指数 H を推定した. 期間 $N = 4, 8, 16, 32, 64, 128, 256, 512, 1024$ について行った推定結果を, 図 4.11 と表 4.3 に示す. 標準化したレンジは, 全期間において滑らかに変化し, Hurst 指数 $H = 0.5594$ を得た. Hurst 指数 H は概ね $1/2$ に等しいので, TOPIX の収益率の日次推移は標準 Brown 過程が良い近似となる.

4.5 長期記憶を再現する線形モデル

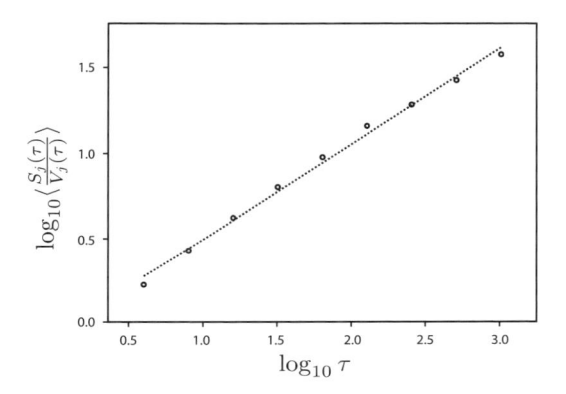

図 4.11 期間 τ と標準化したレンジ S/V

表 4.3 Hurst 指数 H

項目	推定値	誤差	t-値	P-値
切片	-0.0658	0.0311	-2.11	0.0723
H_H	0.559	0.0158	35.3	0.00
R^2	0.994			

4.5 長期記憶を再現する線形モデル

自己回帰非整数次和分移動平均モデル (Auto Regressive Fractionally Integrated Moving Average Model) または ARFIMA モデルは, ARIMA モデルの階差 d を非整数へ拡張したモデルである [60]. まず, ラグ (時間遅れ) 演算子 B を用いると, 時系列 x_t の d 回の階差は,

$$\Delta^d x_t = (1-B)^d x_t \tag{4.68}$$

と書くことができる. ラグ演算子 B を用いて, 次の 2 つの演算子

$$\phi(B) = 1 - \sum_{i=1}^{p} \phi_i B^i , \tag{4.69}$$

$$\pi(B) = 1 + \sum_{j=1}^{q} \pi_j B^j \tag{4.70}$$

を定義する．このとき，ARIMA(p,d,q) モデルは

$$\phi(B)(1-B)^d x_t = \pi(B)\xi_t \tag{4.71}$$

と書くことができる．ここで，演算子 $(1-B)^d$ を，二項展開により，

$$(1-B)^d = \sum_{k=0}^{d} \binom{d}{k}(-B)^k, \tag{4.72}$$

$$\binom{d}{k} = \frac{d!}{k!(d-k)!} = \frac{\Gamma(d+1)}{\Gamma(k+1)\Gamma(d-k+1)} \tag{4.73}$$

と書き直す．式 (4.71) の階差 d を非整数へ拡張したものが，ARFIMA モデルである．そのときの演算子 $(1-B)^d$ の具体的な形が，式 (4.72), (4.73) である．式 (4.73) のガンマ関数の変数は，非整数でもよいことに注意しよう．

自己相関関数 $\rho(\tau)$ は，

$$\rho(\tau) = \frac{\Gamma(\tau+d)\Gamma(1-d)}{\Gamma(\tau+1-d)\Gamma(d)} \tag{4.74}$$

で与えられる [104]．τ が十分大きい場合は，

$$\rho(\tau) = \tau^{2d-1}\frac{\Gamma(1-d)}{\Gamma(d)} \tag{4.75}$$

となる．式 (4.75) より，$0 < d < 1/2$ のとき，自己相関関数 $\rho(\tau)$ はべき的な時間依存性を示し，すべての τ について正である．したがって，ARFIMA は長期記憶を再現する線形モデルである．

1984 年 1 月から 2007 年 8 月までの期間 (5740 営業日) における日経 225 の収益率 r_t について，ARFIMA$(1,2)$ モデルを用いてパラメータの最尤推定を行った．最尤推定で得られたパラメータ $\phi_1 = -0.446$, $\pi_1 = -0.429$, $\pi_2 = 0.0649$, $d = 0.00150$ を用いて，ARFIMA$(1,2)$ により計算した収益率の日次推移を，図 4.12 に示す．本図では，ボラティリティ・クラスタリングは再現されているとは言い難い．

4.6 ボラティリティ・クラスタリングを再現するモデル

ARCH モデル (Auto Regressive Conditional Heteroscedasticity Model) や **GARCH** モデル (Generalized Auto Regressive Conditional Heteroscedasticity Model) は，ボラティリティ・クラスタリングを再現する非線形モデルである [21, 46].

4.6 ボラティリティ・クラスタリングを再現するモデル

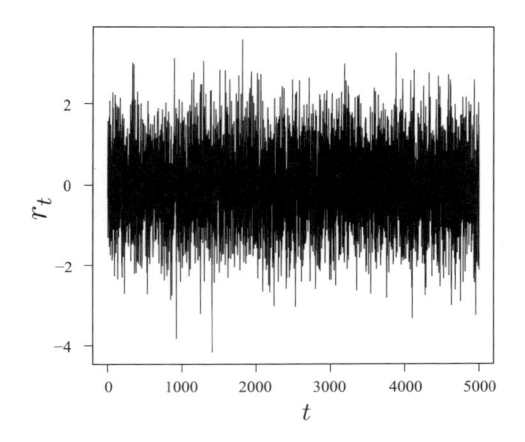

図 4.12 ARFIMA(1,2) により計算した収益率の日次推移

時点 t における株価の収益率 x_t は, $t-1$ 時点で予測可能な変動 $E(x_t|\boldsymbol{I}_{t-1})$ と予測不可能な変動 ϵ_t とに分けて,

$$x_t = E(x_t|\boldsymbol{I}_{t-1}) + \epsilon_t \tag{4.76}$$

のように書くことができる．ここで, $\boldsymbol{I}_{t-1}$ は $t-1$ 時点における利用可能な情報集合を意味する．予測不可能な変動 ϵ_t は, 標準 Brown 運動 z_t を用いて,

$$\epsilon_t = \sigma_t z_t \tag{4.77}$$

と書く．ARCH(q) では, t 時点のボラティリティ σ_t^2 を, $t-1$ 時点で値が確定している変数の関数として,

$$\sigma_t^2 = \omega + \sum_{j=1}^{q} \alpha_j x_{t-j}^2 \tag{4.78}$$

のように定式化する．ここで, x_{t-j}^2 は, ボラティリティの代理変数として使われている．また, 式 (4.78) の右辺第 1 項は長期的なボラティリティ, 第 2 項はそのまわりでの変動を表す．パラメータ ω, $\alpha_j (j=1,\ldots,q)$ は, すべて非負である．

また, GARCH(p,q) では, 式 (4.78) の右辺に, 過去の一定期間で推定したボラティリティ σ_{t-i}^2 の項を追加して,

$$\sigma_t^2 = \omega + \sum_{j=1}^{q} \alpha_j x_{t-j}^2 + \sum_{i=1}^{p} \beta_i \sigma_{t-i}^2 \tag{4.79}$$

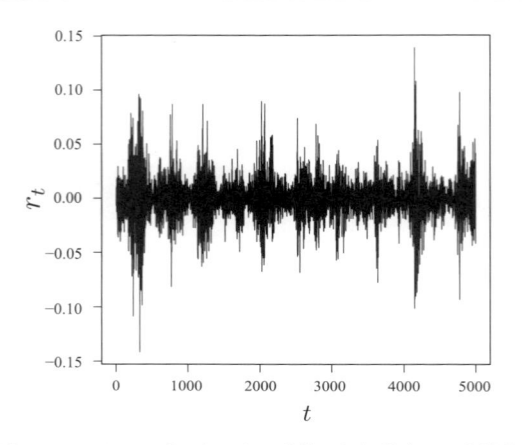

図 4.13　GARCH(1,2) により計算した収益率の日次推移

表 4.4　Hurst 指数 H の比較

項目	収益率	ボラティリティ
日経 225	0.559	0.694
GARCH(1,2)	0.573	0.824

のように定式化する．パラメータ ω, $\alpha_j (j=1,\ldots,q)$, $\beta_i (i=1,\ldots,p)$ は，すべて非負である．ARCH(p,q) や AGRCH(p,q) は，収益率 x_t については非線形であるが，ボラティリティ x_t^2 については線形であることに注意しよう．

1984 年 1 月から 2007 年 8 月までの期間 (5740 営業日) における日経 225 の収益率 r_t について，GARCH(1,2) モデルを用いてパラメータの最尤推定を行った．最尤推定で得られたパラメータ $\mu = 7.439 \times 10^{-4}$, $\omega = 3.22 \times 10^{-6}$, $\alpha_1 = 1.69 \times 10^{-1}$, $\beta_1 = 4.60 \times 10^{-1}$, $\beta_2 = 3.67 \times 10^{-1}$ を用いて，GARCH(1,2) により計算した収益率の日次推移を，図 4.13 に示す．本図では，ボラティリティ・クラスタリングが再現できていることが分かる．

次に，長期記憶の性質を定量的に調べてみよう．収益率とそのボラティリティについて，実データと GARCH(1,2) から計算した Hurst 指数 H を表 4.4 にまとめる．本表から，実データと GARCH(1,2) 共に収益率の Hurst 指数 H は 1/2 に近いので，標準 Brown 過程であることを示している．さらに，ボラティリティについては，実デー

4.7 決定論的カオス

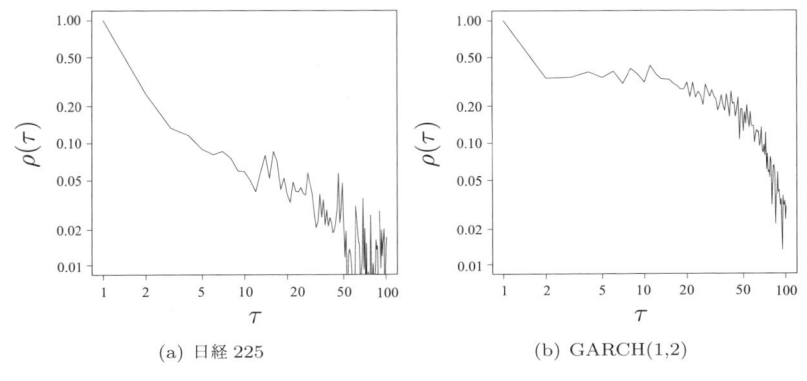

図 4.14 収益率ボラティリティの自己相関関数
(a) 日経 225
(b) GARCH(1,2)

タと GARCH(1,2) 共に 0.7 から 0.8 であるので，正の自己相関を示している．しかしながら，実データと GARCH(1,2) について，ボラティリティの自己相関関数を計算すると，質的な相違があることが分かる．図 4.14 に，実データと GARCH(1,2) についてのボラティリティの自己相関関数を示す．本図では，実データの自己相関関数はべき的な時間依存を示すが，GARCH(1,2) の自己相関関数は指数関数的な時間依存を示している．したがって，GARCH(1,2) では，ボラティリティの長期記憶を再現できていない．これは本質的な違いであり．一見ボラティリティの振る舞いを再現できるように見える GARCH(1,2) は，実データとは質的に異なる性質を示しており，的確に特徴をとらえ切れていない．

4.7 決定論的カオス

前節までは，時系列の時間変動性をランダムな確率過程としてとらえてきた．しかし，時系列の背景に非線形力学系 (Nonliner Dynamical System) のメカニズムがあって，これが時系列の時間変動性や長期記憶の性質を作っている可能性がある．このような観点から，ここで少し見方を変えて，時系列の時間変動性の原因を調べてみよう．そのための準備として，力学系 (Dynamical System) と**決定論的カオス** (Deterministic Chaos) の基本を説明する [2, 3, 95]．

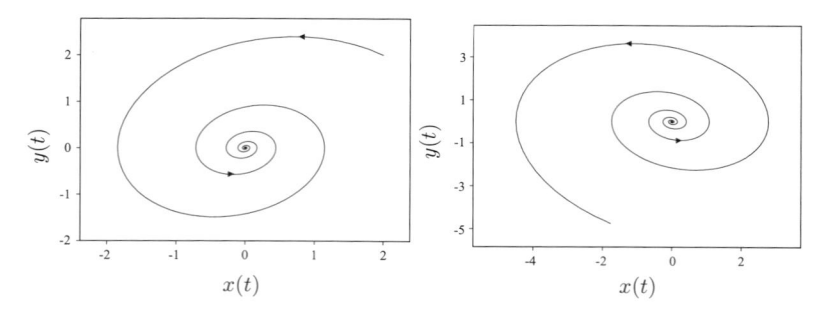

図 4.15 安定平衡点と不安定平衡点

4.7.1 力学系

一定の規則に従って時間とともに状態が変化するシステムは,**力学系**と呼ばれる.力学系の研究では,決定論的な視点から現象を定式化する.力学系を数理モデルで記述するために,系の状態を記述するのに必要な変数である**状態変数** (State Variable) と, n 個の状態変数で張られた空間である**位相空間** (Phase Space) を考える.状態変数で決まる位相空間内の点の時間変化を,軌道 (Trajectory) と呼ぶ.

次のような線形微分方程式

$$\frac{d^2x}{dt^2} = -x + \alpha \frac{dx}{dt} \tag{4.80}$$

で記述される振動子を表す力学系を考えよう.この微分方程式を,位相空間において書き直すと,

$$\begin{cases} \dfrac{dx}{dt} = -y, \\ \dfrac{dy}{dt} = x + \alpha y \end{cases} \tag{4.81}$$

となる.この微分方程式を 4 次の Runge-Kutta 法 (Runge-Kutta Method) で解いて,得られた軌道を図 4.15 に示す.図 4.15 の左側は,パラメータ $\alpha = -0.3$ で,流体中の粘性による減速,または抵抗における Joule 熱による電力消費などのエネルギーの散逸 (Dissipation) がある系に対応する.初期値 $x(0) = 2.0, y(0) = 2.0$ から始まる軌道は,**安定平衡点** (Stable Equilibrium Point) である原点に巻き込まれていく.また,図 4.15 の右側は,パラメータ $\alpha = 0.3$ で,能動抵抗によるエネル

4.7 決定論的カオス

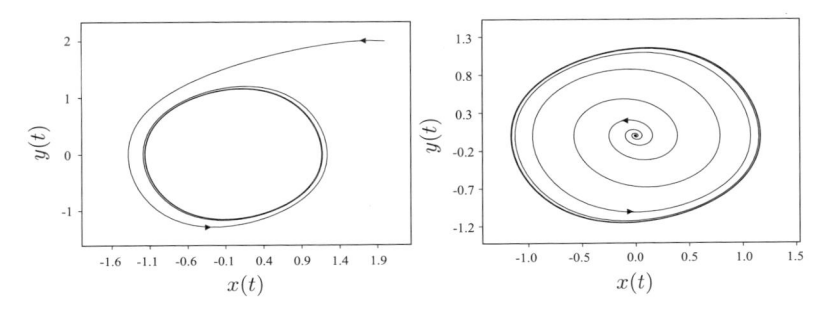

図 4.16 周期アトラクタ

ギー注入がある系に対応する．初期値 $x(0) = 0.001$, $y(0) = 0.001$ から始まる軌道は，回転しながら外に向かって飛び出して行く．この場合，原点は不安定平衡点 (Unstable Equilibrium Point) である．このようにエネルギーの出入りがある系は**散逸系** (Dissipative System) と呼ばれ，エネルギーが一定に保たれる**孤立系** (Isolated System) にはない特徴的な振る舞いをすることが知られている．

次に，位相空間上での閉じた軌道を考える．このような軌道は，周期軌道 (Periodic Orbit) と呼ばれる．近傍の軌道が周期軌道に引き寄せられるアトラクタが，**周期アトラクタ** (Periodic Attractor) である．このような小さな摂動が加わっても元に戻るようなアトラクタは，非線形系に特有のものであり，**リミットサイクル** (Limit Cycle) と呼ばれることもある．周期アトラクタの代表例は van der Pol 発振器[*1]であり，次のような非線形微分方程式で記述される．

$$\begin{cases} \dfrac{dx}{dt} = -y, \\ \dfrac{dy}{dt} = x - \alpha y(y^2 - \beta) \end{cases} \tag{4.82}$$

ここで，パラメータは，$\alpha = 0.3$, $\beta = 1.0$ である．時間ステップ $\Delta t = 0.1$ で，2 つの初期値 $x(0) = 2.0$, $y(0) = 2.0$, $x(0) = 0.001$, $y(0) = 0.001$ からの軌道が周期アトラクタに引き寄せられる様子を図 4.16 に示す．

van der Pol 発振器のように周期アトラクタをもつ系は数多くあるが，準周期軌道 (Quasi-Periodic Orbit) をともなう**準周期アトラクタ** (Quasi-Periodic Attractor) を

[*1] 1920 年にオランダの電機メーカ Philips 社で働くエンジニア B. van der Pol により作られた，3 極管や 5 極管などの真空管を用いた発振回路のこと．

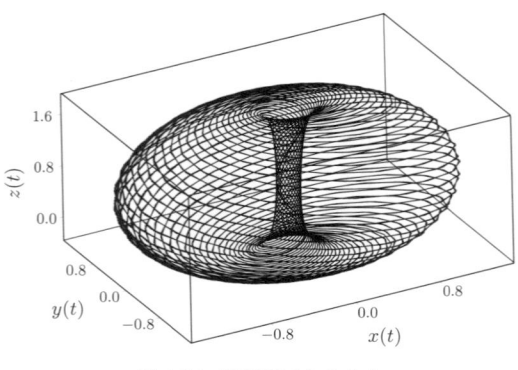

図 4.17 準周期アトラクタ

もつ系は無数にある.

$$\begin{cases} \dfrac{dx}{dt} = (z - \beta)x - \omega y, \\ \dfrac{dy}{dt} = \omega x + (z - \beta)y, \\ \dfrac{dz}{dt} = \lambda + \alpha z - \dfrac{z^3}{3} - (x^2 + y^2)(1 + \rho z) + \epsilon z x^3 \end{cases} \quad (4.83)$$

パラメータは, $\alpha = 1.0$, $\beta = 0.7$, $\lambda = 0.6$, $\omega = 3.5$, $\rho = 0.25$, $\epsilon = 0.0$ とする. 時間ステップ $\Delta t = 0.1$ で, 初期値 $x(0) = 0.1$, $y(0) = 0.0$, $z(0) = 0.0$ からの軌道を図 4.17 に示す. 図から, 軌道が閉じていない, すなわち周期的でないことが分かる. アトラクタは 2 次元トーラス (Torus) 形であり, ある点を通過した軌道はトーラス上をおよそ一周した後, その点の近傍に帰ってくる. この運動を繰り返して 2 次元トーラス上を埋め尽くしていく.

4.7 決定論的カオス

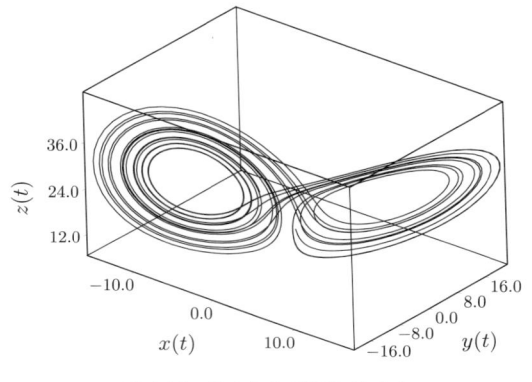

図 4.18　ストレンジアトラクタ

4.7.2　代表的なカオスとその特徴

大気の時間発展の特徴は, Lorenz モデル:

$$\begin{cases} \dfrac{dx}{dt} = -\sigma x + \sigma y, \\ \dfrac{dy}{dt} = rx - y - xz, \\ \dfrac{dz}{dt} = xy - bz \end{cases} \tag{4.84}$$

と呼ばれる非線形常微分方程式により記述される [94]. ここで, パラメータは, $\sigma = 10$, $r = 26.5$, $b = 8/3$ とする. 時間ステップ $\Delta t = 0.01$, 初期値 $x(0) = 0.374$, $y(0) = 0.812$, $z(0) = 14.7$ で, Lorenz モデルより得られたアトラクタを, 図 4.18 に示す. このような「貝のような形」をしたアトラクタは, 決定論的カオスに特徴的であり, **ストレンジアトラクタ** (Strange Attractor) と呼ばれる. 決定論的カオス, または単にカオスは, ストレンジアトラクタ上での非周期軌道により特徴づけられる. ストレンジアトラクタは, フラクタル構造を示すことが知られている.

カオスの特徴は, 次の **Li-Yorke の定理** (Li-Yorke Theorem) により記述される

[93]. $f(x)$ を, 集合 I から集合 I への連続的な写像とする.[*2] このとき,

$$f^3(p) \leq p < f(p) < f^2(p) \tag{4.85}$$

または

$$f^3(p) \geq p > f(p) > f^2(p) \tag{4.86}$$

を満たす点 p が, 集合 I 上に存在すれば,

1. f は, すべての正整数 k に対し, k 周期点をもつ.
2. $S \subset I$ なる非加算集合が存在し, S はいかなる周期点を含まず, 次の 2 つの条件を満たす.[*3]
    (a) すべての $x, y \in S$ ($x \neq y$) に対して,

    $$\lim_{t \to \infty} \sup |f^t(x) - f^t(y)| > 0, \tag{4.87}$$

    $$\lim_{t \to \infty} \inf |f^t(x) - f^t(y)| = 0 \tag{4.88}$$

    (b) 任意の $x \in S$, 任意の周期点 y に対して,

    $$\lim_{t \to \infty} \sup |f^t(x) - f^t(y)| > 0 \tag{4.89}$$

ここで, 式 (4.85), (4.86) は, $f(x)$ が 3 周期点をもつことを示す. これは, カオスが基本的に 3 次元以上の位相空間における現象であることを意味する. また, 式 (4.87), (4.88) は, x を初期値とする解と, y を初期値とする解とは, $t \to \infty$ での挙動が異なることを示す. これは初期値鋭敏性と呼ばれ, 長期予測を困難にする原因である. さらに, 式 (4.89) は, x を初期値とする任意の解はいずれの周期点にも漸近しないことを示す. これは, 引き延ばしと折り畳みの繰り返しにより, 時系列は有界な領域で変動しながら非周期的な変動をすることを意味する.

4.7.3　1 次元カオス

連続系においては, Li-Yorke の定理が示すように, カオスを生ずるためには 3 次元以上の位相空間が必要である. しかし, 離散系においては, 1 次元でもカオスが生ずることがあり, **1 次元カオス**と呼ばれる. 1 次元カオスでは, その特徴的な挙動を簡単に調べることができるため, 新しいデータ解析の手法を確認するためのよい材料となっ

[*2] $f^n(x)$ は, 写像 $f(x)$ を n 回繰り返すことを意味する. 例えば, $f^2(x) = f(f(x))$ である.
[*3] sup は上限, inf は下限を意味する.

4.7 決定論的カオス

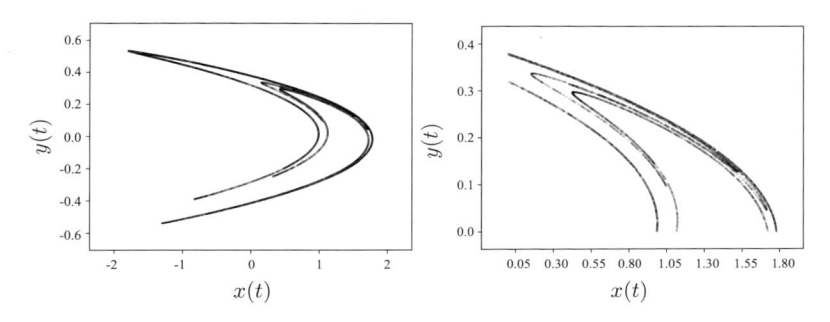

図 4.19 Henon 写像のアトラクタ

ている．1 次元カオスを発生する時間発展方程式として，Henon 写像 (Henon Map) やロジスティック写像 (Logistic Map) が知られている．

Henon 写像は，Lorenz モデルがつくるストレンジアトラクタの 2 次元断面を簡単化したモデルであり，

$$x_{t+1} = 1 + y_t - ax_t^2, \tag{4.90}$$
$$y_t = bx_{t-1} \tag{4.91}$$

で与えられる．2 つのパラメータが $a = 1.4, b = 0.3$ の場合は，図 4.19 に示すような，2 次元の位相空間におけるアトラクタが得られる．図 4.19 右は，$x_t > 0, y_t > 0$ の領域でのアトラクタの拡大図であり，同じような形を縮小した軌道が見られる．このように Henon 写像アトラクタは，フラクタル性を示す．

また，ロジスティック写像は，

$$x_{t+1} = \alpha x_t (1 - x_t) \tag{4.92}$$

で与えられる．パラメータ α を変化させたときに，ロジスティック写像から得られる軌道が変化する様子を図 4.20 に示す．パラメータの値が $\alpha = 3$ のところで，軌道が 1 周期から 2 周期へ分岐して，$\alpha = 1 + \sqrt{6}$ のところで 4 周期に分岐することが分かる．パラメータの値が大きくなるに従って分岐の数も増えていくことから，フラクタル構造を示すことが分かる．さらに，パラメータが $\alpha > 3.569\ldots$ の領域で，カオスが発生している．しかし，領域 $\alpha > 3.569\ldots$ で常にカオスが生じているわけでなく，$\alpha = 3.8$ 近傍に大きな窓が開いており，ここでは 3 周期点が見られる．

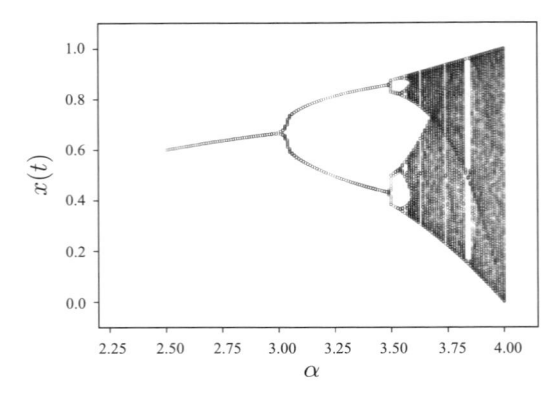

図 4.20 ロジスティック写像のアトラクタ

4.8 時間変動性の原因

株価時系列の時間変動性は，ランダムな確率過程，または決定論的カオスのどちらに起因するのであろうか．本節では，株価収益率の時系列データを解析して，時間変動性の原因を調べよう．

アトラクタの再構成 (Reconstruction of Attractor) は，非線形時系列解析の根幹をなす [61]．まず，トレンド除去した時系列 x_t から，埋め込みベクトル $\boldsymbol{X}_n$

$$\boldsymbol{X}_n = (x_n, x_{n+\tau}, \ldots, x_{n+(j-1)\tau}, \ldots, x_{n+(m-1)\tau}) \tag{4.93}$$

を求める．図 4.21 に，埋め込みベクトル $\boldsymbol{X}_n$ の定義を示す．図 4.21 のハッチング部分が，ベクトルの各成分 $X_n(m)$ である．時間遅れ τ は，式 (4.20) で表される平均相互情報量 $I(\tau)$ が最初の極小値をとるときの時間とする．

次に，アトラクタ上の点 $X_n(m)$ 近傍での空間相関を推定するために，相関積分

$$C(m, \epsilon) = \frac{1}{N(N-1)} \sum_{n,n'=1, n \neq n'}^{N} \theta(\epsilon - ||\boldsymbol{X}_n - \boldsymbol{X}_{n'}||) \tag{4.94}$$

を計算する．ここで，$\theta(z)$ は Heaviside のステップ関数 (Heaviside Step Function)

$$\theta(z) = \begin{cases} 1 & (z \geq 0), \\ 0 & (z < 0) \end{cases} \tag{4.95}$$

4.8 時間変動性の原因

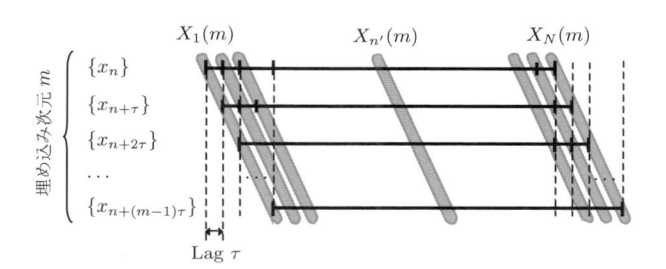

図 4.21 埋め込みベクトルの定義

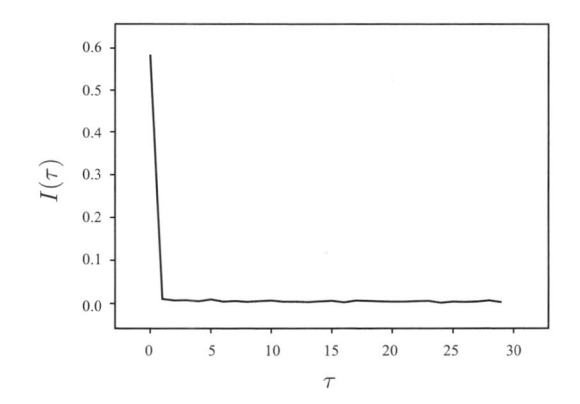

図 4.22 株価収益率の平均相互情報量と時間遅れ τ

である．また，$\|\cdots\|$ は距離

$$\| X_n(m) - X_{n'}(m) \| = \left[\sum_{j=1}^{m} \left(x_{n+(j-1)\tau} - x_{n'+(j-1)\tau} \right)^2 \right]^{1/2} \quad (4.96)$$

を意味する．相関積分 (Correlation Integral) $C(m, \epsilon)$ は，小さい ϵ について $C(m, \epsilon) = \epsilon^{D_c}$ を満たすと期待される．すなわち，**相関次元** (Correlation Dimension) D_c は，

$$D_c = \lim_{\epsilon \to 0} \frac{\log C(m, \epsilon)}{\log(\epsilon)} \quad (4.97)$$

による，アトラクタの次元の推定値である．もし，時系列データが決定論的カオスであ

れば，埋め込み次元 m を増やすと相関次元 D_c は一定値に収束する．一方，相関次元 D_c が埋め込み次元 (Embedding Dimension) m に比例して増加する場合は，時系列データはランダムな確率過程に起因する．

日経 225 の時系列データから収益率の時系列を算出して，平均相互情報量の時間推移を求めた．図 4.22 に示す平均相互情報量 $I(\tau)$ の時間推移から，時間遅れは $\tau = 1$ である．次に，埋め込み次元 m と距離 ϵ を変化させて，相関積分 $C(m, \epsilon)$ を計算した．その結果を，図 4.23 に示す．図 4.23 の相関積分 $C(m, \epsilon)$ から，ϵ の小さい領域で傾きを推定することにより，相関次元 D_c を求めた．その結果を，図 4.24 にまとめて示す．図 4.24 から，相関次元 D_c は埋め込み次元 m に比例して増加する．これは，株価の収益率の時間変動がランダムな確率過程によることを意味する．この結果は，Hurst 指数 H の解釈と一致する．

本解析では，日次データについて，解析した埋め込み次元 m の範囲では，アトラクタを再構成することはできなかった．すなわち，日次データについては，低次元アトラクタが存在しないことを意味する．ただし，高次元のアトラクタが存在する可能性，また数秒刻みで株価が記録されているティックデータについては異なる結果が得られる可能性について注意しておきたい．なお，時系列データの振る舞いが，決定論的カオスによるものなのか，ランダムな確率過程によるのかを判定するもう 1 つの方法として，W. A. Brock, W. D. Dechert, J. A. Scheinkman により提案された **BDS 検定** (BDS test) もよく知られている．興味のある読者は，参考文献 [25] にあたられたい．

もし，時系列の時間変動が決定論的カオスによるものであれば，アトラクタを用いた短期予測が可能となる．以下に，アトラクタ上の 1 点を示す埋め込みベクトル $\boldsymbol{X}_n(m)$ を用いた**短期予測モデル**を説明しよう．

$$\boldsymbol{X}_{n+h}(m) = F_n(\boldsymbol{X}_n(m)), \tag{4.98}$$

$$F_n = (F_n^{(1)}, F_n^{(2)}, \ldots, F_n^{(m)}) \tag{4.99}$$

ここで，F_n は，未知の非線形関数である．J. D. Farmer の局所線形予測モデル (Local Linear Prediction Model) [48] では，関数 F_n の具体的な形を推定するために，関数 F_n を位相空間内で局所的に線形化する．

$$\boldsymbol{X}_{n+h}(m) = \mathbf{A}_n \boldsymbol{X}_n(m) + \boldsymbol{B}_n, \tag{4.100}$$

$$\mathbf{A}_n = \mathbf{A}_n(\boldsymbol{X}_n(m)), \tag{4.101}$$

$$\boldsymbol{B}_n = \boldsymbol{B}_n(\boldsymbol{X}_n(m)) \tag{4.102}$$

ここで，係数 $\mathbf{A}_n$, $\boldsymbol{B}_n$ は，それぞれ $m \times m$ の行列，m 次元ベクトルである．なお，関数 F_n を位相空間内で局所的に線形化したため，係数 $\mathbf{A}_n$, $\boldsymbol{B}_n$ は $\boldsymbol{X}_n(m)$ に依存する．

4.8 時間変動性の原因

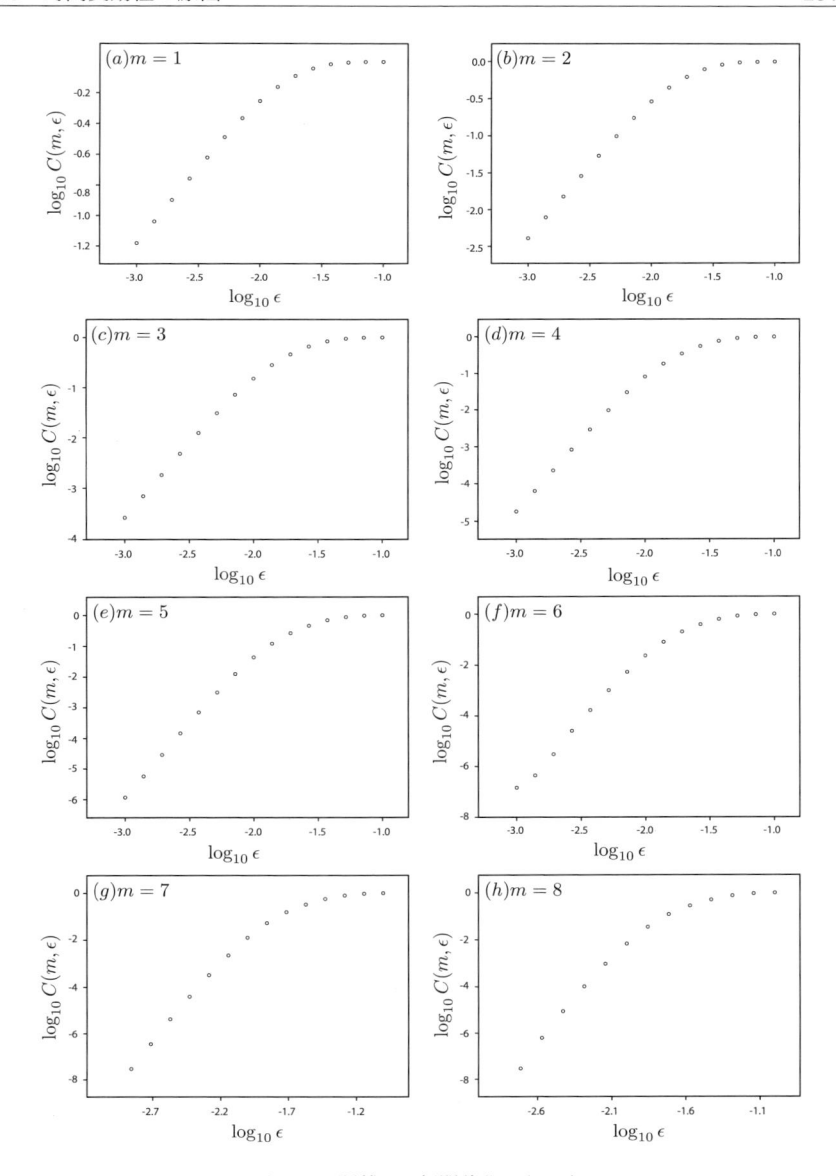

図 4.23 距離 ϵ と相関積分 $C(m, \epsilon)$

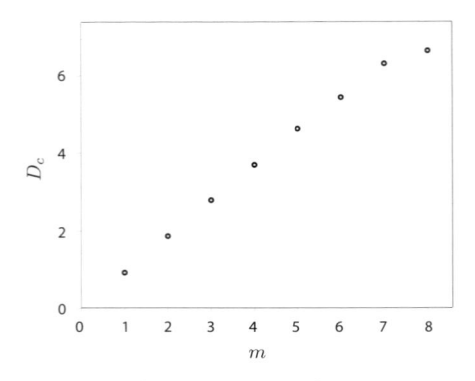

図 4.24 埋め込み次元 m と相関次元 D_c

係数 $\mathbf{A}_n$, $\mathbf{B}_n$ は,回帰分析を用いて推定することができる.局所線形予測モデルのほかに,ニューラルネットワークを用いる予測モデルも研究されている.日次データの解析では低次元アトラクタは得られなかったが,Farmer らは,ティックデータについての同様の解析から,70次元のアトラクタの再構成に成功した [17].70次元のアトラクタを使った局所線形予測モデルによる株価予測を行って,かなり高いパフォーマンスをあげたようである.

4.9 将来予測の可能性

最後に,本章の検討から得られた結論を簡単にまとめよう.株価時系列のもつ統計的性質として,時間変動性,非定常性,長期記憶が重要である.簡単な ARIMA,または Brown 運動などの線形モデルは,時間変動性と非定常性を取り扱うことができるが,長期記憶を再現できない.非定常性と長期記憶を同時に再現するには,非線形モデルである必要はない.ARFIMA と非整数 Brown 運動は,時間変動性と非定常性と長期記憶を再現する線形モデルである.ボラティリティ・クラスタリングを再現するには,線形モデルである ARFIMA より,非線形モデルである GARCH が適切である.しかし,GARCH では,ボラティリティの長期記憶を再現できない.さらに,収益率の時系列について相関次元の解析からアトラクタの再構成を試みたが,明確なアトラクタを得ることはできなかった.これは,時系列の時間変動の原因が,決定論的カオスによるものではなく,ランダムな確率過程であることを意味する.株価がランダムな確率過程に従うことは,ランダムウォークと呼ばれる.しかしながら,ボラティリティが

4.9 将来予測の可能性

長期記憶を示すなど,単純なランダムウォークではないことに注意しよう.

金融経済学 (Financial Economics) や金融工学 (Financial Engineering) では,ランダムウォークのように,将来の株価が過去の時系列データに依存しない場合,株式市場は「弱い意味での効率性」(Weak Form Efficiency) を満たすという [47]. 効率的市場 (Efficient Market) においては,株価は予測不可能であり,銘柄間の相関はないとされている.したがって,日次データの過去の株価変化のパターンを分析して,それをもとに投資戦略を策定しても,投資からの収益を平均的に獲得することはできないことになる.銘柄間の無相関性は,「株式市場は構造をもたない」と表現されることがある.

日次データの解析から,株価はランダムウォークであった.ランダムウォークする株価は,株式市場は効率的であることの証拠である.第 1 次近似として,株式市場は効率的と考えてよいであろう.日次データについては,ここまでは金融経済学や金融工学からの研究成果と同じである.しかしながら,私たちはまだ銘柄間の相関については調べていない.複数の株式からなるポートフォリオについて株式市場の構造に関する情報を抽出できる可能性が残っている.もし,株式市場の構造が明らかになれば,単一の株式について予測ができなくても,株式ポートフォリオについてなんらかの予測ができると期待される.株式市場の構造を解析するための有力な方法は,ランダム行列理論と呼ばれるさまざまなランダムな物理現象に関する理論である.次章では,ランダム行列理論の基礎を説明して,その有効性を明らかにしよう.

演習問題

4.1 株価の収益率 dx が標準 Brown 過程 (4.46) に従うとき, 伊藤のレンマ (4.52) を用いて株価 $s = e^x$ の従う確率微分方程式を求めよ.

4.2 線分を 4 つに等分 $(r = \frac{1}{4})$ して, $\frac{1}{4}$ の線分を 1 つ飛ばしに取り除くと線分が $a = 2$ 個得られる. この操作を繰り返して得られる図形について, 式 (4.62) を用いてフラクタル次元 D_s を求めよ.

4.3 ARIMA(p,d,q) モデルの表式 (4.71) を, x_t についての式に書き直せ.

4.4 ARFIMA の時系列についての自己相関関数 (4.74) から, τ が大きいときの漸近的な関係式 (4.75) を導け.

4.5 式 (4.84) で表される Lorenz モデルの定常解を求めて, アトラクタにおける位置を確認せよ.

4.9 将来予測の可能性

☕ 将来予測の科学的アプローチ

(1) 将来予測の代表例としての天気予報

気象衛星,気象レーダー,地域気象観測システム AMEDAS からの詳細なデータ,気象モデルの発達とスーパーコンピューターを使ったシミュレーションにより,短期の天気予報は高い信頼性を実現しています.ただし,決定論的カオスのもつ初期値鋭敏性により,中長期の予報は不可能です.

(2) 天気予報の歴史

天気の予測は,紀元前 650 年頃に,バビロニア人によってはじまりました.そして,紀元前 340 年頃には Aristotle により,紀元前 300 年頃には中国人により天気予測が行われたとされています.

19 世紀初頭の英国で,F. Beaufort と R. Fitzroy が,科学的な天気予報の基礎を構築しました.彼らの方法は,英国海軍で採用されました.

1922 年,英国の気象学者 L. F. Richardson は,数値予報というアイデアを提案しました.しかし,その当時は,必要な強力なコンピューターが存在しなかったことと数値解析的な問題である数値ノイズのために,十分な精度を得ることができませんでした.今日では,「Richardson の夢」と呼ばれています.その後,J. von Neumann らの研究により,これらの問題は解決されました.

1980 年代以降,非常に多くの地点で取った温度,気圧,風に関するデータを初期値として,気象学に基づいた大気モデルの数値計算を行うことにより,将来の大気の状態について数値予報が実現しました.今日では,数値予報結果をもとに,予報官の経験を反映して,信頼性のたかい天気予報が作成されています.

(3) 経済物理学がめざすこと

企業活動に関するさまざまな情報がリアルタイムで入手できるようになり,そのデータを基にした現実的な企業エージェントモデルを用いたスーパーコンピューター上での大規模シミュレーションを行うことができれば,経済現象の数値予報が可能となるでしょう.政策立案や企業経営に役に立つようになるのはまだ先のことですが,経済現象における「Richardson の夢」を追求していこうと思います.

(Y. I.)

Those are primes 2, 3, 5, 7. Those are all prime numbers, there is no way it's a natural phenomena.

Eleanor Ann Arroway

5
ランダム行列理論とポートフォリオ

1997 年に経済物理学という名前が誕生して以来，この分野は大きく分けて 2 つの研究を軸に発展してきた．1 つは株式や為替などの，市場における価格変動に関する研究である．もう 1 つは，企業のダイナミクスや企業ネットワークなどの実体経済に関する研究である．本章では前者に属する研究として，**ポートフォリオ** (Portfolio) の構築に，**ランダム行列理論** (Random Matrix Theory; RMT) を応用する試みについて述べる．(ポートフォリオおよび金融工学に関しては，例えば文献 [90, 100] を参照．ランダム行列理論に関しては，例えば文献 [64, 107, 114] を参照．)

以下では，まず始めに，ランダム行列理論における固有値分布と固有ベクトルの成分分布について説明する．その後，株価に対する**相関行列** (Correlation Matrix) を計算し[*1]，その固有値分布と固有ベクトルの成分分布，時系列の強度，固有ベクトルの**寄与率** (Participation Ratio) を解析し，これらの結果とランダム行列理論の理論式を比較して，相関構造の有意成分とノイズ (Noise) を分離する．そして，有意成分のみから構成される相関行列として**有意相関行列** (Meaningful Correlation Matrix) を定義する．その後，有意相関行列を H. M. Markowitz の**平均・分散モデル** (Mean-Variance Model) に応用して，株式ポートフォリオを構成する (平均・分散モデルについては，文献 [100] や原論文 [103] を参照)．最後に，ランダム行列理論と**素数** (Prime Number) の関係を通して，ランダム性の背後に潜む深遠な姿を眺める．

5.1 ランダム行列理論

ランダム行列理論は，1928 年に J. Wishart によって，数理統計学の分野で考えられたのが最初である [169]．しかし多くの物理学者は，ランダム行列理論といえば原子核物理学を想起する．それ以外でも，ランダム行列は物理学のさまざまな局面で姿を現す．例えば，量子カオス，不規則系 (アンダーソン局在，スピングラス)，メソスコピック系，素粒子論 (QCD，量子重力，超対称性，弦理論) などである．また数学者には，Riemann 予想との関係から興味がもたれている．

ランダム行列理論で扱うアンサンブル (Ensemble) は，それがもつ対称性に従っていくつかの型に分類されている．ここでアンサンブルとは，ある特定の性質をもった Hamiltonian の集合である．例えば，行列 **H** が直交変換で不変な場合は，Gauss 型直交アンサンブル (Gaussian Orthogonal Ensemble; GOE) と呼ばれる．また，ユニタリー変換で不変な場合は Gauss 型ユニタリーアンサンブル (Gaussian Unitary

---

[*1] ランダム行列理論の経済物理学への応用について書かれたいくつかの論文では，「相互相関行列 (Cross Correlation Matrix)」を用いているが，本書では一貫して「相関行列」を使う．

5.1 ランダム行列理論

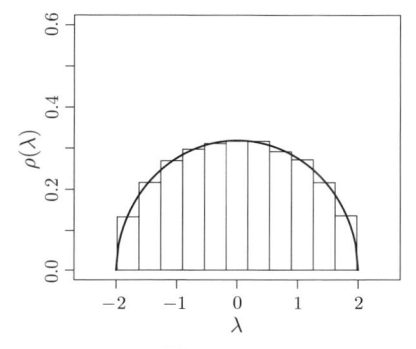

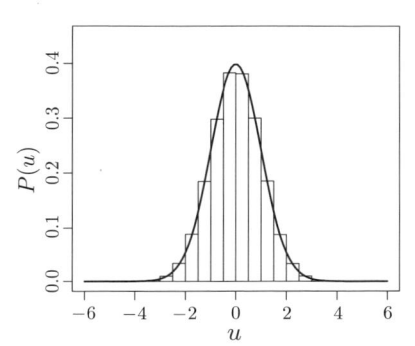

(a) 固有値（$1/\sqrt{N}$ 倍）の確率密度と Wigner の半円則

(b) 固有ベクトル成分の確率密度と Porter-Thomas 分布

図 5.1　Gauss 型ランダム行列の固有値・固有ベクトル成分の分布

Ensemble; GUE) と呼ばれ，シンプレクティック変換で不変な場合は，Gauss 型シンプレクティックアンサンブル (Gaussian Symplectic Ensemble; GSE) と呼ばれる．

5.1.1 ランダム行列の固有値分布

ランダム行列とは，その成分がランダムな確率変数で与えられるものであり，今までにその固有値分布や固有値間隔の分布などについて多くの研究がなされてきた．この節では，ランダム行列の固有値分布について説明する．

ランダム行列の例として，標準正規分布 $N(0,1)$ に従う確率変数を成分とする行列を考えることにする．正規分布の別名は Gauss 分布なので，このような行列は Gauss 型ランダム行列と呼ばれる．いま，対称な Gauss 型ランダム行列

$$\mathbf{H} = [h_{ij}], \quad h_{ij} = h_{ji} \in N(0,1) \tag{5.1}$$

として，大きさが 1000×1000 のものを作り固有値 λ を計算する．そうすると 1000個の固有値が求められ，図 5.1(a) の確率密度が得られる．この図から，λ は何らかの規則に従って分布していることが分かる．

また，1000 個の固有値のそれぞれに対して，大きさが 1000 の固有ベクトル $\boldsymbol{u}$ が得られる．つまり，固有ベクトルの成分を $u_{i,j}$ と書いた場合，$i = 1, \ldots, 1000$ は固有値のラベルに対応し，$j = 1, \ldots, 1000$ は固有ベクトルの成分を表す．したがって，固有ベクトルの成分数の合計は $1000 \times 1000 = 10^6$ 個となる．図 5.1(b) は，これら 10^6 個

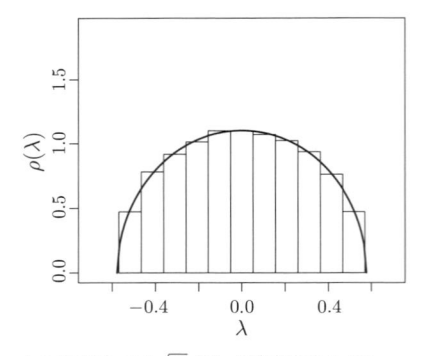

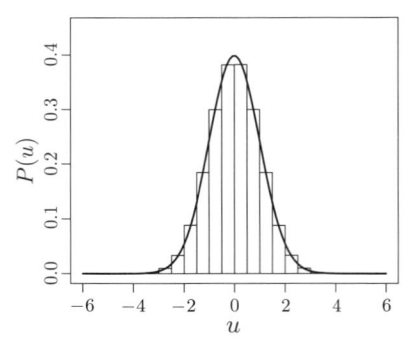

(a) 固有値（$1/\sqrt{N}$ 倍）の確率密度と Wigner の半円則

(b) 固有ベクトル成分の確率密度と Porter-Thomas 分布

図 5.2　一様ランダム行列の固有値・固有ベクトル成分の分布

の成分の確率密度である．この図から，$u_{i,j}$ は何らかの規則に従って分布していることが分かる．ここでは，固有ベクトルの規格化条件として $\sum_{j=1}^{N} u_{ij}^2 = N$，$N = 1000$ を用いた．

次に，範囲 $[-0.5, 0.5]$ の一様分布 $U(-0.5, 0.5)$ に従う確率変数を成分とするランダム行列を考える．このようなランダム行列を一様ランダム行列と呼ぶことにする．いま，対称な一様ランダム行列

$$\mathbf{H} = [h_{ij}], \quad h_{ij} = h_{ji} \in U(-0.5, 0.5) \tag{5.2}$$

として，大きさが 1000×1000 のものを作り固有値を計算すると，その確率密度として図 5.2(a) が得られる．この図から，λ は何らかの規則に従って分布していることが分かる．ただし，図 5.1(a) と比べて，λ の分布する範囲が異なっていることに注意する必要がある．また，固有ベクトルの成分分布として，図 5.2(b) の確率密度が得られる．この図と図 5.1(b) を比較すると，ほぼ同じ分布であり，$u_{i,j}$ は何らかの規則に従って分布していることが分かる．

図 5.1(a) と図 5.2(a) に描かれた曲線は，1955 年に E. P. Wigner によって導出されたもので，**Wigner の半円則** (Wigner's Semicircle Law) と呼ばれている [168]．その確率密度 $\rho(\lambda)$ は

$$\rho(\lambda) = \frac{1}{2\pi\sigma^2}\sqrt{4\sigma^2 - \lambda^2}, \quad |\lambda| \leq 2\sigma \tag{5.3}$$

5.1 ランダム行列理論

で与えられ, $2\sigma < |\lambda|$ の範囲に λ は存在しない. ここで σ^2 は確率変数の分散である. 本節で用いた Gauss 型ランダム行列の場合は $\sigma^2 = 1$, 一様ランダム行列の場合は $\sigma^2 = 1/12$ である. この分散の違いが, 図 5.1(a) と図 5.2(a) の違いを生み出している.

また, 図 5.1(b) と図 5.2(b) に描かれた曲線は, 1956 年に C. E. Porter と R. G. Thomas によって提案されたものであり [137], **Porter-Thomas 分布**と呼ばれている. これは, Gauss 型直交アンサンブルの場合

$$P(u_{i,j}) = \frac{1}{\sqrt{2\pi}} \exp\left(-\frac{u_{i,j}^2}{2}\right) \tag{5.4}$$

で与えられ Gauss 分布と同じである (Porter-Thomas 分布の導出については, 例えば文献 [64, 114] を参照).

以下では式 (5.3) を導出するが, そのための準備として, Dirac のデルタ関数, 行列式 (Determinant) と逆行列, **レゾルベント** (Resolvent)[*2] について説明する.

Dirac のデルタ関数

式 (1.85) で定義した Dirac のデルタ関数は, いろいろな形で表現できる. 例えば

$$\delta(x) = \lim_{\epsilon \to 0} \frac{1}{\pi} \frac{\epsilon}{x^2 + \epsilon^2} \tag{5.5}$$

と書ける. また, 式 (5.5) は

$$\delta(x) = \lim_{\epsilon \to 0} \Im \frac{1}{\pi} \frac{1}{x - i\epsilon} \tag{5.6}$$

とも書ける. ここで $\Im$ は, 複素数の虚部をとることを意味する. つまり, 複素数 z を虚数単位 i を用いて $z = \Re z + i\Im z$ と書き, $\Re z$ を z の実部と呼び, $\Im z$ を z の虚部と呼ぶ. また, デルタ関数は

$$\delta(x) = \frac{1}{2\pi} \int_{-\infty}^{\infty} e^{-ikx} dk \tag{5.7}$$

と表されることもある.

[*2] Resolvent をリゾルベントと訳している文献も多いが, 本書ではレゾルベントを用いる.

行列式と逆行列

正則な N 次正方行列を $\mathbf{A} = [a_{ij}]$ で表し，その第 (i,j) 余因子を $\tilde{a}_{ij}$ で表すと $\mathbf{A}$ の行列式 $\det(\mathbf{A})$ は，例えば

$$\det(\mathbf{A}) = \sum_{i=1}^{N} a_{ij}\tilde{a}_{ij} \tag{5.8}$$

で与えられる．これは，第 j 列に関する行列の展開と呼ばれる．また，行列式は Gauss 積分を用いて表すこともできる．一般に Gauss 積分は，a が正の実数の場合に

$$\int_{-\infty}^{\infty} dx e^{-ax^2} = \sqrt{\frac{\pi}{a}} \tag{5.9}$$

と計算できる．これを行列 $\mathbf{A}$ が対称行列の場合に N 個の実変数の積分へ一般化すると

$$\int_{-\infty}^{\infty} \prod_{i=1}^{N} dx_i \exp\left(-\sum_{i,j=1}^{N} x_i a_{ij} x_j\right) = \frac{\pi^{N/2}}{\sqrt{\det(\mathbf{A})}} = \sqrt{\pi^N \det(\mathbf{A}^{-1})} \tag{5.10}$$

となる．ここで $\mathbf{A}^{-1}$ は $\mathbf{A}$ の逆行列である．

逆行列は

$$\mathbf{A}^{-1} = \frac{\mathbf{\Delta}}{\det(\mathbf{A})} \tag{5.11}$$

で与えられる．ここで $\mathbf{\Delta}$ は余因子行列と呼ばれ，その成分は

$$\Delta_{ij} = (-1)^{i+j} \text{minor}(\mathbf{A})_{ij} \tag{5.12}$$

で与えられる．ここで $\text{minor}(\mathbf{A})_{ij}$ は行列 $\mathbf{A}$ の第 i 行と第 j 列を取り除いた小行列の行列式で小行列式 (Minor Determinant) である．したがって，逆行列の成分は

$$A_{ij}^{-1} = \frac{(-1)^{i+j} \text{minor}(\mathbf{A})_{ij}}{\det(\mathbf{A})} \tag{5.13}$$

と表現できる．

スペクトルとレゾルベント

線形代数で扱う空間は有限次元空間であり，線形変換，ノルム，2 点間の距離が定義され，距離に関して完備であった．関数解析で扱う Banach 空間は，これらの特徴をもつ無限次元空間のことである．また，線形代数で扱う有限次元空間では内積も定義さ

5.1 ランダム行列理論

れたが, 内積が定義される Banach 空間は Hilbert 空間と呼ばれる. 線形代数では行列が定義され, 例えば, 大きさが $N \times T$ の行列によって, T 次元空間は N 次元空間へと一次変換される. 関数解析で扱う線形作用素 (Linear Operator) とは, 線形代数における行列を無限次元空間へと拡張したものである.

いま, 大きさが $N \times N$ の行列 $\mathbf{H}$ に対して

$$\mathbf{H}\mathbf{u} = \lambda \mathbf{u} \tag{5.14}$$

を満たす N 次元ベクトル $\mathbf{u} \neq \mathbf{0}$ が存在するとき, スカラー λ を行列 $\mathbf{H}$ の固有値と呼び, $\mathbf{u}$ を固有値 λ に対する固有ベクトルと呼ぶ. もしも λ が $\mathbf{H}$ の固有値ではない場合は, 任意の N 次元ベクトル $\mathbf{v}$ に対して

$$(\lambda \mathbf{1} - \mathbf{H})\mathbf{u} = \mathbf{v} \tag{5.15}$$

を満たす $\mathbf{u}$ が存在する. ここで $\mathbf{1}$ は単位行列である. したがって

$$\mathbf{u} = (\lambda \mathbf{1} - \mathbf{H})^{-1} \mathbf{v} \tag{5.16}$$

である.

いま, $\mathbf{H}$ を Banach 空間 X の中で稠密に定義された閉作用素とし, その定義域を $D(\mathbf{H})$ とする. そして z を複素数とした場合に, $\mathbf{H}\mathbf{u} = z\mathbf{u}$ を満たす $\mathbf{u} \in D(\mathbf{H})$ は $\mathbf{u} = \mathbf{0}$ のみで, $(z\mathbf{1} - \mathbf{H})^{-1}$ は X 全体で定義されているとき, z の全体をレゾルベント集合と呼ぶ. そして, この z に対して

$$R(z) := (z\mathbf{1} - \mathbf{H})^{-1} \tag{5.17}$$

を $\mathbf{H}$ のレゾルベントと呼ぶ.

また, $\mathbf{H}\mathbf{u} = z\mathbf{u}$ となる $\mathbf{u} \in D(\mathbf{H})$, $\mathbf{u} \neq \mathbf{0}$ が存在する場合や, $\mathbf{H}\mathbf{u} = z\mathbf{u}$ となる $\mathbf{u} \in D(\mathbf{H})$ は $\mathbf{u} = \mathbf{0}$ のみであるが, $(z\mathbf{1} - \mathbf{H})^{-1}$ は X 全体で定義されていない場合は, z の全体をスペクトル (Spectrum) と呼ぶ. 特に, 前者の場合は z を $\mathbf{H}$ の固有値と呼び, 固有値全体を点スペクトルと呼ぶ.

Wigner の半円則の導出

以下では, 文献 [22] に従って Wigner の半円則を導出する. いま, 行列 $\mathbf{H} = [h_{ij}]$ が大きさ $N \times N$ の対称行列で, 各成分が独立同分布に従う確率変数だとする. そして, この行列の固有値を λ_i $(i = 1, 2, \ldots, N)$ とすると, 固有値の確率密度 $\rho(\lambda)$ は

$$\rho(\lambda) = \frac{1}{N} \sum_{i=1}^{N} \delta(\lambda - \lambda_i) \tag{5.18}$$

で与えられる．また，行列 $\mathbf{H}$ のレゾルベント $\mathbf{G}(\lambda)$ の成分は

$$G_{ij}(\lambda) = (\lambda\mathbf{1} - \mathbf{H})^{-1}_{ij} \tag{5.19}$$

で与えられ，$\mathbf{G}(\lambda)$ のトレース (Trace, 対角和) は

$$\mathrm{Tr}\,\mathbf{G}(\lambda) = \sum_{i=1}^{N} G_{ii}(\lambda) = \sum_{i=1}^{N} \frac{1}{\lambda - \lambda_i} \tag{5.20}$$

で与えられる．

いま，式 (5.6) を用いると式 (5.18) は

$$\begin{aligned}\rho(\lambda) &= \frac{1}{N}\sum_{i=1}^{N}\lim_{\epsilon\to 0}\frac{1}{\pi}\Im\frac{1}{\lambda-\lambda_i-i\epsilon}\\ &= \lim_{\epsilon\to 0}\frac{1}{N\pi}\Im\,\mathrm{Tr}\,\mathbf{G}(\lambda-i\epsilon)\end{aligned} \tag{5.21}$$

となる．したがって，レゾルベント $\mathbf{G}(\lambda)$ が計算できれば，式 (5.21) より固有値の確率密度 $\rho(\lambda)$ が得られる．

いま，大きさが $(N+1)\times(N+1)$ のレゾルベント $\mathbf{G}^{(N+1)}(\lambda)$ を考え，その $(0,0)$ 成分を $G_{00}^{(N+1)}(\lambda)$ と書くことにする．ここで上付添字 $(N+1)$ は，レゾルベントの大きさを表す．そして，式 (5.13) と式 (5.19) を使うと

$$G_{00}^{(N+1)}(\lambda) = \frac{\mathrm{minor}\,(\lambda\mathbf{1}-\mathbf{H})_{00}}{\det\,(\lambda\mathbf{1}-\mathbf{H})} \tag{5.22}$$

となる．これは，$\mathbf{H}$ を対称行列と仮定すると

$$\frac{1}{G_{00}^{(N+1)}(\lambda)} = \lambda - h_{00} - \sum_{i,j=1}^{N} h_{0i}h_{0j}G_{ij}^{(N)}(\lambda) \tag{5.23}$$

と変形できる．式 (5.23) の導出は演習問題 5.1 に出題しておく．

ここまでは行列 $\mathbf{H}$ に何も制限を与えていない．そこで $\mathbf{H}$ に構造を与えるために，行列 $\mathbf{H}$ の各要素は平均値が 0 で分散が σ^2 の独立同分布に従う確率変数とする．そして，すべての成分が 1 であるベクトル $\boldsymbol{u} = (1,1,\ldots,1)^\mathsf{T}$ を，行列 $\mathbf{H}$ で変換した場合を考える．そうすると変換後のベクトル $\boldsymbol{u}'$ の各成分は

$$u'_i = \sum_{j=1}^{N} h_{ij} \tag{5.24}$$

5.1 ランダム行列理論

となる．したがって，N が大きい場合は中心極限定理によって，$\boldsymbol{u}'$ の各成分が正規分布 $N(0, N\sigma^2)$ に従う．そのため，$N \to \infty$ になるにつれて分散が無限大になる．そこで，これを避けるために，$h_{ij} \to h_{ij}/\sqrt{N}$ とスケール変換しておく．そうすると，スケール変換された h_{ij} は平均値が $\langle h_{ij} \rangle = 0$ で，分散が $\langle h_{ij}^2 \rangle = \sigma^2/N$ となり，$\boldsymbol{u}'$ の各成分は正規分布 $N(0, \sigma^2)$ に従う．

また，式 (5.22)，(5.23) と同様にして $G_{0i}^{(N+1)}(\lambda)$，$i \neq 0$ を計算し，$h_{ij} \sim 1/\sqrt{N}$ であることに注意して大きさを大雑把に見積もると

$$\frac{1}{G_{0i}^{(N+1)}(\lambda)} \sim -\frac{1}{\sqrt{N}} - N \cdot N \cdot \frac{1}{\sqrt{N}} \cdot \frac{1}{\sqrt{N}} \cdot G_{kj}^{(N)} \tag{5.25}$$

となる．したがって $i \neq j$ で N が大きい場合は，$G_{ij}^{(N)}(\lambda) \sim 1/\sqrt{N}$ であれば矛盾が生じない．この場合，$N \to \infty$ で $G_{ij}^{(N)}(\lambda) \to 0$ となる．しかし，式 (5.23) で $i = j$ の場合には

$$\frac{1}{G_{00}^{(N+1)}(\lambda)} \sim \lambda - \frac{1}{\sqrt{N}} - \frac{N}{N} G_{ii}^{(N)}(\lambda) \tag{5.26}$$

となり右辺に λ が存在するため，$N \to \infty$ で $G_{ii}^{(N)}$ は有限の値にとどまる．したがって $N \to \infty$ の場合，式 (5.23) の右辺の和で $i \neq j$ の項は無視できる．また，$h_{00} \sim 1/\sqrt{N}$ なのでこの項も無視できる．以上の考察より，式 (5.23) は

$$\frac{1}{G_{00}^{(N+1)}(\lambda)} \simeq \lambda - \sum_{i=1}^{N} h_{0i}^2 G_{ii}^{(N)}(\lambda) \tag{5.27}$$

となる．

式 (5.27) は中心極限定理により

$$\frac{1}{G_{00}^{(N+1)}(\lambda)} = \lambda - \frac{\sigma^2}{N} \sum_{i=1}^{N} G_{ii}^{(N)}(\lambda) \tag{5.28}$$

となり，$N \to \infty$ の極限では

$$\frac{1}{G^\infty(\lambda)} = \lambda - \sigma^2 G^\infty(\lambda) \tag{5.29}$$

となる．この 2 次方程式の解は

$$G^\infty(\lambda) = \frac{1}{2\sigma^2} \left[\lambda - \sqrt{\lambda^2 - 4\sigma^2} \right] \tag{5.30}$$

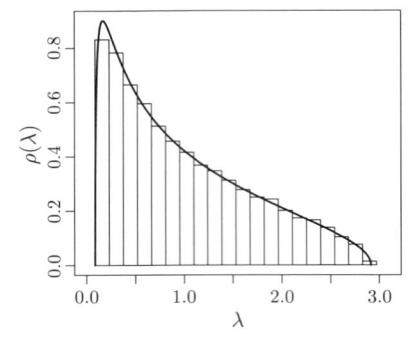

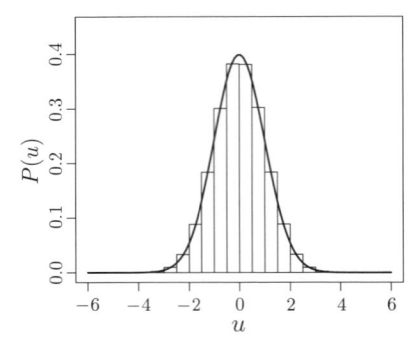

(a) 固有値（$1/T$ 倍）の確率密度と理論曲線

(b) 固有ベクトル成分の確率密度と Porter-Thomas 分布

図 5.3　カイラル Gauss 型ランダム行列の固有値・固有ベクトル成分の分布

である．したがって

$$G^\infty(\lambda - i\epsilon) = \frac{1}{2\sigma^2}\left[\lambda - i\epsilon + i\sqrt{4\sigma^2 - (\lambda - i\epsilon)^2}\right] \quad (5.31)$$

となり，これを式 (5.21) に代入すると

$$\rho(\lambda) = \frac{1}{2\pi\sigma^2}\sqrt{4\sigma^2 - \lambda^2} \quad (5.32)$$

が得られ，Wigner の半円則が導出できた．

5.1.2　カイラルランダム行列の固有値分布

経済では複数の時系列データを同時に扱う場合が多い．例えば，同じ時間間隔で測られた長さ T の時系列データが N 種類あるとき，そのようなデータをまとめて 1 つの行列で表すことがある．その場合，一般に行の大きさと列の大きさは等しくなく，大きさが $N \times T$ の矩形行列で表される．いま，そのような行列を $\mathbf{H}$ と書くことにする．多くの場合，$\mathbf{H}$ そのものではなく，$\mathbf{C} = \mathbf{HH}^\mathsf{T}$ で表されるような行列を扱うことが多い．この場合，$\mathbf{C}$ は大きさが $N \times N$ の正方行列となる．

いま，標準正規分布 $N(0,1)$ に従う確率変数を成分とし，大きさが 1000×2000 の行列

$$\mathbf{H} = [h_{ij}], \quad h_{ij} \in N(0,1) \quad (5.33)$$

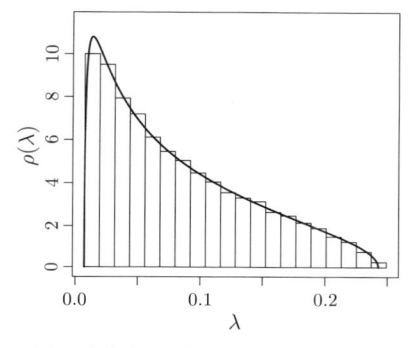

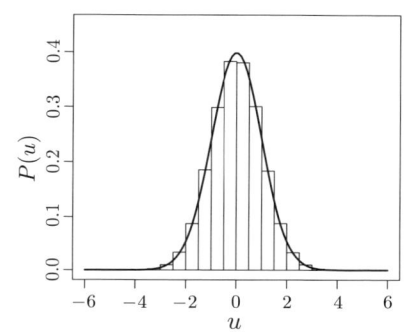

5.1 ランダム行列理論

(a) 固有値（$1/T$ 倍）の確率密度と理論曲線

(b) 固有ベクトル成分の確率密度と Porter-Thomas 分布

図 5.4 カイラル一様ランダム行列の固有値・固有ベクトル成分の分布

を作り，$\mathbf{C} = \mathbf{H}\mathbf{H}^\mathsf{T}$ を計算する．ランダム行列理論では，このような行列をカイラル Gauss 型ランダム行列または Wishart 行列と呼ぶ．そして固有値 λ を求めると，図 5.3(a) の確率密度が得られる．この図から，λ は何らかの規則に従って分布していることが分かる．また，図 5.3(b) は固有ベクトルの成分の確率密度である．ここでも，5.1.1 節の Gauss 型ランダム行列や一様ランダム行列の場合と同様に，$1000 \times 1000 = 10^6$ 個の成分の確率密度を表している．固有ベクトルの規格化は $\sum_{j=1}^{N} u_{i,j}^2 = N$, $N = 1000$ である．この図と，図 5.1(b) や図 5.2(b) を比較して分かるように，$u_{i,j}$ は Porter-Thomas 分布に従っている．

また，一様分布 $U(-0.5, 0.5)$ に従う確率変数を成分とし，大きさが $N = 1000 \times 2000$ の行列

$$\mathbf{H} = [h_{ij}], \quad h_{ij} \in U(-0.5, 0.5) \tag{5.34}$$

を作り，$\mathbf{C} = \mathbf{H}\mathbf{H}^\mathsf{T}$ を計算する．このような行列を，カイラル一様ランダム行列と呼ぶことにする．そして固有値 λ を求めると，図 5.4(a) の確率密度が得られる．これと図 5.3(a) を比較することによって，λ はカイラル Gauss 型ランダム行列の場合と同様な分布に従っていることが分かる．ただし，分布範囲が異なっていることに注意する必要がある．図 5.4(b) は，固有ベクトルの成分の確率密度である．この場合も，$1000 \times 1000 = 10^6$ 個の成分の確率密度を表している．これまでと同様に，$\sum_{j=1}^{N} u_{i,j}^2 = N$, $N = 1000$ と規格化している．この図と，図 5.1(b)，図 5.2(b)，図 5.3(b) を比較して分かるように，$u_{i,j}$ は Porter-Thomas 分布に従っている．

図 5.3(a) や図 5.4(a) に描かれた曲線は，1988 年に A. Edelman によって導出され [42], その後 A. M. Sengupta と P. P. Mitra によっても導出されたもので [142], その確率密度 $\rho(\lambda)$ は, $Q := T/N$ を固定したまま $N \to \infty, T \to \infty$ とした場合に

$$\rho(\lambda) = \frac{Q}{2\pi\sigma^2} \frac{\sqrt{(\lambda_+ - \lambda)(\lambda - \lambda_-)}}{\lambda} \tag{5.35}$$

で与えられる．ここで, σ^2 は確率変数の分散で，$\mathbf{H}$ の各成分が $N(0,1)$ に従う場合は $\sigma^2 = 1$, $U(-0.5, 0.5)$ に従う場合は $\sigma^2 = 1/12$ である．また

$$\lambda_\pm = \sigma^2 \left(1 + \frac{1}{Q} \pm 2\sqrt{\frac{1}{Q}} \right) \tag{5.36}$$

であり，固有値 λ は $[\lambda_-, \lambda_+]$ の範囲にのみ存在する．以下では，文献 [22] に従って式 (5.35) を導出する．

Wigner の半円則を導出するときに使った，式 (5.20) はさらに

$$\begin{aligned} \mathrm{Tr}\,\mathbf{G}(\lambda) &= \sum_{i=1}^N \frac{1}{\lambda - \lambda_i} = \frac{\partial}{\partial \lambda} \log \prod_i (\lambda - \lambda_i) \\ &= \frac{\partial}{\partial \lambda} \log \det (\lambda \mathbf{1} - \mathbf{C}) := \frac{\partial}{\partial \lambda} Z(\lambda) \end{aligned} \tag{5.37}$$

と変形できる．そのため，$Z(\lambda) := \log \det(\lambda \mathbf{1} - \mathbf{C})$ が計算できれば，式 (5.21) と式 (5.37) を用いて $\rho(\lambda)$ が計算できる．

いま，Gauss 積分を使って行列式を定義した式 (5.10) を用いると

$$Z(\lambda) = \log \det(\lambda \mathbf{1} - \mathbf{C}) = -2 \log I(\lambda), \tag{5.38}$$

$$I(\lambda) := \int_{-\infty}^{\infty} \exp\left(-\frac{\lambda}{2} \sum_{i=1}^N x_i^2 + \frac{1}{2} \sum_{i,j=1}^N \sum_{k=1}^T x_i x_j h_{ik} h_{jk} \right) \prod_{i=1}^N \left(\frac{dx_i}{\sqrt{2\pi}} \right) \tag{5.39}$$

となる．これを計算すれば，式 (5.37) より $\mathrm{Tr}\,\mathbf{G}(\lambda)$ が計算できる．しかし, $\mathrm{Tr}\,\mathbf{G}(\lambda)$ は, $N \to \infty$ の極限において自己平均性 (Self-Averaging) を示すと考えられるので，$\mathbf{H}$ のアンサンブルに対して平均すればよい．つまり，式 (5.38) を $\mathbf{H}$ に対して平均したものを用いればよい．式 (5.38) は $N \to \infty$ の極限で，対数の平均と平均の対数は等しくなるので，以下ではこの順で計算する．つまり，式 (5.38) を

$$\langle Z(\lambda) \rangle = \langle -2 \log I(\lambda) \rangle = -2 \log \langle I(\lambda) \rangle \tag{5.40}$$

として計算する．平均の計算と対数の計算は一般には可換ではないが，式 (5.40) が成り立つことはレプリカ法 (Replica Trick) によって証明されている (例えば文献 [155] を参照)．

5.1 ランダム行列理論

いま，$N \times T$ 個の変数 h_{ik} は，独立同分布として平均値が 0 で分散が σ^2/T の Gauss 分布に従う確率変数だとすると，式 (5.39) と式 (5.40) で平均の計算に関係する部分は

$$\left\langle \exp\left(\frac{1}{2} \sum_{i,j=1}^{N} \sum_{k=1}^{T} x_i x_j h_{ik} h_{jk} \right) \right\rangle = \left(1 - \frac{\sigma^2}{T} \sum_{i=1}^{N} x_i^2 \right)^{-T/2} \quad (5.41)$$

である．いま

$$q := \frac{\sigma^2}{T} \sum_{i=1}^{N} x_i^2 \quad (5.42)$$

を定義し，式 (5.7) のように Dirac のデルタ関数を

$$\delta\left(q - \frac{\sigma^2}{T} \sum_{i=1}^{N} x_i^2 \right) := \int_{-\infty}^{\infty} \frac{1}{2\pi} \exp\left[-i\zeta \left(q - \frac{\sigma^2}{T} \sum_{i=1}^{N} x_i^2 \right) \right] d\zeta \quad (5.43)$$

で定義して，式 (5.39) を x_i について積分すると

$$Z(\lambda) = -2\log\left[\frac{T}{4\pi i} \int_{-i\infty}^{i\infty} \int_{-\infty}^{\infty} \exp\left\{ -\frac{N}{2} \Big(\log(\lambda - \sigma^2 z) \right. \right.$$
$$\left. \left. + Q\log(1-q) + Qqz \Big) \right\} dq dz \right] \quad (5.44)$$

となる．ここで，$z := 2i\zeta/T$ と $Q := T/N$ を定義した．

いま，Q を固定したまま $T \to \infty$, $N \to \infty$ の極限をとると，式 (5.44) では鞍点 (Saddle Point) が支配的になる．ここで鞍点の条件は

$$Qq = \frac{\sigma^2}{\lambda - \sigma^2 z}, \quad (5.45)$$

$$z = \frac{1}{1-q} \quad (5.46)$$

である．式 (5.45), 式 (5.46) を $q(\lambda)$ について解くと

$$q(\lambda) = \frac{\sigma^2(1-Q) + Q\lambda \pm \sqrt{[\sigma^2(1-Q) + Q\lambda]^2 - 4\sigma^2 Q\lambda}}{2Q\lambda} \quad (5.47)$$

となる．式 (5.44) を積分して式 (5.37) を用いると

$$\operatorname{Tr} G(\lambda) = \frac{N}{\lambda - \sigma^2 z(\lambda)} = \frac{NQq(\lambda)}{\sigma^2} \quad (5.48)$$

となる．そして，式 (5.21) を用いると

$$\rho(\lambda) = \frac{\sqrt{4\sigma^2 Q\lambda - [\sigma^2(1-Q) + Q\lambda]^2}}{2\pi\lambda\sigma^2} \tag{5.49}$$

$$= \frac{Q}{2\pi\sigma^2} \frac{\sqrt{(\lambda_+ - \lambda)(\lambda - \lambda_-)}}{\lambda} \tag{5.50}$$

となる．ここで

$$\lambda_\pm = \sigma^2 \left(1 + \frac{1}{Q} \pm 2\sqrt{\frac{1}{Q}}\right) \tag{5.51}$$

であり，式 (5.35) が導出できた．

5.2 相関行列

この節では，株式の収益率，リスク (Risk) , 共分散，相関行列などを一般的に定義する．そして，各銘柄に対する具体的な計算は次節で行う．

5.2.1 個別銘柄の収益率とリスク

4.1 節では一般的に収益率やボラティリティを定義したが，ここでは個別銘柄に対してそれらを具体的に定義する．以下では，銘柄 i の t 日の終値を $Y_{i,t}$ と書き，時間間隔を 1 日とする．[*3] そして，式 (4.11) と同様に対数収益率を

$$r_{i,t} := \log Y_{i,t} - \log Y_{i,t-1} \tag{5.52}$$

で定義する．つまり，$r_{i,t}$ は，連続する日の終値の対数の差を表す．本章では N 種の株式が取引されている市場を考えるので，$i = 1, 2, \ldots, N$ である．

いま，銘柄 i の対数収益率について，時系列 $\{r_{i,t}\} := \{r_{i,1}, r_{i,2}, \ldots, r_{i,T}\}$ が与えられたとする．このとき，銘柄 i の対数収益率の平均は

$$\langle r_i \rangle := \frac{1}{T} \sum_{t=1}^{T} r_{i,t} = \frac{1}{T} (r_{i,1} + r_{i,2} + \cdots + r_{i,T}) \tag{5.53}$$

で定義される．また，分散は

$$\text{Var}[r_i] = \sigma_i^2 := \frac{1}{T-1} \sum_{t=1}^{T} (r_{i,t} - \langle r_i \rangle)^2 \tag{5.54}$$

[*3] 本章では，「株式」と「銘柄」の両方の呼び方を厳密に区別せずに使う．

5.2 相関行列

で定義され，分散もしくは標準偏差

$$\sigma_i = \sqrt{\mathrm{Var}[r_i]} \tag{5.55}$$

をリスクを表す指標として用いる．(統計学の歴史や人類とリスクをめぐる歴史に関しては，例えば文献 [19] を参照．)

収益率は比較的分かりやすい概念だが，リスクを定義するのは難しい．例えば，各銘柄と市場自体の変動とのずれを用いて，その銘柄のリスクを定義する方法もある．この定義を用いた場合，市場自体を定義することが問題となるが，TOPIX や日経平均株価などのインデックスをそれと見なすのが一般的である．いま，インデックスの対数収益率を $\{r_{\mathrm{M},t}\}$ と書くことにし，銘柄 i の対数収益率 $\{r_{i,t}\}$ をそれに線形回帰させる．そうすると

$$r_{i,t} = \alpha_i + \beta_i r_{\mathrm{M},t} + \varepsilon_{i,t} \tag{5.56}$$

を得る [144]．ここで，$\varepsilon_{i,t}$ は線形回帰との差であり，一般に正規分布にしたがう．また，β_i は 1963 年に W. F. Sharp によって考え出されたもので，一般に**ベータ**と呼ばれ，株式 i の市場全体に対する感応度を表す．つまり，$\beta_i = 1$ の株式は，平均的に市場とほとんど同じ動きをする．また，$\beta_i = 0$ の株式は，平均的に市場とは無相関で変動し，$\beta_i < 0$ の株式は平均的に市場と逆に変動する．したがって β_i は，市場に対する株式 i の相対的なリスクを表す．

5.2.2 共分散

いま，2 つの銘柄の対数収益率の和の分散を考えると，定義より

$$\mathrm{Var}\,[r_i + r_j] = \frac{1}{T-1} \sum_{t=1}^{T} (r_{i,t} + r_{j,t} - \langle r_i + r_j \rangle)^2 \tag{5.57}$$

である．ここで，平均値の加法性

$$\langle r_i + r_j \rangle = \langle r_i \rangle + \langle r_j \rangle \tag{5.58}$$

を用いて式 (5.57) を整理すると

$$\mathrm{Var}\,[r_i + r_j] = \mathrm{Var}\,[r_i] + \mathrm{Var}\,[r_j] + \frac{2}{T-1} \sum_{t=1}^{T} (r_{i,t} - \langle r_i \rangle)(r_{j,t} - \langle r_j \rangle) \tag{5.59}$$

となる．この右辺の最後の項は共分散と呼ばれ

$$\mathrm{Cov}\,[r_i, r_j] = \sigma_{ij} := \frac{1}{T-1} \sum_{t=1}^{T} (r_{i,t} - \langle r_i \rangle)(r_{j,t} - \langle r_j \rangle) \tag{5.60}$$

で定義される．共分散を式 (5.60) と違う形で表現する方法として，演習問題 5.2 を見られたい．もしも共分散がゼロならば，分散の加法性

$$\mathrm{Var}\,[r_i + r_j] = \mathrm{Var}\,[r_i] + \mathrm{Var}\,[r_j] \tag{5.61}$$

が成り立つ．

5.2.3 相関行列

いま，式 (5.52) で定義される対数収益率を

$$g_{i,t} = \frac{r_{i,t} - \langle r_i \rangle}{\sigma_i} \tag{5.62}$$

で規格化する．そうすると，$\{g_{i,t}\} := \{g_{i,1}, g_{i,2}, \ldots, g_{i,T}\}$ は，平均値が 0 で分散が 1 になる．そして，これを行とし，大きさが $N \times T$ の行列を

$$\mathbf{G} := \begin{bmatrix} g_{1,1} & g_{1,2} & \cdots & g_{1,T} \\ g_{2,1} & g_{2,t} & \cdots & g_{2,T} \\ & & \cdots\cdots & \\ g_{N,1} & g_{N,2} & \cdots & g_{N,T} \end{bmatrix} \tag{5.63}$$

で定義する．相関行列 $\mathbf{C}$ は $\mathbf{G}$ を用いて

$$\mathbf{C} := \frac{1}{T} \mathbf{G} \mathbf{G}^\mathsf{T} \tag{5.64}$$

で定義される．したがって，相関行列の成分は

$$C_{ij} = \frac{1}{T} \sum_{t=1}^{T} \frac{(r_{i,t} - \langle r_i \rangle)(r_{j,t} - \langle r_j \rangle)}{\sigma_i \sigma_j} = \frac{\mathrm{Cov}\,[r_i, r_j]}{\sigma_i \sigma_j} = \frac{\sigma_{ij}}{\sigma_i \sigma_j} \tag{5.65}$$

で与えられる．

　共分散は，2 変数の間の平均的な正負の関係性を定量化する．そのため，式 (5.60) からも分かるように，その取り得る値には制限がないので，異なる共分散の大きさを単純に比較してはいけない．しかし，相関行列では各成分が $-1 \leq C_{ij} \leq 1$ の値を取るので，その値を使って相関の強弱が議論できる．ここで，$-1 \leq C_{ij} \leq 1$ の証明は演習問題 5.3 に出題しておく．

5.3 銘柄の相関構造

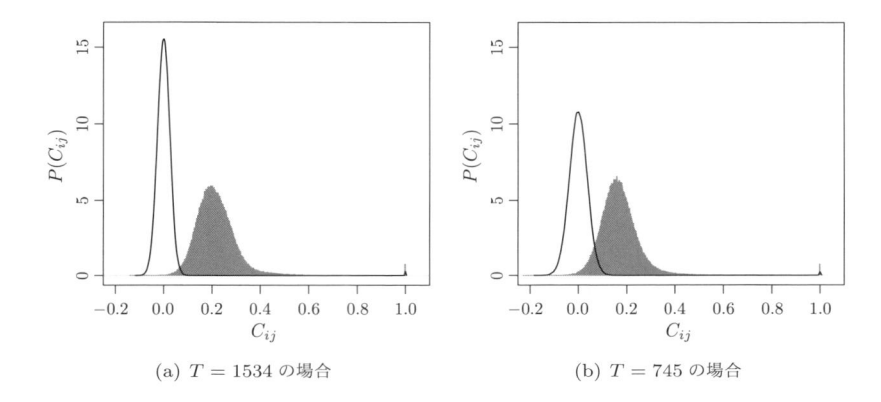

(a) $T = 1534$ の場合

(b) $T = 745$ の場合

図 5.5 相関行列の成分の確率密度

5.3 銘柄の相関構造

この節では実際のデータから求めた相関行列を解析し，その固有値分布や固有ベクトルの成分分布などについて説明する．また，それらの結果とランダム行列理論の結果を比較することによって，相関構造の有意部分とノイズを分離し，有意部分に解釈を与える．

5.3.1 相関行列の成分分布

ここでは，1997 年 1 月 6 日～2003 年 3 月 31 日までの期間に，東証 1 部に上場していた株式の日次データを使う．したがって，時系列の長さは最大で $T = 1534$ である．また，この期間のすべての日で取引が成立していた，658 銘柄 ($N = 658$) を用いる．そして，それらの終値を使って日々の対数収益率を計算し，大きさが 658×658 の相関行列を求める．

例えば，$T = 1534$ の場合に相関行列を計算すると，その成分 C_{ij} の確率密度 $P(C_{ij})$ は図 5.5(a) の灰色で着色された部分となる．658 個の対角成分の値は 1 であり，これらが $C_{ij} = 1$ の所に見られる尖りを作っている．この対角成分も含めて相関行列の成分の平均値を計算すると $\langle C_{ij} \rangle = 0.214$ で，分散は $\mathrm{Var}[C_{ij}] = 6.53 \times 10^{-3}$ である．また，分布の歪みは正規分布と違い，歪度は 2.00 （正規分布では 0）であ

る．そして，尖り方も正規分布と違い，尖度は 14.1 (正規分布では 0) である．最頻値は 0.207 である．図中の実線は，標準正規分布 $N(0,1)$ に従う確率変数を成分とし，大きさが 658×1534 の行列 $\mathbf{H}$ を作って，式 (5.64) によって計算された相関行列 $\mathbf{C} = \mathbf{HH}^{\mathsf{T}}/T$，つまりカイラル Gauss 型ランダム行列 $\mathbf{HH}^{\mathsf{T}}$ を $T = 1534$ で割った行列の成分の確率密度である．このように，実際の株価データの相関行列は，ランダム行列とは大きく異なる．

ここで，時系列の長さが及ぼす効果を調べるために，$T = 745$ (3 年) の長さの期間を適当に取り出して，相関行列を作ることにする．そうすると，この相関行列の成分の確率密度は図 5.5(b) の灰色で着色された部分となる．この場合，$\langle C_{ij} \rangle = 0.169$，$\mathrm{Var}[C_{ij}] = 6.12 \times 10^{-3}$，歪度は 2.31，尖度は 19.7，最頻値は 0.163 である．また，図中の実線は $T = 745$ の場合に，図 5.5(a) のときと同様な手続きで描かれたもので，$T = 745$ で規格化されたカイラル Gauss 型ランダム行列の成分の確率密度を表している．図 5.5(a) と同様に，実際の株価データの相関行列は，ランダム行列とは大きく異なる．そして，図 5.5(a) と図 5.5(b) を比較して分かるように，実データから求められた相関行列の成分に対する確率密度と，ランダム行列を T で規格化した行列の成分に対する確率密度の差は，時系列の長さが長くなるほど大きくなる．

5.3.2 固有値

相関行列に限らず，対象とする行列の性質を明らかにするには，固有値やその分布の解析は重要である．例えば，図 5.5 を描くのに用いた相関行列に対して，図 5.6 に示される固有値の確率密度 $\rho(\lambda)$ が得られる．この図では，比較的小さな固有値の部分 ($0 < \lambda < 10$) を拡大して表示している．図中の小さな図は，確率密度全体の様子である．

図中の実線は，式 (5.35) で与えたランダム行列理論の理論式において，$\sigma^2 = 1$ としたものであり

$$\rho(\lambda) = \frac{Q}{2\pi} \frac{\sqrt{(\lambda_+ - \lambda)(\lambda - \lambda_-)}}{\lambda} \tag{5.66}$$

で与えられる．ここで

$$\lambda_\pm = 1 + \frac{1}{Q} \pm 2\sqrt{\frac{1}{Q}} \tag{5.67}$$

であり，$T = 1534$ の場合 $Q = 2.33$，$T = 745$ の場合 $Q = 1.13$ である．ランダム行列理論の結果は，相関行列の固有値が分布する範囲が $[\lambda_-, \lambda_+]$ に限定されるということである．

5.3 銘柄の相関構造

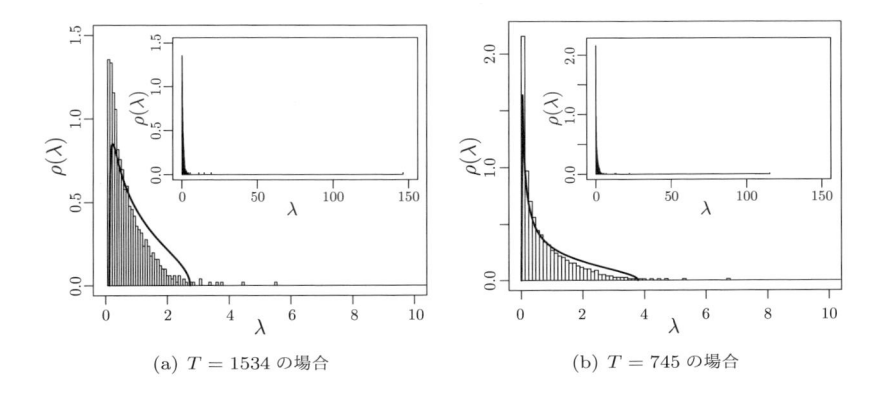

(a) $T = 1534$ の場合

(b) $T = 745$ の場合

図 5.6 固有値の確率密度

いま，固有値を大きい順に並べ，r 番目の固有値を λ_r と書くことにする．したがって，最大固有値は λ_1 で最小固有値は λ_N である．図 5.6 から，λ_1 は時系列の長さ T に依存していることが分かる．例えば，図 5.6(a) の場合は $\lambda_1 = 146.30$ であり，図 5.6(b) の場合は $\lambda_1 = 115.22$ である．具体的にどのように λ_1 が T に依存するかは解明されていないが，ランダム行列理論の場合に式 (5.67) を N と T を用いて書き直すと

$$\lambda_\pm = 1 + \frac{N}{T} \pm 2\sqrt{\frac{N}{T}} \tag{5.68}$$

となり，N を固定したまま T を大きくした場合，$1/\sqrt{T}$ の 1 次の大きさで効いてくることが分かる．*4

次に，λ_r と $\lambda_\pm$ の大きさについて具体的に述べる．本章で解析しているデータでは $N = 658$ である．したがって，$T = 1534$ の場合は式 (5.67) や式 (5.68) より，$\lambda_- = 0.12$，$\lambda_+ = 2.74$ となる．具体的に λ_r との大小関係を書くと

$$\lambda_{658} < \cdots < \lambda_{607} < \lambda_- < \cdots < \lambda_+ < \lambda_{13} < \cdots < \lambda_1 \tag{5.69}$$

であり，λ_+ より大きい固有値の数は 13 個，λ_- より小さい固有値の数は 52 個である．また，$T = 745$ の場合は $\lambda_- = 0.0036$，$\lambda_+ = 3.76$ である．具体的な大小関係は

$$\lambda_{658} < \cdots < \lambda_{654} < \lambda_- < \cdots < \lambda_+ < \lambda_{11} < \cdots < \lambda_1 \tag{5.70}$$

---

*4 ただし，式 (5.66) を導出するには，$Q := T/N$ を固定したまま $N \to \infty$ と $T \to \infty$ を同時に行う必要があったことを忘れてはならない．

(a) $T = 1534$ の場合

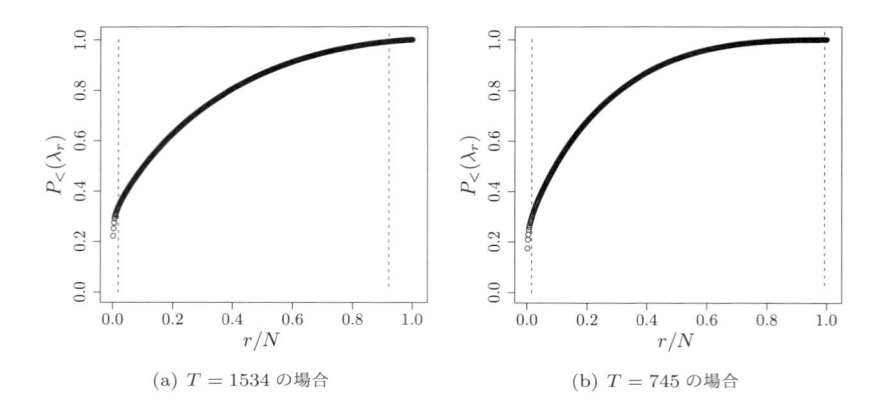

(b) $T = 745$ の場合

図 5.7　時系列の強度に対する Lorenz 曲線

であり，11 個の固有値が λ_+ よりも大きく，5 個の固有値が λ_- よりも小さい．

先にも述べたように，ランダム行列理論の結果は，固有値が $[\lambda_-, \lambda_+]$ の範囲に分布することを主張する．したがって，もしも時系列が互いに独立でランダムならば，$\lambda_r \in [\lambda_-, \lambda_+]$ となるはずだが，実際にはそうなっていない．そのため，この範囲から外れた部分，すなわち，$\lambda_r < \lambda_-$ と $\lambda_+ < \lambda_r$ の部分は，ランダムではない有意な相関構造を表していると考えられる [92, 135, 136]．

5.3.3　時系列の強度

ここで，$\lambda_r < \lambda_-$ と $\lambda_+ < \lambda_r$ の双方が同等に有意な部分であるか否かを明確にすることは重要である．そのために，時系列の強度を考えることにする．時系列全体の強度の定義は

$$\frac{1}{T}\sum_{t=1}^{T}\sum_{i=1}^{N} g_{i,t}^2 = \mathrm{Tr}\,\mathbf{C} = \sum_{r=1}^{N} \lambda_r = N \tag{5.71}$$

が成り立つ．$T = 1534$ の場合，最大固有値は $\lambda_1 = 146.30$ であったので，全体強度 $N = 658$ の 22.23% を占めている．このことは，後に議論するように，λ_1 に対応する固有ベクトル $\bm{u}_1$ が，市場全体と関係していることを示唆している．

いま，時系列の強度に対して累積分布を

$$P_<(\lambda_r) := \frac{1}{N}\sum_{i=1}^{r} \lambda_i \tag{5.72}$$

5.3 銘柄の相関構造

で定義する．そして，横軸に r/N をとり，縦軸に $P_<(\lambda_r)$ をとってプロットすると図5.7 に示される Lorenz 曲線が得られる．より正確には，λ_r の値が小さい方から (r が大きい方から) 足していったときに作られる曲線が Lorenz 曲線の元々の定義であるが，ここでは λ_r の値が大きい方から (r が小さい方から) 足していったものも Lorenz 曲線と呼ぶことにする．

図 5.7(a) で左側の縦の破線は，$\lambda_+ < \lambda_r$ とそれ以外を隔てる境界線で，λ_{13} と λ_{14} の間に引かれている．この線の左側では $\sum_{r=1}^{13} \lambda_r = 224.00$ となるので，1.98% の成分が強度全体の 34.04% を占めていることになる．一方，図中の右側の縦の破線は，$\lambda_- > \lambda_r$ とそれ以外の境界線で，λ_{606} と λ_{607} の間に引かれている．この線の右側では $\sum_{r=607}^{658} \lambda_r = 0.52$ となるので，7.90% の成分が強度全体のわずか 0.08% しか占めていないことになる．

図 5.7(b) の場合，左側の縦の破線は λ_{11} と λ_{12} の間に引かれていて，この線の左側では $\sum_{r=1}^{11} \lambda_r = 196.70$ となり，1.67% の成分が強度全体の 29.89% を占めていることになる．また，右側の縦の破線は λ_{653} と λ_{654} の間に引かれていて，$\sum_{r=654}^{658} \lambda_r = 0.013$ となるので，0.76% の成分が強度全体のわずか 1.98×10^{-5}% しか占めていないことになる．

以上のように，有意成分が時系列の強度に占める割合を比較すると，$\lambda_+ < \lambda_r$ の方がより重要な部分だと判断できる．5.3.6 節ではこの結果を用いて，相関行列を有意部分とノイズに分割する．また，5.4 節では，その有意部分を用いて株式のポートフォリオを作成するが，その前に固有ベクトルについて詳しく見ていく．

5.3.4 固有ベクトル

先にも述べたように，固有値を大きい順に並べ，r 番目の固有値を λ_r と書くことにする．そして，それぞれの固有値に対する固有ベクトルを $\boldsymbol{u}_r$ と書き，その固有ベクトルの i 番目の成分を $u_{r,i}$ と書くことにする．ここで，固有ベクトルを

$$||\boldsymbol{u}_r||^2 := \sum_{i=1}^{N} u_{r,i}^2 = N = 658 \tag{5.73}$$

で規格化しておく．

図 5.8 は，いくつかの固有ベクトルの成分に対する確率密度を，$T = 1534$ の場合に描いたものである．図 5.8(a) から (l) は $\boldsymbol{u}_1, \boldsymbol{u}_2, \ldots, \boldsymbol{u}_{12}$ の成分の確率密度で，図 5.8(m), (n), (o), (p) はそれぞれ $\boldsymbol{u}_{100}, \boldsymbol{u}_{200}, \boldsymbol{u}_{300}, \boldsymbol{u}_{400}$ の成分の確率密度である．図中の実線は，式 (5.4) で与えられる Gauss 型直交アンサンブルにおける Porter-

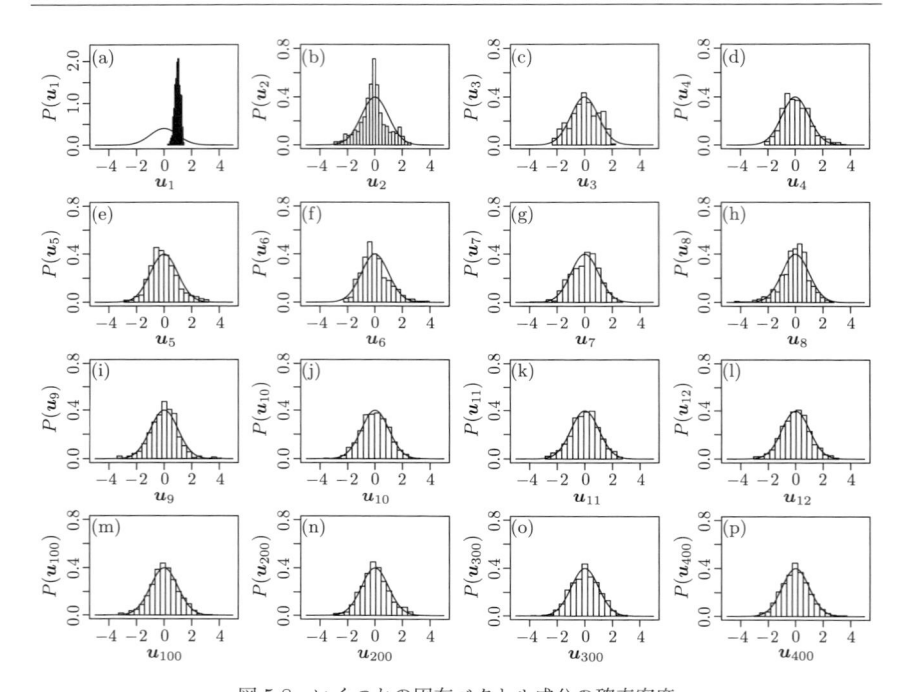

図 5.8　いくつかの固有ベクトル成分の確率密度

Thomas 分布である．また，固有ベクトルの成分 $u_{r,i}$ の値を i の昇順に左から並べると，図 5.9 が得られる．図 5.8 と図 5.9 の各々の図の並び順は同じである．ここで，i の順番は株式コードの順番に対応している．株式コードは業種を反映させる形でつけられているため，株式 i と株式 $i+1$ は同じ業種に属している可能性が高い．

図 5.8(a) と図 5.9(a) から，$\boldsymbol{u}_1$ の成分はすべて正の値をもち，その大きさがほぼ等しいことが分かる．いま，$\boldsymbol{u}_1$ の意味を明らかにするために，各時刻の対数収益率ベクトル $\boldsymbol{r}_t = (r_{1,t}, r_{2,t}, \ldots, r_{N,t})$ と $\boldsymbol{u}_1$ の内積を

$$r_{\mathrm{M},t} := \sum_{i=1}^{N} u_{1,i} r_{i,t} \tag{5.74}$$

で定義すると，T 個の時系列 $\{r_{\mathrm{M},t}\}$ が求まる．ここで定義した $r_{\mathrm{M},t}$ は，式 (5.56) で用いた $r_{\mathrm{M},t}$ とは異なることに注意する．そして，式 (5.62) のように規格化したものを $\{g_{\mathrm{M},t}\}$ と書く．また，これと同じように TOPIX の対数収益率を規格化し $\{g_{\mathrm{T},t}\}$

5.3 銘柄の相関構造

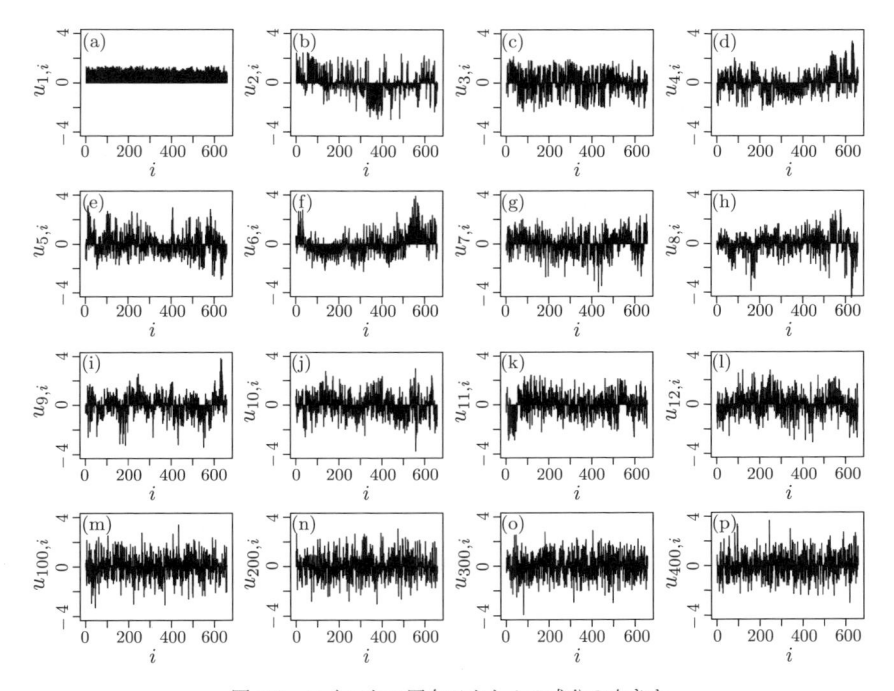

図 5.9 いくつかの固有ベクトルの成分の大きさ

と書く．図 5.10 は $g_{M,t}$ と $g_{T,t}$ の散布図である．図中の実線は最小二乗法で線形回帰させた結果で，傾きが 0.86 で切片が 0 の直線であり，強い相関があることが分かる．この結果から，$u_{1,i}$ は TOPIX を構成するときの株式 i の重みに相当すると考えられるので，$\bm{u}_1$ は市場全体を表すと解釈できる．

次に，$\bm{u}_1$ 以外の固有ベクトルについて解析する．図 5.8 を見れば分かるように $\bm{u}_2,\ldots,\bm{u}_9$ の各成分の確率密度は Porter-Thomas 分布とは異なっている．そのため，ランダムではない何らかの構造をもっていることが期待できる．一方，$\bm{u}_{10},\ldots,\bm{u}_{12},\bm{u}_{100},\bm{u}_{200},\bm{u}_{300},\bm{u}_{400}$ の各成分の確率密度は，Porter-Thomas 分布にほぼ一致しているので，構造をもたない（ランダムという構造をもつ）と予想される．また，図 5.9 について議論する場合に，隣り合う i が $u_{r,i}$ の正負のどちらで塊を作っているかという点に注意すると，$\bm{u}_2$ の場合は $300 \lesssim i \lesssim 400$ で $u_{2,i} < 0$ の領域に塊を作っていることが分かる．隣り合う銘柄は同じ業種に属している可能性が高いので，

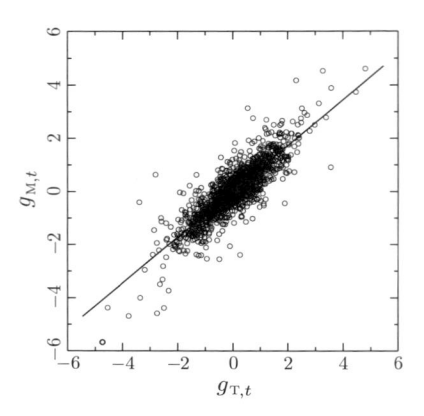

図 5.10　規格化された $g_{T,t}$ と $g_{M,t}$

この塊は業種に対応すると考えられる．また，u_4 の場合は $i \sim 600$ で $0 < u_{4,i}$ の領域に塊を作り，$u_{6,i}$ の場合は $500 \lesssim i \lesssim 600$ で $0 < u_{6,i}$ の領域に塊を作っている．このような性質は，$u_2, \ldots, u_{12}$ に対して見られるが，$u_{100}, u_{200}, u_{300}, u_{400}$ に対しては見られない．そこで，これらの性質をより詳しく調べるために，固有ベクトルの成分を具体的に分析する．

　$T = 1534$ の場合に，固有ベクトルの成分で大きい方から 10 銘柄と，小さい方から 10 銘柄を選び出してまとめると，表 5.1 と表 5.2 が得られる．これらの表で $u_{r,+}$ は，u_r の成分を大きい方から降順に 10 銘柄並べたものであり，$u_{r,-}$ は u_r の成分で最小の 10 銘柄を降順に並べたものであり，それぞれ対応する成分の株式コードと業種を記載してある．これらの表から分かる顕著なことは，$u_{2,-}$ が電気機器，$u_{4,+}$ が電気・ガス，$u_{6,+}$ が金融・保険業，$u_{8,+}$ も金融・保険業，$u_{9,+}$ が電気・ガス，$u_{11,+}$ が化学・医薬品，$u_{11,-}$ が建設業に対応していることである．また，これら以外の $u_{r,\pm}$ に関しては，どの業種に対応するか明確ではない．ここでは，固有ベクトルの意味を業種と関連づけたが，それ以外の性質と関連づけることも可能だと考えられる．

　文献 [135] はニューヨーク証券取引所 (New York Stock Exchange; NYSE) [*5] に上場している株式で，S&P500 を構成している銘柄の相関行列を解析し，u_1 以外で $\lambda_+ < \lambda_r$ の固有値に対応する固有ベクトルが，時価総額の大きな銘柄や業種に対応していることを指摘している．

[*5] NYSE を「ナイス」と呼ぶのが慣例．

5.3 銘柄の相関構造

表 5.1 　固有ベクトル $u_2, \ldots, u_7$ の上位・下位成分

u_2				u_3			
$u_{2,+}$		$u_{2,-}$		$u_{3,+}$		$u_{3,-}$	
2001	食料品	9694	情報通信業	1890	建設業	7951	その他製品
1885	建設業	6988	化学・医薬品	1813	建設業	2536	食料品
1301	水産・農林業	6976	電気機器	6358	機械	9681	サービス業
2108	食料品	6806	電気機器	6316	機械	9605	情報通信業
8061	卸売業	6971	電気機器	8839	不動産業	4272	化学・医薬品
7102	輸送用機器	6701	電気機器	1888	建設業	6773	電気機器
9008	運輸業	6702	電気機器	1884	建設業	6857	電気機器
2536	食料品	8035	電気機器	5408	鉄鋼	6841	電気機器
5002	石油・石炭	6857	電気機器	3408	繊維製品	2801	食料品
1815	建設業	7729	精密機器	4008	化学・医薬品	4063	化学・医薬品
u_4				u_5			
$u_{4,+}$		$u_{4,-}$		$u_{5,+}$		$u_{5,-}$	
9504	電気・ガス	5801	非鉄金属	1802	建設業	8325	金融・保険業
9503	電気・ガス	5351	ガラス・土石	7012	輸送用機器	9043	運輸業
9505	電気・ガス	5563	鉄鋼	1801	建設業	9509	電気・ガス
9509	電気・ガス	1501	鉱業	7011	機械	9533	電気・ガス
9506	電気・ガス	3104	繊維製品	1803	建設業	9504	電気・ガス
9502	電気・ガス	4201	化学・医薬品	8801	不動産業	9003	運輸業
9507	電気・ガス	4092	化学・医薬品	3407	化学・医薬品	9536	電気・ガス
9508	電気・ガス	4022	化学・医薬品	1812	建設業	9031	運輸業
9041	運輸	5981	金属製品	5401	鉄鋼	9507	電気・ガス
9501	電気・ガス	5302	ガラス・土石	8802	不動産業	9505	電気・ガス
u_6				u_7			
$u_{6,+}$		$u_{6,-}$		$u_{7,+}$		$u_{7,-}$	
8544	金融・保険業	4182	化学・医薬品	9766	情報通信業	9502	電気・ガス
8379	金融・保険業	4100	化学・医薬品	9404	情報通信業	6902	輸送用機器
8601	金融・保険業	7272	輸送用機器	8613	金融・保険業	7752	電気機器
8603	金融・保険業	6118	機械	6417	機械	5108	ゴム製品
8611	金融・保険業	6139	機械	4206	化学・医薬品	9503	電気・ガス
8357	金融・保険業	2595	食料品	8606	金融・保険業	6201	輸送用機器
8606	金融・保険業	4114	化学・医薬品	2607	食料品	4901	化学・医薬品
1888	建設業	6140	機械	7964	情報通信業	7203	輸送用機器
8609	金融・保険業	4118	化学・医薬品	8332	金融・保険業	7751	電気機器
1805	建設業	6444	機械	9401	情報通信業	7267	輸送用機器

表 5.2 固有ベクトル $u_8, \ldots, u_{11}, u_{200}, u_{400}$ の上位・下位成分

	u_8				u_9		
	$u_{8,+}$		$u_{8,-}$		$u_{9,+}$		$u_{9,-}$
8754	金融・保険業	9508	電気・ガス	9504	電気・ガス	2002	食料品
8382	金融・保険業	4523	化学・医薬品	9508	電気・ガス	1805	建設業
8757	金融・保険業	9020	運輸業	9505	電気・ガス	6445	機械
8346	金融・保険業	8264	小売業	9506	電気・ガス	8544	金融・保険業
8386	金融・保険業	4543	精密機器	9507	電気・ガス	7267	輸送用機器
8394	金融・保険業	9502	電気・ガス	9501	電気・ガス	4523	化学・医薬品
8761	金融・保険業	9506	電気・ガス	9509	電気・ガス	4452	化学・医薬品
8327	金融・保険業	4452	化学・医薬品	9502	電気・ガス	7270	輸送用機器
8324	金融・保険業	9503	電気・ガス	5801	非鉄金属	4901	化学・医薬品
7240	輸送用機器	9501	電気・ガス	9503	電気・ガス	8379	金融・保険業
	u_{10}				u_{11}		
	$u_{10,+}$		$u_{10,-}$		$u_{11,+}$		$u_{11,-}$
8544	金融・保険業	6302	機械	4022	化学・医薬品	1824	建設業
4183	化学・医薬品	8591	金融・保険業	4403	化学・医薬品	1802	建設業
9506	電気・ガス	2593	食料品	4010	化学・医薬品	1885	建設業
4202	化学・医薬品	8170	その他製品	4092	化学・医薬品	1801	建設業
4521	化学・医薬品	9737	情報通信業	2897	食料品	1914	建設業
6997	電気機器	8574	金融・保険業	4631	化学・医薬品	9008	運輸業
9508	電気・ガス	6461	機械	7964	情報通信業	9009	運輸業
6923	電気機器	1951	建設業	8236	小売業	1812	建設業
8379	金融・保険業	8572	金融・保険業	4005	化学・医薬品	1926	建設業
6971	電気機器	8570	金融・保険業	8326	金融・保険業	1803	建設業
	u_{200}				u_{400}		
	$u_{200,+}$		$u_{200,-}$		$u_{400,+}$		$u_{400,-}$
8011	繊維製品	5195	ゴム製品	5714	非鉄金属	5801	非鉄金属
6967	電気機器	6367	機械	3110	ガラス・土石	1881	建設業
6140	機械	8331	金融・保険業	3401	繊維製品	3864	パルプ・紙
6453	機械	4363	化学・医薬品	6622	電気機器	6754	電気機器
1332	水産・農林業	8014	卸売業	9001	運輸業	8075	卸売業
6498	機械	4213	化学・医薬品	2871	食料品	6935	電気機器
5541	鉄鋼	8060	卸売業	9694	情報通信業	7246	輸送用機器
7004	機械	5738	非鉄金属	2102	食料品	7995	化学・医薬品
6436	機械	2533	食料品	8268	小売業	8362	金融・保険業
8183	小売業	6841	電気機器	9737	情報通信業	9302	運輸業

5.3.5 固有ベクトルの寄与率

ここでは,固有ベクトルに寄与している成分の数を解析する.そのために,寄与率を

$$\Upsilon_r := \frac{3}{I_r} \qquad (r = 1, 2, \ldots, N) \tag{5.75}$$

で定義する.ここで I_r は寄与率の逆数 (Inverse Participation Ratio) と呼ばれ

$$I_r := \frac{1}{N^2} \sum_{i=1}^{N} u_{r,i}^4 \qquad (r = 1, 2, \ldots, N) \tag{5.76}$$

で定義される.

例えば,ある固有ベクトルで 1 つの成分のみ (Isolate; iso) が支配的な場合,規格化条件 $||u||^2 = N$ を考慮すると

$$u_{\text{iso}} = \left(\sqrt{N}, 0, \ldots, 0\right) \tag{5.77}$$

であり,固有ベクトルの寄与率は

$$\Upsilon_{\text{iso}} = 3 \tag{5.78}$$

となる.一方,すべての成分が等しく (Equal; eq) 効いている場合は

$$u_{\text{eq}} = (1, 1, \ldots, 1) \tag{5.79}$$

であり,固有ベクトルの寄与率は

$$\Upsilon_{\text{eq}} = 3N \tag{5.80}$$

となる.また,固有ベクトルの成分の確率密度が Porter-Thomas 分布 (PT) に一致している場合,式 (5.4), (5.76), (5.75) より

$$I_{\text{PT}} = \frac{1}{N} \frac{1}{N} \sum_{i=1}^{N} u_{r,i}^4 \tag{5.81}$$

$$\sim \frac{1}{N} \frac{1}{\sqrt{2\pi}} \int_{-\infty}^{\infty} u^4 e^{-u^2/2} du = \frac{3}{N} \tag{5.82}$$

となるので,固有ベクトルの寄与率は

$$\Upsilon_{\text{PT}} = N \tag{5.83}$$

(a) $T = 1534$ の場合   (b) $T = 745$ の場合

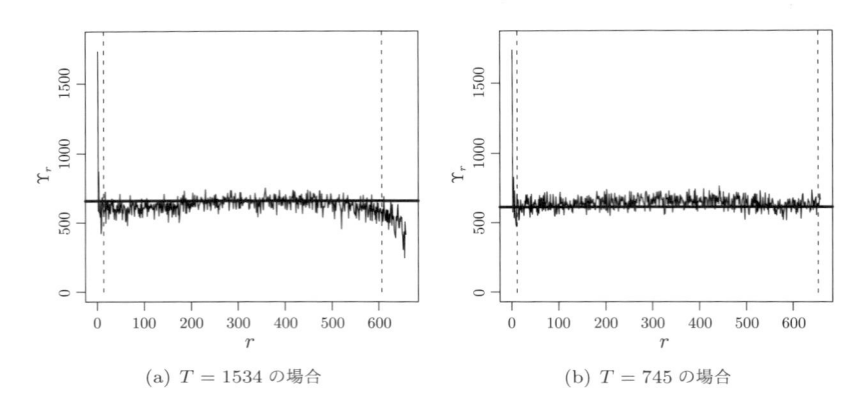

図 5.11 固有ベクトルの寄与率

である．

具体的に Υ_r を計算すると，図 5.11 が得られる．各々の図では，横軸が固有値を降順に並べたときの順位 r を表し，縦軸が Υ_r を表している．図中の破線は $\lambda_- < \lambda_r < \lambda_+$ とそれ以外を隔てるものであり，太い実線は $\Upsilon_{\text{PT}} = N = 658$ に対応している．

図 5.11(a) は $T = 1534$ の場合である．最大固有値 ($r = 1$) の固有ベクトルでは $\Upsilon_1 = 1736$ であり，式 (5.80) の $\Upsilon_{\text{eq}} = 3N = 1974$ とほぼ等しい．したがって，5.3.4 節でも述べたように，$\boldsymbol{u}_1$ の各成分はほぼ同等に奇与している．また，$[\lambda_-, \lambda_+]$ の範囲に入る固有値の固有ベクトルの場合，特に $[\lambda_{200}, \lambda_{500}]$ の範囲では式 (5.83) の $\Upsilon_r \simeq N = \Upsilon_{\text{PT}}$ であり，$\boldsymbol{u}_r$ の成分の確率密度は Porter-Thomas 分布にほぼ等しい．また，$[\lambda_-, \lambda_+]$ の範囲で $[\lambda_{200}, \lambda_{500}]$ 以外の部分では $\Upsilon_r < N$ となっていて，式 (5.78) のように N よりも少ない成分が効いている．この特徴は，$\lambda_r < \lambda_-$ の範囲でより顕著である．したがって，$\lambda_r < \lambda_-$ の固有値に対する固有ベクトルを調べ，その固有ベクトルに効いている成分を抽出すれば，何らかのグループ構造が現れると考えられる．しかし 5.3.3 節で述べたように，この部分は時系列の強度としては弱い部分でノイズである．

図 5.11(b) は $T = 745$ の場合である．この図は，図 5.11(a) の場合とほぼ同じ特徴をもっているが，$[\lambda_-, \lambda_+]$ の範囲に渡って $\Upsilon_r \gtrsim \Upsilon_{\text{PT}}$ となっていて，固有ベクトルの成分は完全にランダムに寄与しているというよりは，弱く等しく寄与している可能性がある．また，$\lambda_r < \lambda_-$ に対する固有ベクトルの数が少ないということも理由の 1 つであるが，図 5.11(a) のようにこの範囲で $\Upsilon_r < \Upsilon_{\text{PT}}$ となっていない．それに加えて，

5.3 銘柄の相関構造

図 5.11(b) では顕著に $\Upsilon_r < \Upsilon_{\rm PT}$ となっている領域がない. このように図 5.11(a) と図 5.11(b) には多少の違いがあり, 時系列の長さ T が短い場合はそれが長い場合に比べて, 全体的にすべての固有ベクトルにおいて成分が弱く等しく効いている.

5.3.6 有意成分とグループ構造

5.1.2 節では, $Q := T/N$ を固定したまま $N \to \infty$, $T \to \infty$ として式 (5.44) を導出した. そのため式 (5.66) は, N と T が有限な場合には当てはまらないと考えるかもしれない. しかし, 平均値が 0 で分散が 1 になるように長さが $T = 1534$ の行ベクトルを作り, それらの行ベクトルを 658 個並べて大きさが 658×1534 の行列を作り, 式 (5.64) のように相関行列を求め固有値の確率密度を計算すると, 式 (5.66) と変わらない結果が得られる. このことを確認するために, 演習問題 5.4 を出題しておく.

図 5.6 を見れば分かるように, 実際の株価データから得られた相関行列の固有値の確率密度は, ランダム行列理論の理論式 (5.66) と一致していない. また, この違いは上で述べたように, 用いているデータが有限であることには起因しない [135]. 理論式との違いは, 関数形の違いと分布範囲の違いという 2 つの側面をもっている. 後者は前者に含まれるが, ここでは, 後者に着目する. (前者については文献 [136, 165] を参照.)

もしも, 株価変動が互いに独立でランダムならば, 固有値の分布範囲は $[\lambda_-, \lambda_+]$ となるはずだが, 実際にはそうなっていない. そのため, この範囲から外れた部分, すなわち, $\lambda_r < \lambda_-$ と $\lambda_+ < \lambda_r$ の部分が, 相関構造のランダムではない部分だと考えられる. また, 5.3.3 節では時系列の強さを解析することによって, $\lambda_+ < \lambda_r$ の部分がより重要であることを示した. したがって, $\lambda_+ < \lambda_r$ の部分が有意で, $\lambda_r \leq \lambda_+$ の部分がノイズと考えて良さそうである. 実際には, λ_+ の箇所で正確に有意成分とノイズが分けられるのではなく, ある程度の不定性があると考えられる. そこで, 有意成分とノイズを分ける順位を N_g と書くことにする.

有意相関行列とノイズ相関行列

固有ベクトルから構成される基底の変換行列 $\mathbf{P}$ とその逆行列 $\mathbf{P}^{-1}$ を用いると ($\mathbf{P}$ は直交行列なので $\mathbf{P}^{\mathsf{T}} = \mathbf{P}^{-1}$), 相関行列は

$$\mathbf{P}^{-1}\mathbf{C}\mathbf{P} = {\rm diag}\left\{\lambda_1, \ldots, \lambda_{N_g}, \lambda_{N_g+1}, \ldots, \lambda_N\right\} \tag{5.84}$$

となる．ここで $\mathrm{diag}\{\ldots\}$ は，対角成分のみが値をもち，非対角成分はすべて 0 の対角行列である．いま，式 (5.84) を

$$\mathbf{P}^{-1}\mathbf{C}\mathbf{P} = \mathrm{diag}\left\{\lambda_1,\ldots,\lambda_{N_g},0,\ldots,0\right\} \\ +\mathrm{diag}\left\{0,\ldots,0,\lambda_{N_g+1},\ldots,\lambda_N\right\} \tag{5.85}$$

と書き直す [135]．そうすると，右辺第 1 項が有意部分で，右辺第 2 項がノイズと解釈できる．

ここで，式 (5.85) の両辺に左から $\mathbf{P}$ を掛け，右から $\mathbf{P}^{-1}$ を掛けると，

$$\mathbf{C} = \mathbf{P}\,\mathrm{diag}\left\{\lambda_1,\ldots,\lambda_{N_g},0,\ldots,0\right\}\mathbf{P}^{-1} \\ +\mathbf{P}\,\mathrm{diag}\left\{0,\ldots,0,\lambda_{N_g+1},\ldots,\lambda_N\right\}\mathbf{P}^{-1} \tag{5.86}$$

となる．そして，

$$\mathbf{C}^{\mathrm{pr}} := \mathbf{P}\,\mathrm{diag}\left\{\lambda_1,\ldots,\lambda_{N_g},0,\ldots,0\right\}\mathbf{P}^{-1} \tag{5.87}$$

$$\mathbf{C}^{\mathrm{no}} := \mathbf{P}\,\mathrm{diag}\left\{0,\ldots,0,\lambda_{N_g+1},\ldots,\lambda_N\right\}\mathbf{P}^{-1} \tag{5.88}$$

を定義する．いま，それぞれを有意部分に対応する相関行列とノイズに対応する相関行列と考えたいのだが，この段階では，$C_{ii}^{\mathrm{pr}} \neq 1$, $C_{ii}^{\mathrm{no}} \neq 1$ であるため，相関行列の条件を満たしていない．そこで，$C_{ii}^{\mathrm{pr}} = C_{ii}^{\mathrm{no}} = 1$ と置き換えたものをそれぞれ，**有意相関行列とノイズ相関行列** (Noise Correlation Matrix) と呼ぶことにする．これらの相関行列は，5.4 節でポートフォリオを作成するときに用いられる．

グループ構造の分離

5.3.4 節の図 5.10 で示したように，最大固有値 λ_1 の固有ベクトル $\boldsymbol{u}_1$ は市場全体に対応していた．また，同じ節の図 5.9 や表 5.1 や表 5.2 では，$\lambda_+ < \lambda_r$ で λ_1 以外の固有値が業種などのグループ構造を反映していることを示した．したがって，これらを考慮すると式 (5.86) はさらに

$$\mathbf{P}^{-1}\mathbf{C}\mathbf{P} = \mathrm{diag}\left\{\lambda_1,0,\ldots,0,\ldots,0\right\} \\ +\mathrm{diag}\left\{0,\lambda_2,\ldots,\lambda_{N_g},0,\ldots,0\right\} \\ +\mathrm{diag}\left\{0,\ldots,0,\lambda_{N_g+1},\ldots,\lambda_N\right\} \tag{5.89}$$

と書ける [85]．いま，式 (5.89) の両辺に左から $\mathbf{P}$ を掛け，右から $\mathbf{P}^{-1}$ を掛けると

$$\mathbf{C} = \mathbf{P}\,\mathrm{diag}\left\{\lambda_1,0,\ldots,0,\ldots,0\right\}\mathbf{P}^{-1} \\ +\mathbf{P}\,\mathrm{diag}\left\{0,\lambda_2,\ldots,\lambda_{N_g},0,\ldots,0\right\}\mathbf{P}^{-1} \\ +\mathbf{P}\,\mathrm{diag}\left\{0,\ldots,0,\lambda_{N_g+1},\ldots,\lambda_N\right\}\mathbf{P}^{-1} \tag{5.90}$$

5.3 銘柄の相関構造

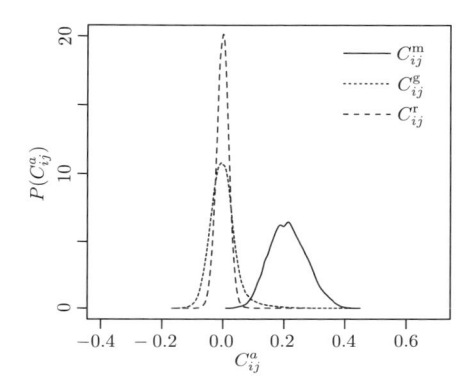

図 5.12 擬相関行列 $\mathbf{C}^a$, $a \in (\mathrm{m}, \mathrm{g}, \mathrm{r})$ の非対角成分の確率密度

となる.
そして

$$\mathbf{C}^{\mathrm{m}} := \mathbf{P}\,\mathrm{diag}\,\{\lambda_1, 0, \ldots, 0, \ldots, 0\}\,\mathbf{P}^{-1}, \tag{5.91}$$

$$\mathbf{C}^{\mathrm{g}} := \mathbf{P}\,\mathrm{diag}\,\{0, \lambda_2, \ldots, \lambda_{N_g}, 0, \ldots, 0\}\,\mathbf{P}^{-1}, \tag{5.92}$$

$$\mathbf{C}^{\mathrm{r}} := \mathbf{P}\,\mathrm{diag}\,\{0, \ldots, 0, \lambda_{N_g+1}, \ldots, \lambda_N\}\,\mathbf{P}^{-1} \tag{5.93}$$

を定義し,それぞれを市場全体,グループ,ノイズに対応する**擬相関行列** (Pseudo Correlation Matrix) と呼ぶ.ここで,擬相関行列という用語を新たに導入した.このように名づけた理由は,各々の対角成分は $C_{ii}^a \neq 1$, $a \in (\mathrm{m}, \mathrm{g}, \mathrm{r})$ であるため相関行列と見なせないが,非対角成分には相関行列に足り得る構造を含んでいると考えられるからである.また,各々の和が

$$\mathbf{C} = \mathbf{C}^{\mathrm{m}} + \mathbf{C}^{\mathrm{g}} + \mathbf{C}^{\mathrm{r}} \tag{5.94}$$

となり,相関行列 $\mathbf{C}$ を再現するということも,擬相関行列という用語を導入した理由である.図 5.12 は,$T = 1534$ の場合の $\mathbf{C}^a$, $a \in (\mathrm{m}, \mathrm{g}, \mathrm{r})$ の非対角成分の確率密度である.

この図から分かるように,$\mathbf{C}^{\mathrm{m}}$ の場合は成分のほとんどが正で,平均値が 0.2 付近にあり,その付近でピークが 2 つある.また,$\mathbf{C}^{\mathrm{g}}$ の場合は平均がほぼ 0 である.これは $\mathbf{C}^{\mathrm{r}}$ の場合も同様であるが,分散の大きさに違いがあり,$\mathbf{C}^{\mathrm{g}}$ の方が $\mathbf{C}^{\mathrm{r}}$ よりも分散が大きい.

5.4 ポートフォリオ

この節では,株式ポートフォリオの構築法についてまとめ,問題点を指摘する.また,5.3.6 節で定義した有意相関行列 $\mathbf{C}^{\mathrm{pr}}$ を,Markowitz の平均・分散モデルに応用してインデックス・ファンドを作り,そのパフォーマンスについて考察する.

5.4.1 ファンド構築の現状

資産運用として従来から用いられているスタイルは,資産を株式と債券に投資し,資産配分 (アセット・アロケーション) を最適化するものである.この運用方法は現在でも有効であるが,最近では,代替 (オルタナティブ) 投資も行われるようになってきている.代替投資の形態は大きく分けて,投資対象資産の代替と,投資戦略の代替がある.前者は,従来の株式や債券への投資に加え,それらと相関の低い不動産 (日本では必ずしも株式と相関が低いわけではない),プライベート・エクイティ (ベンチャー・キャピタル,未公開株など),コモディティ (石油,ガスなど),ヘッジファンドを含めた投資である.このうちヘッジファンドは,投資戦略の代替として考えられることもある.

ヘッジファンドと聞くとマフィアのように悪いイメージをもつかもしれないが,ヘッジとは防御という意味合いをもつ.以前から用いられてきたヘッジファンドの定義はすでに古く,現在ではその定義も多様で統一されていない.しかし,どのような市況においても必ずプラスの絶対収益を獲得する (資産を防御する) という目的が根底にある.また,ヘッジファンドは超富裕層を相手にするイメージがあったが,現在ではファンズ・オブ・ヘッジファンズのようにヘッジファンドのポートフォリオも開発されていて,年金基金や個人が購入する場合もある.ヘッジファンドは投資として魅力的なものであれば,どんな物でもあらゆる手法で運用する.だが,1 つのファンドの資産規模は年金基金などと比べると中規模であり,大きな成功をおさめて巨大化したファンドでは,それまでの手法がうまく機能しなくなるといわれている.巨大資産,中程度の資産,個人資産などの資産規模に応じて,最適な運用手法があるようである.次に,株式に対する投資戦略について,もう少し詳しく述べる.

株式の場合,「買い」と「空売り」を組み合わせたロング・ショート戦略と,「買い」だけのロング・オンリー戦略がある.ここで「空売り」とは,株を借りてきて売ることである.だが,借りてきたものは返さなければならないので,然るべき時に買い戻し返却する必要がある.多くの年金基金や投資信託などはロング・オンリー戦略

5.4 ポートフォリオ

でファンドを構築し，所有する株式の一部を貸し株にまわすことがあると言われている．また，多くのヘッジファンドは，年金基金や投資信託などから株式を借りて，ロング・ショート戦略でファンドを構築している．当然，借り手は貸し手に手数料を支払う．また，ロング・ショート戦略は，市場の騰落に左右されずに絶対収益を獲得する可能性を高める．だがこれは，市場収益の一部をあきらめることの代償ともいえる．

ロング・オンリー戦略は，さらにパッシブ運用とアクティブ運用に分けられる．パッシブ運用ではベンチマークを設定し，それに追随するポートフォリオ (パッシブ・ファンド) を構築して運用する．通常，TOPIXや日経平均株価などのインデックスが，ベンチマークとして選ばれる．そのため，それらに追随することを目的としたポートフォリオは，インデックス・ファンドとも呼ばれる．したがってパッシブ運用では，市場が下げ続けている場合には同様に下げ続けなければならない．一方，アクティブ運用ではベンチマークに勝つポートフォリオ (アクティブ・ファンド) を構築して運用する．そのためトータルな収益がマイナスであっても，ベンチマークに勝てば良いことになる．だが，この運用では市場以上の収益が得られる期待は高まるが，必然的に市場以上のリスクをとることになる．

資本資産価格モデル (Capital Asset Pricing Model; CAPM) によると，すべての合理的投資家は，TOPIXや日経平均株価などのインデックスと無危険資産 (国債など) だけに投資する運命にある．また，アクティブ・ファンドの平均的パフォーマンスはインデックスよりも劣っていることを，いくつかの実証研究が明らかにしている．そのため，年金基金や投資信託などの資産の一部は，インデックス・ファンドとして運用されている．年金基金や投資信託は運用を委託されているため，アクティブ運用のように市場よりも大きなリスクを取ることには消極的であるといわれる．次にインデックス・ファンドの構築方法について，もう少し詳しく述べる．

インデックス・ファンド (パッシブ・ファンド) の構築方法は，大きく分けて3つある．それらは，完全法，最適化法，層化抽出法である．完全法とは，インデックスに含まれているすべての銘柄を，インデックスと同じ構成比率で構築する方法である．つまり，インデックスの縮小レプリカを作る方法である．また，倒産確率の高い銘柄などを除外して残った銘柄に対して縮小レプリカを作る方法は，準完全法と呼ばれている．最適化法は，インデックスよりも少ない銘柄数で，インデックスとのずれを最小にするように最適化する方法である．層化抽出法は，業種や企業規模に応じて層化し，各層の割合がインデックス内での割合と等しくなるように銘柄を抽出する方法である．次節では，有意相関行列 $\mathbf{C}^{\mathrm{pr}}$ を Markowitz の平均・分散モデルに応用する手法を，最適化法の1つと考えて議論を進めていく．

5.4.2　ポートフォリオをつくる

Markowitz の平均・分散モデルは，**数理計画問題** (Mathematical Programming; MP) の1つである．数理計画問題は一般に

$$\text{最大化} \quad f(\boldsymbol{x}), \tag{5.95}$$
$$\text{条件} \quad \boldsymbol{x} \in S \tag{5.96}$$

と表せる．変数 x_i が N 個ある場合，$\boldsymbol{x} = (x_1, x_2, \ldots, x_N)^\mathsf{T}$ は変数ベクトルを与え，$f(\boldsymbol{x})$ は $\boldsymbol{x}$ の関数で目的関数と呼ばれる．また S は一般に実数の集合であり，$\boldsymbol{x}$ に対する制約条件を与える．つまり，与えられた制約条件のもとで，目的関数を最大化または最小化する問題である．数理計画法としては，線形計画法，整数計画法，非線形計画法，ネットワーク計画法，組み合わせ最適化などがある．

線形計画法は，線形計画問題を解くための方法であり，良く知られたものとして，1947 年に G. B. Dantzig によって提案された単体法と，1984 年に N. K. Karmarkar によって提案された内点法がある．線形計画問題は，制約条件や目的関数が，線形 (1次) 関数や線形 (1次) 不等式で与えられる．例えば，線形等式の制約条件下で目的関数を最小化したい問題は，一般に

$$\text{最小化} \quad \boldsymbol{c}^\mathsf{T} \boldsymbol{x}, \tag{5.97}$$
$$\text{条件} \quad \mathbf{A}\boldsymbol{x} = \boldsymbol{b} \tag{5.98}$$

で与えられる．ここで

$$\boldsymbol{c} = \begin{bmatrix} c_1 \\ \vdots \\ c_N \end{bmatrix}, \quad \boldsymbol{x} = \begin{bmatrix} x_1 \\ \vdots \\ x_N \end{bmatrix}, \quad \mathbf{A} = \begin{bmatrix} a_{11} & \ldots & a_{1N} \\ \vdots & & \vdots \\ a_{N1} & \ldots & a_{NN} \end{bmatrix}, \quad \boldsymbol{b} = \begin{bmatrix} b_1 \\ \vdots \\ b_N \end{bmatrix} \tag{5.99}$$

である．単体法を用いた簡単な線形計画問題として，演習問題 5.5 を出題しておく．

これに対して Markowitz の平均・分散モデルは一般に

$$\text{最小化} \quad \boldsymbol{x}^\mathsf{T} \mathbf{M} \boldsymbol{x}, \tag{5.100}$$
$$\text{条件} \quad \mathbf{A}\boldsymbol{x} = \boldsymbol{b} \tag{5.101}$$

で与えられる．ここで

$$\mathbf{M} = \begin{bmatrix} m_{11} & \ldots & m_{1N} \\ \vdots & & \vdots \\ m_{N1} & \ldots & m_{NN} \end{bmatrix} \tag{5.102}$$

5.4 ポートフォリオ

は一般の行列として書いてあるが、平均・分散モデルでは共分散や相関行列を用いて $m_{ij} = \mathrm{Cov}[r_i, r_j] = C_{ij}\sigma_i\sigma_j$ で与えられる。このように目的関数が 2 次式になっている問題は、**2 次計画問題** (Quadratic Programming) と呼ばれる。2 次計画問題が連立方程式を解く問題へ変形できることを確認するために、演習問題 5.6 を出題しておく。

いま、株式 i がポートフォリオに占める割合を x_i とすると

$$\sum_{i=1}^{N} x_i = 1 \tag{5.103}$$

となる。また、「買い」だけでポートフォリオを構成するならば

$$0 \leq x_i \tag{5.104}$$

である。そして、ポートフォリオの対数収益率を

$$\bar{r}_\mathrm{p} := \sum_{i=1}^{N} \langle r_i \rangle x_i \tag{5.105}$$

で定義する。ここで $\langle r_i \rangle$ の定義は式 (5.53) である。ポートフォリオのリスクを

$$\sigma_\mathrm{p} := \sqrt{\sum_{i=1}^{N}\sum_{j=1}^{N} \mathrm{Cov}[r_i, r_j] x_i x_j} = \sqrt{\sum_{i=1}^{N}\sum_{j=1}^{N} C_{ij}\sigma_i\sigma_j x_i x_j} \tag{5.106}$$

で定義する。したがって、ポートフォリオを構築するために解くべき問題は、式 (5.105) の $\bar{r}_\mathrm{p}$ の値を指定し、式 (5.103), (5.104), (5.105) の条件のもとで、式 (5.106) の σ_p もしくは σ_p^2 を最小にする x_i を見つけることである。なぜなら合理的投資家は、同じ収益率が期待されるならば最小のリスクを望むからである。そして $\bar{r}_\mathrm{p}$ の値を変えながら最適解 $\boldsymbol{x}$ と σ_p を求めることによって、$(\bar{r}_\mathrm{p}, \sigma_\mathrm{p})$ 平面上に**効率的フロンティア** (Efficient Frontier) と呼ばれる曲線を描くことができる。したがって、合理的投資家は、自分のリスク許容度に応じて、効率的フロンティア上のポートフォリオを選択することになる。

図 5.13 は、横軸が年率換算されたリスクである。図では単に σ_p としているが、正確には $\sigma_\mathrm{p}\sqrt{T}$ を表している。ここで $T = 1$ 年 $= 250$ 営業日としている。また、図では単に $\bar{r}_\mathrm{p}$ としているが、正確には縦軸は年率換算された対数収益率 $\bar{r}_\mathrm{p} T$ である。ここでは各々の値を百分率で表している。図中の＋印は各株式を表し、実線は効率的フロンティアを表している。この図から、ある 1 つの株式を所有するよりも、効率的フ

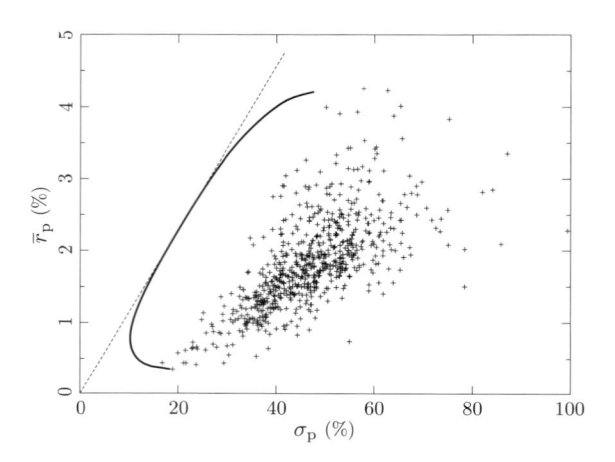

図 5.13 株式の期待収益率, リスク, 効率的フロンティア

ロンティア上のポートフォリオを所有する方が,同じリスクでも高い収益率を実現する可能性が高いことが分かる．ここでは株式だけでポートフォリオを構成しているので,効率的フロンティアに向かって,原点を通る接線を引くと図中の破線が得られる．ポートフォリオに債券を含んだ場合,切片は $\bar{r}_\mathrm{p} > 0$ である．**シャープ・レシオ** (Sharp Ratio) は,単位リスク当たりの期待収益率を定量化するもので

$$R_\mathrm{S} := \frac{\bar{r}}{\sigma} \tag{5.107}$$

で定義される．図中の破線はシャープ・レシオを最大化しているので,真に合理的投資家は,破線と効率的フロンティアの接点のポートフォリオを選択することになる．

ただし,この方法を用いるためには,ポートフォリオを作ろうと思った日に,ポートフォリオを所有し続けるであろう未来の期間に対して,ポートフォリオを構成するために用いるユニバース (株式群) の,期待収益率,リスク,共分散または相関行列を予測する必要がある．このような予測は,ユニバースが小さい場合には可能かもしれないが,当然,予測誤差を伴う．また,東証 1 部上場銘柄をユニバースとする場合には,1000 銘柄以上の株式に対して予測する必要がある．これは,1000×1000 よりも大きな相関行列を予測することであり現実には不可能である．そのため妥協案として,ポートフォリオを作ろうと思った日に,ユニバースの過去データを用いて,収益率,リスク,相関行列を計算して,未来でもそれが実現されると思って最適なポートフォリ

5.4 ポートフォリオ   239

オを組むという立場をとる．だが，当然，過去の構造が未来に渡って不変である保証はない．

また，いくつかのファクター (要因) $F_{k,t}$, $(k=1,\ldots,K)$ で，株式の収益率を

$$r_{i,t} = a_i + \sum_{k=1}^{K} b_{i,k} F_{k,t} + \varepsilon_{i,t} \tag{5.108}$$

と表すマルチ・ファクター・モデルを用いれば，最適化問題は簡略化される．ここでファクターとは，例えば景気指標や為替などである．現在，多くの投資機関が使っているモデルでは，多いもので40～60個のファクターを用いている．したがって，これらのファクターに対して変動率，分散，共分散を予想すればよいので，純粋な平均・分散モデルよりは予想すべきものは少なくなる．また，ポートフォリオのパフォーマンスはこれらのファクターによって説明されるので，現実の経済状況などに照らし合わせることができ，説明能力が高まると言われている．しかし，説明能力が高まることと，ポートフォリオのパフォーマンスが良くなることは別の話である．

5.4.3 相関行列の安定性

実際にポートフォリオを運用した場合のパフォーマンスを比較する前に，相関行列の予測誤差について議論する．そのために，相関行列 C_{ij} の予測値として，過去データを使って計算される以下の4つのモデルを考える．

(i) 式 (5.65) で定義される相関行列 C_{ij} を用いるモデル
(ii) 各銘柄の対数収益率が式 (5.56) で表され，かつ $\{\varepsilon_{i,t}\}$ が互いに無相関であるというモデルから導かれる $C_{ij} = \beta_i \beta_j \sigma_T^2 / \sigma_i \sigma_j$ (σ_T は TOPIX のリスク) を用いるモデル [44]
(iii) モデル (i) で得られる相関行列の平均値を成分とする C_{ij} を用いるモデル [44, 45]
(iv) 5.3.6 節で定義した有意相関行列 C_{ij}^{pr} を用いるモデル

ここではモデル (iv) の比較対象として，他の3つのモデルを考えている．モデル (i) はベンチマークとして，モデル (ii) は業種に固有なゆらぎを無視したものとして，モデル (iii) は実務的に使用されているものの例として，モデル (iv) と比較する意義がある．

相関行列の予測誤差を定義するために，まず始めに，1年間の期間において，すべての銘柄対 (i,j) に対して，各モデルの予測 C_{ij} と実際のデータから計算される実現 C_{ij}

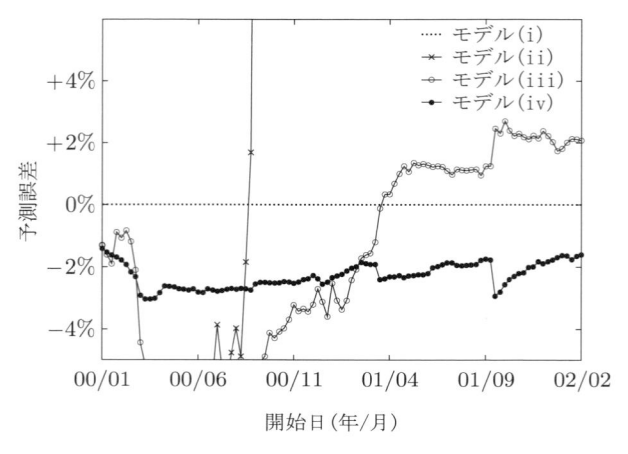

図 5.14　相関行列の予測誤差

との差の絶対値をとり，その平均値を計算した．その後，それとモデル (i) の場合の絶対誤差の平均値とのずれの割合 (百分率) で予測誤差を定義した．そして，期間の開始日を 2000 年 1 月から 2002 年 2 月にわたってずらして予測誤差を計算し，図 5.14 を得た．図の横軸は，誤差計算を行った 1 年間の期間の開始日を表している．この図では，範囲を越えている場合を強調するため，異なる開始日を折れ線で結んでいる．

この結果から分かるように，モデル (ii) は予測誤差のばらつきが大きく，図の範囲を越えて誤差が悪化している期間が長い．これから，モデル (ii) の限界が見て取れる．また，モデル (iii) は，比較的安定しているものの，モデル (iv) よりも悪化する期間が続いている．したがって，検証したすべての時期において，安定的に予測誤差が良くなったのはモデル (iv) だけである．このようなことが観測された原因としては，モデル (iv) が株式市場における本質的な構造を捉えているからだと考えられる．

5.4.4　インデックス・ファンドをつくる

以下では，ベンチマークとして TOPIX を選ぶ．つまり，市場の対数収益率 $r_{M,t}$ として，t 日での TOPIX の対数収益率を用いる．そして，TOPIX に追随するインデックス・ファンドを，ロング・オンリー戦略で作ることにする．そのために，Markowitz の平均・分散モデルの制約条件をもう一度吟味してみよう．

どんな場合でも，式 (5.103) は必須である．また，ロング・オンリー戦略を採用して

5.4 ポートフォリオ

いるので, 式 (5.104) も必須である. では, 式 (5.105) はどうであろうか. いま, インデックス・ファンドを作ることを目的としているので, 期待収益率を条件にする必要はない. したがって, 違う条件を課すことができる. そこで, 式 (5.56) 式を思い出すと, この式で定義されたベータは, 株式 i の市場に対する感応度を表していた. そのため, $\beta_i = 1$ の株式は, 平均的に市場と同じ動きをすると期待できる. そこで, インデックス・ファンドのベータを

$$\beta_{\mathrm{p}} := \sum_{i=1}^{N} \beta_i x_i \tag{5.109}$$

で定義する. つまり, $\beta_{\mathrm{p}} = 1$ とすれば, 平均的に市場インデックス (ここでは TOPIX) と同じ動きをするポートフォリオが作れる. また, $\beta_{\mathrm{p}} = 0$ とすれば, 平均的に市場インデックスと相関しないマーケット・ニュートラルなポートフォリオが作れ, $\beta_{\mathrm{p}} < 0$ とすれば, 平均的に市場インデックスと逆の動きをするポートフォリオが作れることになる.

ここではインデックス・ファンドを作ることが目的なので $\beta_{\mathrm{p}} = 1$ とし, 式 (5.106) を最小にする x_i を求めれば, 平均的にベンチマークと同じ動きをし, リスクが最小なファンドが得られると期待できる. また, 以下では, 最小化すべき目的関数である式 (5.106) の相関行列として, 5.3.6 節で述べたように, 元々の相関行列 $\mathbf{C}$, 有意相関行列 $\mathbf{C}^{\mathrm{pr}}$, ノイズ相関行列 $\mathbf{C}^{\mathrm{no}}$ の 3 種類を用いる. そして, 相関行列の違いがファンドのパフォーマンスに与える影響について考える.

より具体的には, ファンドを作ろうと思った日から過去 3 年間 (750 営業日) のデータから, β_i, σ_i, $\mathbf{C}$, $\mathbf{C}^{\mathrm{pr}}$, $\mathbf{C}^{\mathrm{no}}$ を計算する. そして, 2 次計画問題を解き, ポートフォリオの構成割合 x_i を求める. その後, その構成割合に従ってインデックス・ファンドを構築し, $T = 250$ (1 年間, 250 営業日) もち続けることにする (バイ・アンド・ホールド). また, その間のポートフォリオの日々の収益率を $\tilde{r}_{\mathrm{p},t} := \{\tilde{r}_{\mathrm{p},1}, \tilde{r}_{\mathrm{p},2}, \ldots, \tilde{r}_{\mathrm{p},T}\}$ とし, それらから計算される標準偏差 $\tilde{\sigma}_{\mathrm{p}}$ をリスクと考える. そして, ファンドそのもののパフォーマンスを評価する指標としては, $\{\tilde{r}_{\mathrm{p},t}\}$ から計算される年率換算された平均対数収益率 $r_{\mathrm{p}} := \langle \tilde{r}_{\mathrm{p}} \rangle T$ と年率換算されたリスク $\sigma_{\mathrm{p}} := \tilde{\sigma}_{\mathrm{p}} \sqrt{T}$, シャープ・レシオ $R_{\mathrm{S}} := r_{\mathrm{p}}/\sigma_{\mathrm{p}}$ を計算する. 一方, TOPIX に対する相対的なパフォーマンスを評価するために, t 日の超過収益率を $\{\tilde{r}_{\mathrm{ex},t}\} := \{\tilde{r}_{\mathrm{p},t} - r_{\mathrm{M},t}\}$ で定義し, それらを用いて標準偏差 $\tilde{\sigma}_{\mathrm{ex}}$ を計算する. ここで $\{r_{\mathrm{M},t}\}$ は TOPIX の対数収益率である. そして, 年率換算された平均超過対数収益率 $r_{\mathrm{ex}} := \langle \tilde{r}_{\mathrm{ex}} \rangle T$ を指標として用いる. また, $\tilde{\sigma}_{\mathrm{ex}}$ を年率換算することによって, トラッキング・エラー $\sigma_{\mathrm{te}} := \tilde{\sigma}_{\mathrm{ex}} \sqrt{T}$ を指標として用いる. さらに, 情報レシオ $R_{\mathrm{I}} := r_{\mathrm{ex}}/\sigma_{\mathrm{te}}$ も指標として用いる.

表 5.3 インデックス・ファンドのパフォーマンス比較

相関	指標	50 銘柄	100 銘柄	150 銘柄	200 銘柄	300 銘柄	500 銘柄
C	$r_\mathrm{p}(\%)$	−21.271	−18.862	−18.196	−18.068	−18.068	−18.068
	$\sigma_\mathrm{p}(\%)$	24.619	23.522	23.178	23.178	23.178	23.178
	R_S	−0.873	−0.806	−0.786	−0.781	−0.781	−0.781
	$r_\mathrm{ex}(\%)$	1.466	3.876	4.541	4.669	4.669	4.669
	$\sigma_\mathrm{te}(\%)$	6.045	4.880	4.641	4.626	4.626	4.626
	R_I	0.230	0.757	0.919	0.946	0.946	0.946
C$^\mathrm{pr}$	$r_\mathrm{p}(\%)$	−19.665	−16.593	−16.191	−16.191	−16.191	−16.191
	$\sigma_\mathrm{p}(\%)$	24.381	23.073	22.888	22.887	22.887	22.887
	R_S	−0.814	−0.722	−0.709	−0.709	−0.709	−0.709
	$r_\mathrm{ex}(\%)$	3.072	6.145	6.547	6.547	6.547	6.547
	$\sigma_\mathrm{te}(\%)$	5.959	4.842	4.710	4.709	4.709	4.709
	R_I	0.51	1.234	1.234	1.339	1.339	1.339
C$^\mathrm{no}$	$r_\mathrm{p}(\%)$	−25.822	−21.464	−18.327	−16.193	−13.812	−12.083
	$\sigma_\mathrm{p}(\%)$	30.460	28.147	26.510	25.660	24.815	24.111
	R_S	−0.846	−0.759	−0.680	−0.614	−0.530	−0.467
	$r_\mathrm{ex}(\%)$	−3.084	1.273	4.410	6.545	8.926	10.654
	$\sigma_\mathrm{te}(\%)$	12.723	10.208	9.049	8.750	8.753	8.855
	R_I	−0.227	0.121	0.463	0.700	0.934	1.091

ポートフォリオを構築する日を適当に決め，上記の手続きに従ってポートフォリオを構築し 1 年間運用する．そして，それぞれの指標を計算する．その後，ポートフォリオを構成する日を 1 週間 (5 営業日) 変えて，同様な計算を行う．このような操作を 100 回繰り返し，各々の指標の平均値を求めることによって表 5.3 が得られる．この表では，得られた構成割合 x_i のうち値の大きい方から，50 銘柄，100 銘柄，150 銘柄，200 銘柄，300 銘柄，500 銘柄を用いて構築したファンドごとに結果を示している．

この表から分かることは，以下のようにまとめられる．

- 収束性: ファンド構築に用いる銘柄数を増やすにつれて，どの指標の値も改善されていく．また，**C**, **C**$^\mathrm{pr}$ を用いた場合は 200 銘柄でほぼ収束しているが，**C**$^\mathrm{no}$ の場合にはそのような収束性は見られない．
- 収益率: 年率換算された平均収益率 r_p は，どの相関行列を用いた場合でも負になっている．これは，検証期間が下げ相場だったことに起因する．また，結果は 200 銘柄よりも少ない銘柄でファンドを構築した場合は，**C**$^\mathrm{no}$ < **C** < **C**$^\mathrm{pr}$

5.4 ポートフォリオ

で C^{pr} が一番良い．しかし，それ以上の銘柄数でファンドを構築した場合は，$C < C^{pr} < C^{no}$ で C^{no} が一番良い．

- リスク: 年率換算されたリスク σ_p は，ポートフォリオを構成する銘柄数に依らずに $C^{pr} < C < C^{no}$ で C^{pr} が一番良い．
- シャープ・レシオ: R_S は 150 銘柄よりも少ない銘柄数でファンドを構築した場合には $C < C^{no} < C^{pr}$ で C^{pr} が一番良い．しかし，それ以上の銘柄数でファンドを構築した場合は，$C < C^{pr} < C^{no}$ で C^{no} が一番良い．
- 超過収益率: 年率換算された平均超過収益率 r_{ex} は，ほとんどの場合でプラスになっている．これは，ファンドが TOPIX よりも良い収益率をあげたことを意味する．本書では，検証期間のすべての日において取引が成立していた 658 銘柄を使ってファンドを構築している．これは，TOPIX よりも少ない銘柄数になっている．そのため，ある種の銘柄効果が生じ，パフォーマンスの良いユニバースに対して最適化した可能性がある．また，300 銘柄よりも少ない銘柄でファンドを構築した場合は，$C^{no} < C < C^{pr}$ で C^{pr} が一番良い．しかし，それ以上の銘柄数でファンドを構築した場合は，$C < C^{pr} < C^{no}$ で C^{no} が一番良い．
- トラッキング・エラー: σ_{te} はファンドを構築する銘柄数に依らずに $C^{pr} < C < C^{no}$ で C^{pr} が一番良い．特に，C^{no} を使った場合の大きさ (悪さ) が目につく．
- 情報レシオ: R_I は総じて $C^{no} < C < C^{pr}$ で，特に C^{pr} の大きさ (良さ) が目につく．

本節の目的は，TOPIX に追随するインデックス・ファンドを作ることであった．そのため，TOPIX よりも少ない銘柄数でこの目的を達成できることは，実務の面から見て非常に重要である．したがって，以上の結果を総合して考えると，パフォーマンスが一番良いのは C^{pr} だと結論できる．つまり，ランダム行列理論を使ってノイズを除去した効果が，インデックス・ファンドのパフォーマンスの差として確かに現れている．また，パフォーマンスが向上した理由としては，5.4.3 節で述べたように，過去データを使って求めた (予測) 相関行列と，ファンドを運用している期間の (実績) 相関行列の差が，C^{pr} の場合に最も小さくなっているからだと考えられる．

5.5 素数とランダム行列

ここでは，素数とランダム行列理論の関係について説明し，ランダム性の背後に潜む深遠な姿を眺望する．素数とは，自然数のうちで，自分と 1 以外で割り切れない数である．例えば，1 から 100 まで自然数を書き出してみると

$$
\begin{array}{cccccccccc}
1, & \mathbf{2}, & \mathbf{3}, & 4, & \mathbf{5}, & 6, & \mathbf{7}, & 8, & 9, & 10, \\
\mathbf{11}, & 12, & \mathbf{13}, & 14, & 15, & 16, & \mathbf{17}, & 18, & \mathbf{19}, & 20, \\
21, & 22, & \mathbf{23}, & 24, & 25, & 26, & 27, & 28, & \mathbf{29}, & 30, \\
\mathbf{31}, & 32, & 33, & 34, & 35, & 36, & \mathbf{37}, & 38, & 39, & 40, \\
\mathbf{41}, & 42, & \mathbf{43}, & 44, & 45, & 46, & \mathbf{47}, & 48, & 49, & 50, \\
51, & 52, & \mathbf{53}, & 54, & 55, & 56, & 57, & 58, & \mathbf{59}, & 60, \\
\mathbf{61}, & 62, & 63, & 64, & 65, & 66, & \mathbf{67}, & 68, & 69, & 70, \\
\mathbf{71}, & 72, & \mathbf{73}, & 74, & 75, & 76, & 77, & 78, & \mathbf{79}, & 80, \\
81, & 82, & \mathbf{83}, & 84, & 85, & 86, & 87, & 88, & \mathbf{89}, & 90, \\
91, & 92, & 93, & 94, & 95, & 96, & \mathbf{97}, & 98, & 99, & 100
\end{array}
$$

となるが，このうち，太字で書いたものが素数である．素数以外の数は合成数と呼ばれ，自分よりも小さな素数をいくつか掛け合わせたものからできている．素数が無限個存在することや，すべての自然数が素因数分解できることは，Euclid の原論の中で証明されている．

Euclid 以降，素数に関する研究はなぜか 18 世紀まで大きく発展しなかったが，転機は J. C. F. Gauss によってもたらされた．Gauss は 15 歳の頃からその生涯に渡って素数を数え上げた．一説によると 300 万個の素数を数え上げたと言われている．そして，素数が大きくなるにつれて，その個数が対数で減少していくことを発見し，ある自然数 x 以下の素数の個数は

$$\pi(x) \sim \mathrm{Li}(x) := \int_2^x \frac{dt}{\log t} \tag{5.110}$$

になると予想した．ここで $\pi(x)$ は素数の個数関数と呼ばれ，x 以下の素数の個数を表す．また，$\mathrm{Li}(x)$ は対数積分と呼ばれる．

また，同じ時期に A. M. Legendre は

$$\pi(x) \sim \frac{x}{\log x - B(x)} \tag{5.111}$$

と予想した．ここで，$B(x)$ は

$$\lim_{x \to \infty} B(x) = 1.08366 \tag{5.112}$$

5.5 素数とランダム行列

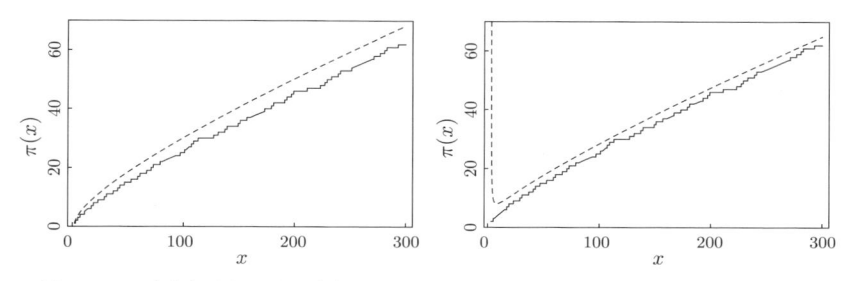

(a) Gauss の素数定理 (5.110) と実際の $\pi(x)$

(b) Legendre の素数定理 (5.111) と実際の $\pi(x)$

図 5.15 素数定理と素数の個数関数

である.

現在では, これらは**素数定理** (Prime Number Theory) と呼ばれていて, 1896 年に J. S. Hadamard と C. J. de la Vallée-Poussin によって独立に証明された. 実際の素数の個数と式 (5.110) や式 (5.111) を描いてみると, 図 5.15 が得られる. 本当は $x \to \infty$ のところで比較すべきだが, 違いが良く分かる領域として $x \leq 300$ の部分を描画した. これらの図では, 破線はそれぞれ Gauss や Legendre の予想を表し, 実線が実際の $\pi(x)$ を表している. このように, 双方の予想ともに誤差がある.

その後, $\pi(x)$ のさらに詳しい形式は, 1859 年に G. F. B. Riemann によって

$$\pi(x) = \sum_{n=1}^{\infty} \frac{\mu(n)}{n} \left(\text{Li}(x^{1/n}) - \sum_{\rho} \text{Li}(x^{\rho/n}) \right.$$
$$\left. + \int_{x^{1/n}}^{\infty} \frac{dw}{(w^2-1)w \log w} - \log 2 \right) \quad (5.113)$$

と与えられた.[*6] これは Riemann の素数定理と呼ばれている. ここで, n は自然数を表す. また, $\mu(n)$ は Möbius 関数と呼ばれ

$$\mu(n) = \begin{cases} +1 & n \text{ が偶数個の異なる素数の積} \\ -1 & n \text{ が奇数個の異なる素数の積} \\ 0 & n \text{ が平方数で割り切れる} \end{cases} \quad (5.114)$$

である. 例えば, $\mu(1) = 1$, $\mu(2) = -1$, $\mu(3) = -1$, $\mu(4) = 0$, $\mu(5) = -1$, $\mu(6) = 1$, $\mu(7) = -1$, $\mu(8) = 0$, $\mu(9) = 0$, $\mu(10) = 1$ などである.

[*6] Riemann の素数定理はさまざまな表式で書かれているが, ここでは文献 [91] に従った.

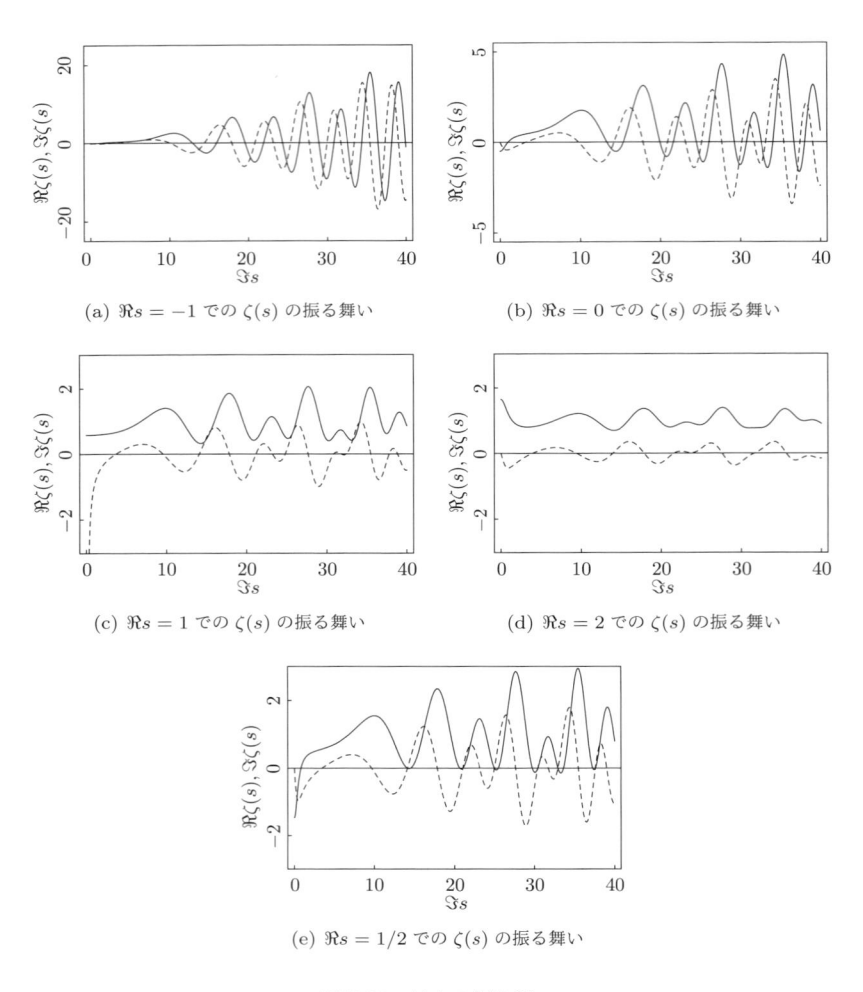

(a) $\Re s = -1$ での $\zeta(s)$ の振る舞い

(b) $\Re s = 0$ での $\zeta(s)$ の振る舞い

(c) $\Re s = 1$ での $\zeta(s)$ の振る舞い

(d) $\Re s = 2$ での $\zeta(s)$ の振る舞い

(e) $\Re s = 1/2$ での $\zeta(s)$ の振る舞い

図 5.16 $\zeta(s)$ の振る舞い

5.5 素数とランダム行列

式 (5.113) で，右辺第 1 項から第 3 項まではゼータ関数 $\zeta(s)$ に関係していて，右辺第 1 項は $\zeta(s=1) = \infty$ の自明な極に起源をもつ．右辺第 2 項は $\zeta(\rho) = 0$ を満たす非自明な解 ρ に起源をもつ．そして，右辺第 3 項は $\zeta(-2m) = 0, m = 1, 2, \ldots$ の自明な解に起源をもつ．したがって，式 (5.113) で表される Riemann の素数定理で非自明なのは右辺第 2 項，つまり非自明な解 ρ である．そこで ρ を知るために，ゼータ関数について見ていくことにする．

いま，s を複素数としたとき，Riemann のゼータ関数は

$$\zeta(s) := \sum_{n=1}^{\infty} n^{-s} = \prod_{p:素数} \left(1 - p^{-s}\right)^{-1} \tag{5.115}$$

で定義される．これは，s が実数の場合に，L. Euler によって最初に考えられたもので，右辺の等号は Euler 積と呼ばれる．式 (5.115) は，自然数 n に関する和と，素数 p に関する積を関係づけている．$\zeta(s)$ の引数 s は複素数であり，$\zeta(s)$ 自身も複素数値をとるので，その外形をつかむのは難しい．そこで，$\zeta(s)$ に馴染むために，その様子をいくつか描いてみることにする．図 5.16 は，$\Re s = -1, 0, 1/2, 1, 2$ の場合に，$0 \leq \Im s \leq 40$ の範囲で，$\Re \zeta(s)$ (実線) と $\Im \zeta(s)$ (破線) を同時に描いたものである．これらの図から，$\Re s = 1/2$ の場合のみが，$\Re \zeta(s) = \Im \zeta(s) = 0$ となる非自明な零点が存在すると予想される．

1859 年に Riemann は

ゼータ関数の非自明な零点の実数部はすべて $\dfrac{1}{2}$ であろう

と予想した．つまり，$\zeta(s) = 0$ の非自明な解 ρ は t を実数として

$$\rho = \frac{1}{2} + it \tag{5.116}$$

で与えられるというものである．これが Riemann 予想である．1900 年にパリで開かれた国際数学者会議で D. Hilbert は，次世紀 (20 世紀) における数学の最重要問題として 23 個の問題を挙げた．その中で 21 世紀にまで生き延びた唯一の問題が Riemann 予想であり，数学者を 100 年以上も悩ませ続けている．そのため，この予想に正面から立ち向かうのではなく，とりあえず Riemann 予想が正しいと認めて，その先に現れる広大な景色を眺めるといった研究が派生した．

そのようなものの中で，ゼータ関数の非自明な零点の分布，特に隣り合う零点の間隔分布を調べるといった研究がある．つまり，$\Re \rho = 1/2$ のときの $\Im \rho = t$ を，$t > 0$ の範囲で小さい方から順番 k をつけていき，その差 $t_{k+1} - t_k, k = 1, 2, \ldots$ の分布を調

べるのである．実際には，隣り合う零点の間隔として

$$y_k = (t_{k+1} - t_k)\frac{\log(t_k/2\pi)}{2\pi} \tag{5.117}$$

が用いられる．このようにすると，$\langle y_k \rangle = 1$ になる．例えば，$k = 1, \ldots, 2 \times 10^4$ の 20,000 個に対する y_k の確率密度は図 5.17(a) である．また，$k = 499 \times 10^4, \ldots, 501 \times 10^4$ の 20,000 個に対する y_k の確率密度は図 5.17(b) である．

また図中の実線は Gauss 型ユニタリーアンサンブルの理論曲線である．Gauss 型アンサンブルの場合，固有値間隔の分布は

$$P_\beta(y) = a_\beta y^\beta \exp\left(-b_\beta y^2\right) \tag{5.118}$$

で与えられる．ここで，a_β と b_β はガンマ関数を用いて

$$a_\beta = 2\frac{\Gamma^{\beta+1}\left[(\beta+2)/2\right]}{\Gamma^{\beta+2}\left[(\beta+1)/2\right]}, \tag{5.119}$$

$$b_\beta = \frac{\Gamma^2\left[(\beta+2)/2\right]}{\Gamma^2\left[(\beta+1)/2\right]} \tag{5.120}$$

で与えられる．[*7] 具体的には，$\beta = 1, 2, 4$ の場合がそれぞれ Gauss 型直交アンサンブル，Gauss 型ユニタリーアンサンブル，Gauss 型シンプレクティックアンサンブルに対応し

$$P_1(y) = \frac{\pi y}{2}\exp\left(-\frac{\pi}{4}y^2\right), \tag{5.121}$$

$$P_2(y) = \frac{32}{\pi^2}y^2\exp\left(-\frac{4}{\pi}y^2\right), \tag{5.122}$$

$$P_4(y) = \frac{2^{18}}{3^6\pi^3}y^4\exp\left(-\frac{64}{9\pi}y^2\right) \tag{5.123}$$

である．

図 5.17 から分かるように，k が小さい場合は y_k の分布と式 (5.122) はあまり良く一致していないが，k が大きくなるにつれて良く一致するようになる．2001 年に A. M. Odlyzko は，10^{22} 番目の零点付近の 10^7 個の零点間隔の分布を調べた結果を公表しているが，その結果は Gauss 型ユニタリーアンサンブルと非常に良く一致している．したがって，Gauss 型ユニタリーアンサンブルは Riemann 予想を解く鍵を握っていると期待される．

[*7] ここで $\Gamma^2[x]$ はガンマ関数の 2 乗，つまり $(\Gamma[x])^2$ を表す．同じように $\Gamma^\beta[x]$ は $(\Gamma[x])^\beta$ を表す．

5.5 素数とランダム行列

(a) $k = 1, \ldots, 2 \times 10^4$ の場合

(b) $k = 499 \times 10^4, \ldots, 501 \times 10^4$ の場合

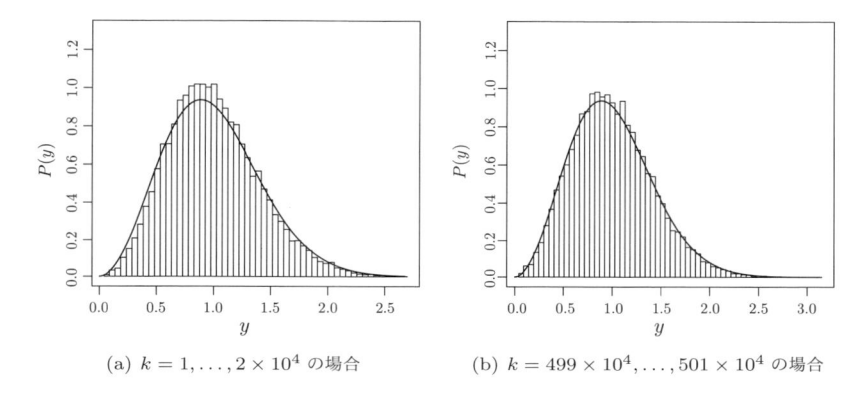

図 5.17　非自明な零点の最近接間隔 y_k の分布

また，株価の場合には，相関行列の最近接固有値間隔や第 2 近接固有値間隔が，Gauss 型直交アンサンブルの理論式 (5.121) に従っていることが示唆されている [165]．一方，最近接固有値間隔や固有値相関は Gauss 型直交アンサンブルの理論式に従うが，第 2 近接固有値間隔は Gauss 型シンプレクティックアンサンブルの理論式 (5.123) に従うといった報告もなされている [135]．

このように，Gauss 型ユニタリーアンサンブルと Riemann 予想の間には深い関係がある．また，Gauss 型ユニタリーアンサンブルと量子カオスの関係なども精力的に研究され，ランダム行列理論は数多くの分野の発展に貢献してきている．そして，本章で述べてきたように，株価の相関行列は Gauss 型直交アンサンブルや Gauss 型シンプレクティックアンサンブルと関係が深い．ランダム行列理論は基礎理論として精力的に研究されてきたが，その実用を目指した研究は非常に少なく，最近になってようやく始まったばかりである．今後，ランダム行列理論が多様な分野で，さまざまに応用されることが期待される．

この章の始めで述べたように，経済物理学は市場における価格変動の研究と，実体経済の研究を柱として発展してきた．本章では価格変動に見られる相関構造について議論したが，次章では，実体経済に見られる相関構造の解析に威力を発揮するコピュラ，特に生産コピュラを説明する．

演習問題

5.1 式 (5.22) の右辺にある行列式を第 0 列で余因子展開せよ．その後，この余因子展開によって現れた各余因子を第 0 行で余因子展開することによって式 (5.23) を導出せよ．

5.2 式 (5.60) で定義した共分散は，$\mathrm{Cov}\,[r_i, r_j] = \langle r_i r_j \rangle - \langle r_i \rangle \langle r_j \rangle$ と表されることを示せ．

5.3 相関行列の各成分の値は，$-1 \leq C_{ij} \leq 1$ であることを示せ．

5.4 A.3 節のサンプルプログラム A.8 を参考にして，$N = 658$ の場合に $T = 1534$ と $T = 745$ に対して固有値の確率密度を計算し，式 (5.66) との一致を確かめよ．

5.5 以下の線形計画問題を作図によって解け．

$$\text{最大化} \quad 7x_1 + x_2, \tag{5.124}$$

$$\text{条件} \quad x_1 + x_2 \leq 8, \tag{5.125}$$

$$4x_1 + x_2 \leq 11, \tag{5.126}$$

$$15x_1 + x_2 \leq 33, \tag{5.127}$$

$$0 \leq x_1,\, x_2. \tag{5.128}$$

5.6 以下で与えられる，空売りを許す場合の Markowitz の平均・分散モデルを，Lagrange の未定係数法を用いて $N + 2$ 本の連立方程式を解く問題に簡略化せよ．

$$\text{最小化} \quad \sigma^2 = \sum_{i,j=1}^{N} \sigma_{ij} x_i x_j, \tag{5.129}$$

$$\text{条件} \quad R = \sum_{i=1}^{N} r_i x_i, \tag{5.130}$$

$$\sum_{i=1}^{N} x_i = 1. \tag{5.131}$$

☕ 素数とゼータ関数

素数に関する多くの未解決問題があります．例えば，1742年にC. Goldbach (1690-1764) がL. Euler (1707-1783) への書簡の中で述べ，現在，「6以上のすべての偶数は2個の素数の和として表され，9以上のすべての奇数は3個の素数の和として表される」として知られているGoldbach予想はまだ証明されていません．また，素数を見ていくとしばしば，3と5，5と7，11と13，17と19，29と31などのように2つ違いで現れることに気がつきます．これらは双子素数と呼ばれていて「双子素数は無限個あるだろう」という双子素数予想もまだ証明されていません．

素数に関する研究はJ. C. F. Gauss (1777-1855) やA. L. Legendre (1752-1833) を経て，G. F. B. Riemann (1826-1866) によって一気に加速されました．Riemannは1859年に論文: Under die Anzahl der Primzahlen unter einer gegebenen Grosse「与えられた数より小さな素数の個数について」を発表し，この論文の中で，Riemann予想を発表しました．この論文は，Eulerのゼータ関数を下地にしています．ほとんどのゼータ関数値は，Eulerが単独で計算しました．例えば

$$\zeta(-1) = \text{``}1+2+3+\ldots\text{''} = -\frac{1}{12}, \tag{5.132}$$

$$\zeta(0) = \text{``}1+1+1+\ldots\text{''} = -\frac{1}{2}, \tag{5.133}$$

$$\zeta(1) = 1 + \frac{1}{2} + \frac{1}{3} + \cdots = \infty, \tag{5.134}$$

$$\zeta(2) = 1 + \frac{1}{2^2} + \frac{1}{3^2} + \cdots = \frac{\pi^2}{6}, \tag{5.135}$$

$$\zeta(3) = \frac{2\pi^2}{7}\log 2 + \frac{16}{7}\int_0^{\pi/2} x\log(\sin x)dx, \tag{5.136}$$

$$\zeta(4) = \frac{\pi^4}{90} \tag{5.137}$$

などです（"…"は「特殊な和の取り方をする」ことを意味します）．

素数に関する逸話はつきないのですが [41]，Gaussをして「整数論は数学の女王である」と言わしめ，整数論は数学の中でもっとも美しく何者にも奉仕しないと考えられてきました．しかし，我々の社会を支えている暗号理論は，数論や素数を信頼性の拠り所としているのですが，量子コンピューターの登場によって，その信頼性も揺らぎ始めています．数学の女王は庶民に仕える身分に落ちてしまったうえに，リストラの危機に直面しているのかもしれません．しかしそれでも，彼女は気高く神秘的です．

(W.S.)

Science is facts; just as houses are made of stones, so is science made of facts; but a pile of stones is not a house and a collection of facts is not necessarily science.

Henri Poincare

6

生産関数と生産コピュラ

企業の行動の基本プロセスは，生産を行い，付加価値を生み出し，利益を出すことである．生産を行うためには資本，労働，原材料などが使われる．これらは生産への**投入 (物)**，もしくは**生産要素** (Factors of Production) と呼ばれる．それらを使って，製品やサービス等が得られるが，その価値と投入の差が付加価値であり，またそれは単に**生産 (物)** とも呼ばれる．

経済学では，付加価値を投入の関数として捉え，**生産関数** (Production Function) を定義する．そして，それを使って利潤 (利益) の最大化を目的として活動する企業の姿を論じる．また，著者らはその見方を越えて，付加価値と投入の関係を確率的にとらえる**生産コピュラ**を提唱している．本章では，この生産の考え方を基本的なところから説き起こし，生産コピュラまでを解説する．

6.1 ミクロとマクロの生産関数

本章の議論を始める前に，伝統的な経済学でのミクロとマクロでの生産関数の考え方について述べておこう．

マクロ生産関数は，個別産業ないし全経済の投入産出関係を記述する．マクロ生産関数を用いて，潜在生産水準，投資関数，労働需要関数のような，マクロ経済学の重要な概念が導出されるだけでなく，経済成長論においても主要な役割を果たしている．しかしながら，マクロ生産関数が存在するための根拠はまったく自明ではない．資本や労働のような生産要素を最適に配分したり，利潤を最大化しようとするマクロ経済の意思決定者があるわけではない．あたかもそのように振る舞うものと仮定しているに過ぎない．マクロ生産関数や成長論でよく知られる経済学者として R. M. Solow がいる [150, 152]．彼は，

> マクロの生産関数を厳密に正当化できる概念と考えたことはなく，有益な寓話であるか，データを扱うための単なる考案であって，良好な実証結果を生む限りは使用するが，そうでなくなるか，よりすぐれたものが出現すれば，捨て去るべきものである．

と述べている [141, 151]．

マクロ生産関数は，ミクロな経済主体，すなわち個別の企業の行動の結果として，ミクロ生産関数から導かれるべきものである．したがって，ミクロの経済関係の総和から，マクロな経済関係が明らかにされなければならない．ミクロな経済主体の生産関数と行動規則が与えられたとき，それらの総和がどのように振る舞うかを調べることは可能である．マクロ生産関数は，このことの数理的表現でなければならない．

6.1 ミクロとマクロの生産関数

1960 年代, Solow は, マクロ生産関数のミクロ基礎付けのために集計問題を提案した. 集計問題とは, 資本と労働を変数として個別の企業のミクロ生産関数を与えて, 労働を均質とみなして加算的であるとする一方で, 資本は非均質 (異質) であり単純な加算ができないとして, マクロな生産関数のもつ性質を調べることである. その後, F. M. Fisher によって, マクロ生産関数の存在条件が検討され, 正確なマクロ生産関数の存在が疑問視される結果が得られている [50]. このように, 従来の経済学においては, マクロな経済現象のミクロ立場からの基礎付けは十分にできていないといって良いであろう. この問題は, 今日の経済物理学のために, そっくりそのまま残されているのである.

しかし, 今日の統計物理学の立場から見れば, この問題はそれほど難問とは思えない. 例えば統計物理学で気体を扱うことを想起する. 個々の気体分子の行動は, 質量や電荷などの基本パラメータをもった (量子) 力学の基本法則で支配される. 気体全体の性質は, 気体分子間相互作用の総和として, 温度などの与えられた外的条件に依存して決定される. ならば, マクロな経済を追いたければ, ミクロの基本的性質を見極め, それらの相互作用の総和として考えればよい.

もちろん, ミクロレベルでは, 個々の企業の個別性を重視する考え方もあり得る. すなわち, 個々の企業はそれぞれの由来, 個性 (業種, 経営戦略, 経営環境など) のために独自の (ミクロ) 生産関数をもつという考えである. ミクロ生産関数は生産要素の関数であるので, ミクロ生産関数を抽出するためには, 生産要素である資本や労働が変化した際にどのように生産が変化するかを知る必要がある. しかし, ある特定の年をとれば, その企業の資本や労働はある決まった値をとっているから, 生産を資本や労働の関数として求めることはできない. これに対応して, 別の年も併せて考えるという提案もあるかもしれないが, 最初の「個別性」を尊重する立場からすれば, 別の年のその企業の性格はまた違ったものになっているという考えもあり得る.

本章の前半では, 生産と投入の関係を考えるために, 共通のミクロな生産関数が企業集団について存在すると仮定する. そして, そのミクロ生産関数の関数形やパラメータを実データから統計的に求め, 企業集団の利潤について論考する. 一方, 後述の 7.7 節では, 企業の個別性を重視する立場から企業エージェントモデルを検討する. そこではそれぞれの企業は固有の生産関数をもつ.

また, これまでの議論から浮かび上がるように, ミクロ生産関数が企業集団について共通のものとするのは近似的にのみ正しい. 実データはミクロ生産関数の付近に広がった分布をもっている. したがって, 企業集団についてミクロ生産関数を**確率的**に定義するのが, もっとも正しい扱いである. これは 1.6 節で述べたコピュラを使うと定式化できる. このようにして得られたコピュラを**生産コピュラ**と呼ぶ. 本章後半

ではその解説を行う.

6.2　生産関数

以下では次の 3 つの量 (どれも単位は円) の間の関係を考える.

$$Y: 生産 (付加価値),$$
$$L: 労働 (人件費),$$
$$K: 資本 (固定資産).$$

実際にこれらの量をデータベースから抜き出すには, 様々な注意が必要である. また, 絶対に正しいという方法もなかなか存在しない. 本書では, 代表的な企業財務データベースである日経 NEEDS [127] を例として使用するが, 以下のような定義を使うことにする.

$$L = [(販) 人件費・福利厚生費] + [(製) 労務費・福利厚生費], \tag{6.1}$$
$$K = [(前年度の) 有形固定資産合計]. \tag{6.2}$$

ここで K として前年度の値を使うのは, それが前年度の最後, つまり今年度の当初の値であるので, 今年度最後の値よりは生産に影響が強いと思われるためである. 一方, 生産 Y は企業が作り出した付加価値を意味している. 企業は他の企業から原材料を仕入れたり, また電気・ガスなどの供給を受け, 土地を借りたりして, 生産を行う. それがその企業の生み出した価値である. その計算は多少複雑で, いくつかの方式があるが, ここではよく知られた日銀の加算方式を用いる. なお, すべての財務諸量の単位を百万円として本節では話を進める. ときとして, L の単位としては人 × 時間を採用する場合もあるが, 後で利潤を議論する際に重要な単位は円である.

また, 本章では 2006 年の上場企業のうち製造業 1361 社を例にとって, 様々な解析手法の説明をすることにする. 製造業をとるのは, それらが比較的揃った性質をもち, 付加価値の計算法も適しているためである. 読者は興味ある年や業種について, ここに述べられた見方を出発点として, 調べてみられたい.

このうち, $Y > 0$ の 1360 社について, これらの量の対数を座標として散布図を描いたものが図 6.1 である. また, この 3 次元空間内での企業の分布がどうなっているかが把握しやすいように, それを様々な角度から見たものを図 6.2 に与えた.

このように, (L, K, Y) 空間において企業分布は広がりをもつが, 近似的に,

$$Y = F(L, K) \tag{6.3}$$

6.2 生産関数

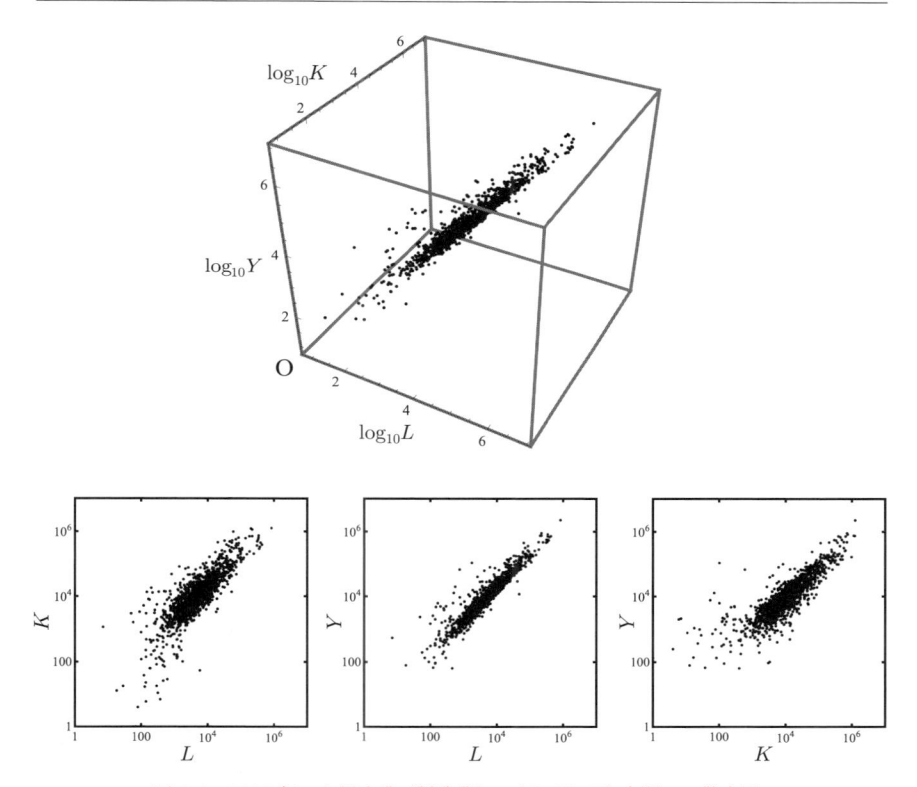

図 6.1 2006 年の上場企業 (製造業) の (L, K, Y) 空間での散布図.

という関数関係が成り立っているとすると，企業の活動を議論する上で非常に便利である．この $F(L, K)$ は**生産関数**と呼ばれ，**(生産) 技術**の反映であるとされる．

厳密に言うならば，生産 Y は単位時間 (例えば，一年間) 当たりの量であって，その表式に K という総量が入っているのは不自然と思われるかもしれない．(L はやはり単位時間当たりの労働量という意味があるので，そのような不自然さは無い．) それを回避するには，**資本稼働率** γ を導入して，$Y = F(L, \gamma K)$ とすればよい．しかしこれは以下の議論の大勢に影響しないので，γ は導入せずにおく．

生産関数がもっていると考えられている基本的な性質を述べておく．

(a) 「単調」(Monotonic): $F(L, K)$ は L についても K についても単調増加関数であ

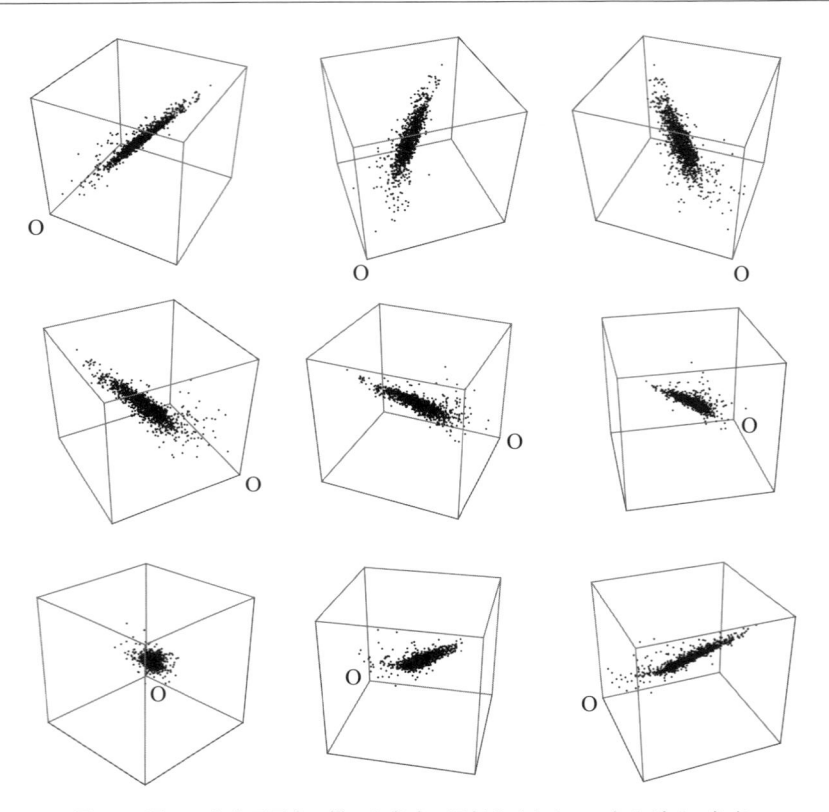

図 6.2 　図 6.1 を水平面内で様々な角度で回転させたもの.左上が元の角度.

る.これは,余分に投入物があっても生産の障害にならないとする自由処分 (Free Disposal) の仮定と同一である.
(b) 「凸型」(Convex): $F(L, K)$ は L, K 両変数について凸,すなわち,2 つの主曲率は共に負である.これは,$L \in [L_1, L_2]$, $K \in [K_1, K_2]$ であるとき,(L_1, K_1) における生産と (L_2, K_2) における生産の適切な組み合わせによって (L, K) での生産をそれらの加重平均に等しいか,それより大きくすることができるはずだからである.
(c) 「限界生成物の逓減」(Law of Diminishing Marginal Product): $\partial F(L, K)/\partial L$ を第一要素の限界生成物,同様に K についての偏微分を第二要素の限界生成

6.2 生産関数

物と呼ぶ．これらが L（もしくは K）の減少関数であることを限界生成物の逓減と呼ぶ．これは法則というよりは，ほとんどすべての生産過程に共通の性質とされている．

(d) 「**技術的代替率の逓減**」(Diminishing Technical Rate of Substitution)：$F(L, K)$ が一定の**等量曲線** (Isoquant) を考える．その傾き dK/dL を技術的代替率と呼ぶ．これは L を dL だけ変化させると同時に K を dK だけ変化させれば，同じ生産が得られるという意味でこのような名がついている．この量は

$$dF(L, K) = \frac{\partial F(L, K)}{\partial L} dL + \frac{\partial F(L, K)}{\partial K} dK = 0 \quad (6.4)$$

より，

$$\left.\frac{dK}{dL}\right|_F = -\frac{\partial F(L, K)}{\partial L} \bigg/ \frac{\partial F(L, K)}{\partial K} \quad (6.5)$$

と得られる．これは逓減する，すなわち，その絶対値が L の単調減少関数であると考えられる．なお，ある等量曲線の上での K/L と代替率 (6.5) の相対変化の比は**弾力性** (Elasticity) と呼ばれている．具体的には，資本と労働の**代替弾力性** (Elasticity of Substitution) σ は上の式 (6.5) を使って，以下の式で定義される．

$$\frac{1}{\sigma} = \left.\frac{d\log|dK/dL|}{d\log(K/L)}\right|_F . \quad (6.6)$$

(e) 「**規模に関して収穫一定**」(Constant Returns to Scale)，「**示量的**」(Extensive)：L, K を共に a 倍したとき，F も a 倍される，すなわち，

$$F(aL, aK) = aF(L, K) \quad (6.7)$$

が満たされるとき，$F(L, K)$ が示量的であるという．これは物理学，特に熱力学の用語であるが，ミクロ経済学ではこれを**規模に関して収穫一定**という．このとき，生産関数は，

$$F(L, K) = Lf(x) \quad \left(x := \frac{K}{L}\right) \quad (6.8)$$

と書くことができる．これと異なり，$F(aL, aK) > aF(L, K)$ を**規模に関して収穫逓増** (Increasing Returns to Scale)，$F(aL, aK) < aF(L, K)$ を**規模に関して収穫逓減** (Decreasing Returns to Scale) と呼ぶ．前者は現実に有り得

る場合*1 であるが, 後者は現実には考えにくく, あっても, 過渡的な状況とされる.

生産関数が示量的である場合, 式 (6.7) において $a = 1 + \epsilon$ ($\epsilon \ll 1$) として両辺を ϵ について展開し 1 次の項を取ると, 以下を得る:

$$L\frac{\partial F}{\partial L} + K\frac{\partial F}{\partial K} = F. \tag{6.9}$$

これが任意の L, K について成立するから, 両辺をさらに L で微分すると,

$$L\frac{\partial^2 F}{\partial L^2} + K\frac{\partial^2 F}{\partial K \partial L} = 0 \tag{6.10}$$

を得る. 同様に式 (6.9) を K で微分すると, 上式で L と K を入れ替えた表式を得る. それらをまとめて表すために $(q_1, q_2) := (L, K)$ と表記すると, F の 2 階微分の 2×2 行列 D ($D_{ij} = \partial^2 F / \partial q_i \partial q_j$) は以下を満たす:

$$\sum_j D_{ij} q_j = 0. \tag{6.11}$$

すなわち, D は固有値 0 をもち, その固有ベクトルは, ベクトル $\boldsymbol{q} = (q_1, q_2)$ である. したがって, 上の (b) の凸性に関しては, もう 1 つの固有ベクトル $(q_2, -q_1)$ の固有値 λ_1 が負であることのみを要求でき, 正確には**擬凸性**とでも呼ぶのが正しい. またこのとき,

$$\lambda_1 = \mathrm{Tr}(D) = \sum_i \frac{\partial^2 F}{\partial q_i^2} \tag{6.12}$$

なので, (c) **限界生成物の逓減**が成立していると (b) の性質は自動的に満たされる.

これはまた, 式 (6.8) を使うと, 次のように議論できる. まず, $F(L, K)$ の 2 階微分行列を計算すると以下を得る:

$$D = \frac{f''(x)}{L}\begin{pmatrix} x^2 & -x \\ -x & 1 \end{pmatrix}. \tag{6.13}$$

これより, 2 つの固有値は,

$$\lambda = 0, \quad \frac{f''(x)}{L}(x^2 + 1) \tag{6.14}$$

と求まる. したがって, $f''(x) < 0$ は凸性と限界生成物の逓減とを同時に保証する.

---

*1 例えば, パイプラインなどで, 直径を 2 倍にすると断面積が 4 倍になる場合などが例に挙げられる [166].

6.3 Cobb-Douglas 型生産関数

生産関数の代表例は **Cobb-Douglas 型生産関数**と呼ばれる以下の関数である.

$$F(L, K) = AK^\alpha L^\beta. \tag{6.15}$$

この型の生産関数は, 対数を取ると

$$\log(F(L, K)) = \log(A) + \alpha \log(K) + \beta \log(L) \tag{6.16}$$

と, 線形の関係なので最適化も楽であるし, 様々な計算も容易であるので, よく使われる. パラメータ A を**全要素生産性** (Total Factor Productivity: TFP), α を**生産の資本弾力性**, β を**生産の労働弾力性**と呼ぶ.

生産関数 (6.15) は $0 < \alpha, \beta$ のときに性質 (a) を満たすことは明らかである. また,

$$D = F \begin{pmatrix} \dfrac{\beta(\beta-1)}{L^2} & \dfrac{\alpha\beta}{LK} \\ \dfrac{\alpha\beta}{LK} & \dfrac{\alpha(\alpha-1)}{K^2} \end{pmatrix} \tag{6.17}$$

であるから, $0 < \alpha, \beta < 1$ のときに $D_{11}, D_{22} < 0$ であり, (b) が満たされる.

D の固有値 (主曲率) λ_1, λ_2 を調べる. 一般に,

$$\mathrm{Tr}(D) = \lambda_1 + \lambda_2, \quad \mathrm{Det}(D) = \lambda_1 \lambda_2 \tag{6.18}$$

である. Cobb-Douglas 型 (6.15) では,

$$\det(D) = F^2 \frac{\alpha\beta}{L^2 K^2}(1 - \alpha - \beta) \tag{6.19}$$

となっているので, $0 < \alpha, \beta < 1$, $\alpha + \beta \leq 1$ において, $\mathrm{Tr}(D) < 0$, $\mathrm{Det}(D) \geq 0$ となって, $\lambda_{1,2}$ が共に負であり, (c) が満たされることが分かる.

(d) については, 資本と労働の代替の弾力性 σ は 1 であることが分かる. その計算は章末の演習問題にしておく.

(e) については,

$$F(aL, aK) = a^{\alpha+\beta} F(L, K) \tag{6.20}$$

なので, $\alpha + \beta = 1$ ならば, $F(L, K)$ は示量的である. 実際, このとき,

$$F(L, K) = LA \left(\frac{K}{L}\right)^\alpha = Lf(x), \tag{6.21}$$

$$f(x) = Ax^\alpha \tag{6.22}$$

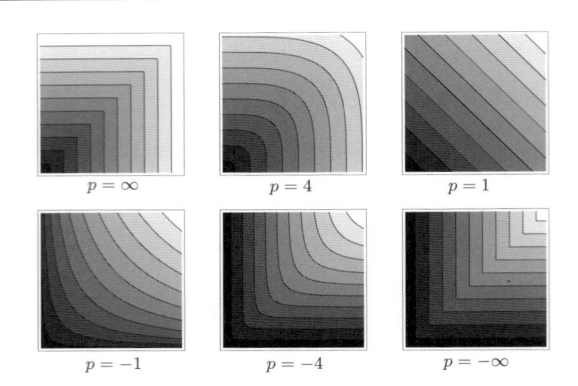

図 6.3 CES 型生産関数で $c=1, \delta=1/2$ として p を様々な値に選んだときの等量線図. 白い方が $F(L,K)$ が大きい部分である.

となる.

6.4 CES 型生産関数

以下の形の生産関数は **CES 型生産関数**と呼ばれ, Cobb-Douglas 型生産関数を特殊な場合として含んでいる:

$$F^{(\mathrm{CES})}(L,K) = A(\delta L^{cp} + (1-\delta)K^{cp})^{1/p}. \tag{6.23}$$

この関数は特に c と p の値に依存して, 様々な異なる振る舞いをする. 図 6.3 にいくつかの p の値での等高線図 (等量線図) を与える.

式 (6.23) では, L と K のべきが共に cp と等しい. このため, 代替の弾力性 (6.6) を計算すると

$$\sigma = \frac{1}{1-cp} \tag{6.24}$$

を得る. これが定数であることから, この生産関数は, **代替弾性率一定** (Constant Elasticity of Substitution) であり, このことから, "CES" との名がつけられている. また, $cp < 1$ のときのみ, 代替弾性率が正である.

また, 規模に関する収穫については,

$$F^{(\mathrm{CES})}(aL, aK) = a^c F^{(\mathrm{CES})}(L,K) \tag{6.25}$$

6.4 CES 型生産関数

の性質があるので, c が示量性の目安となる.

この生産関数では, $\mathrm{Tr}(D)$, $\mathrm{Det}(D)$ ともに複雑な表式となる. 後に述べるように (式 (6.33) を見よ), 実データではほぼ $c = 1$ と示量性がよいので, ここではその場合の, D のゼロでない固有値だけを与えておく:

$$\lambda_1 = -(1-\delta)\delta(1-p)\frac{(K^2+L^2)(LK)^{p-2}}{(\delta L^p + (1-\delta)K^p)^2}F^{(\mathrm{CES})}(L,K). \tag{6.26}$$

これより, $c = 1$ では, $p < 1$ において擬凸性が成立することが分かる.

式 (6.23) の L と K の 2 つの項の係数を一般化して $d_1 L^{cp} + d_2 K^{cp}$ としても, A の再定義により, 上の形に帰着することには注意する必要がある. 実際,

$$\delta = \frac{\tilde{\delta}}{U}, \quad A = \tilde{A}U^{1/p}, \quad U = \tilde{\delta} + (1-\tilde{\delta})\gamma^{cp} \tag{6.27}$$

と $\tilde{\delta}, \tilde{A}, \gamma$ を定義すると, 以下を得る:

$$F^{(\mathrm{CES})}(L,K) = \tilde{A}(\tilde{\delta}L^{cp} + (1-\tilde{\delta})(\gamma K)^{cp})^{1/p}. \tag{6.28}$$

したがって, 式 (6.23) のパラメータ (A, δ, c, p) が, 最適化の際に用いるべきパラメータの最小な集合となる.

いくつかの p の値では, CES 生産関数はよく知られた生産関数に帰着する. 以下にその代表的な例を挙げる.

1. $p \to 0$ の極限で CES 型生産関数 (6.23) は Cobb-Douglas 型生産関数 (6.15) で $\alpha = (1-\delta)c$, $\beta = \delta c$ としたものになる. (この証明は章末の演習問題としておく.)

2. 式 (6.23) で $c = 1, p = 1$ とすると,

$$F^{(\mathrm{CES})}(L,K)_{p=1} = A(\delta L + (1-\delta)K) \tag{6.29}$$

となる. この型の生産関数 L の代りを K が (線形に) 出来るという意味で, **完全代替型生産関数**と呼ばれる.

3. 式 (6.28) で $p \to -\infty$ とすると,

$$\lim_{p \to -\infty} F^{(\mathrm{CES})}(L,K) = \tilde{A}\,\mathrm{Min}\{L^c, (\gamma K)^c\} \tag{6.30}$$

となる. この型の生産関数は, 例えば, ある一定以上 L を投入しても生産は変化しない. これは **Leontief 型生産関数**, もしくは**固定比率型生産関数**と呼ばれる.

6.5 最適生産関数

まず,図 6.1 と図 6.2 に示した 2006 年の上場企業データから 1 つの生産関数を抽出してみる.この図では,データ点がほぼ平面上に分布しているように見える.したがって,これから何らかの生産関数を抽出するならば,Cobb-Douglas 型 (6.15) が第一の選択肢となる.このデータに (A, α, β) をパラメータとしてフィットすると,

$$A = 2.160, \quad \alpha = 0.183, \quad \beta = 0.788 \tag{6.31}$$

を得る.この値のパラメータの Cobb-Douglas 型生産関数を実データとともに描いたものが図 6.4 である.

式 (6.31) は,

$$\alpha + \beta = 0.970 \tag{6.32}$$

を与えるので,F の示量性は非常によい.

次に CES 型生産関数 (6.23) で実データを対数最適化する.上に見たように,CES 型は Cobb-Douglas 型を特殊な場合 ($p = 0$) として含むので,この解析は Cobb-Douglas 型での解析より一般的なものである.その結果は,

$$A = 1.617, \quad \delta = 0.932, \quad p = 1.172, \quad c = 1.004 \tag{6.33}$$

となる.このように c は 1 に非常に近く,やはり示量性がよいことが分かる.実データとの比較を図 6.5 に与える.

これで分かったように,示量性は現実のデータに非常によく合っているので,最適生産関数を求める際に,示量性を拘束条件として最適化してもよい.そうすると,以下のパラメータ値を得る.

$$\text{Cobb-Douglas:} \quad A = 1.687, \, \alpha = 0.185 \tag{6.34}$$

$$\text{CES:} \quad A = 1.679, \, \delta = 0.931, \, p = 1.169 \tag{6.35}$$

これらのパラメータ値で $f(x)$ と実際の分布を比較したのが,図 6.6 である.

これを見ると分かるように,実データは比較的広く分布しており,Cobb-Douglas で値 (6.34) としたもの (実線) は特に小さい x での上の値の記述に苦労しているのが分かる.それに比べて CES は大きな x と小さな x でのデータを記述すべく,大きく曲がっている.しかし,データ点の多くは x が $O(1)$ の辺りに集中しているので,それ

6.5 最適生産関数

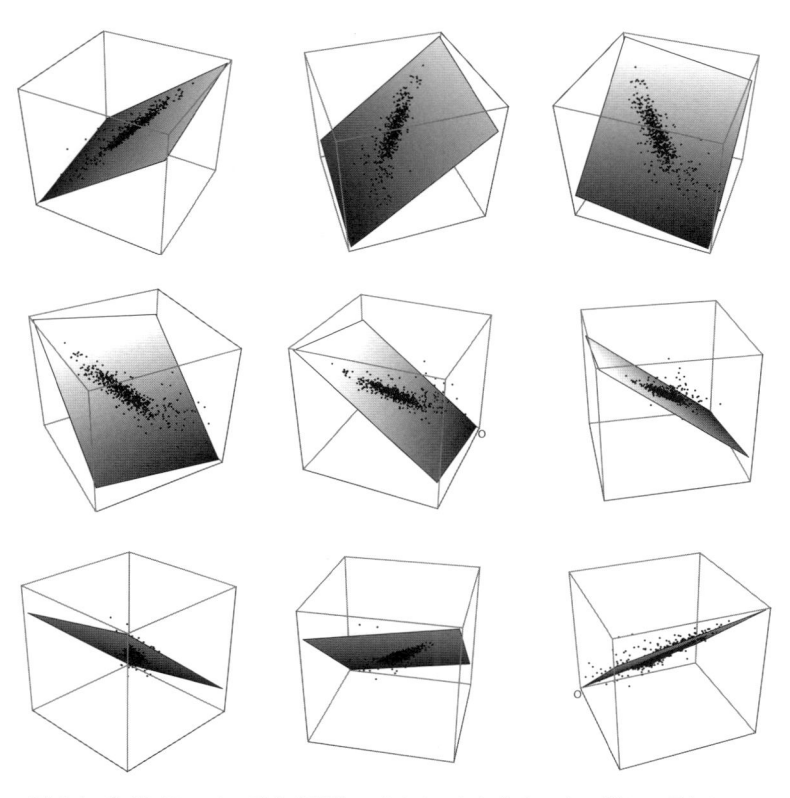

図 6.4 Cobb-Douglas 型生産関数でパラメータを式 (6.31) に選んで得られる平面と実データ (黒点).

らだけに注目して最適化するのは良い考えである．図の点線はその考えに基づいて，$0.5 < x < 10$ のみのデータを使って Cobb-Douglas を最適化し得た値，

$$A = 1.532, \ \alpha = 0.256 \tag{6.36}$$

を使ったものである．

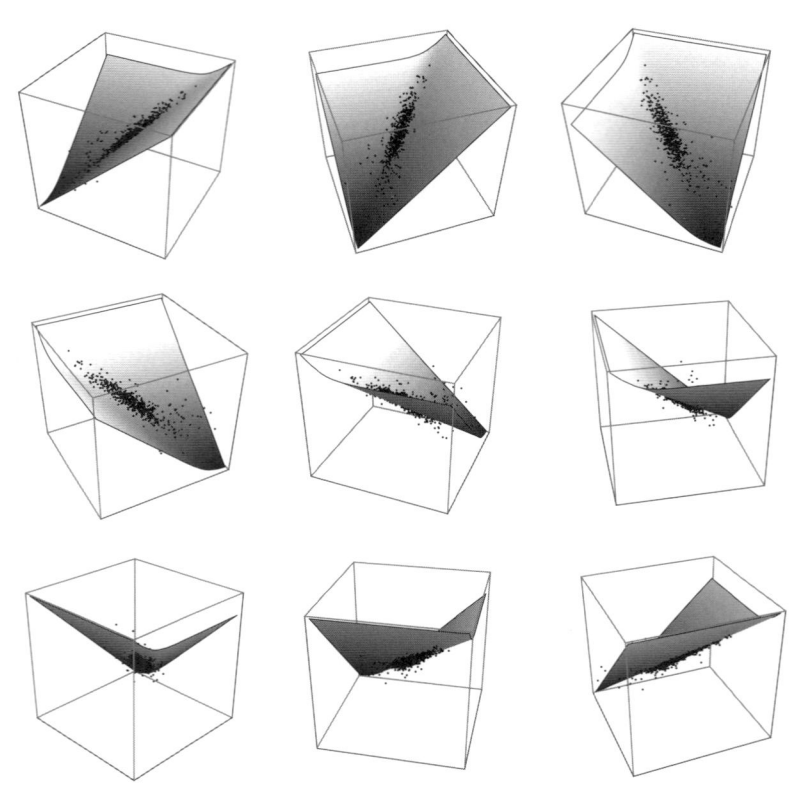

図 6.5　CES 型生産関数でパラメータを式 (6.33) として得られる曲面と，実データ．

6.6　利潤

　一般に，生産関数の議論では，利潤 Π は生産 Y から，それに要するコストを差し引いて得られる．そのコストの主要なものには，人件費 L と資本 K にかかる利子とがある．後者は利率を r として rK と表されるので，利潤 Π は K と L の関数として，以下のように与えられる：

$$\Pi = F(L, K) - rK - L. \tag{6.37}$$

6.6 利潤

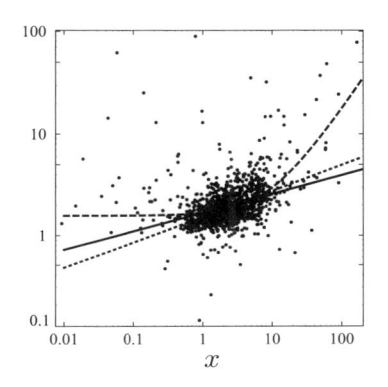

図 6.6 実データの $(x, Y/L)$ 散布図と示量性の拘束条件の元で最適化された $f(x)$. 実線は Cobb-Douglas, 破線は CES, 点線は $0.5 < x < 10$ のみのデータを使って最適化された Cobb-Douglas.

一般に，企業は利潤を増加すべく，投入物，すなわち K と L を変化させる．本節では，この見方から企業の分布を考察する．

6.6.1 利潤の全要素最大化

企業は投入物 K と L を望むようにすぐに変化させることは必ずしもできない．しかし，長期的には徐々に調整がされるものと考えることもできる．そこでまず，利潤を最大化するためにそれらが自由に調整できるとしよう．これを**利潤の全要素最大化**と呼ぶ．本節ではこの仮説からどのような帰結が得られるかを調べる．

利潤 Π が最大 (極大) となる条件は，以下の通りである:

$$0 = \left.\frac{\partial \Pi}{\partial K}\right|_L = \left.\frac{\partial \Pi}{\partial L}\right|_K. \tag{6.38}$$

これにより，一般には r が与えられると K, L が決定される．しかし，K や L の分布は広い裾野をもつべき分布となっている [14] ので，これは明らかに正しくない．しかし，それだけでは議論は不十分である．前節で生産関数は, Cobb-Douglas 型で最適化しても, CES 型で最適化しても, 示量性がよく満たされていることが分かったが, この場合には事情が一変する．したがって，その場合を調べておく．

生産関数が示量性をもつとき，利潤 (6.37) もまた示量的であり，

$$\Pi = L(f(x) - rx - 1) \tag{6.39}$$

と表される．このとき，条件 (6.38) は，

$$\left.\frac{\partial \Pi}{\partial K}\right|_L = \frac{1}{L}\left.\frac{\partial \Pi}{\partial x}\right|_L = f'(x) - r, \tag{6.40}$$

$$\left.\frac{\partial \Pi}{\partial L}\right|_K = \left.\frac{\partial \Pi}{\partial L}\right|_x - \frac{K}{L^2}\left.\frac{\partial \Pi}{\partial x}\right|_L = (f(x) - rx - 1) - x(f'(x) - r), \tag{6.41}$$

となる．したがって，以下が得られる．

$$f'(x) = r, \tag{6.42}$$
$$f(x) - rx - 1 = 0. \tag{6.43}$$

これから，示量的な生産関数のもとで，2 つの重要な結論が得られる．

1. 式 (6.43) は

$$\Pi = L(f(x) - rx - 1) = 0 \tag{6.44}$$

   を意味するので，**利潤は全要素最大化されるとゼロとなる**．

2. 式 (6.42),(6.43) は x と r の値を決定する．生産関数が示量的であるので，K と L の値自身は決まらず，その比のみが決まるわけである．さらに，その代償として，利子率 r が決定されることは重要である．

では実際のデータについて x と r はどのような値になるだろうか？生産関数を Cobb-Douglas 型で示量性を要求した場合の最適パラメータ値 (6.36) を使って上の式 (6.42), (6.43) の解を求めると，

$$x = 0.599, \quad r = 0.574 \tag{6.45}$$

となる．これを使って，利潤 Π を K, L の関数として図示したものが図 6.7 である．この図の半透明な水平平面が利潤 $\Pi = 0$ であり，利潤はこの平面に太い直線で接している．

確かに，「利潤の全要素最大化」仮説は生産関数が示量性をもつときに，各企業が利潤を最大化する努力の結果，利潤はゼロで，様々な資産（と，それに比例するコスト）をもち得る，という意味で，理論的には魅力的なものであると思えるかも知れない．しかしそれは，**まったく現実とは合わない**．

6.6 利潤

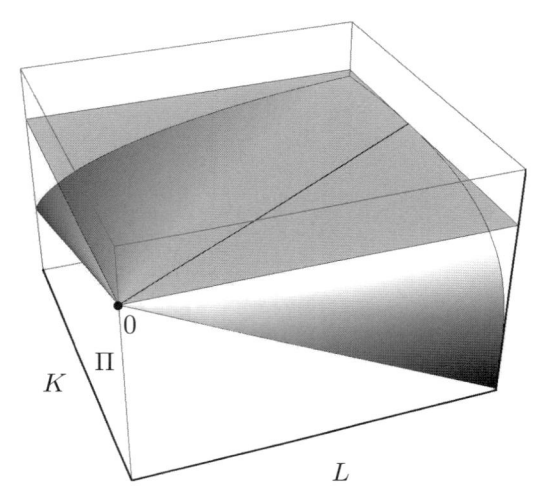

図 6.7 利潤 Π が式 (6.42), (6.43) によって全要素最大化されたときの K, L 依存性. 黒丸で "0" と示された位置が $K = L = \Pi = 0$ の原点. 太い直線上で利潤は最大化され, $\Pi = 0$ である.

　その最大の理由は, Π と x の分布である. 実際の企業データからそれらを計算してみると, 利潤 Π はゼロという一定値からほど遠く, 正の値に広くべき分布しているし, x についても一定ではなく, 分布は広がっている.

　また, 利率 r の値も, 式 (6.45) にあるように非常識に大きい値となってしまう. 実際, r として各企業の短期借入金の平均利率を採用すると, それが記されている企業 1150 社の平均値 $\langle r \rangle$ は,

$$\langle r \rangle = 0.018 \tag{6.46}$$

であって, これは一般常識と合うものである.

　このように, r の値が低いので, コストの内 rK は全要素最大化したときよりはるかに低く, 利潤は正となっている. そこで, 実際に利率として平均値 (6.46) を採用して利潤 Π を図示すると, 図 6.8 のようになり, 図 6.7 とは似ても似つかない.

　したがって以下では, この全要素最大化仮説は捨て, 図 6.8 を元に実際の企業の利潤について考えよう. そこで以下では, すべての企業について r をその平均値 (6.46) に等しい,

$$r = \langle r \rangle \tag{6.47}$$

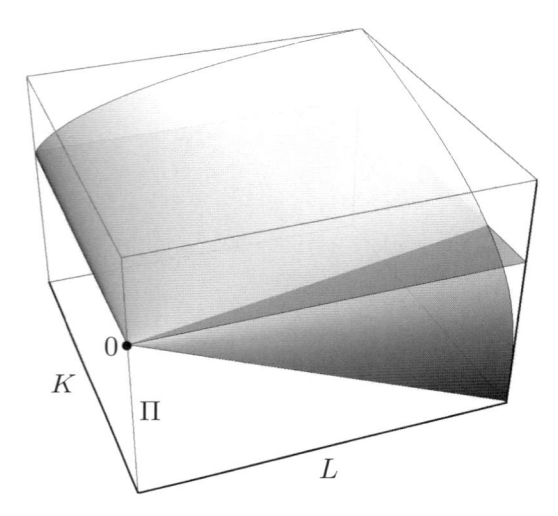

図 6.8 利潤 Π において，利率として実際の平均値 $\langle r \rangle$ を使ったときの K, L 依存性．灰色の半透明水平面が $\Pi = 0$ である．

とすることになる．もちろん，r の値は企業によって異なり，ある分布をしている．しかし，r はその利率としての性質から，K や L と異なり，あまり広い範囲に分布することはない．実際の利率の度数分布を図 6.9 に示した．このように，r は比較的狭い分布をするので，K や L の分布を論じる際には一定としても，実際の企業の利潤を議論するにはよい近似であると言える．

6.6.2　利潤の一要素最大化

一般に，企業は投入物 (生産要素) のどれをも自由にコントロールできるわけではない．たとえば，資本の変化は難しくても労働は調整しやすい企業もあるだろうし，またその逆も考えられる．そこで，短期的に見ると，投入物の一方は固定され，他方のみを変化させて利潤を最大化することが考えられる．

まず K を固定し，利潤 Π を最大化 (極大化) するように L を選ぶ場合には式 (6.41) のみを要求する．これは一般には，r が与えられたときに K と L の関係を決定する．

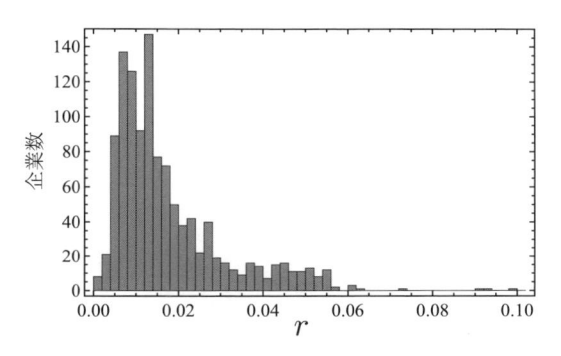

図 6.9　利率 r の度数分布

示量性が成立しているときには,

$$0 = \left.\frac{\partial \Pi}{\partial L}\right|_K = f(x) - xf'(x) - 1 \tag{6.48}$$

となって, $x\ (=K/L)$ の値が決定される. すなわち, K と L はある比例関係にあり, その比は $\langle r \rangle$ に依存しない.

L を固定した場合も同様である. 示量性が成立しているときには

$$0 = \left.\frac{\partial \Pi}{\partial K}\right|_L = f'(x) - \langle r \rangle \tag{6.49}$$

となって, x が $\langle r \rangle$ に依存して決定される.

6.6.3　リッジ

上では, 企業が L もしくは K を固定したまま, 利潤を最大化する条件を考えた. しかし, 一般に, 企業は L, K ともに変化させて, 利潤を増大させる行動を取ると考えるのがより自然であろう. この節では, その場合の企業のダイナミクスの 1 つの可能性を論じる.

企業を, 利潤の等高線で与えられる地形上を歩いている登山者に例えて考えてみる. この登山者は, 移動する方向を選んで, 少しでも**効率良く**上に登ろうとしている. さて, ではある時に, この地形上のある地点にいるこの登山者は, どのように登る方向を選ぶべきであろうか？もし「効率」を, 移動距離に対する標高の変化の割合を最大にすることとして定義するなら, 登るべき方向は, 傾斜が最も急な方向であろう. これ

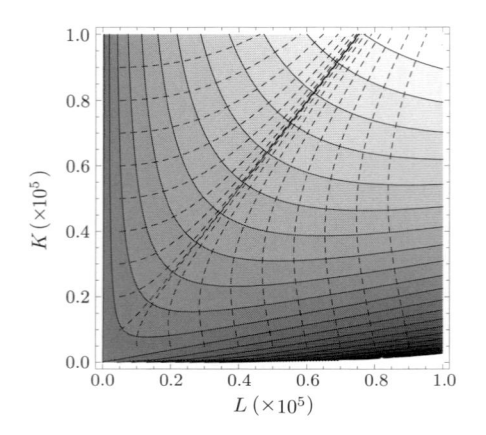

図 6.10 利潤地形の等高線図と最速上昇線 (破線)

は, 山頂がどこかにあるならば, そこへ確実に辿り着く方策でもある. このように考えると, この登山者が登る曲線の接線は勾配ベクトルに平行, すなわち,

$$(dL, dK) \parallel \boldsymbol{\nabla}\Pi = \left(\frac{\partial \Pi}{\partial L}, \frac{\partial \Pi}{\partial K}\right) \qquad (6.50)$$

と決定される. (勾配については本章の演習問題にしておいた.) これは,

$$\frac{dK}{dL} = \frac{\partial \Pi}{\partial K} \bigg/ \frac{\partial \Pi}{\partial L} \qquad (6.51)$$

とも書き換えられ, K を L の関数として決定する微分方程式である.

図 6.10 には, この微分方程式を様々な初期条件について解いた曲線を破線で描いた.[2] この図で明らかなように, これらの**最速上昇線** (Steepest Ascent Line)[3] は, ある直線に収束しているように見える. その直線とはこの地形の「稜線」,「尾根道」, または**リッジ** (Ridge) と呼ばれるものである.

---

[2] この図には描いてないが, 右下の領域では最速上昇線の傾きが負である (上に登るためには左方向に進む) ことは興味深い. この領域にいる企業は, 労働 L を減少させて, 資本 K の増加をするのが, 利潤増大への近道となる. さて, これは経営戦略として, 既知のものだろうか?

[3] 通常, これは最速「降下」線 (Steepest Descent Line) と呼ばれているが, 当然の理由により, ここでは「降下」よりも「上昇」と記した.

6.6 利潤

このリッジは $(q_1, q_2) := (L, K)$ として, 以下のリッジ方程式[*4]

$$\sum_{j=1,2} \frac{\partial^2 \Pi}{\partial q_i \partial q_j} \frac{\partial \Pi}{\partial q_j} = \lambda \frac{\partial \Pi}{\partial q_i} \quad (i = 1, 2) \tag{6.52}$$

で決定される.

リッジ方程式は以下の性質がある.

リッジ方程式 (6.52) は, 等高線 (等利潤線) 上で勾配 (勾配ベクトルの長さ) を極値化する. その極値が極小となっている線を選ぶとそれがリッジである.

より平たく述べると, この方程式によって得られるリッジは, 各等高線上で, 隣の等高線との間隔が極大となる点を辿っていく. (極小の方は崖線を与える.)

これは Lagrange の未定定数法を使うと理解できる. 上に述べたようなリッジ上の点は, Π_0 をある与えられた定数として, 以下の量を (q_1, q_2, λ) について極値化することで求まる:

$$\begin{aligned} S_{\text{Ridge}}(q_1, q_2, \lambda) &:= \frac{1}{2} |\boldsymbol{\nabla}\Pi|^2 - \lambda \left(\Pi - \Pi_0 \right) \\ &= \sum_{i=1,2} \frac{1}{2} \left(\frac{\partial \Pi}{\partial q_i} \right)^2 - \lambda \left(\Pi - \Pi_0 \right). \end{aligned} \tag{6.53}$$

実際, S_{Ridge} を (q_1, q_2) について極値化すると,

$$0 = \frac{\partial S_{\text{Ridge}}(q_1, q_2, \lambda)}{\partial q_i} \quad (i = 1, 2) \tag{6.54}$$

よりリッジ方程式 (6.52) が得られる. 一方, λ について極値化すると,

$$0 = \frac{\partial S_{\text{Ridge}}(q_1, q_2, \lambda)}{\partial \lambda} = \Pi - \Pi_0 \tag{6.55}$$

となって, 利潤 Π の値が Π_0 に等しいという要請が出る. したがって, Π_0 が与えられたとき, リッジ方程式と式 (6.55) は (q_1, q_2, λ) を Π_0 の関数として決定し, それは,

---

[*4] これは, 場の量子論における量子トンネル現象を扱うための虚時間経路積分法において青山・菊地によって提案された [10, 11]. そこでは場を $\phi(x)$, 虚時間作用を $S[\phi]$ として, 経路積分 (汎関数積分)

$$\int \mathcal{D}\phi \, e^{-S[\phi]}$$

を評価する必要があり, そのために, ϕ を座標とする汎関数空間上で $S[\phi]$ の谷 (Valley) を求める必要があった. 谷とリッジは共にこの方程式で求められるが, ここではリッジを扱っているので, リッジ方程式と呼んでおく.

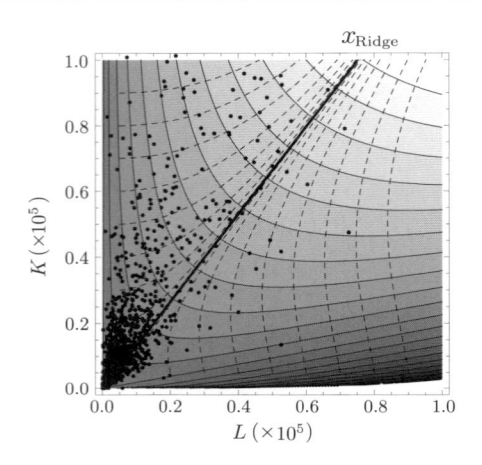

図 6.11 実際の分布と利潤地形.太い実線が式 (6.57) で与えられるリッジ,黒丸が企業である.

$\Pi = \Pi_0$ の等高線 (等利潤線) 上で勾配が極値となる点を与える.ここで,リッジ方程式 (6.52) には Π_0 は登場しないので,解 $(q_1(\Pi_0), q_2(\Pi_0), \lambda(\Pi_0))$ から Π_0 を消去して q_1, q_2 を λ の関数として表したものは,リッジ方程式の解となっている.

利潤 Π が式 (6.39) のように示量性をもつ場合には,リッジは単に勾配を最小にするという条件で求まる.実際,このとき,勾配ベクトルの成分式 (6.41), (6.40) は,x のみの関数であって,

$$|\boldsymbol{\nabla}\Pi|^2 = (f(x) - xf'(x) - 1)^2 + (f'(x) - r)^2 \tag{6.56}$$

となるから,最初にこれを極小にするように x を決め,後は L を調節することで Π を一定にするという拘束条件を満たすことができる.

$f(x)$ として Cobb-Douglas 型を採用し,最適化パラメータ A, α の値 (6.36) を使うと,リッジ方程式の解として

$$x = 1.328 \, (:= x_{\text{Ridge}}) \tag{6.57}$$

を得る.

そこで,図 6.10 の利潤地形とリッジ (太実線),実データ (黒丸) を重ねてみると,図 6.11 のようになる.これを見ると,実際に最速上昇線が式 (6.57) のリッジに収束しているのが分かる.また,企業の x はリッジ周辺に分布しているように見える.

6.7 生産コピュラ						275

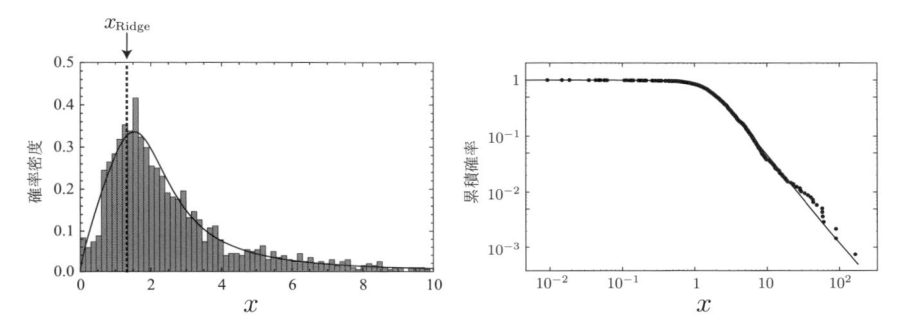

図 6.12 x の分布, 最適 B 分布, リッジ

この事情を明らかにするためには, 実データの x 分布を調べたのが図 6.12 である. この図の左では棒グラフで実データの確率密度, 右では黒点で実データの累積分布関数を描いた. また実データに最適な B 分布 (2.2.2 節参照) を最尤法 (1.2 節参照) で求めると,

$$\mu = 1.58, \ \nu = 1.79, \ q = 4.92, \ x_0 = 1.96 \tag{6.58}$$

という値を得るが, この B 分布を図に実線で描いた. 確率密度についても, 累積分布関数についても, B 分布が実際の x 分布をよく記述しているのが見て取れる. また, x 分布が $x \gg 1$ においてべき分布でよく近似されるのも興味深い. 左の図から分かるように, x_{Ridge} の値 (6.57) は実際のピークの位置に近い. なお, 最適化した B 分布のピークは $x = 1.54$ である.

これから分かるように, 実際の企業の x 分布はリッジ付近をピークとしている. すなわち, 企業はさまざまな初期条件のもと, 利潤の増大を求めて K や L を変化させて, 利潤地形の中を動く. それは必ずしも常に効率よく利潤を増加させる合理的な行動ではなく, ランダムな要素を多く含む. しかし, 実際には多くの企業が利潤リッジに近く, それを中心に分布しているという事実は, 各企業が利潤を求めて, 合理的に活動していることの証左であると言えよう.

6.7 生産コピュラ

生産関数のモデル化にあたっては, 投下される資本と労働が与えられれば企業の生産は一意的に決まるものと仮定した. 生産関数の概念の有効性 (利潤地形におけるリッジ理論など) はこれまで見てきたとおりであるが, もう一度, 資本・労働・付加価

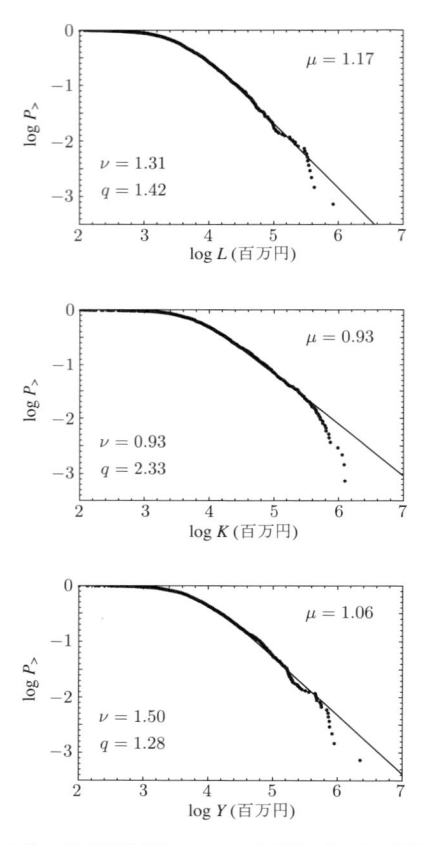

図 6.13 上場企業 (製造業) の 2006 年財務データの累積分布関数

値の関係を眺めてみよう (図 6.1, 6.2). それらの財務諸量間に強い相関関係が存在することは明らかである. しかし, たとえ資本と労働が与えられても, 産み出された付加価値が無視できない広がりをもって分布していることは一目瞭然である. また, 図 6.6 は 1 つの生産関数で企業の生産活動を記述することの限界を示唆している. 生産関数にとどまらず, コピュラを使ってそのような付加価値の分布を積極的に考慮することは, 企業生産理論のさらなる発展に資すると期待される. 企業財務諸量を平均値 (代表値) としてではなく, 分布として捉えることは, まさに経済物理学の神髄である.

6.7 生産コピュラ

図 6.13 は上場企業 (製造業) の 2006 年財務データを基に，それら企業の固定資産 K，人件費 L および付加価値 Y について累積分布関数 $P_>(K)$, $P_>(L)$, $P_>(Y)$ を調べたものである．実線は最尤法を用いて B 分布 (2.31) の形でフィットした結果である．それぞれの分布は単純な正規分布形ではなく，べき的な裾野をもっている．そのべき指数は図中に示した．本節では，このように幅広く分布する企業財務諸量間の本質的な相関構造を**生産コピュラ**としてモデル化し，生産関数を決定的なものから確率的なものへと拡張する．

6.7.1 確率的生産関数

固定資産 K，人件費 L および付加価値 Y の間の同時確率密度関数 $p(K, L, Y)$ を考えよう：

$$p(K, L, Y) = \frac{1}{N} \sum_{i=1}^{N} \delta(K - K_i) \delta(L - L_i) \delta(Y - Y_i). \tag{6.59}$$

ここで K_i, L_i, Y_i は企業 $i(=1,\cdots,N)$ の財務諸量である．同時累積分布関数 $P(K, L, Y)$ は $p(K, L, Y)$ を各変数について積分することによって与えられる：

$$P(K, L, Y) = \int_0^K \int_0^L \int_0^Y dK' dL' dY' p(K', L', Y'). \tag{6.60}$$

すでに 1.6 節で述べたように $P(K, L, Y)$ はコピュラを使って，

$$P(K, L, Y) = C(u_K, u_L, u_Y) \tag{6.61}$$

と書ける．ここで u_K, u_L, u_Y はそれぞれ K, L, Y に対応した累積分布関数である．確率密度関数 $p(K, L, Y)$ は

$$p(K, L, Y) = \frac{\partial^3 P(K, L, Y)}{\partial K \partial L \partial Y} = p(K) p(L) p(Y) c(u_K, u_L, u_Y) \tag{6.62}$$

で与えられ，$c(u_K, u_L, u_Y)$ はコピュラ密度である：

$$c(u_K, u_L, u_Y) = \frac{\partial^3 C(u_K, u_L, u_Y)}{\partial u_K \partial u_L \partial u_Y}. \tag{6.63}$$

2 変数の周辺確率密度関数 $p(K, Y)$ は 3 変数の確率密度関数 $p(K, L, Y)$ を L について積分することによって得られる：

$$p(K, Y) = \int_0^\infty dL\, p(K, L, Y). \tag{6.64}$$

この式をコピュラで表現すれば,

$$C(u_K, u_Y) = C(u_K, u_L = 1, u_Y) \tag{6.65}$$

となる. 残りの周辺確率密度関数 $p(L, Y)$, $p(K, L)$ についても同様である.

確率的生産関数は, K および L が与えられたもとでの Y の分布関数, つまり Y についての条件付き確率密度関数として定義する:

$$p(Y|K, L) := \frac{p(K, L, Y)}{p(K, L)}. \tag{6.66}$$

表 6.1 Archimedean コピュラを用いた財務諸量間相関のモデル化. 各箱での上段は最尤推定されたコピュラ・パラメータ θ, 下段は対応する対数尤度 ℓ.

コピュラ	K-L	L-Y	K-Y	K-L-Y
Frank	9.23	21.2	11.0	11.5
	790.2	1612.4	940.1	2207.5
Gumbel	2.73	5.30	3.21	3.27
	892.1	1694.0	1081.8	2428.2
Clayton (survival)	2.59	6.11	3.43	3.34
	787.3	1483.7	992.1	2164.3

6.7.2 2 変数コピュラ

まず, 図 6.1 中の 2 変数散布図で示される企業財務量間の対相関構造を, Archimedean コピュラ (Frank, Gumbel, Clayton) を使ってモデル化する. それらの散布図から明らかなように, 企業の規模が大きくなるとともに, 企業財務諸量間の相関強度は増している. そのような相関特性を考慮し, Clayton コピュラについてはそのサバイバル版を用いる. それぞれのコピュラ・モデルのパラメータ θ は最尤法を用いて最適化する. モデルのパラメータの数は同じであるので, 対数尤度 ℓ から実際のデータを再現するにあってのモデルの優劣を判断できる. 表 6.1 にその結果を示す. どの 2 変数相関構造についても Gumbel コピュラがその特性を定量的に一番良く捉えている. 得られたコピュラ・パラメータ値から, K-L 間と K-Y 間の相関は同程度であるのに対し, L-Y 間の相関関係はそれらに比べてはるかに強いことが分かる. 図 6.14 で, 実際のデータ (細線) と各コピュラ・モデルの結果 (太線) を比較する.

6.7 生産コピュラ

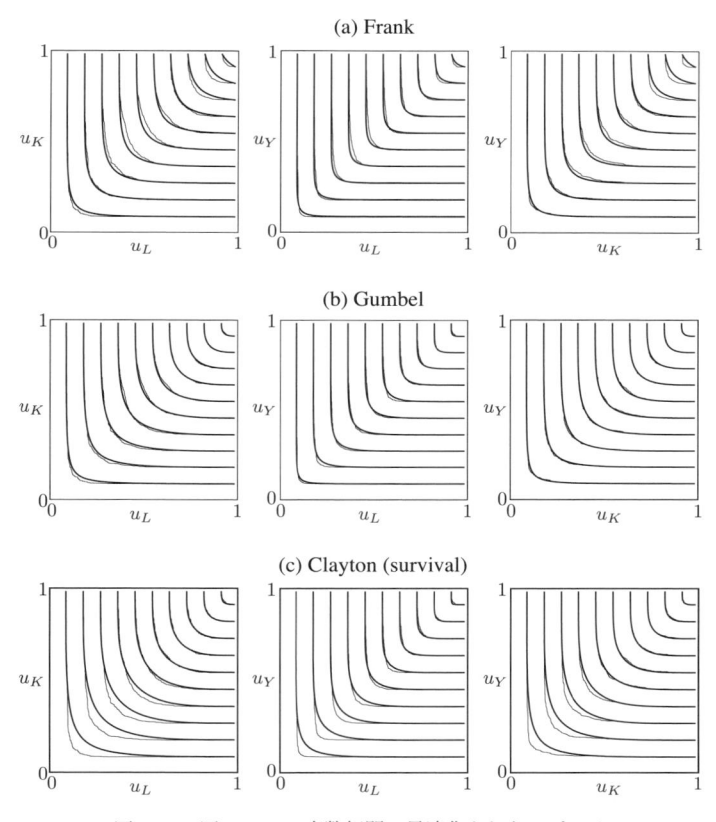

図 6.14 図 6.1 の 2 変数相関に最適化されたコピュラ

6.7.3 3 変数コピュラ

対相関の場合と同様に，図 6.1, 6.2 における 3 変数 K, L, Y 間の相関構造に対して Frank, Gumbel および Clayton のコピュラ (Clayton についてはサバイバル・コピュラ) を当てはめてみる．3 変数の Frank, Gumbel, Clayton コピュラは，それぞれ

次のとおりである:

$$C_{\mathrm{F}}(u_1, u_2, u_3; \theta) = -\frac{1}{\theta} \log \left[1 + \frac{(e^{-\theta u_1} - 1)(e^{-\theta u_2} - 1)(e^{-\theta u_3} - 1)}{(e^{-\theta} - 1)} \right], \quad (6.67)$$

$$C_{\mathrm{G}}(u_1, u_2, u_3; \theta) = \exp \left[- \left\{ (-\log u_1)^{\theta} + (-\log u_2)^{\theta} + (-\log u_3)^{\theta} \right\}^{\frac{1}{\theta}} \right], \quad (6.68)$$

$$C_{\mathrm{C}}(u_1, u_2, u_3; \theta) = \left[\max \left(u_1^{-\theta} + u_2^{-\theta} + u_3^{-\theta} - 2, 0 \right) \right]^{-\frac{1}{\theta}}. \quad (6.69)$$

3変数のコピュラ $C(u_1, u_2, u_3)$ と付随するサバイバル・コピュラ $\hat{C}(u_1, u_2, u_3)$ との関係については章末の演習問題 6.3 を参照せよ. 各コピュラについて最尤法によって最適化した θ および対応する ℓ を表 6.1 に含めてある. Gumbel コピュラが3つの Archimedean コピュラの中で最良の結果を与える.

ところで式 (6.65) に例示したように, 3変数コピュラは2変数コピュラを周辺分布として包含する. Archimedean コピュラはただ1つのパラメータで特徴づけられるため, その2変数周辺コピュラはすべて同じである. 3種類の対相関 (K-L, L-Y, K-Y) すべてが互いに酷似していればよいのであるが, すでに指摘したように L-Y 間の相関は他の相関に比べてはるかに強固である. Archimedean コピュラには, 多変数の場合へ容易に一般化できるという利便性がある一方で, このような欠点をもつ.

6.7.4　3変数コピュラ・キュムラント

低次相関の異質性・多様性を維持したまま, どのように高次相関をモデル化すればよいのであろうか. 1つの可能性として, 1.6節で紹介したコピュラ・キュムラントに着目する. 3変数コピュラ $C(u_K, u_L, u_Y)$ ではなく, 3変数コピュラ・キュムラント $\Omega(u_K, u_L, u_Y)$ を Archimedean コピュラを用いてモデル化するのである:

$$\begin{aligned}\Omega_A(u_K, u_L, u_Y; \theta) = & C_A(u_K, u_L, u_Y; \theta) - u_K C_A(u_L, u_Y; \theta) - u_L C_A(u_K, u_Y; \theta) \\ & - u_Y C_A(u_K, u_L; \theta) + 2 u_K u_L u_Y. \end{aligned} \quad (6.70)$$

この $\Omega_A(u_K, u_L, u_Y; \theta)$ を使って, 3変数コピュラを次のように与える:

$$\begin{aligned}C(u_K, u_L, u_Y) = & \Omega_A(u_K, u_L, u_Y; \theta_{KLY}) + u_K C_A(u_L, u_Y; \theta_{LY}) \\ & + u_L C_A(u_K, u_Y; \theta_{KY}) + u_Y C_A(u_K, u_L; \theta_{KL}) \\ & - 2 u_K u_L u_Y. \end{aligned} \quad (6.71)$$

ここで用いる2変数コピュラはすべて同じ種類のものである必要はない. また, 同じ種類のコピュラであってもそれらのパラメータ値が同じ必要はない. 各2変数コピュ

6.7 生産コピュラ

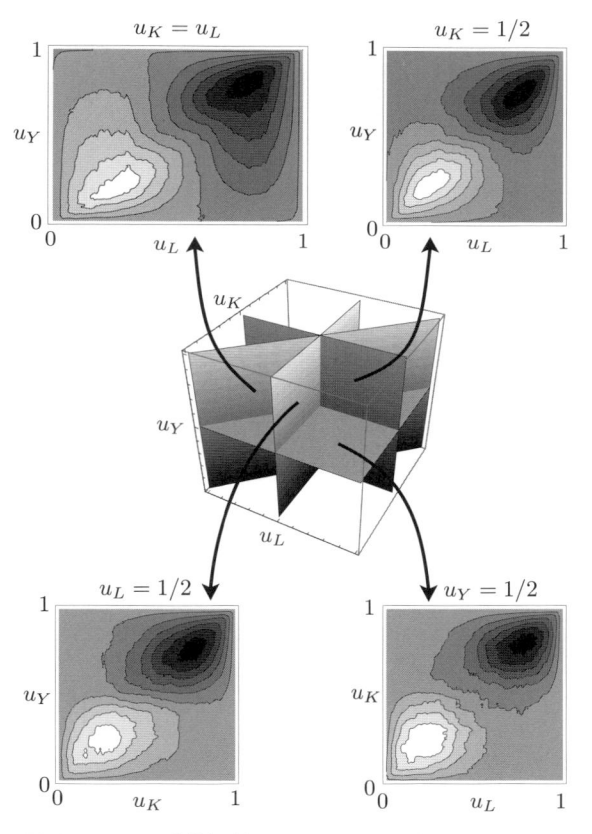

図 6.15 様々な断面における 3 変数相関 (K, L, Y) のコピュラ・キュムラントの等高線図

ラのパラメータについては，対応する対相関の実データに合わせて最適化しておく．このようにすると，式 (6.71) はすべての対相関を得られた精度で正確に再現できる．これは式 (6.70) が「接地」条件 (1.292) を満足することから保証される．その一方，コピュラ・キュムラントを用いる副作用として確率密度の正定値性が保証されない難点がある．精度良くコピュラ・キュムラントを近似すれば大きな問題は生じないが，留意する必要がある．

Frank, Gumbel および Clayton のコピュラ (Clayton の場合はサバイバル・コピュ

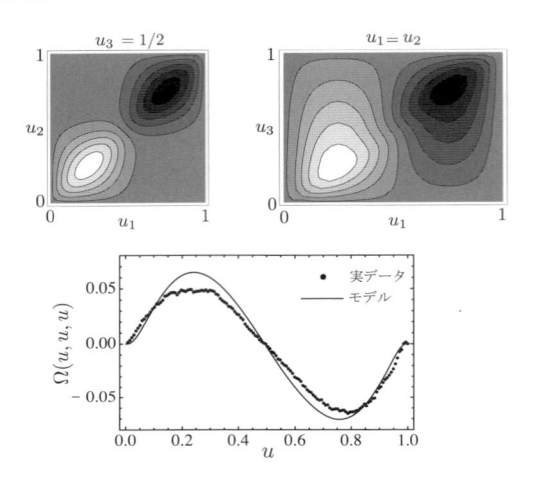

図 6.16 Frank コピュラの 3 変数キュムラント

表 6.2 Archimedean コピュラ・キュムラントの最尤推定

	Frank	Gumbel	Clayton (survival)
コピュラ・パラメータ θ	19.7	3.04	4.06
対数尤度 ℓ	2742.1	2780.1	2725.9

ラ) から導かれる 3 変数キュムラント (6.70) について実データの再現性を調べた．図 6.15 が抽出された実データの結果であり，図 6.16, 6.17, 6.18 が実データとの比較である．表 6.2 の対数尤度が示すように，3 変数コピュラ・キュムラントの再現性についても Gumbel のものが最良である．しかし，その差違はコピュラそのものをモデル化した場合と比べて非常に小さい．ただし，これはあくまでも平均的な視点である．$\Omega(u, u, u)$ の上位極限 ($u \to 1$) および下位極限 ($u \to 0$) での振る舞いから明らかなように，そのような極限状況下では 3 つのコピュラ・キュムラント間に明らかな定性的違いがある．Gumbel のコピュラ・キュムラントの振る舞いが一番実際のものに近い．以上から，ここでは企業財務諸量の相関構造を生産コピュラとして記述するにあたって，Gumbel コピュラを一貫して用いることとする．

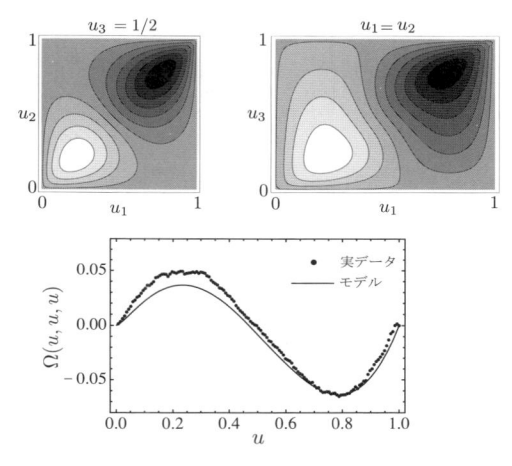

図 6.17 Gumbel コピュラの 3 変数キュムラント

6.7.5 生産コピュラ・シミュレーション

　確率変数間のコピュラがモデル化できれば，それから得られるコピュラ密度と各確率変数の周辺分布を組み合わせて確率密度関数を構築し，実際の確率変数の分布をシミュレーションすることができる．しかし，与えられた確率密度関数に従う統計集団を生成するためには工夫が必要である．その方法の 1 つとして**逆分布関数法**をすでに述べた (2.3 節)．逆分布関数法は発生した一様乱数をすべて用いる効率的な方法であるが，残念ながらその適用性は限られている．1 変数の場合であり，累積分布関数の逆関数が必須である．

　多変数の場合でも有効な方法として**棄却法** (Rejection Method) がある．棄却法は逆関数を必要としない簡便な方法である．状態空間の点を無作為に抽出し，確率密度をその最大値で規格化することによって定義される確率に応じて，そのサンプル点の取捨を決定すればよい．しかし，確率密度が状態空間で非常に限られて分布している場合には，単純な棄却法は効率よく働かない．大部分の生成されたサンプルが棄却されてしまうからである．そのような非効率性を改良するために **Metropolis 法** (Metropolis Method) が考案された．Metropolis 法は熱平衡状態にある物理系 (Boltzmann 分布) のシミュレーションに初めて用いられた．

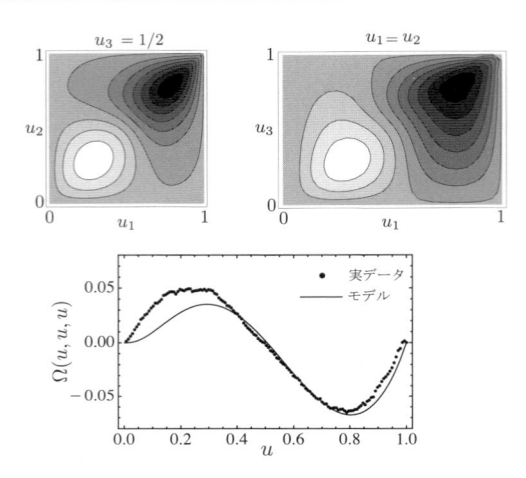

図 6.18　Clayton サバイバル・コピュラの 3 変数キュムラント

　Metropolis 法の概略は次のようである．シミュレーションすべき確率密度関数を $p_{\mathrm{eq}}(x)$ とする．まず状態空間で初期点 x_0 を任意にとる．次にあるルールを設け，x_0 の近傍にある点 x を無作為に選ぶ．このルールはどのようなものでもよい．ただし，x_0 から x を選ぶ確率と逆に x から x_0 を選ぶ確率は等しいとの制限を課す．例えば「x_0 から距離 d 以内の点を無作為抽出する」が 1 つの候補である．もしサンプル点 x での確率密度 $p_{\mathrm{eq}}(x)$ が初期点 x_0 での確率密度 $p_{\mathrm{eq}}(x_0)$ に比べて大きければ，x を次の時系列点として必ず採用する：$x_1 = x$．逆に小さければ，$p_{\mathrm{eq}}(x)/p_{\mathrm{eq}}(x_0)$ の確率で x を採用する：$x_1 = x$．もし x が棄却された場合には x_0 を維持する：$x_1 = x_0$．同じ操作を今度は x_1 を初期点として施し，x_2 を生成する．この Markov 過程を繰り返すことにより，時系列データ $\{x_i\}$ を得る．この時系列データは最初に緩和過程を含む．それらのデータを取り除くと，初期点 x_0 に依存しない平衡状態にある時系列データが残る．実はその平衡状態の統計集団が $p_{\mathrm{eq}}(x)$ を確率密度としてもっている（章末の演習問題 6.4 を参照）．Metropolis 法の効率性はサンプル点 x の採用確率の性質から明らかである．確率密度の大きい状態が自然と優先的にサンプルされるように仕組まれている．先の距離 d を大きくすれば，状態空間を素早く探索できるようになるが，サンプル点 x が棄却される確率が大きくなり，結局，乱数発生の効率が落ちる．他方，d を小さくすれば，x が棄却される確率は小さくなるが，状態空間全体を探索するのに時間がかかるようになる．適度な d を得るための一般ルールはなく，試行錯誤が必要

6.7 生産コピュラ

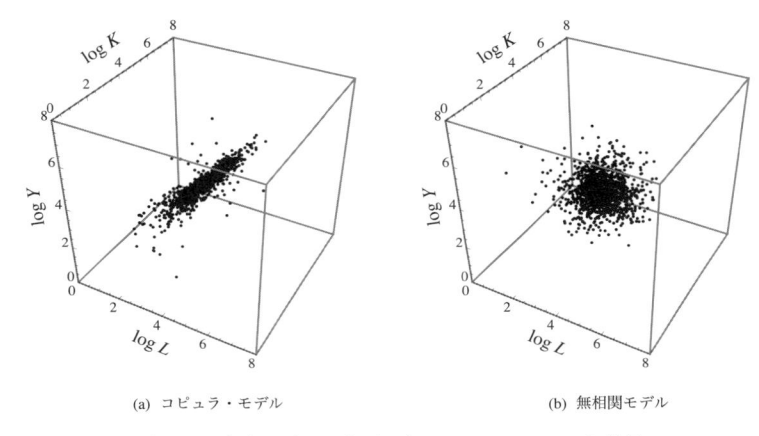

(a) コピュラ・モデル (b) 無相関モデル

図 6.19 生産コピュラを用いたシミュレーションの結果

である.

図 6.19(a) は, 6.7.4 節で得られた生産コピュラに基づくシミュレーションの結果である. 棄却法を使い, 確率密度 $p(K, L, Y)$ に従う企業財務諸量を乱数生成した. すでに示した図 6.1 の実データと比較してほしい. シミュレーションによるサンプル数は実際の企業数 (1360 社) に合わせてある. 確かに付加価値の確率性が良く再現されている. また, 相関をまったく考慮しない場合の結果である図 6.19(b) と参照比較することにより, 生産変数間の相関構造を取り入れることの重要性は明らかである.

確率的生産関数 $p(Y|K, L)$ の応用例として, 各企業に与えられた資本と労働のもとでの GDP に関する確率的評価・予想がある. 各企業 i が産み出す付加価値 Y_i の集積が GDP である:

$$\text{GDP} = \sum_{i=1}^{N} Y_i. \tag{6.72}$$

GDP の期待値は, $p(Y|K, L)$ を用いると,

$$\langle \text{GDP} \rangle = \sum_{i=1}^{N} \langle Y_i \rangle = \sum_{i=1}^{N} \int Y p(Y|K_i, L_i) \, dY \tag{6.73}$$

で計算される．また，その分散は，

$$\begin{aligned}\langle \Delta \text{GDP}^2 \rangle &= \sum_{i=1}^{N} \langle (Y_i - \langle Y_i \rangle)^2 \rangle \\ &= \sum_{i=1}^{N} \int (Y - \langle Y_i \rangle)^2 \, p(Y|K_i, L_i) \, dY \end{aligned} \quad (6.74)$$

で求められる．

本章に引き続き，次章では企業のエージェントモデルについて紹介する．企業行動のモデル化にとって，企業の生産活動を特徴づける生産関数は必要不可欠の構成要素になっている．

付録1：部分完全相関コピュラ

3変数 $(Y, K, L)(= (x_1, x_2, x_3))$ について，Cobb-Douglas 型生産関数 (6.15) が厳密に成立している場合を考える．つまり，変数 Y は変数 K と L に対して完全に相関する．また，変数 K と L は周辺分布 $p_K(K)$, $p_L(L)$, コピュラ $C_{KL}(u_2, u_3)$ ($u_i := P_{>i}(x_i)$) に従って分布しているものとする．このとき，この3変数のコピュラを**部分完全相関コピュラ**と呼ぶことにして，これを求めよう．

まず，同時分布は

$$p(x_1, x_2, x_3) = \delta(x_1 - f(x_2, x_3)) \, p_{23}(x_2, x_3) \tag{6.75}$$

で与えられる．ここで，

$$f(x_2, x_3) = A x_2^{\alpha} x_3^{\beta} \tag{6.76}$$

である．同時累積分布関数は，

$$\begin{aligned}
P_>(x_1, x_2, x_3) &= \int_{x_1}^{\infty} dx_1' \int_{x_2}^{\infty} dx_2' \int_{x_3}^{\infty} dx_3' \, p(x_1', x_2', x_3') \\
&= \int_{x_2}^{\infty} dx_2' \int_{x_3}^{\infty} dx_3' \, \theta(f(x_2', x_3') - x_1) \, p_{23}(x_2', x_3') \\
&= \int_{x_3}^{\infty} dx_3' \int_{\max\{x_2, h(x_1, x_3')\}}^{\infty} dx_2' \, c_{KL}(u_2', u_3') \, p_2(x_2') \, p_3(x_3')
\end{aligned} \tag{6.77}$$

と表される．ここで，$h(x_1, x_3)$ は以下で定義される:

$$f(x_2, x_3) = x_1 \quad \Leftrightarrow \quad x_2 = h(x_1, x_3). \tag{6.78}$$

式 (6.76) より，

$$h(x_1, x_3) = A^{-1/\alpha} x_1^{1/\alpha} x_3^{-\beta/\alpha}. \tag{6.79}$$

また，

$$c_{KL}(u_2, u_3) := \frac{\partial^2 C_{KL}(u_2, u_3)}{\partial u_2 \partial u_3} \tag{6.80}$$

である．

式 (6.77) の積分変数を $du_i = -p_i(x_i') dx_i'$ ($i = 2, 3$) に変えると以下を得る:

$$P_>(x_1, x_2, x_3) = \int_0^{u_3} du_3' \int_0^{\max\{u_2, \tilde{h}(u_1, u_3')\}} du_2' \, c_{KL}(u_2', u_3'). \tag{6.81}$$

ここで, $\tilde{h}(u_1, u_3)$ は $P_{>2}(h(x_1, x_3))$ に $p_{>i}(x_i) = u_i$ $(i = 1, 3)$ を解いて代入した関数である. 結局,

$$\begin{aligned}C(u_1, u_2, u_3) &= \int_0^{u_3} \frac{\partial C_{KL}(\max\{u_2, \tilde{h}(u_1, u_3)\}, u_3')}{\partial u_3'} du_3' \\ &= C_{KL}(\max\{u_2, \tilde{h}(u_1, u_3)\}, u_3)\end{aligned} \quad (6.82)$$

を得る. これが部分完全相関コピュラである.

演習問題

6.1 生産関数について，以下の設問に答えよ．

1. Cobb-Dougla 型生産関数で代替の弾力性 σ を求めよ．
2. CES 型生産関数で代替の弾力性 σ を計算し，式 (6.24) を示せ．
3. 263 ページの CES 型生産関数の性質 1 を示せ．

6.2 高さが $\Pi(q_1, q_2)$ で与えられる地形上のある一点について，以下の問に答えよ．

1. 勾配が一番急な方向の単位ベクトル g を求めよ．
2. 上で求めた方向に水平距離 dr 動いたときに得る高度差を $d\Pi$ としたとき，$d\Pi/dr$ を求めよ．

6.3 3 変数のコピュラ $C(u_1, u_2, u_3)$ に付随するサバイバルコピュラ $\hat{C}(u_1, u_2, u_3)$ を考える．これらが次の関係にあることを確かめよ．

$$\hat{C}(u_1, u_2, u_3) = -2 + u_1 + u_2 + u_3 + C(1 - u_1, 1 - u_2) + C(1 - u_1, 1 - u_3) \\ + C(1 - u_2, 1 - u_3) - C(1 - u_1, 1 - u_2, 1 - u_3). \quad (6.83)$$

3 変数のサバイバルコピュラは累積分布関数から

$$P_>(x_1, x_2, x_3) = \hat{C}(\bar{u}_1, \bar{u}_2, \bar{u}_3) \quad (6.84)$$

で定義される．ここで $\bar{u}_i = 1 - u_i = 1 - P_<(x_i)$ である．

6.4 ある確率分布 $p_{\text{eq}}(x)$ に基づく統計集団をシミュレーションするために，Metropolis アルゴリズムを使って時系列データを生成した．その平衡状態では**詳細釣り合い**が成り立っていると仮定する．つまり，状態 x から状態 x' への遷移の確率流束 $J(x, x')$ と逆過程の確率流束 $J(x', x)$ が等しいとする．このとき，その時系列データが従う分布が $p_{\text{eq}}(x)$ であることを示せ．

☕ 異常気象と極値統計と E. J. Gumbel

　地球温暖化の問題と関連して，異常気象がしばしば話題に取り上げられています．気象庁のホームページを訪ねてみましょう．その中に「異常気象リスクマップ」と名づけられたページがあります [86]．そこでは過去 106 年間に蓄積された日降水量データに基づき，全国 51 地点における大雨の頻度などの異常気象の実態に関する情報が公開されています．例えば東京では 30(100) 年に 1 回の割合で 239(289)mm 以上の日降水量が，大阪では同じ割合で 160(190)mm 以上の日降水量が起こる可能性があると推定されています．これらはあくまでも過去のデータから算出された確率であり，その割合で必ずそのような大雨が起こるというわけではありません．しかし，防災計画や農業施策などの立案にとって，異常気象の発生頻度に関する空間的・時間的に詳細な情報はとても有益です．

　異常気象をはじめとする例外的な事象を統計的に解析するにあたって，すでに Gumbel コピュラでお馴染みの E. J. Gumbel (1891-1966) によって確立された理論が大活躍しています．それは極値理論 (Extreme Value Theory) と呼ばれています [65]．その理論の基本は，サンプル中の最大値の漸近分布（サンプル数の増加とともに近づく分布）が母集団の確率分布の裾野特性に応じて 3 種類のタイプに分類されるというものです．それらは Gumbel, Fréchet, Weibull 型と呼ばれ，3 つの分布とも本書ですでに登場しました．確率分布が指数関数的に減少する場合には Gumbel 型，べき的な裾野をもつ場合には Fréchet 型，確率変数が明確な上限をもっている場合には Weibull 型が最大値の漸近分布として導かれます．本書の 2.6 節も極値理論の発展形の 1 つです．極値理論は，金融・保険におけるリスク管理などの経済分野へも盛んに応用されています．さて前述の確率降水量の推定にあたっては，106 年分の年最大日降水量のヒストグラムを再現するために Gumbel 分布を含めて 5 種類の確率分布が試されています．半分以上の地点で Gumbel 分布が観測値に対して最良の一致を与えています．

　実は Gumbel が前述の統計学の研究で大成したのは晩年においてです．むしろ若い頃は，第 1 次世界大戦直後に成立したワイマール共和国における平和主義者の先鋒として名を馳せていました．ワイマールの憲法は基本的人権の保障を第一に掲げた民主的憲法の先駆けとして有名です．しかし，ナチズムの台頭とともに，ドイツのハイデルベルグ大学で職を得ていた Gumbel は米国への亡命を余儀なくされました．そのような逆境が，結果的に亡命先の米国において Gumbel に研究者としての才能を開花させました．

(H. I.)

> Moreover, he knew of the pioneering work ... [of] Lewis F. Richardson ... [which] failed largely because the Courant condition had not yet been discovered, and because high speed computers did not then exist. But von Neumann knew of both.
>
> "The Computer from Pascal to von Neumann",
> H. H. Goldstine, 1972

7
エージェントモデルの数理

経済システムを構成する重要な要素として，企業が挙げられる．企業は，さまざまな企業との取引を通じて，利益を追求する．本章では，企業をモデル化するために必要となる，エージェントモデルの数理について述べる．

7.1 エージェントとは？

系の構成要素のうち自律性をもつものを**エージェント** (Agent) と呼ぼう．社会における経済活動におけるエージェントは，消費者，生産者，企業，政府，中央銀行，商業銀行などである．これらは，経済主体と呼ばれることがある．エージェントは，目的関数をもち，その目的関数を最大化するように自律的に行動(意思決定)する．その意味で，ゲーム理論におけるプレイヤー (Player) と同等である．

7.1.1 経済学におけるエージェントモデル

さまざまな政策提言 (Policy Recommendation) は，マクロ経済変数の実績データの分析結果に基づいて行われてきた．この分析では，連立方程式で記述されるマクロ経済モデルが使われることが多い．例えば，下記のようなモデルが考えられる [108]．

$$C_t = \alpha_0 + \alpha_1 YD_t + \alpha_2 W_t + \epsilon_{1t}, \tag{7.1}$$

$$I_t = \beta_0 + \beta_1 Y_{t-1} + \beta_2 Y_{t-2} + \beta_3 I_{t-1} + \epsilon_{2t}, \tag{7.2}$$

$$YD_t = \gamma_0 + \gamma_1 Y_t + \epsilon_{3t}, \tag{7.3}$$

$$M_t = \delta_0 + \delta_1 Y_t + \delta_2 R_t + \epsilon_{4t}, \tag{7.4}$$

$$Y_t = C_t + I_t + Z_t. \tag{7.5}$$

ここで，家計最終消費支出 C_t，民間企業設備投資 I_t，家計可処分所得 YD_t，国内総生産 Y_t，貨幣供給量 M_t は連立方程式を解くことにより数値が得られるという意味で内生変数，また金融資産残高 W_t，金融債利回り R_t，政府支出＋純輸出 Z_t は政策などにより外部から決められるという意味で外生変数と呼ばれる．モデルパラメータ α_i, β_i, γ_i, δ_i は過去の実績データを用いて重回帰分析により推定する．このため，バックワードルッキング (Backward-Looking) 型のモデルに分類される．なお，式 (7.5) は恒等式であるので，誤差項 ϵ_{it} を含まない．

しかし，このような政策提言の方法は，新たな政策の下での経済主体の行動の変化を無視しており，実社会で有効に機能する方法とは考えられない．これが，いわゆるLucas 批判 (Lucas Critique) である [99, 96, 97, 98]．R. Lucas は，マクロ経済を連立方程式でなく動的計画法 (Dynamic Programming) により定式化し直した．まず，経

7.1 エージェントとは？

済主体の行動 (戦略) と政府の行動 (政策) は，それぞれ制御変数 s_t と状態変数 x_t で記述されるとする．経済主体は，将来の効用 $\pi(x_t, s_t)$ の現在価値の和である目的関数

$$\sum_{t=0}^{\infty} \frac{\pi(x_t, s_t)}{(1+r)^t} \tag{7.6}$$

を最大にするように現在の戦略 s_t を決める．ここで，r は，マクロ経済全体のリスクを反映した利子率である．状態変数 x_t の時間推移は，時刻 t における状態変数 x_t と制御変数 s_t により

$$x_{t+1} = g(x_t, s_t) \tag{7.7}$$

のように決まる．ただし，x_0 は所与である．このモデルでは，外部から与えられた政策 x_t を受けて，経済主体の行動 s_t が変化する．経済主体の行動が将来の効用 $\pi(x_t, s_t)$ を考慮して決められるので，フォワードルッキング (Forward-Looking) 型のモデルとなっている．

経済学では，消費者，生産者，企業，政府，中央銀行，商業銀行などの個別性を捨象して，あたかもすべての消費者は同じ行動をとるような代表的エージェントとして取り扱う．たとえ個別性を捨象してあったとしても，代表的エージェントは，新たな政策が発表されると，自らの目的関数を最大化するように行動を変化させる．この変化をあらかじめ考慮して政策提言を行う方法は実社会でもある程度有効に機能すると考えられる．しかし，経済主体の個別性や商取引の概念を取り扱おうとすると，ミクロな視点からモデル化する必要がある．近年，**代表的エージェントモデル** (Representative Agent) における問題点が，多くの経済学者から指摘されている．

経済物理学では，これらの問題点に応えるべく，経済主体の個別性を考慮した**異質的エージェントモデル** (Heterogeneous Agent) が研究されている．この研究では，異質的エージェントモデルを用いたシミュレーションの定性的な振る舞いが実際の経済活動での実績データに似ていることで満足するのではなく，マクロ経済の実績データを企業や消費者などのミクロなレベルから定量的に基礎づけることが最終目標である．

7.1.2　複雑系科学におけるエージェントモデル

マルチエージェントモデル (Multi-Agent Model) は，セルラオートマトン (Cellular Automaton)，ライフゲーム (Conway's Game of Life)，人工生命 (Artificial Life) などを起源にもつ計算機科学のモデルである．ミクロなエージェントを用いて，マクロな現象を創発することを特徴とする．このうち，M. Gell-Mann と J. H. Holland によ

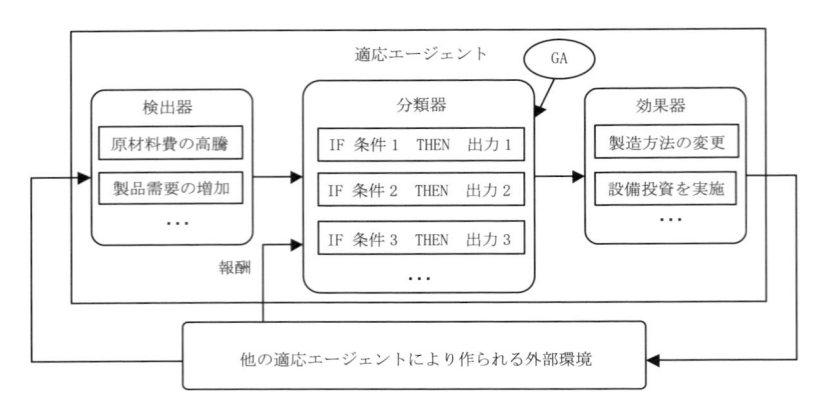

```
                    適応エージェント
  ┌─────────────────────────────────────┐
  │   検出器         分類器      GA       効果器   │
  │  ┌─────────┐  ┌───────────────┐  ┌─────────┐│
  │  │原材料費の高騰│  │IF 条件1 THEN 出力1│  │製造方法の変更││
  │  ├─────────┤  ├───────────────┤  ├─────────┤│
  │  │製品需要の増加│  │IF 条件2 THEN 出力2│  │設備投資を実施││
  │  └─────────┘  ├───────────────┤  └─────────┘│
  │      ...        │IF 条件3 THEN 出力3│      ...    │
  │         報酬    └───────────────┘             │
  │                      ...                       │
  └─────────────────────────────────────┘
              ↓                                ↑
         ┌──────────────────────────────┐
         │ 他の適応エージェントにより作られる外部環境 │
         └──────────────────────────────┘
```

図 7.1 複雑適応系

り提唱された,**複雑適応系** (Complex Adaptive System) について説明する [71, 72]. 複雑適応系の概念を図 7.1 に示す.

複雑適応系は,多数の**適応的エージェント** (Adaptive Agent) から構成される.この適応的という言葉の意味は,自律的 (Autonomous) という言葉と同じと考えてよい.経済システムは,経済主体という適応的エージェントからなる複雑適応系である.

各適応エージェントは,検出器 (Detector),分類器 (Classifier),効果器 (Effector) から構成される.検知器は,「そのエージェントが購入しようとする原材料の価格が上がった」,「販売先の輸出が好調でそのエージェントが製造する製品の受注数が増えた」,などの外部環境を検知して,分類器へ条件を送る.次に,分類器は,「If 条件 Then 効果器への出力」の形で書かれた行動ルールを複数もっている.例えば,「If 受注数が増えた Then 増産する」などである.条件が成立する行動ルールを見つけ出して,効果器へ出力を送る.効果器では,分類器からの入力をもとに,「設備投資を増やす」などのエージェントの具体的な行動を決める.

他のエージェントも同時に同じ処理をして行動を決める.その結果,エージェント間では様々な相互作用をしながら,自分のとった行動に対する結果が得られる.もし,その結果が望ましいものであれば,行動ルールに対する評価,すなわち適合度 (Fitness) は高くなる.その結果,次の行動の際にその行動ルールが選択される優先度が高くなる.この繰り返しにより,適応的エージェントは環境に適した行動をとるよう学習していく仕組みになっている.ここで,行動ルールの選択は,遺伝的アルゴリズム (Genetic Algorithm; GA) を用いて行われる [14, 76, 59].

7.2 マルコフ過程とマスター方程式

様々なマルチエージェントモデルが考案されているが, 経済現象を対象とするためには確率的な変動を考慮することが必須である. 次に, エージェントモデルに関係が深い確率過程について説明する.

7.2 マルコフ過程とマスター方程式

確率過程論の立場から [130, 131, 66, 67], エージェントの行動を粒子の運動との類推で捉えよう. 粒子が, 時点 t_1 に位置 x_1 に, 時点 t_2 に位置 x_2 に, そして, 時点 t_{n-1} に位置 x_{n-1} に, 時点 t_n に位置 x_n にある確率 $P_n(x_n, t_n; x_{n-1}, t_{n-1}; \ldots; x_1, t_1)$ を考えよう. ここで, P_n は, n 個の異なる時点に関する同時確率である. t_1 と t_n の 2 時点における同時確率は, 他の時点における位置情報について和をとって,

$$P_2(x_n, t_n; x_1, t_1) = \sum_{x_2, x_3, \ldots, x_{n-1}} P_n(x_n, t_n; x_{n-1}, t_{n-1}; \ldots; x_1, t_1) \tag{7.8}$$

と書くことができる. 粒子が, 時点 t_1 に位置 x_1 にあり, 時点 t_n において位置 x_n にある条件付き確率は,

$$w(x_n, t_n; x_1, t_1) = \frac{P_2(x_n, t_n; x_1, t_1)}{P_1(x_1, t_1)} \tag{7.9}$$

である. 条件付き確率 $w(x_n, t_n; x_1, t_1)$ は, 遷移確率 (Transition Probability) と呼ばれる. 遷移確率 $w(x_n, t_n; x_1, t_1)$ を用いて,

$$P_n(x_n, t_n; x_{n-1}, t_{n-1}; \ldots; x_1, t_1) = \prod_{i=1}^{n-1} w(x_{i+1}, t_{i+1}; x_i, t_i) P_1(x_1, t_1) \tag{7.10}$$

の関係を得る. 式 (7.9) と式 (7.10) を式 (7.8) へ代入して, 両辺を $P_1(x_1, t_1)$ で割ると,

$$w(x_n, t_n; x_1, t_1) = \sum_{x_2, x_3, \ldots, x_{n-1}} \prod_{i=1}^{n-1} w(x_{i+1}, t_{i+1}; x_i, t_i) \tag{7.11}$$

となる. 式 (7.11) は, **Chapman-Kolmogorov 方程式** (Chapman-Kolmogorov Equation) と呼ばれる.

粒子が, 時点 t_1 に位置 x_1, 時点 t_2 に位置 x_2, そして時点 t_{n-1} に位置 x_{n-1} に存在し, 時点 t_n において位置 x_n に存在する条件付き確率は, 同時確率 P_n を用いて,

$$P_n(x_n, t_n | x_{n-1}, t_{n-1}; \ldots; x_1, t_1) = \frac{P_n(x_n, t_n; x_{n-1}, t_{n-1}; \ldots; x_1, t_1)}{P_{n-1}(x_{n-1}, t_{n-1}; \ldots; x_1, t_1)} \tag{7.12}$$

のように書くことができる．もし，時点 t_n における位置 x_n が時点 t_{n-1} における確率にのみ依存し，それ以前の時点における状態によらない場合は，

$$P_n(x_n, t_n | x_{n-1}, t_{n-1}; \ldots; x_1, t_1) = \frac{P_2(x_n, t_n; x_{n-1}, t_{n-1})}{P_1(x_{n-1}, t_{n-1})}$$
$$= w(x_n, t_n; x_{n-1}, t_{n-1}) \quad (7.13)$$

と書くことができる．式 (7.13) に従う確率過程は，**Markov 過程** (Markov Process) と呼ばれる．

次に，時間と 1 次元空間は等間隔に区切られていて，粒子が各時間ステップ τ で正または負の方向に 1 単位 a 移動するような Brown 運動を考える．時点 $t=0$ において，粒子は 1 次元空間の原点 $x=0$ にあるとする．時点 $t_{n+1} = (n+1)\tau$ において，粒子が位置 x にある確率 $P(x; t_{n+1})$ が従う方程式を見つけよう．粒子は，各時間ステップで 1 単位 a だけ移動できるので，時点 $n\tau$ における位置は $x-a$ または $x+a$ である．したがって，確率 $P(x, t_{n+1})$ は

$$P(x, t_{n+1}) = w(x, t_{n+1}; x-a, t_n) P(x-a, t_n) + w(x, t_{n+1}; x+a, t_n) P(x+a, t_n) \quad (7.14)$$

を満足する．ただし，

$$w(x-a, t_{n+1}; x, t_n) + w(x+a, t_{n+1}; x, t_n) = 1 \quad (7.15)$$

である．ここで，$w(x, t_{n+1}; x-a, t_n)$ は，時点 t_n での位置 $x-a$ から時点 t_{n+1} に位置 x へ移動する遷移確率である．

式 (7.14) の両辺から $P(x, t_n)$ を引いて，式 (7.15) を用いた後に，両辺を時間ステップ間隔 τ で割ると

$$\frac{P(x, t_{n+1}) - P(x, t_n)}{\tau} = g(x, x-a) P(x-a, t_n) + g(x, x+a) P(x+a, t_n)$$
$$- (g(x+a, x) + g(x-a, x)) P(x, t_n) \quad (7.16)$$

を得る．ここで，$g(x, x-a) = w(x, t_{n+1}; x-a, t_n)/\tau$ は，単位時間当たりの遷移確率である．式 (7.16) において，$t = n\tau$ として，左辺を時間微分の離散形とみなすと，

$$\frac{dP(x,t)}{dt} = g(x, x-a) P(x-a, t) + g(x, x+a) P(x+a, t)$$
$$- (g(x+a, x) + g(x-a, x)) P(x, t) \quad (7.17)$$

7.3 エージェントを記述する確率微分方程式

を得る. 式 (7.17) は確率 $P(x,t)$ が従う微分方程式であり, **マスター方程式** (Master Equation) と呼ばれる. さらに, 関係式

$$g(x, x-a) = g(x, x+a) = g(x+a, x) = g(x-a, x) = \frac{a^2}{2\tau(\Delta x)^2} \tag{7.18}$$

を用いて, マスター方程式 (7.17) を変形すると, 拡散方程式

$$\frac{\partial P}{\partial t} = \frac{D}{2}\frac{\partial^2 P}{\partial x^2} \tag{7.19}$$

を得る. ただし, $D = a^2/\tau$ である. 拡散方程式の解析解

$$P(x,t) = (2\pi Dt)^{-\frac{1}{2}} e^{-x^2/(2Dt)} \tag{7.20}$$

から, 無限小時間 τ における成長率の変化 $\Delta x_i = x_{i+1} - x_i$ についての確率は

$$P(\Delta x_i, \tau) = (2\pi D\tau)^{-\frac{1}{2}} e^{-(\Delta x_i)^2/(2D\tau)} \tag{7.21}$$

となる. したがって, 粒子が, 時点 t_1 に位置 x_1, 時点 t_2 に位置 x_2, そして, 時点 t_{n-1} に位置 x_{n-1}, 時点 t_n に位置 x_n にある確率 $P_n(x_n, t_n; x_{n-1}, t_{n-1}; \ldots; x_1, t_1)$ は,

$$P_n(x_n, t_n; x_{n-1}, t_{n-1}; \ldots; x_1, t_1) =$$
$$(2\pi D\tau)^{-\frac{n-1}{2}} e^{-\sum_{i=1}^{n-1}(\Delta x_i)^2/(2D\tau)} P_1(x_1, t_1) \tag{7.22}$$

となる. 粒子が時点 t_1 に位置 $x_1 = a$ にあり時点 t_n に位置 $x_n = b$ にある確率 $P_2(x_n = b, t_n; x_1 = a, t_1)$ は, もし途中経路に興味がなければ中間の座標について積分して,

$$P_2(x_n = b, t_n; x_1 = a, t_1) =$$
$$(2\pi D\tau)^{-\frac{n-1}{2}} \int_{-\infty}^{\infty} dx_2 \cdots \int_{-\infty}^{\infty} dx_{n-1} e^{-\sum_{i=1}^{n-1}(\Delta x_i)^2/(2D\tau)} P_1(x_1 = a, t_1) \tag{7.23}$$

を得る. 式 (7.23) は, 図 7.2 に示すように粒子の途中経路を積分するため**経路積分法** (Path Integral) と呼ばれる.

7.3 エージェントを記述する確率微分方程式

確率微分方程式によるエージェントモデルの定式化について説明する. 以下では, エージェントとして企業エージェントを対象とする.

図 7.2　経路積分法

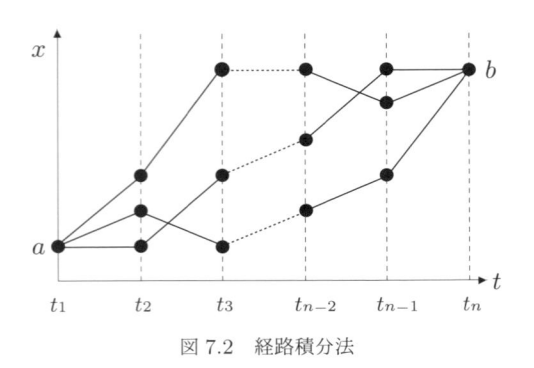

7.3.1　Langevin 方程式

時点 t における企業エージェント i の売上 $R_i(t)$ を用いて, 成長率

$$X_i(t) := \frac{R_i(t)}{R_i(t-1)} \tag{7.24}$$

を定義する. 対数変換した成長率 $X_i(t)$ を

$$x_i(t) = \log_{10} X_i(t) \tag{7.25}$$

と書く. 対数変換した成長率 $x_i(t)$ の時間発展は, 確率差分方程式

$$x_i(t+1) - x_i(t) = -\gamma_i x_i(t) + \sum_j^{n_i} K_{ij} x_j(t) \tag{7.26}$$

で記述されると仮定する.

ここで, **Langevin 方程式** (Langevin Equation)

$$\frac{dv}{dt} = -\gamma v(t) + F(t) \tag{7.27}$$

を思い出そう. この方程式は, ランダムな力 $F(t)$ による加速と速度 $v(t)$ に比例する粘性による減速の 2 つによって, 粒子速度 $v(t)$ の変化が決まることを意味する. 式 (7.26) は, 対数変換した成長率 $x_i(t)$ が, 離散的な時間における Langevin 方程式 (Langevin Equation) に従うことを仮定する. ただし, この場合, ランダムな力 $F(t)$

は，他の企業エージェントの成長率の和に等しい．Langevin 方程式 (7.27) の解析解は，以下のように定数変化法を用いて求めることができる．まず，$F(t) = 0$ の場合の解は，$v(t) = v_0 e^{-\gamma t}$ である．次に，$F(t) \neq 0$ の場合の解を

$$v(t) = C(t)e^{-\gamma t} + v_0 e^{-\gamma t} \tag{7.28}$$

の形で探すと，

$$v(t) = \int_0^t e^{-\gamma(t-\tau)} F(\tau) d\tau + v_0 e^{-\gamma t} \tag{7.29}$$

を得る．

7.3.2　Fokker-Planck 方程式

マスター方程式の 2 次の項まで考慮して，成長率 $x_i(t)$ の確率密度の時間変化を記述する偏微分方程式を導出する．この方程式は，**Fokker-Planck 方程式** (Fokker-Planck Equation) と呼ばれる．

エージェントの成長率の経路が $x_i(t)$ で与えられるとき，その経路に対する確率密度は，

$$p_i(x,t) = \delta\left(x - x_i(t)\right) \tag{7.30}$$

となる．すべての経路についての平均値

$$f(x,t) := \left\langle p_i(x,t) \right\rangle = \left\langle \delta\left(x - x(t)\right) \right\rangle \tag{7.31}$$

を用いると，成長率が x と $x + dx$ の間の値をとる確率は $f(x,t)dx$ である．時間間隔 Δt の間での確率密度 $f(x,t)$ の変化は，マスター方程式

$$\Delta f(x,t) = f(x,t+\Delta t) - f(x,t) = \left\langle \delta\left(x - x(t+\Delta t)\right) \right\rangle - \left\langle \delta\left(x - x(t)\right) \right\rangle \tag{7.32}$$

により記述される．マスター方程式 (7.32) の右辺第 1 項は，関係式

$$x - x(t + \Delta t) = x - (x(t) + \Delta x(t)) = (x - x(t)) - \Delta x(t) \tag{7.33}$$

を用いて，$x - x(t)$ のまわりで展開して 2 次の項までとると，

$$\left\langle \delta\left(x - x(t+\Delta t)\right) \right\rangle = \left\langle \delta\left(x - x(t)\right) \right\rangle \\ + \left\langle -\Delta x(t)\frac{\partial}{\partial x}\delta\left(x - x(t)\right) \right\rangle + \frac{1}{2}\left\langle \Delta x^2(t)\frac{\partial^2}{\partial x^2}\delta\left(x - x(t)\right) \right\rangle \tag{7.34}$$

となる.

ところで, 成長率 x は Langevin 方程式 (7.26) に従うので, 両辺を時間で積分すると,

$$\int_t^{t+\Delta t} \frac{dx}{dt} dt = -\gamma \int_t^{t+\Delta t} x(t) dt + \int_t^{t+\Delta t} F(t) dt \tag{7.35}$$

を得る. $x(t)$ はゆっくり変化し, 相互作用 $F(t)$ は多くの企業エージェントから受けると仮定すると,

$$\Delta x(t) = -\gamma x(t) \Delta t + \Delta F(t) \tag{7.36}$$

と書くことができる. 式 (7.36) を用いると, 式 (7.34) の右辺第 2 項は

$$\left\langle -\Delta x(t) \frac{\partial}{\partial x} \delta(x - x(t)) \right\rangle = \frac{\partial}{\partial x} \left[\gamma \left\langle \delta(x - x(t)) x(t) \right\rangle \Delta t - \left\langle \delta(x - x(t)) \right\rangle \left\langle \Delta F(t) \right\rangle \right] \tag{7.37}$$

となる. $\langle \Delta F(t) \rangle = 0$ であるので,

$$\left\langle -\Delta x(t) \frac{\partial}{\partial x} \delta(x - x(t)) \right\rangle = \frac{\partial}{\partial x} \left[\gamma \left\langle \delta(x - x(t)) x(t) \right\rangle \right] \Delta t \tag{7.38}$$

を得る.

同様に, 式 (7.34) の右辺第 3 項は

$$\frac{1}{2} \left\langle \Delta x^2(t) \frac{\partial^2}{\partial x^2} \delta(x - x(t)) \right\rangle = \frac{1}{2} \frac{\partial^2}{\partial x^2} \left\langle \delta(x - x(t)) \right\rangle \left\langle \Delta x(t)^2 \right\rangle \tag{7.39}$$

となる. ここで, 式 (7.36) の両辺を自乗した式

$$\left\langle \Delta x^2(t) \right\rangle = \gamma^2 \left\langle x^2(t) \right\rangle \Delta t^2 - 2\gamma \left\langle x(t) \Delta F(t) \right\rangle \Delta t + \left\langle \Delta F^2(t) \right\rangle \tag{7.40}$$

において, Δt の 2 次以上の項を無視して $\langle \Delta F(t) \rangle = 0$ を用いると, 右辺第 3 項のみが残る. $F(t)$ はランダムな力なので, 相関 $\langle F(t)F(t') \rangle = Q\delta(t - t')$ を仮定すると,

$$\left\langle \Delta x^2(t) \right\rangle = \int_t^{t+\Delta t} \int_t^{t+\Delta t} dt' dt'' \left\langle F(t') F(t'') \right\rangle = Q \Delta t \tag{7.41}$$

である. したがって, 式 (7.34) の右辺第 3 項は,

$$\frac{1}{2} \left\langle \Delta x^2(t) \frac{\partial^2}{\partial x^2} \delta(x - x(t)) \right\rangle = \frac{1}{2} \frac{\partial^2}{\partial x^2} \left\langle \delta(x - x(t)) \right\rangle Q \Delta t \tag{7.42}$$

7.3 エージェントを記述する確率微分方程式

となる.

式 (7.32) へ, 式 (7.34), (7.38), (7.42) を代入して,

$$\Delta f(x,t) = \frac{\partial}{\partial x}\left[\gamma\left\langle \delta\left(x-x(t)\right)x(t)\right\rangle\right]\Delta t + \frac{1}{2}\frac{\partial^2}{\partial x^2}\left\langle \delta\left(x-x(t)\right)\right\rangle Q\Delta t \quad (7.43)$$

を得る. さらに, 式 (7.43) の両辺を Δt で割って, $\Delta t \to 0$ の極限をとることにより,

$$\frac{\partial f(x,t)}{\partial t} = \frac{\partial}{\partial x}\left(\gamma x f(x,t)\right) + \frac{1}{2}Q\frac{\partial^2}{\partial x^2}f(x,t) \quad (7.44)$$

を導出できた. ただし, $\gamma > 0$, $Q > 0$ である. この偏微分方程式は, Fokker-Planck 方程式と呼ばれる移流 (ドリフト) 拡散方程式 (Drift Diffusion Equation) である.

Fokker-Planck 方程式の定常解を求めよう. 式 (7.44) において,

$$\frac{\partial f(x,t)}{\partial t} = 0 \quad (7.45)$$

とおくと,

$$\frac{\partial}{\partial x}\left(\gamma x f(x,t)\right) + \frac{1}{2}Q\frac{\partial^2}{\partial x^2}f(x,t) = 0 \quad (7.46)$$

となる. 定常解は,

$$f(x,t) = Ne^{-2V(x)/Q}, \quad (7.47)$$

$$V(x) = -\int_{x_0}^{x} K(x)dx \quad (7.48)$$

である. ただし, $K(x) = -\gamma x$ である.

次に, 時間依存解 $f(x,t)$ を

$$f(x,t) = N(t)e^{-x^2/a(t)+2b(t)x/a(t)} \quad (7.49)$$

の形で求める. ここで, 変数は $N(t)$, $a(t)$, $b(t)$ である. 式 (7.49) を式 (7.44) に代入して, x について 0 乗, 1 乗, 2 乗の項の係数を 0 に等しいと置くことにより, 3 つの変数について, 微分方程式

$$\frac{dN}{dt} = N\left(\gamma + Q\frac{2b^2}{a^2} - \frac{Q}{a}\right), \quad (7.50)$$

$$\frac{da}{dt} = -2\gamma a + 2Q, \quad (7.51)$$

$$\frac{db}{dt} = -\gamma b \quad (7.52)$$

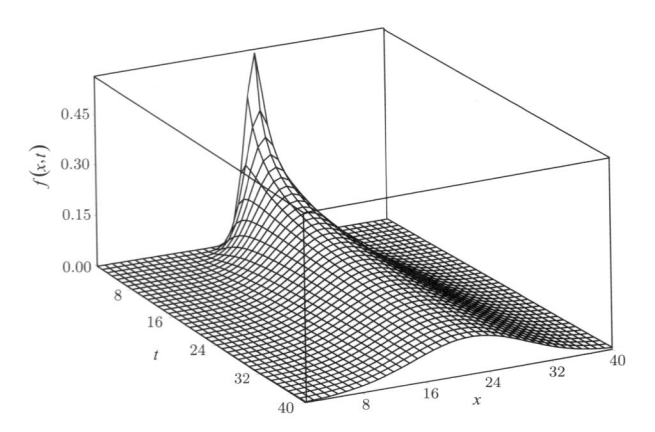

図 7.3　Fokker-Planck 方程式の時間依存解

を得る．3 つの変数の解は，

$$N(t) = (\pi a(t))^{-1/2} e^{-b^2(t)/a(t)}, \tag{7.53}$$

$$a(t) = \frac{Q}{\gamma}\left(1 - e^{-2\gamma t}\right) + a_0 e^{-2\gamma t}, \tag{7.54}$$

$$b(t) = b_0 e^{-\gamma t} \tag{7.55}$$

である．式 (7.49)，式 (7.53)，式 (7.54)，式 (7.55) を用いて計算した Fokker-Planck 方程式の時間依存解を図 7.3 に示す．

最後に，時間依存解 $f(x,t)$ の経路積分法による定式化を与える．ドリフトのない場合の経路積分法 (7.23) からの類推により，時間依存解 $f(x,t)$ は

$$f(x,t) = \frac{1}{\sqrt{(2\pi Q\tau)^{n-1}}} \int_{-\infty}^{\infty} dx_1 \cdots \int_{-\infty}^{\infty} dx_{n-1} e^{-\Omega/(2Q\tau)} f(x_1, t_1), \tag{7.56}$$

$$\Omega = \sum_{i=1}^{n-1} (x_i - x_{i-1} - \gamma\tau x_{i-1})^2 \tag{7.57}$$

と書くことができる．ここで，式 (7.57) の右辺括弧の中の第 3 項が，ドリフトの効果であることに注意しよう．

7.4 金融デリバティブとの対応関係

株価 S の時間変化は，幾何 Brown 運動

$$ds = \mu s dt + \sigma s dz \tag{7.58}$$

に従うとする．式 (4.45) で表される伊藤過程において，$x = s$, $a = \mu s$, $b = \sigma s$ と置くことに等しい．形式的に，式 (7.58) の両辺を dt で割ると

$$\frac{ds}{dt} = \mu s + \sigma s \frac{\epsilon_t}{\sqrt{\Delta t}} \tag{7.59}$$

を得る．ここで，式 (4.39) を用いて dz を dt に書き直し，右辺の dt は微分と区別するために Δt と書いた．式 (7.59) は，Langevin 方程式 (7.27) と同じ形をしていることに気づく．Langevin 方程式では，粒子はランダムな力 $F(t)$ を受けて加速して，速度に比例した減衰力 $-\gamma v$ により減速する．ランダムな力 $F(t)$ は，関係式

$$\langle F(t) F(t') \rangle = Q \delta(t - t') \tag{7.60}$$

を満たすホワイトノイズである．式 (7.59) でも，第一項の定数 μ が負であれば，第二項のランダムな力で株価が上がり，第一項の減衰力で株価が下がるような Langevin 方程式と同様の時間変化をする．実際に，式 (7.59) の第二項は，関係式

$$\langle \epsilon(t) \epsilon(t') \rangle = \frac{\Delta t}{\sigma^2 s^2} \delta(t - t') \tag{7.61}$$

を満たすホワイトノイズである．しかし，第一項の定数 μ が正であれば，第一項は増幅力となる．第二項のランダムな力で株価が上がり，第一項の増幅力で株価がさらに上がる場合がありうる．したがって，幾何 Brown 運動は Langevin 方程式との類似点が見られるものの，Langevin 方程式で記述される物理系では生じないような時間変化も含むことになる．

株や債権などの金融資産を原資産として，さまざまな**金融デリバティブ**が作られている．最も簡単な金融デリバティブが，コールオプションと呼ばれる株を一定価格で買う権利である．次に，オプション価格 $c(s, t)$ を記述する Black-Scholes 方程式を導出しよう [20]．式 (4.52) の伊藤のレンマにおいて，$x = s$, $F = c$ と置くと，

$$dc = \frac{\partial c}{\partial s} ds + \frac{\partial c}{\partial t} dt + \frac{1}{2} \sigma^2 s^2 \frac{\partial^2 c}{\partial s^2} dt \tag{7.62}$$

を得る．

さて，コールオプションの売り持ちと株式の買い持ちにより，安全資産に同等なポートフォリオ

$$\Omega = -c(s,t) + \delta s \tag{7.63}$$

を作ることができる．ここで，δ は購入する株式の数であり，$0 \leq \delta \leq 1$ とする．ポートフォリオ Ω は，**複製ポートフォリオ** (Replicating Portfolio) と呼ばれる．式 (7.63) より，

$$d\Omega = -dc(s,t) + \delta ds \tag{7.64}$$

である．式 (7.64) に式 (7.62) を代入すると，

$$d\Omega = -\left(\frac{\partial c}{\partial s}ds + \frac{\partial c}{\partial t}dt + \frac{1}{2}\sigma^2 s^2 \frac{\partial^2 c}{\partial s^2}dt\right) + \delta ds \tag{7.65}$$

を得る．式 (7.63) より

$$\delta = \frac{\partial c}{\partial s} \tag{7.66}$$

であるので，式 (7.65) は

$$d\Omega = -\left(\frac{\partial c}{\partial t} + \frac{1}{2}\sigma^2 s^2 \frac{\partial^2 c}{\partial s^2}\right)dt \tag{7.67}$$

となる．ここで，Ω が安全資産であることに注意すると，r を安全資産の収益率として，

$$d\Omega = r\Omega dt \tag{7.68}$$

との関係を得る．式 (7.68) へ式 (7.63) と式 (7.66) を代入し，式 (7.67) と比較すると，**Black-Scholes の偏微分方程式** (Black-Scholes Partial Differential Equation)

$$\frac{\partial c(s,t)}{\partial t} = rc(s,t) - rs\frac{\partial}{\partial s}c(s,t) - \frac{\sigma^2 s^2}{2}\frac{\partial^2}{\partial s^2}c(s,t) \tag{7.69}$$

を得る．この方程式は，Fokker-Planck 方程式と同じ移流拡散方程式であるが，逆向き時間移流拡散方程式 (Backward-Time Drift Diffusion Equation) と見ることができる．ここでも，物理系との類似点と相違点があることを注意しておこう．初期条件は，将来の満期時点 T において，$c(s,T) = s(T) - K$ である．ただし，K は，オプションの行使価格である．

7.4 金融デリバティブとの対応関係

Black-Scholes の偏微分方程式 (7.69) の解析解を求める。まず，Black-Scholes の偏微分方程式 (7.69) を，

$$x = \log \frac{s}{K}, \tag{7.70}$$

$$\tau = (T-t)\frac{\sigma^2}{2}, \tag{7.71}$$

$$v(x,\tau) = \frac{c}{K} \tag{7.72}$$

により (s,t) から (x,τ) へ変数変換すると，定数係数の方程式

$$\frac{\partial v(x,\tau)}{\partial \tau} = -kv(x,\tau) + (k-1)\frac{\partial}{\partial x}v(x,\tau) + \frac{\partial^2}{\partial x^2}v(x,\tau) \tag{7.73}$$

を得る。ただし，$k = \frac{2r}{\sigma^2}$ である。さらに，方程式 (7.73) について変数変換

$$\lambda = e^{-(k-1)x/2 - (k+1)^2\tau/4}, \tag{7.74}$$

$$v(x,\tau) = \lambda u(x,\tau) \tag{7.75}$$

を行うと，拡散方程式

$$\frac{\partial u(x,\tau)}{\partial \tau} = \frac{\partial^2}{\partial x^2}u(x,\tau) \tag{7.76}$$

を得る。拡散方程式 (7.76) は，初期条件 $u(x,0) = f(x)$ のもとで，解析解

$$u(x,\tau) = \frac{1}{2\sqrt{\pi\tau}} \int_{-\infty}^{\infty} f(s) e^{-(x-s)^2/4\tau} ds \tag{7.77}$$

をもつことに注意しよう。初期条件 $c(s,T) = \max(s(T) - K, 0)$ は，式 (7.72) と式 (7.75) を用いて変数変換すると

$$u(x,0) = \max(e^{(k+1)x/2} - e^{(k-1)x/2}, 0) \tag{7.78}$$

となる。式 (7.72)，式 (7.75)，式 (7.77)，式 (7.78) を用いると，オプション価格 $c(S,t)$ は

$$c(s,t) = K\lambda u(x,\tau) = $$
$$Ke^{-\left(2(k-1)x + (k+1)^2\tau\right)/4} \frac{1}{2\sqrt{\pi\tau}} \int_0^\infty \left(e^{(k+1)s/2} - e^{(k-1)s/2}\right) e^{-(x-s)^2/4\tau} ds \tag{7.79}$$

のように書くことができる．元の変数に戻して，式を整理すると，**Black-Scholes の価格式** (Black-Scholes Formula)

$$c(s,t) = sN(d_1) - Ke^{-r(T-t)}N(d_2), \tag{7.80}$$

$$N(d_i) = \frac{1}{\sqrt{2\pi}}\int_{-\infty}^{d_i} e^{-x^2/2}dx = \frac{1}{\sqrt{2\pi}}\int_{-d_i}^{\infty} e^{-x^2/2}dx, \tag{7.81}$$

$$d_1 = \frac{\log\frac{s}{K} + \left(r+\frac{\sigma^2}{2}\right)(T-t)}{\sigma\sqrt{T-t}}, \tag{7.82}$$

$$d_2 = \frac{\log\frac{s}{K} + \left(r-\frac{\sigma^2}{2}\right)(T-t)}{\sigma\sqrt{T-t}} \tag{7.83}$$

が得られた．

7.5 相互作用の取り扱い

消費者へ商品を販売する流通業者は，製造業者から商品を仕入れる．最終製品を作る製造業者は，別の製造業者から部品を購入する．この部品業者は，材料業者から原材料を購入する．このような企業間の取引を業種ごとにまとめて，それぞれの業種で予想される需要を満たすための総生産を推定する方法が**産業連関分析** (Input-Output Analysis) である [109, 162]．ある産業が別の産業へ与える影響は，業種エージェント間の**相互作用**として解釈することができる．著者 (Y. I.) は，経済学の研究者と企業エージェントモデルについて議論をした際に，何度か産業連関分析との類似性を指摘されたことがある．この観点から，企業エージェント間の相互作用を考えるための参考として，産業連関分析を説明する．

産業連関表 (Input-Output Table) は，生産額 (行または列) ベクトル $\boldsymbol{X}$

$$\boldsymbol{X} = (X_1, X_2, \ldots, X_N), \tag{7.84}$$

最終需要額ベクトル $\boldsymbol{F}$

$$\boldsymbol{F} = (F_1, F_2, \ldots, F_N), \tag{7.85}$$

付加価値ベクトル $\boldsymbol{V}$

$$\boldsymbol{V} = (V_1, V_2, \ldots, V_N) \tag{7.86}$$

を用いて，表 7.1 のように書くことができる．ここで，最終需要とは，消費額，投資額，輸出額の総計から輸入額を引いた金額である．また，付加価値とは，総生産額から原材料費の総計を差引いた金額である．

7.5 相互作用の取り扱い

表 7.1 産業連関表

供給＼需要	産業 1	...	産業 j	...	産業 N	最終需要	総生産
産業 1	x_{11}	...	x_{1j}	...	x_{1N}	F_1	X_1
⋮	⋮	⋱	⋮		⋮	⋮	⋮
産業 i	x_{i1}	...	x_{ij}	...	x_{iN}	F_i	X_i
⋮	⋮		⋮	⋱	⋮	⋮	⋮
産業 N	x_{N1}	...	x_{Nj}	...	x_{NN}	F_N	X_N
付加価値	V_1	...	V_j	...	V_N	-	-
総生産	X_1	...	X_j	...	X_N	-	-

投入係数行列 $\mathbf{A}$ は，

$$\mathbf{A} = [a_{ij}] = \left[\frac{x_{ij}}{X_j}\right] (i, j = 1, \ldots, N) \tag{7.87}$$

で定義される．ここで，x_{ij} は，行方向の需要関係に着目して，第 i 産業が，生産 X_i を中間生成物として第 j 産業へ販売した売上額，すなわち中間需要額である．あるいは，列方向の供給関係に着目して，第 j 産業が，生産 X_j を行うために，第 i 産業から購入した原材料費，すなわち中間投入額である．

表 7.1 の行方向の需要関係を行列で表すと，

$$\mathbf{A}\boldsymbol{X} + \boldsymbol{F} = \boldsymbol{X} \tag{7.88}$$

を得る．式 (7.88) は，第 i 産業の中間需要総額 $\sum_{j=1}^{N} x_{ij}$ と最終需要額 F_i の合計が総生産額 X_i に等しいことを意味する．同様に，表 7.1 の列方向の需要関係を行列で表すと，

$$\mathbf{A}^\mathsf{T}\boldsymbol{X} + \boldsymbol{V} = \boldsymbol{X} \tag{7.89}$$

を得る．ここで，$\mathbf{A}^\mathsf{T}$ は投入係数行列 $\mathbf{A}$ の転置行列である．式 (7.89) は，第 j 産業の中間投入額 $\sum_{j=1}^{N} x_{ij}$ と付加価値 V_j の合計が総生産額 X_j に等しいことを意味する．

最終需要額 $\boldsymbol{F}$ が変化すると，様々な産業間取引を経て生産額 $\boldsymbol{X}$ が変化する．生産額 $\boldsymbol{X}$ について整理した

$$(\mathbf{1} - \mathbf{A})\boldsymbol{X} = \boldsymbol{F} \tag{7.90}$$

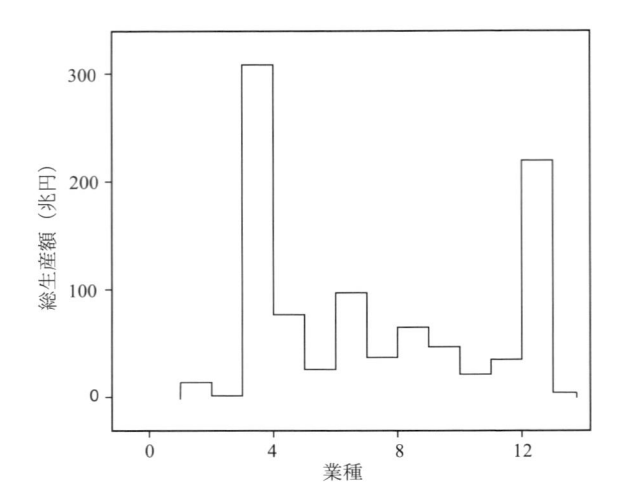

図 7.4 2000 年度における 13 部門の総生産額

を解くことにより，最終需要額 F の変化を反映した生産額 X を求めることができる．形式解は，

$$X = (1 - A)^{-1} F \tag{7.91}$$

である．ここで $(1 - A)^{-1}$ は，**Leontief の逆行列** (Leontief's Inverse Matrix) と呼ばれる．

表 7.2 に，2000 年度における 13 部門の産業連関表を示す．表 7.1 と同じ構成となるように，最終需要と付加価値は各項目を合算して算出した．金額の単位は，10 億円である．2000 年度における 13 部門の総生産額は，図 7.4 に示すように，産業間で大きく異なる値をとる．サービスの最終需要を 50% 増加させて，式 (7.91) を用いて算出した各産業の総生産への影響を図 7.5 左に示す．また，製造業の最終需要が 20% 減少した場合の，各産業の総生産への影響を図 7.5 右に示す．検討してきた産出量モデルでは，需要増加に応える生産能力が常に十分あると仮定している点に注意する．実際には，製造設備の不足，原材料の供給不足，労働力の供給不足により，十分な生産能力がない場合があり得る．このような供給制約が生じた場合には，このモデルから信頼できる結果を得ることはできない．

需要増加に応える生産ができない場合は，製品価格は上昇する．次に，価格の変化を検討しよう．均衡価格モデルは，表 7.1 の列方向の供給関係に着目したモデルであり，

7.5 相互作用の取り扱い

表 7.2 2000 年度における 13 部門の産業連関表

需給	農林水産	鉱業	製造業	建設	電力ガス	商業	金融保険	不動産	運輸	通信放送	公務	サービス	分類不明	最終需要	総生産
農林水産	1558	1	8427	152	0	9	0	0	2	0	2	1332	0	2887	14370
鉱業	0	3	7357	674	2019	0	0	0	0	0	1	4	1	-8681	1379
製造業	2463	93	122867	21579	1680	3193	1263	162	6094	462	2897	28235	384	116790	308161
建設	81	9	1287	199	1259	548	150	2843	479	174	569	1380	0	68331	77311
電力ガス	92	43	6338	539	1623	1226	226	219	888	318	1037	5485	67	8902	27004
商業	666	23	16256	4943	392	1413	191	63	1645	96	451	8346	84	62379	96948
金融保険	502	66	4019	864	761	4928	2872	3298	2933	504	100	5835	956	10511	38149
不動産	6	12	893	269	224	2862	609	408	704	376	47	2669	49	56725	65853
運輸	619	379	8239	3988	716	4641	728	146	5034	504	1123	4199	208	17381	47907
通信放送	12	9	1118	939	143	2520	829	98	361	2672	529	4851	118	7941	22139
公務	0	0	0	0	0	0	0	0	0	0	0	0	709	35517	36226
サービス	214	62	23060	6398	2754	6345	4998	1704	6684	3641	2759	19269	350	140990	219228
分類不明	81	20	1669	308	144	627	257	270	191	102	18	718	0	-192	4212
付加価値	8075	657	106631	36458	15289	68637	26026	56640	22892	13291	26695	136905	1287	-	-
総生産	14370	1379	308161	77311	27004	96948	38149	65853	47907	22139	36226	219228	4212	-	-

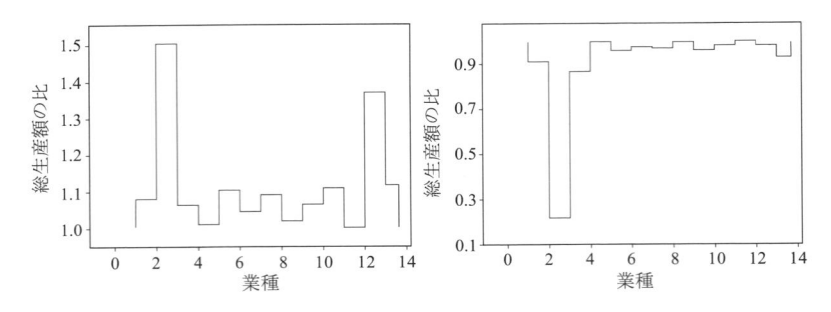

図 7.5 最終需要の変化による総生産への影響

産出量モデルとは双対的な関係にある．金額表示の生産高 X を数量に読み替えて，価格ベクトル P

$$P = (P_1, P_2, \ldots, P_N) \tag{7.92}$$

を用いて供給関係を行列で表すと，

$$\mathbf{A}^\mathsf{T} P + V = P \tag{7.93}$$

を得る．

均衡価格モデルは，供給関係に着目しているので，コスト変化による製品の価格変化を取り扱うことができるが，需要変化による波及効果について信頼できる結果が得られない．すなわち，産出量モデルが需要側からの波及のみを取り扱うことに対して，均衡価格モデルは供給側からの波及のみを取り扱うといえよう．

上述の産業連関分析モデルでは，消費額，投資額，輸出額の総計から輸入額を差引いた金額である最終需要額 F は外生的に与えられるとする．しかし，経済のダイナミクスをとらえるには，消費や投資をモデルに取り込むことが必要である．次節以降で説明する企業エージェントモデルでは，よりミクロな視点から企業を経済システムを構成する単位と見なして，企業間のさまざまな取引を企業間相互作用により定式化する．

7.6 競争環境の取り扱い

事業価値を評価する方法として，金融工学のオプション理論を応用したリアルオプション (Real Option) がよく知られている [164, 36]．いま，ある企業が新製品を市場投入するために，工場の設備投資の時期を検討しよう．

7.6 競争環境の取り扱い

この新製品は，現時点 t_0 ではサンプル出荷の段階であり，1 年後に市場が立ち上がった後に，順調な販売が T 年間続くと考えられている．この企業の競合他社も同等の製品を市場投入しようとしており，価格は需給バランスによって変動する．現在のサンプル価格は P_0 であり，1 年度の価格は確率 q で $P_1 = uP_0$ に上昇，または確率 $1-q$ で $P_1 = dP_0$ に下降し，その後 T 年間は同じ価格が続くと予想される．

予想される価格変動を考慮すると，現時点 t_0 で設備投資 I_0 を行って t_1 から T 年間製造販売するのと，価格が落ち着いた 1 年後の t_1 に設備投資 I_1 を行って t_2 から $T-1$ 年間製造販売するのでは，どちらが合理的であろうか？ただし，$I_1 = (1+r)I_0$ である．この事業のように意思決定を先送りできる場合は，価格変動を原資産とするリアルオプションをもつとされる．このオプションは延期オプションと呼ばれ，金融デリバティブのように Black-Scholes の価格式，または下記のリスク中立法 (Risk Neutral Method) を用いて事業価値 V_0 を算出できる．

現時点 t_0 で設備投資 I_0 を行って t_1 から T 年間製造販売するとき，事業価値 V_0 は

$$V_0 = q \sum_{i=1}^{T} \frac{uP_0 Q_i - cQ_i}{(1+r)^i} + (1-q) \sum_{i=1}^{T} \frac{dP_0 Q_i - cQ_i}{(1+r)^i} - I_0 \quad (7.94)$$

となる．ここで，Q_i は時点 i の供給量，c は限界費用，r は国債のような安全資産の利子率，確率 q は安全資産の利子率 r を用いたときに正しい事業価値を与えるように調整したリスク中立確率 (Risk Neutral Probability)

$$q = \frac{1+r-d}{u-d} \quad (7.95)$$

である．ただし，$d < 1+r < u$ とする．

一方，価格が落ち着いた 1 年後の t_1 に設備投資 I_1 を行って t_2 から T 年間製造販売するときの事業価値は，製品価格が上昇した場合の価値 V_1^u

$$V_1^u = \sum_{i=1}^{T} \frac{uP_0 Q_i - cQ_i}{(1+r)^i} - I_1 \quad (7.96)$$

と下降した場合の価値 V_1^d

$$V_1^d = \sum_{i=1}^{T} \frac{dP_0 Q_i - cQ_i}{(1+r)^i} - I_1 \quad (7.97)$$

とに分かれる．このように延期オプションをもっていることに気付けば，事業価値 V_0，V_1^u，V_1^d から最も大きい値を実現する投資意思決定の時期を選ぶことができる．上記

表 7.3 非ゼロ和 2 人ゲーム

	α_2	β_2
α_1	(a_1, b_1)	(a_3, b_3)
β_1	(a_2, b_2)	(a_4, b_4)

の事例から明らかなように, 通常のリアルオプションでは, 競合他社の戦略を明示的に取り扱わず, 自社の業績を決める変数 (価格) の変動として表現する. しかし, 需給バランスで決まる製品価格が t_1 から T 年間一定としたこと, 競合他社に 1 年間遅れて市場参入しても順調に販売できるとしたことは, 明らかに強い仮定である.

より現実的には, **競争環境**において競合他社の戦略を明示的に取り扱うことが必要であり, そのためには**ゲーム理論** [113, 115, 132] が役に立つ. N 人のプレイヤーが行う非協力ゲームの基本を説明しよう. プレイヤー i が戦略 $s_i \in S_i$ を取るとき, プレイヤー i は利得 $f_i(s)$ を得るとする. 他の $n-1$ 人のプレイヤーの戦略の組を $s_{-i} = (s_1, \ldots, s_{i-1}, s_{i+1}, \ldots, s_N)$ と書くとき, プレイヤー i の利得 $f_i(s)$ を明示的に $f_i(s_i, s_{-i})$ と書くことがある. プレイヤー i の利得 $f_i(s)$ が

$$f_i(s_i, s_{-i}) = \max_{t_i \in S_i} f_i(t_i, s_{-i}) \tag{7.98}$$

であるとき, プレイヤー i の戦略 s_i は他の $n-1$ 人のプレイヤーの戦略の組 $s_{-i} = (s_1, \ldots, s_{i-1}, s_{i+1}, \ldots, s_N)$ に対する最適反応 (Best Response) であるという. これは, プレイヤー i は他のプレイヤーの戦略の組 s_{-i} を予想して, その予想の下で自分の利得を最大にする戦略 s_i を選択することを意味する. さらに, すべてのプレイヤー $i\,(=1,\ldots,N)$ について, 戦略 s_i^* が他のプレイヤーの戦略の組 s_{-i}^* に対する最適反応であるとき, プレイヤーの戦略の組 $s^* = (s_1^*, \ldots, s_N^*)$ を **Nash 均衡** (Nash Equilibrium) という.

表 7.3 に示すような非ゼロ和 2 人ゲームについて, Nash 均衡を計算してみよう [116]. ここで, $(\alpha_i, \beta_j)(i, j = 1, 2)$ は純粋戦略の組, $(a_k, b_k)(k = 1, \ldots, 4)$ は利得である. 利得パラメータは, $a_1 > a_2, a_4 > a_3, b_1 > b_3, b_4 > b_2$ の関係を満たすとする. このとき, 純粋戦略の組 (α_1, α_2) と (β_1, β_2) は, 明らかに Nash 均衡である. 2 つの Nash 均衡を, 図 7.6 に黒丸で示す.

さらに, プレイヤー i が, 確率 p_i で戦略 α_i を, 確率 $1 - p_i$ で戦略 β_i をとる混合戦略を考慮して均衡を検討しよう. 表 7.3 より, プレイヤー 1 が戦略 α_1 をとったときの利得は $p_2 a_1 + (1 - p_2) a_3$, また戦略 β_1 をとったときの利得は $p_2 a_2 + (1 - p_2) a_4$ であ

7.6 競争環境の取り扱い

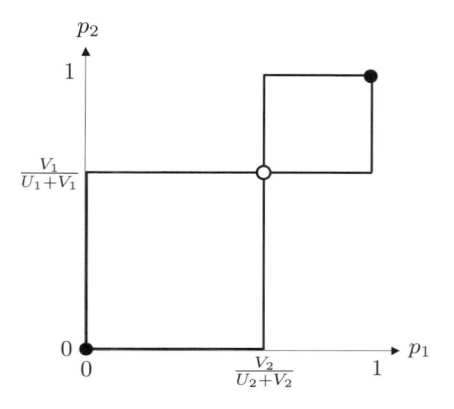

図 7.6 混合戦略の均衡点

る．同様に，プレイヤー 2 が戦略 α_2 をとったときの利得は $p_1 b_1 + (1-p_1) b_2$，また戦略 β_2 をとったときの利得は $p_1 b_3 + (1-p_1) b_4$ である．プレイヤー 1 の最適反応は，

$$\begin{cases} p_1^* = 1 & \left(p_2 > \dfrac{V_1}{U_1 + V_1}\right), \\ 0 < p_1^* < 1 & \left(p_2 = \dfrac{V_1}{U_1 + V_1}\right), \\ p_1^* = 0 & \left(p_2 < \dfrac{V_1}{U_1 + V_1}\right) \end{cases} \tag{7.99}$$

となる．ただし，$U_1 = a_1 - a_2$, $V_1 = a_4 - a_3$ である．同様に，プレイヤー 2 の最適反応は，

$$\begin{cases} p_2^* = 1 & \left(p_1 > \dfrac{V_2}{U_2 + V_2}\right), \\ 0 < p_2^* < 1 & \left(p_1 = \dfrac{V_2}{U_2 + V_2}\right), \\ p_2^* = 0 & \left(p_1 < \dfrac{V_2}{U_2 + V_2}\right) \end{cases} \tag{7.100}$$

となる．ただし，$U_2 = b_1 - b_3$, $V_2 = b_4 - b_2$ である．したがって，混合戦略の均衡点は，二人のプレイヤーの最適反応の交点 $(V_2/(U_2+V_2), V_1/(U_1+V_1))$ であり，図 7.6

に白丸で示す．以上まとめて，Nash 均衡として

$$\begin{cases} s^* = (\alpha_1, \alpha_2), \\ s^* = (\beta_1, \beta_2), \\ s^* = \left(\dfrac{V_2}{U_2+V_2}\alpha_1 + \dfrac{U_2}{U_2+V_2}\beta_1, \dfrac{V_1}{U_1+V_1}\alpha_2 + \dfrac{U_1}{U_1+V_1}\beta_2 \right) \end{cases} \quad (7.101)$$

の 3 つの戦略の組が得られた．

次に，2 つの企業 1 と 2 が同じ製品を生産して市場投入する問題について，製品の供給量に関する意思決定を明示的に取り扱って検討しよう．企業 $i\,(=1,2)$ は，利潤 $\pi_i(q_1,q_2)$ の最大化を目的に，供給量 q_i を独立に決める．ただし，$q_i \geq 0$ である．最大化された利潤

$$\begin{cases} \pi_1(q_1^*, q_2^*) = \max_{q_1 \geq 0} \pi_1(q_1, q_2^*), \\ \pi_2(q_1^*, q_2^*) = \max_{q_2 \geq 0} \pi_2(q_1^*, q_2) \end{cases} \quad (7.102)$$

に対応する，供給量の組 (q_1^*, q_2^*) を求めよう．この供給量の組は，**Cournot-Nash 均衡** (Cournot-Nash Equilibrium) と呼ばれる．

製品の価格 p は，需要関数

$$p = \max\left(a - b\left(q_1 + q_2\right), 0\right) \quad (7.103)$$

により決まる．ここで，a と b は定数である．企業 i の費用関数は

$$C_i(q_i) = c_i q_i \quad (7.104)$$

である．ここで，$c_i\,(0 < c_i < a)$ は限界費用である．このとき，企業 i の利潤関数は

$$\pi_i(q_1, q_2) = p q_i - c_i q_i \quad (7.105)$$

となる．

企業 1 の利潤関数は，

$$\begin{cases} \pi_1(q_1, q_2) = -b\left(q_1 + \dfrac{a-c_1}{2b} - \dfrac{q_2}{2}\right)^2 + \dfrac{(a-c_1-bq_2)^2}{4b} & \left(0 \leq q_1 \leq \dfrac{a}{b} - q_2\right), \\ \pi_1(q_1, q_2) = -c_1 q_1 & \left(\dfrac{a}{b} - q_2 \leq q_1\right) \end{cases}$$
$$(7.106)$$

7.6 競争環境の取り扱い

である．これより，企業 1 の最適反応は，

$$\begin{cases} q_1^* = \dfrac{a-c_1}{2b} - \dfrac{q_2}{2} & \left(0 \leq q_2 \leq \dfrac{a-c_1}{b}\right), \\ q_1^* = 0 & \left(\dfrac{a-c_1}{b} \leq q_2\right) \end{cases} \quad (7.107)$$

となる．同様に，企業 2 の最適反応は，

$$\begin{cases} q_2^* = \dfrac{a-c_2}{2b} - \dfrac{q_1}{2} & \left(0 \leq q_1 \leq \dfrac{a-c_2}{b}\right), \\ q_2^* = 0 & \left(\dfrac{a-c_2}{b} \leq q_1\right) \end{cases} \quad (7.108)$$

となる．限界費用 c_1, c_2 が

$$a - 2c_1 + c_2 > 0 \quad (7.109)$$

$$a + c_1 - 2c_2 > 0 \quad (7.110)$$

のとき，最適反応は図 7.7 のように描くことができる．ただし，本図では $a = 6.5$, $b = 2.0$, $c_1 = 1.5$, $c_2 = 1.0$ とした．Cournot-Nash 均衡に対応する供給量の組 (q_1^*, q_2^*) は，2 つの直線の交点

$$\begin{cases} q_1^* = \dfrac{a - 2c_1 + c_2}{3b}, \\ q_2^* = \dfrac{a + c_1 - 2c_2}{3b} \end{cases} \quad (7.111)$$

として得られる．このときの製品価格は，

$$p^* = \dfrac{a + c_1 + c_2}{3} \quad (7.112)$$

であり，企業の利潤は，

$$\begin{cases} \pi_1(q_1^*, q_2^*) = \dfrac{(a - 2c_1 + c_2)^2}{9b}, \\ \pi_2(q_1^*, q_2^*) = \dfrac{(a + c_1 - 2c_2)^2}{9b} \end{cases} \quad (7.113)$$

となる．式 (7.111) より，需要関数 (7.103) が増加 ($a \to$ 大, $b \to$ 小) すると均衡供給量 (q_1^*, q_2^*) は増加し，また自社 i の費用関数 (7.104) が増加 ($c_i \to$ 大) すると均衡供給量 (q_1^*, q_2^*) は減少する．

最近，ゲーム理論と統計力学との関係についても，研究が進んでいる．興味のある読者は文献 [170] にあたられたい．

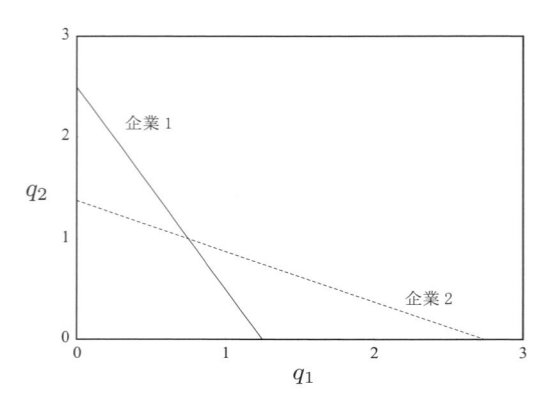

図 7.7　Cournot-Nash 均衡

7.7　自律的に意思決定する企業エージェント

競合他社の戦略による自社への影響を企業間相互作用として取り扱い，自社の利益を最大化するように設備と労働の投資意思決定を行う企業エージェントモデルを検討しよう [78, 77]．N 個の**自律的に意思決定する企業エージェント**からなる系は，Langevin 方程式

$$\frac{dx_i}{dt} = x_i(t+1) - x_i(t) = g_i(x_i) + \sum_{j=1}^{n_i} k_{ij} x_j(t), \tag{7.114}$$

$$g_i(x) = -\gamma_i x_i(t) \tag{7.115}$$

で記述されると仮定する．ここで，$x_i(t)$ は対数変換した成長率，n_i は企業エージェント i の販売先企業数，k_{ij} は相互作用定数である．このとき，対応する Fokker-Planck 方程式は，

$$\frac{\partial f(\boldsymbol{x};t)}{\partial t} = -\boldsymbol{\nabla} \boldsymbol{g} f(\boldsymbol{x};t) + \sum_{i=1}^{N} \sum_{j=1}^{N} \frac{\partial^2}{\partial x_i \partial x_j} f(\boldsymbol{x};t) \tag{7.116}$$

で与えられる．

まず，簡単な Monte Carlo シミュレーションにより，2 つの企業エージェントからなるモデルの性質を調べてみよう．対数変換した成長率 $x_i(t)$ $(i = 1, 2)$ が従う

7.7 自律的に意思決定する企業エージェント

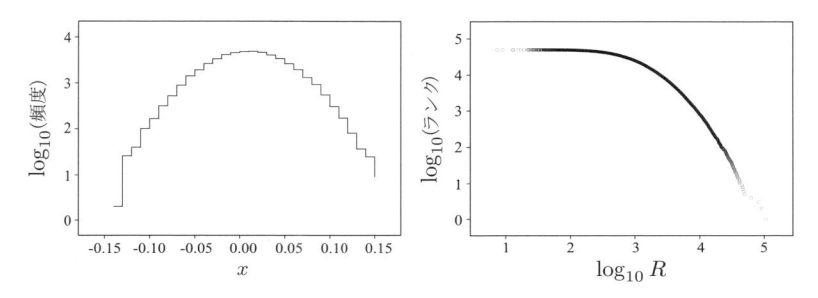

図 7.8 加算的確率過程の成長率と売り上げ

Langevin 方程式は，

$$x_1(t+1) - x_1(t) = -\gamma_1 x_1(t) + k_{12} x_2(t) + \sigma_1 \epsilon_{1t}, \tag{7.117}$$

$$x_2(t+1) - x_2(t) = -\gamma_2 x_2(t) + k_{21} x_1(t) + \sigma_2 \epsilon_{2t} \tag{7.118}$$

である．ただし，$\sigma_i \epsilon_{it}$ は，モデルで捉えることができない残差を表す項とする．相互作用定数について，$k_{12} \neq -k_{21}$ の場合を許すとする．$k_{12} < 0, k_{21} < 0$ の場合は，2つの企業エージェントは互いに競合関係にある．

式 (7.117) において，$\gamma_1 = 0.01, \sigma_1 = 0.01$ とすると，**加算的確率過程** (Additive Stochastic Process) となる．γ_1 は定数であることに注意しよう．このときの成長率と売り上げの Monte Carlo シミュレーション結果 (20 時点における 50000 イベントの分布) を，図 7.8 に示す．成長率については正規分布，売り上げについては対数正規分布が得られた．

また，式 (7.117) において，$\langle \gamma_1 \rangle = 0.01, \langle (\gamma_1 - \langle \gamma_1 \rangle)^2 \rangle = 0.2, \sigma_1 = 0.01$ とすると，**乗算的確率過程** (Multiplicative Stochastic Process) となる．このときの成長率と売り上げの Monte Carlo シミュレーション結果 (20 時点における 50000 イベントの分布) を，図 7.9 に示す．成長率については両側指数分布，売り上げについてはべき分布が得られた．

次に，相互作用の効果を検討する．式 (7.117) において，

$$\langle \gamma_1 \rangle = 0.01, \quad \langle (\gamma_1 - \langle \gamma_1 \rangle)^2 \rangle = 0.2, \quad \sigma_1 = 0.01, \tag{7.119}$$

式 (7.118) において，

$$\langle \gamma_2 \rangle = 0.01, \quad \langle (\gamma_2 - \langle \gamma_2 \rangle)^2 \rangle = 0.2, \quad \sigma_2 = 0.01 \tag{7.120}$$

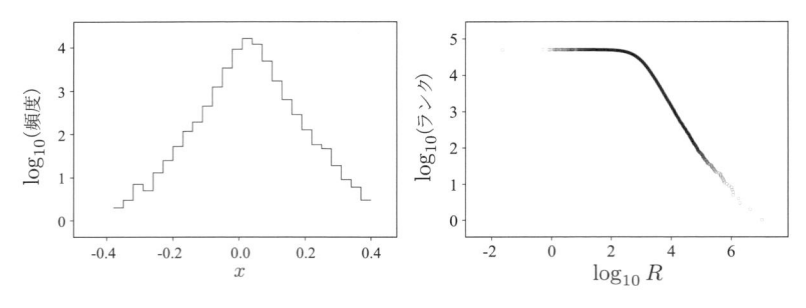

図 7.9　乗算的確率過程の成長率と売り上げ

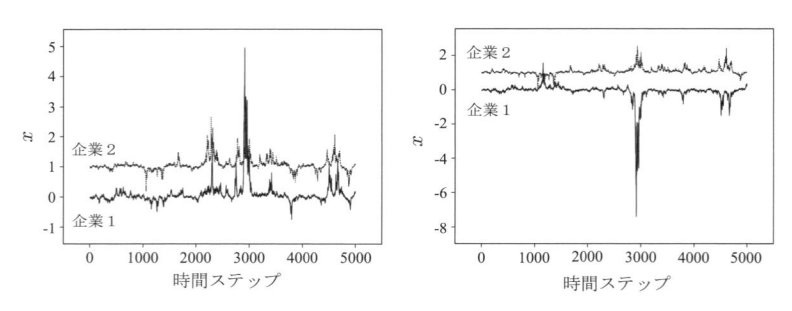

図 7.10　相互作用の効果

とする．相互作用定数を $k_{12} = 0.01, k_{21} = 0.01$ としたときの，成長率 x_1, x_2 の Monte Carlo シミュレーション結果を，図 7.10 左に示す．ただし，x_2 は，1 だけ上にずらして重ならないように表示した．x_1 と x_2 の相関係数は，0.473 である．相互作用定数を $k_{12} = -0.01, k_{21} = -0.01$ としたときの，成長率 x_1, x_2 のシミュレーション結果を，図 7.10 右に示す．x_1 と x_2 の相関係数は，-0.557 である．これら 2 つの結果は，相互作用定数 k_{ij} により x_1 と x_2 の相関係数の大きさを変化させることができることを意味する．

さて，式 (7.114), (7.115) に戻り，自律的に意思決定する N 個の企業エージェントからなるモデルの具体化を進めよう．式 (7.114) に式 (7.115) を代入して，残差項 $\sigma_i \epsilon_{it}$ を追加すると，

$$x_i(t+1) = (1-\gamma_i)x_i(t) + \sum_{j=1}^{n_j} k_{ij} x_j(t) + \sigma_i \epsilon_{it} \qquad (7.121)$$

7.7 自律的に意思決定する企業エージェント

を得る．また，売上 $R_i(t)$ から原材料費 $C_i(t)$ を引いた値である付加価値 $Y_i(t)$ は，式 (6.15) で導入された Cobb-Douglas 型のミクロ生産関数

$$Y_i(t) = A_i K_i(t)^{\alpha_i} L_i(t)^{\beta_i} \tag{7.122}$$

で与えられ，原材料費 $C_i(t)$ は，

$$C_i(t) = B_i R_i(t) \tag{7.123}$$

のように，売上 $R_i(t)$ に比例すると仮定する．ただし，$K_i(t)$ は設備投資の累積と設備の減価償却の結果である有形固定資産，$L_i(t)$ は直接部門の労務費と間接部門の人件費との合計額である．

企業エージェント i は，第 $t+1$ 期での売上を予想して，営業利益

$$\Pi_i(t+1) = R_i(t+1) - C_i(t+1) - rK_i(t+1) - L_i(t+1) \tag{7.124}$$

を最大化するように，第 $t+1$ 期首において生産設備と労働への合理的な投資意思決定を行う．合理的な意思決定は，営業利益 $\Pi_i(t+1)$ をエージェントの利得とするゲーム理論を用いてモデル化され，遺伝的アルゴリズムにより解くことができる．各々のエージェントの意思決定は，他のすべてのエージェントの戦略の下での最適反応であるので，Nash 均衡に対応する．ただし，GA による最適解の探索は一般に近似的であるので，エージェントの意思決定は完全に合理的ではなく，**限定合理的** (Bounded Rationality) [148] であると考えられる．式 (7.122), (7.123) より，第 $t+1$ 期での売上の予想値 $R_i^{(P)}(t+1)$ は，第 $t+1$ 期首において企業エージェントが意思決定した値 $K_i^{(G)}(t+1)$ と $L_i^{(G)}(t+1)$ を用いて，

$$R_i^{(P)}(t+1) = \frac{A_i}{1-B_i} K_i^{(G)}(t+1)^{\alpha_i} L_i^{(G)}(t+1)^{\beta_i} \tag{7.125}$$

と書くことができる．ここで (G) は，ゲーム理論による合理的意思決定を意味する．ただし，売上の予想値 $R_i^{(P)}(t+1)$ は，製造した製品が売れずに在庫となる場合があるので，売上の実現値 $R_i(t+1)$ と異なることに注意しよう．同様に，原材料費 $C_i(t+1)$ は，

$$C_i(t+1) = \frac{A_i B_i}{1-B_i} K_i^{(G)}(t+1)^{\alpha_i} L_i^{(G)}(t+1)^{\beta_i} \tag{7.126}$$

である．$C_i(t+1)$ は製品を作るのに必要な原材料費なので，$K_i^{(G)}(t+1)$ と $L_i^{(G)}(t+1)$ により決まると考えられる．

さて，式 (7.125) より，第 $t+1$ 期での売上成長率の予想値は，

$$X_i^{(P)}(t+1) = \left(\frac{K_i^{(G)}(t+1)}{K_i(t)}\right)^{\alpha_i} \left(\frac{L_i^{(G)}(t+1)}{L_i(t)}\right)^{\beta_i} \tag{7.127}$$

で，対数変換した成長率の予想値は，

$$x_i^{(P)}(t+1) = \alpha_i \log_{10} \frac{K_i^{(G)}(t+1)}{K_i(t)} + \beta_i \log_{10} \frac{L_i^{(G)}(t+1)}{L_i(t)} \tag{7.128}$$

である．ここで，式 (7.121) の右辺第 1 項の $x_i(t)$ を，式 (7.128) で置き換えると，自律的に意思決定する企業エージェントを記述する方程式

$$x_i(t+1) = \gamma_i' x_i^{(P)}(t+1) + \sum_{j=1}^{n_i} k_{ij} x_j(t) + \sigma_i \epsilon_{it} \tag{7.129}$$

を得る．ただし，$\gamma_i' = 1 - \gamma_i$ とした．このモデルでは，企業の財務データと取引ネットワークデータを用いて，$K_i^{(G)}(t+1)$ と $L_i^{(G)}(t+1)$ を実現値 $K_i(t+1)$ と $L_i(t+1)$ で置き換え，対数尤度

$$\log f(R, K, L | \alpha, \beta, \gamma', k) = \log(2\pi\sigma_i^2)^{\frac{T-1}{2}} - \sum_{t=1}^{T-1} \frac{1}{2}\left(\frac{\epsilon_i}{\sigma_i}\right)^2 \tag{7.130}$$

$$\frac{\epsilon_i}{\sigma_i} = \frac{x_i(t+1) - \gamma_i' x_i^{(P)}(t+1) - \sum_{j=1}^{n_i} k_{ij} x_j(t)}{\sigma_{it}} \tag{7.131}$$

を最大化することにより，モデルパラメータ α_i, β_i, γ_i', σ_i, k_{ij} を容易に推定できる．

以上が，売上についてべき分布を，売上成長率については両側指数分布を，さらに観測される企業間の売上相関を再現することができる，設備と労働への自律的な経営意思決定を行う，定量的かつ確率的な企業エージェントモデルの数理である．次節では，この企業エージェントモデルに基づいて行った，シミュレーション結果を説明しよう．

7.8 エージェントモデルの応用事例

企業エージェントモデルの応用事例として，企業の連鎖倒産を取り上げる．現実の経済システムでは，すべての企業は様々な製品やサービスを作り出し，他の企業との取引を行っている．ある企業が製品やサービスを調達する取引先は仕入先企業，販売する取引先は販売先企業と呼ばれる．このような企業をノード，取引関係をリンクと

7.8 エージェントモデルの応用事例

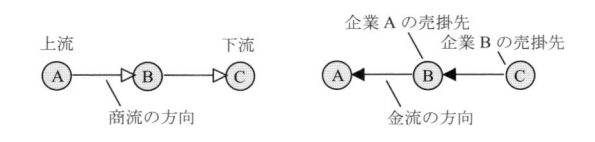

図 7.11 商流と金流

して扱うことにより，経済システムの大きい部分をネットワークとして捉えることができる．しかし，ここでの取引関係は，金融機関からの資金調達や消費者への最終製品の販売などを含まない．したがって，このネットワークは，おもに事業会社間の取引関係を対象とした「企業間取引ネットワーク」ということができる．

取引ネットワークは，信用リスクの伝播という際立った特徴をもっている．この特徴を定量的に捉えることは，現象として興味深いだけでなく，金融機関の融資に伴う与信に関して実務的にも大変重要である．図 7.11 のような 3 つの企業 A, B, C が鎖状につながった取引ネットワークについて，信用リスクの伝播を検討しよう．図 7.11 左では，製品やサービスは企業 A から企業 B へ，企業 B から企業 C へ販売される．製品やサービスの動きを商流と呼び，白色の矢印で表す．ここで，商品やサービスを販売する側を商流の「上流」，商品やサービスを購入する側を商流の「下流」と呼ぶことにする．製品やサービスの代金の支払いは，図 7.11 右に示すように，企業 C から企業 B へ，企業 B から企業 A へ行われる．代金の支払いによる貨幣の動きを金流と呼び，黒色の矢印で表す．ここで，ある企業が販売先へ販売した製品の代金支払いは納品と同時ではなく，数ヵ月後に行われるのが慣例となっていることに注意しよう．製品を販売した企業は，納品から代金支払いまでの期間，製品を購入した企業への売掛金をもつことになる．もし，製品を企業 A から企業 B へ，企業 B から企業 C へ販売した直後に，何らかの理由で企業 C が倒産した場合，企業 B は企業 C から売掛金の全部または一部を回収できなくなる．企業 B は，製品製造のためコストを支払っているので，企業 C の倒産による売上減少のため赤字となり，企業 C に続いて企業 B も倒産することが考えられる．さらに，同様のことが企業 A についても生じて，結果として企業 A も倒産することが考えられる．このような，取引ネットワーク上の信用リスクの伝播現象は，連鎖倒産と呼ばれている．

次に，取引ネットワーク上での信用リスクの伝播が，どの範囲まで広がって，どのように終息するのかを検討しよう．企業の財務項目を用いると，信用リスク伝播の機構

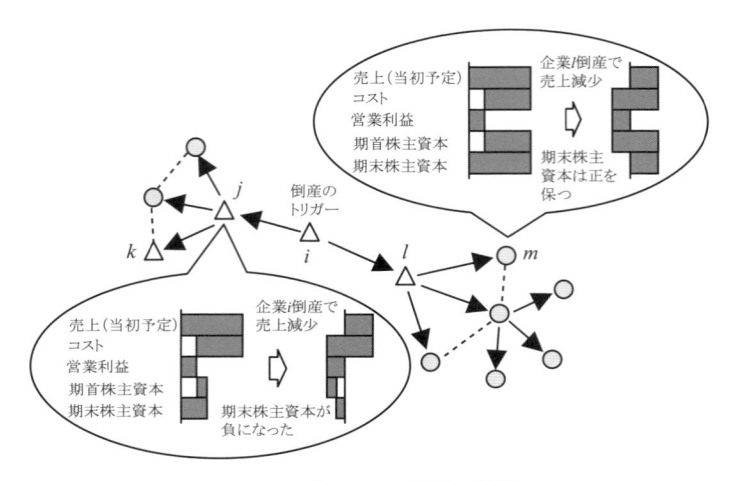

図 7.12　信用リスク伝播の機構

の具体的な数理モデルを作ることができる．図 7.12 のような取引ネットワークを考える．矢印は金流を表している．企業 j と企業 l は，商流の下流にある企業 i へ製品を販売して，代金支払いまでの期間は売掛金 R をもっている．企業 j では，企業 i との取引により，売上 R を見込んでいた．製品を製造するためのコストは $C + rK + L$ であった．ここで，C, K, L は，それぞれ原材料費，設備のコスト，人件費である．したがって，企業 i との取引により，営業利益 $\Pi = R - C - rK - L$ が見込まれる．営業利益 Π をすべて期首株主資本 $E^{(i)}$ に積み上げるとする．期首株主資本 $E^{(i)}$ に営業利益 Π を加えた額が，期末株主資本 $E^{(f)}$ となる．

いま，金流の最上流にある企業 i が，倒産したとする．すなわち，企業 i は，連鎖倒産のトリガーである．このとき，企業 j の売上は，売掛金の一部を回収できれば，企業 i の倒産により R' に減少する．製品の製造と納品は終わっているので，製品を製造するためのコストは $C + rK + L$ である．営業利益 Π は，$R' < C + rK + L$ であれば，負になる．もし，期首株主資本 $E^{(i)}$ に営業利益 Π を加えた額である期末株主資本 $E^{(f)} < 0$ であれば，企業 j は債務超過のため倒産する．信用リスクは，さらに金流の下流にある企業 k などへ伝播していく．次に，企業 l も同様に債務超過のため倒産したとして，企業 m について考えよう．企業 l の倒産により，企業 m の売上は R' に減少する．営業利益 Π が負になっても，企業 m の期首株主資本 $E^{(i)}$ が十分に大きかったために，期末株主資本 $E^{(f)} > 0$ であった．この場合は，信用リスクの伝播は企業 m

7.8 エージェントモデルの応用事例

で終息する.

この企業の連鎖倒産モデルは, 人のウイルス感染による発病とよく似ている. ウイルス感染では, もともと頑健な人は発病しても回復して再び健康になる一方で, 病弱な人は回復することなく病死してしまうことが多い. 企業 j と企業 m の場合も同様であり, 企業 j は期首株主資本 $E^{(i)}$ が少ない「病弱」な体質であったが, 企業 m は期首株主資本 $E^{(i)}$ が十分にある「頑健」な体質であったことが, 結果の違いにつながったと考えられる. 一方で, ウイルスは感染する/しないの 2 値のみをとるが, 信用リスクの伝播では伝播の強さに違いがあることが, ウイルス感染に見られない特徴である. ここで, 伝播の強さは, 企業 j のように販売先が 1 つしかない場合は, 売掛金の回収率に比例する. また, 複数の販売先をもつ場合は, 倒産企業への販売金額の大きさに比例する. 回収率が高い場合や取引金額が小さい場合は, 金流の上流側にある倒産企業から下流企業に与える影響は限定的である.

さて, ここまで忍耐強く読み進められた読者諸賢には, 企業エージェントモデルを用いた連鎖倒産シミュレーションの全貌が浮かんできたことであろう. 時点 $t+1$ における企業 i の売上は, 式 (7.129) によって, 販売先企業 $j\,(=1,\ldots,n_i)$ からの影響を受ける. まず, 各々の企業エージェントが, 他のすべての企業の有形固定資産 $K^{(G)}(t+1)$, 人件費合計 $L^{(G)}(t+1)$ の戦略のもとで, 自社の営業利益 $\Pi(t+1)$ を最大にするように自社の $K^{(G)}(t+1), L^{(G)}(t+1)$ を意思決定するゲームを, 遺伝的アルゴリズムを用いて解く. この段階で, すべての企業について $K^{(G)}(t+1), L^{(G)}(t+1)$ が決まることに注意しよう. 次に, 連鎖倒産時点 t における連鎖倒産のトリガー企業の売上を, 0 に設定する. その結果, そのトリガー企業を取引先としてもつ, トリガー企業から 1 リンク離れた企業の時点 $t+1$ における売上は, 式 (7.129) によって求めることができる. トリガー企業から 1 リンク離れた企業のコストは, 既に求めた $K^{(G)}(t+1), L^{(G)}(t+1)$ によって決まっている. その結果, トリガー企業からの影響で売上は下がるが, コストは変わらないので, 債務超過により倒産する企業が出てくる. 次に, トリガー企業から 1 リンク離れた企業の時点 $t+1$ における売上を, それらの企業の時点 t における売上として再設定する. そして, トリガー企業から 1 リンク離れた企業を販売先としてもつ, トリガー企業から 2 リンク離れた企業の時点 $t+1$ における売上を, 同様の方法で式 (7.129) によって求める. そして, 同様の方法で, 債務超過していないか判定して, 倒産企業を見つける. さらに, トリガー企業から 2 リンク離れた企業の時点 $t+1$ における売上を, それらの企業の時点 t における売上として再設定する. この手順を, トリガー企業から n リンク離れた企業の中に倒産企業がなくなるか, 金流の最下流に到達するまで繰り返す. 以上が, 企業エージェントモデルを用いた, 図 7.12 に示した伝播機構による, 連鎖倒産シミュレーションの概要で

ある.上記のシミュレーションは,式 (7.129) の右辺の誤差項 $\sigma_i \epsilon_{it}$ を使わない決定論的な方法である.なお,誤差項を取り入れた Monte Carlo シミュレーションは,次ステップの課題として残っていることを述べておこう.

すべてのモデルパラメータは,企業の財務データと取引データを用いて,定量的に推定した.企業エージェントを記述する式 (7.126), (7.128), (7.129) のパラメータ α_i, β_i, γ'_i, σ_i, k_{ij} は,企業の財務データを用いて対数尤度 (7.130), (7.131) を最大化することにより推定した.ただし,式 (7.129) の i は,東証に上場している企業 1077 社の各々である.企業 i の販売先企業 $j (= 1, \ldots, n_i)$ は,実際の取引データを用いて設定した.また,対数尤度 (7.130) の $t = 1$ は 1993 年度,$t = T - 1$ は 2003 年度である.最尤法によるモデルパラメータ推定誤差の平均値 $\langle \epsilon/\sigma \rangle$ は,ほとんどの企業について数パーセントのオーダーであった.式 (7.126) のパラメータ A_i, B_i は,最尤法で求めたパラメータ α_i, β_i を用いて,2004 年度の原材料費を再現するように決めた.

図 7.13 は,2004 年度における連鎖倒産シミュレーションの結果である.総合電機メーカをトリガー企業とするケースを図 7.13(a) に,化学メーカをトリガー企業とするケースを図 7.13(b) に示す.図中の矢印は金流を示す.三角印は倒産した企業,丸印は倒産しなかった企業を示す.中央に位置する三角印がトリガー企業である.図右側の四角の中にトリガー企業と倒産した企業を取り出して表示した.総合電機メーカをトリガー企業とするケースでは,トリガー企業から 1 リンク離れた倒産企業が 9 社,2 リンク離れた倒産企業が 5 社,3 リンク離れた倒産企業が 1 社で,全部で 15 社の連鎖倒産企業があった.トリガー企業は総合電機メーカであり,様々な事業分野を手がけているため,連鎖倒産企業が多くの業種に属していることが特徴的である.図 7.13(a) から,全方向に連鎖倒産企業が広がっていることが読み取れる.一方,化学メーカをトリガー企業とするケースでは,トリガー企業から 1 リンク離れた倒産企業が 1 社,2 リンク離れた倒産企業が 3 社,3 リンク離れた倒産企業が 3 社,4 リンク離れた倒産企業が 1 社で,全部で 7 社の連鎖倒産企業があった.トリガー企業が化学メーカであるため,連鎖倒産企業のほとんどが化学商社や化学メーカであることが特徴的である.図 7.13(b) では,総合電機メーカをトリガー企業とするケースとは対照的に,1 つの方向に連鎖倒産企業が伸びていることが読み取れる.

上記の連鎖倒産シミュレーションでは,財務データを用いて推定したパラメータを用いて,実際の取引ネットワーク上での信用リスクの伝播現象を定量的に取り扱うことができた.このような定量的なシミュレーションは,自律的に意思決定する企業エージェントモデルによって初めて可能になったといってよい.このモデルを用いて取引ネットワーク上で信用リスクの高いリンクを検出することにより,金融機関における融資に伴う与信実務の信頼性を上げることが可能になると考えられる.さらには,

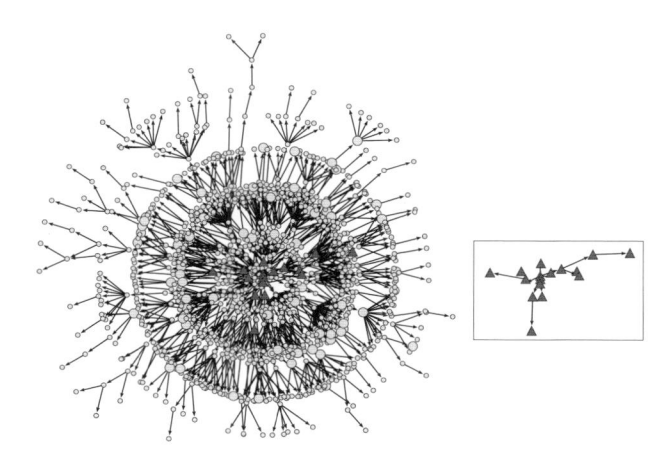

7.8 エージェントモデルの応用事例

(a) 総合電機メーカをトリガー企業とするケース

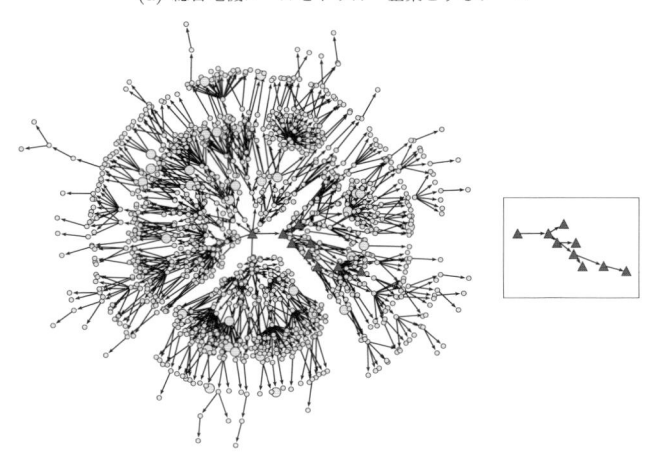

(b) 化学メーカをトリガー企業とするケース

図 7.13 連鎖倒産のシミュレーション結果

今後, 連鎖倒産のようなミクロな問題だけでなく, ミクロなレベルからのマクロ経済予測などへも応用が進むことが期待される.

7.9 エージェントモデルの解法

金融工学では, 株価や金利が従う確率微分方程式を解くために格子モデル [74] が良く使われる. 一方, 物理シミュレーションでは, 偏微分方程式を解くために差分法や Monte Calro シミュレーションが使われる [5, 129, 83, 80]. 本節では, 簡単な拡散方程式を例にして, 金融工学で使われる格子モデルと物理シミュレーションで使われる差分法や Monte Calro シミュレーションとの関係を検討しよう. 最後に, **エージェントモデルの解法**について留意点をまとめる.

まず, 1 次元の拡散方程式

$$\frac{\partial u}{\partial t} = D\frac{\partial^2 u}{\partial x^2} \tag{7.132}$$

を考えよう. 簡単のために $D=1$ とする. 初期条件と境界条件は

$$u(x,0) = \sum_i \delta(x-x_i), \tag{7.133}$$

$$u(-1,t) = u(1,t) = 0 \tag{7.134}$$

である. ただし, $-1 < x < 1$ とする.

偏微分方程式の差分法 (Finite Difference Method) には, 陽解法 (Explicit Method) と陰解法 (Implicit Method) がある. 1 次元の拡散方程式 (7.132) において, 空間方向を Δx 刻みで $M(=1/\Delta x)$ 等分, 時間方向を Δt 刻みで $N(=1/\Delta t)$ 等分する. $u(m\Delta x, n\Delta t)$ を $u_{m,n}$ で表し, 時間微分を前進差分

$$\frac{\partial u}{\partial t} = \frac{u_{m,n+1} - u_{m,n}}{\Delta t} \tag{7.135}$$

で置き換え, 空間微分を差分式

$$\frac{\partial^2 u}{\partial x^2} = \frac{u_{m+1,n} - 2u_{m,n} + u_{m-1,n}}{(\Delta x)^2} \tag{7.136}$$

で置き換える. 式 (7.135) と (7.136) を式 (7.132) に代入すると, **Euler 陽解法** (Euler Explicit Method)

$$u_{m,n+1} = qu_{m+1,n} + (1-2q)u_{m,n} + qu_{m-1,n} \tag{7.137}$$

7.9 エージェントモデルの解法

を得る．ここで，$q = \Delta t/(\Delta x)^2$ である．初期条件と境界条件は，$m' = [x_i/\Delta x]$ として，

$$u_{m,0} = \delta_{m,m'} \ (m = 1, \ldots, M-1), \tag{7.138}$$

$$u_{0,n} = u_{M,n} = 0 \ (n = 0, 1, 2, \ldots) \tag{7.139}$$

である．初期条件 (7.138) から出発して，境界条件 (7.139) を使いながら，式 (7.137) によって次の時間ステップ $n+1$ の解 $u_{m,n+1}$ を次々に求めていくことができる．このように，$t = n\Delta t$ における解が得られているとき，$t = (n+1)\Delta t$ における解を直接に求めることができることを，陽的と呼ぶ．特に，式 (7.135) の時間に関する前進差分を用いる場合は，Euler 陽解法と呼ばれる．陽解法の安定性の条件は，

$$q = \frac{\Delta t}{(\Delta x)^2} \leq \frac{1}{2} \tag{7.140}$$

である．したがって，精度を上げようとして空間刻みを小さくするときには，時間刻みはその自乗に比例して小さくしなければならない．

次に，陰解法について説明する．空間微分の差分式として式 (7.136) を使い，時間微分を後退差分

$$\frac{\partial u}{\partial t} = \frac{u_{m,n} - u_{m,n-1}}{\Delta t} \tag{7.141}$$

を用いて，$n-1 \to n$, $n \to n+1$ と置き換えると，**Euler 陰解法** (Euler Implicit Method)

$$-qu_{m+1,n+1} + (1+2q)u_{m,n+1} - qu_{m-1,n+1} = u_{m,n} \tag{7.142}$$

が得られる．$t = n\Delta t$ における解 $u_{m,n}$ が分かっているとき，$t = (n+1)\Delta t$ における解 $u_{m,n+1} (m = 1, \ldots, M-1)$ は，$M-1$ 元連立方程式 (7.142) を解くことにより求めることができる．数値的に安定な方法であるので，Δt を大きくとることができる．

あるいは，Euler 陽解法 (7.137) を

$$\frac{u_{m,n+1} - u_{m,n}}{\Delta t} = \frac{u_{m+1,n} - 2u_{m,n} + u_{m-1,n}}{(\Delta x)^2} \tag{7.143}$$

のように，Euler 陰解法 (7.142) を

$$\frac{u_{m,n+1} - u_{m,n}}{\Delta t} = \frac{u_{m+1,n+1} - 2u_{m,n+1} + u_{m-1,n+1}}{(\Delta x)^2} \tag{7.144}$$

のように書き換えて，式 (7.143) と式 (7.144) の右辺の平均をとった式から，もう1つの陰解法

$$-\frac{q}{2}u_{m+1,n+1} + (1+q)u_{m,n+1} - \frac{q}{2}u_{m-1,n+1} = \frac{q}{2}u_{m+1,n} + (1-q)u_{m,n} + \frac{q}{2}u_{m-1,n} \quad (7.145)$$

が得られる．式 (7.145) は，**Crank-Nicholson 法** (Crank-Nicholson Method) と呼ばれる．Crank-Nicholson 法は，Euler 陽解法や Euler 陰解法に比べて時間精度がよい．しかも，どのような q を用いても発散しないため，広く使われる方法である．

陰解法と Crank-Nicholson 法は，LU 分解 (LU Decomposition)

$$A = LU \quad (7.146)$$

を用いて解く．ここで，$L = [l_{ij}]$ ($l_{ii} = 1; i < j$ のとき $l_{ij} = 0$) は単位左下三角行列，$U = [u_{ij}]$ ($i > j$ のとき $u_{ij} = 0$) は右上三角行列である．式 (7.146) を用いて，式 (7.90) を書き直すと，

$$LY = F, \quad (7.147)$$
$$UX = Y \quad (7.148)$$

を得る．まず，式 (7.147) を満たす Y を求める．最下位の行は対角要素のみであるので，Y_N が得られる．これを上の式に代入して，解を順番に求めることができる．次に，式 (7.148) を満たす X を求める．Y とは逆に，最上位の行から順番に計算する．

1 次元拡散方程式 (7.132) について，陽解法による解と Crank-Nicholson 法による解を，それぞれ図 7.14 と図 7.15 に示す．両図とも左図は $\Delta t = 0.05$，右図は $\Delta t = 0.15$ である．陽解法では Δt が大きい場合は数値的に不安定になるが，Crank-Nicholson 法では Δt に無関係に安定な解が得られる．

さて，差分法と格子モデルとの対応関係を調べるために，Black-Scholes の偏微分方程式 (7.69) と同じ構造をもつ 1 次元の逆向き時間拡散方程式

$$-\frac{\partial f}{\partial t} = D\frac{\partial^2 f}{\partial x^2} \quad (7.149)$$

を取り上げる．簡単のために $D = 1$ とする．境界条件は，将来の時点 $t = T$ で $f(x, T)$ のように与えられるとする．

$$f(-1, t) = f(1, t) = 0 \quad (7.150)$$

7.9 エージェントモデルの解法

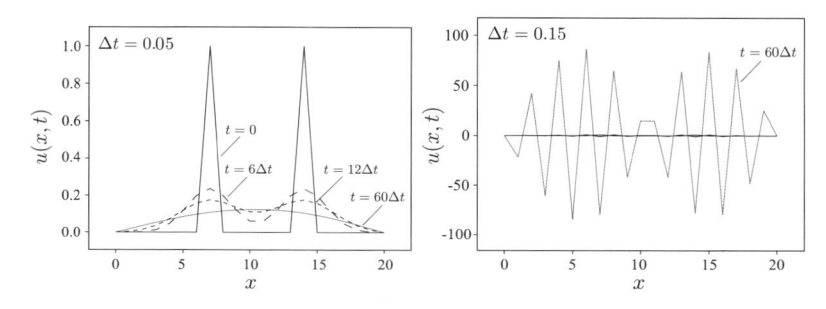

図 7.14　陽解法による 1 次元拡散方程式の解

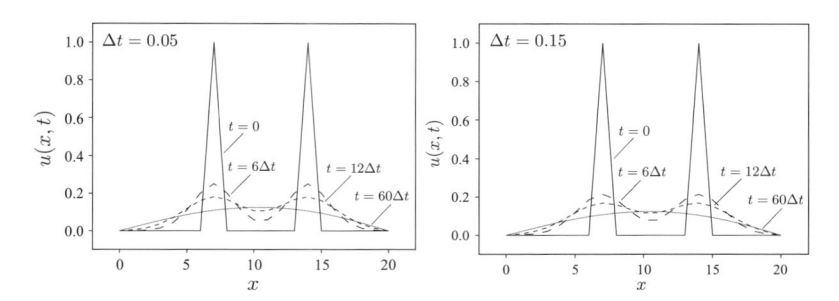

図 7.15　Crank-Nicholson 法による 1 次元拡散方程式の解

である．このとき，空間微分の差分式として式 (7.136) を，時間微分の差分式として式 (7.141) の後退差分を使うと，陽解法

$$f_{m,n-1} = qf_{m+1,n} + (1-2q)f_{m,n} + qf_{m-1,n} \quad (7.151)$$

を得る．これは，3 項格子モデルである．また，最も粗い近似に対応するように $q = 1/2$ とおくと，2 項格子モデルとなる．このように，格子モデルは差分法と対応関係があることが分かった．対応関係を図 7.16 にまとめる．図 7.16 (a) (b) は，通常の拡散方程式 (7.132) の 3 項格子モデルと 2 項格子モデルである．一方，図 7.16 (c) (d) は，逆向き時間拡散方程式 (7.149) の 3 項格子モデルと 2 項格子モデルである．2 項格子モデルは，数値不安定性をもつ陽解法における最も粗い近似に対応していることに注意しよう．

さて，拡散方程式 (7.149) において，Monte Carlo シミュレーションと格子モデルと

図 7.16　格子モデル

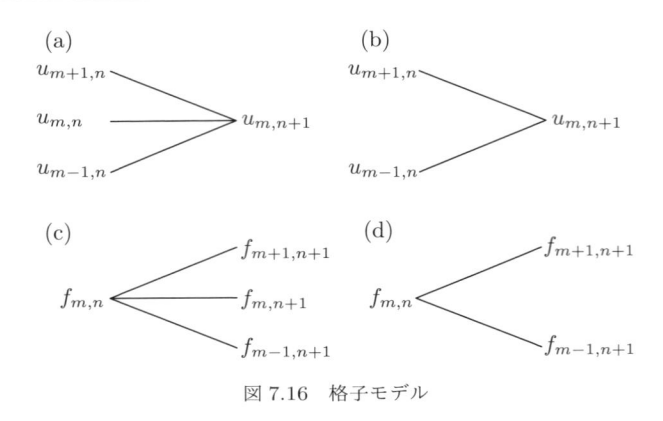

　の対応関係を検討しよう．拡散過程はランダムウォークにより近似できるので，拡散方程式は Monte Carlo シミュレーションにより解くことができる．まず，分布 $u(x,t)$ の初期値に従って，N 個の粒子座標を与える．各時間ステップ $n\tau$ において，標準正規乱数 ϵ_t を発生し，粒子座標を $\sqrt{2D\tau}\epsilon_t$ だけ変化させる．これを N 個の粒子について行う．時点 T まで各時間ステップで上記の手続きを繰り返して，分布 $u(x,T)$ を得る．もし，$\sqrt{2D\tau}\epsilon_t > 0$ のときは正の方向に一定幅だけ，また $\sqrt{2D\tau}\epsilon_t < 0$ のときは負の方向に一定幅だけ変化させるように，離散化すると，明らかに図 7.16 (d) の 2 項格子モデルに対応する．したがって，Monte Carlo シミュレーションと格子モデルも，差分法の場合と同様に互いに密接に関係していることが分かった．

　最後に，エージェントモデルの解法について留意点を簡単にまとめよう．差分法や格子モデルは，アメリカンオプションのような満期前の権利行使の取り扱いが容易であるので，金融工学の簡単な問題では有効な方法である．しかし，経済物理学として興味がある問題では，企業エージェントの数は最低でも数千社の規模となる．解くべき方程式の次元数は企業エージェント数に等しいので，差分法や格子モデルでは多くのメモリー容量が必要となる．このため，差分法や格子モデルは，ごく小規模な問題でしか使うことができない．数千企業エージェント規模の問題については，メモリー容量の観点から Monte Carlo シミュレーションが有効である．また，Monte Carlo シミュレーションでは，企業エージェント間取引を表す相互作用や企業エージェントのゲーム理論的意思決定の取り扱いも比較的容易である．したがって，経済システムを企業エージェントでモデル化する場合は，確率微分方程式に基づく Monte Carlo シミュレーションが代表的な解法となる．

7.9 エージェントモデルの解法

複雑な企業エージェントモデルを Monte Carlo シミュレーションを用いて解くには，非常に多くの計算が必要である．そのため，大規模な問題を解くには，高性能なコンピューターとその性能を引き出すためのプログラミング技法が必要となる．次章では，並列化処理に重点をおいたハイパフォーマンス・コンピューティングの基礎について説明する．

演習問題

7.1 式 (7.47), (7.48) で与えられる定常解が，時間変化のない Fokker-Planck 方程式 (7.46) を満たすことを確認せよ．

7.2 式 (7.49), (7.53), (7.54), (7.55) で与えられる時間依存解が，Fokker-Planck 方程式 (7.44) を満たすことを確認せよ．

7.3 伊藤のレンマ (4.52) を用いて，Langevin 方程式 (7.27) から Fokker-Planck 方程式 (7.44) を導け．

7.4 式 (7.94), (7.96), (7.97) を用いて，事業価値 V_0, V_1^u, V_1^d を計算して，投資意思決定の時期を検討せよ．ただし，$P_0 = 10.0$, $u = 1.1$, $d = 0.9$, $c = 5$, $Q_1 = 100$, $I_0 = 500$, $r = 0.01$, $T = 1$ とする．

7.5 取調べ中の二人の容疑者がいる．表 7.3 において，戦略 α_i は自白，戦略 β_i は黙秘である．また，利得は懲役期間であり，$a_1 = b_1 = -2$, $a_4 = b_4 = -10$, $a_3 = b_2 = -15$, $a_2 = b_3 = -1$ とする．このゲームの Nash 均衡を求めよ．

☕ 企業の行動ルール

(1) 意思決定の方法

企業は様々な経営上の意思決定を行います．この商品を市場投入すべきか？どのタイミングで市場投入するか？どれくらいの設備投資が必要となるか？自社の行動が競合企業に与える影響をどう判断するか？このような意思決定の方法を，企業の行動ルールと呼ぶことにしましょう．企業の行動ルールは，企業をモデル化するために不可欠な知見です．現実の企業は，いろいろな経営環境の局面で行動ルールを使い分けているように見えます．では，何を基準に行動ルールを選択するのでしょうか？換言すると，行動ルールを選択するための上位ルールは何でしょうか？

(2) 行動ルールを選択する上位ルール

少し考えると，いろいろな上位ルールが思い当たります．まずは，利潤最大化でしょうか？または，長期的な観点を重視して，企業価値最大化でしょうか？企業価値とは，将来の利潤の現在価値です．企業価値論ではこのルールを従うとされます．あるいは，市場シェア最大化はどうでしょうか？かつての日本企業は，この行動ルールに従っていたように見えます．実は，生存確率を最大化しているのでは？倒産の社会的なコストを考えると，もっともらしいですね．しかし，株主の立場では，使命を終えた企業は清算すべきとされます．中小企業であれば，経営者の個人的利益を最大化するよう行動ルールを選択することもあり得ます．しかし，大企業では複数の階層で意思決定がなされるので，経営者の個人的利益のために行動する余地は小さいでしょう．このような事情から，行動ルールを選択するための上位ルールを，経済データを基にした実証的な研究から明確にすることは困難と思われます．

(3) 企業のモデル化

Holland の複雑適応系では，上位ルールのことを適合度と呼び，企業がおかれる経営環境が変化すると異なる行動ルールが選択されます．直近の業績データを再現する程度を適合度とすることが妥当でしょう．

自律的に意思決定する企業エージェントがネットワークを形成して経済システムをつくるという現在の経済物理学的な描像は，どこまで現実を把握しているのでしょうか？まだ，十分に納得のいく答えは得られていません．様々な行動ルールを考慮して，企業をモデル化してみようと思います．これからの研究が楽しみです．

(Y.I.)

Know how to solve every problem that has been solved.
R. P. Feynman

8

ハイパフォーマンス・コンピューティング

サッカーファンが「シミュレーション」という言葉を聞くと敏感に反応すると思う．サッカーにおけるシミュレーションとは，相手選手との接触による転倒を模擬し，審判を欺いてファウルを得ようとする行為である．特に，守備側のファウルは攻撃側に得点の確率が高いペナルティーキック（約8割の成功率）を与えるので，ペナルティーエリア内での攻撃側選手のシミュレーションは厳しく罰せられる．著者の一人 (H. I.) も大のサッカーファンである．

しかし，物理学におけるシミュレーションとは基本の運動法則（例えば古典力学における Newton 方程式，量子力学における Schrödinger 方程式など）をもとに複雑な自然現象をコンピューター上で模擬し，その理解に役立てようとする行為である．もしシミュレーションの精度が向上すれば実験せずに現象を定量的に予見することも可能となる．車や飛行機の設計を行うために，かつては模型を使った風洞実験が行われていた．現在ではそのような風洞実験は仮想空間におけるシミュレーションに取って代わられている．コンピューターが生まれてから約60年．ナノテクノロジーの発展と相まって，コンピューターの発達は目覚ましい．最近の PC でも，10年前のスーパーコンピューターをはるかに凌ぐ計算能力をもっている．そのためシミュレーションにとって必要な莫大な量の計算が瞬時に実行可能である．すでに物理学においては，コンピューターを使ったシミュレーションが，実験および理論と並んで第3の手法として確立されている．また，物理シミュレーション技術を様々な分野（情報科学，生命科学，社会科学など）へ応用する試みも進展している．映画における CG やコンピューターゲームにおいても物理シミュレーション技術が取り入れられ，より自然な映像が作られている．

図 8.1 はナノテクノロジー分野における最近のシミュレーションの発展を例示している [146]．第一原理的な分子動力学シミュレーションから古典的な分子動力学シミュレーションにわたって各スケールで開発されたシミュレーション・コードは，$O(N)$ のアルゴリズムであり，高い並列性をもっていることが分かる．また，扱える原子数もすでに分子動力学シミュレーションでは10億個に達し，そろそろ登場するペタフロップス・コンピューターを用いれば，1兆個のシミュレーションも可能と予想されている．まさにシミュレーションにおける **Moore の法則**である．Moore の法則とは CPU における集積度に関する経験則であり，1.5年ごとに CPU に含まれるトランジスター数が倍々で増加するというものである．このように原子レベルからマクロな物質状態へアプローチすることがすでに可能となっている．

我が国における人口は 1.2 億，企業数は約 200 万である．すでに物理シミュレーションの世界で用いられる原子数はこれらの数をはるかに凌駕している．我が国における経済活動，さらには世界の経済活動について，エージェントレベルで記述した微

視的モデルに基づいた大規模シミュレーションが，まんざら夢想物語でもない時代となってきた．

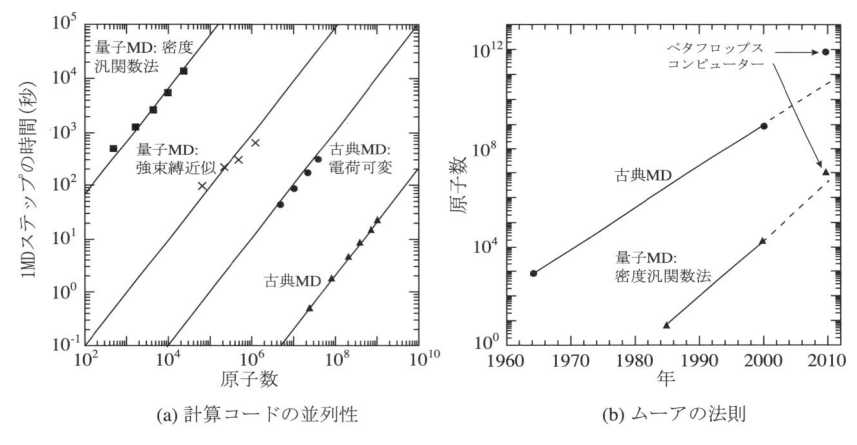

図 8.1 並列計算アルゴリズムを利用した大規模物質シミュレーション [146]

(a) 計算コードの並列性
(b) ムーアの法則

8.1 ベクトル計算機と超並列計算機

1976 年に S. Cray に率いられた Cray Research 社がベクトル演算器を搭載した Cray-1 を開発し，はじめてスーパーコンピューターとの名前が冠された．型通りに電子計算機の発展史について話をするならば，1946 年に公開された ENIAC (Electronic Numerical Integrator and Computer) から語り始めるのであろう．しかし，スーパーコンピューターの登場は，科学技術計算にとってあまりにも衝撃的であった．気象予測，仮想風洞をはじめとして様々な分野でスーパーコンピューターを使った大規模数値計算に基づくシミュレーションが一気に加速して行われるようになった．著者の一人が初めて触れたスーパーコンピューターは 1982 年に登場した日立製 S-810 であった．それまでスカラー演算器しかもたない汎用機で行っていた計算がスーパーコンピューターを使うことで格段に高速化され，驚愕したことを今でも鮮明に覚えている．その後，米国で分子動力学シミュレーションによるガラスの物性研究を行った際に，Cray-1 の後継機である Cray X-MP (1983 年) や Cray-2 (1985 年) を大いに利用した．

科学技術計算ではベクトルの内積に代表されるような計算が煩雑に現れる:

$$\bm{a} \cdot \bm{b} = \sum_{k=1}^{n} a_k b_k. \tag{8.1}$$

ここで $\bm{a}$, $\bm{b}$ はともに n 次元のベクトルである．もし中央演算処理装置 (Central Processing Unit; CPU) が演算器を 1 つしかもっていないとすると (スカラー型 CPU)，ベクトルの内積を計算するためには，まず a_1 と b_1 の積を計算し，その値をメモリーにストアーする．次に a_2 と b_2 の積を計算し，その結果を先にストアーされている値に足し込む．この手続きの繰り返しを n 回行わなければ，目的の結果が得られない．ところが，これらの繰り返し計算はデータさえ準備されていれば，まったく並行して実行可能である．もし CPU が多数の演算器からなるベクトル計算用の特別な演算装置をもっていれば (ベクトル型 CPU)，このような n 回の繰り返し計算は不要となり，ずっと効率的にベクトルの内積を計算することができる．大規模な計算になればなるほど，取り扱うベクトルの次元 n は大きくなり，ベクトル型 CPU の威力は増す．並列計算の立場から見ると，このような計算アーキテクチャーは SIMD (Single Instruction Multiple Data) と呼ばれる．

1980 年代中頃から 1990 年代初頭にかけて**ベクトル計算機**はさらに発展した．しかし，ベクトル計算機の計算能力を発揮させるためには，プログラムの書き方を工夫しなければならない (不規則なプログラム構造や複雑な分岐命令を避けるなど) のはもちろんのことであるが，そもそも実行するプログラムに含まれる計算の大部分がベクトル計算でなければならない．スカラー型 CPU の場合にはその性能が向上すれば (クロックアップ，多ビット化など)，どのようなプログラムでもその実行は高速になる．ベクトル計算機のスカラー計算能力は低く，プログラムのベクトル化効率が低いと，スカラー型 CPU をもった汎用機の方でそのプログラムを実行した方が速いということもしばしば起こった．

一方, 1980 年代の終わり頃からパーソナル・コンピューター (Personal Computer; PC) の普及が進み, PC 用のスカラー型 CPU の性能が大きく向上し始めた．そのような進化の著しい安価な汎用 CPU を多数使った，いわゆる**超並列計算機**が期を同じくして登場した．超並列計算機とは多数の**計算ノード** (CPU, メモリー，ノード間の通信インターフェースなどから構成) が高速のネットワークで接続されたシステムであり，各ノードは基本的に独立である．SIMD に対比して，その計算アーキテクチャーは MIMD (Multiple Instruction Multiple Data) と呼ばれる．ベクトル計算については仕事を計算ノードに分散させて，並列処理を行えばよい (8.2.2 節を参照).

現在のスーパーコンピューターの主流はこの超並列型である．当初は数多くのベン

ダーが新規参入し，CM (Connection Machine) や nCUBE など様々な特徴ある超並列計算機が生まれたが，結局は淘汰された．今では，容易に手に入る PC，ネットワークスイッチ，ソフトウエアを使って自家版の並列計算機を構築することも可能である (8.2.3 節を参照)．さらに最近，複数の計算コアを1つのチップの中に埋め込んだ CPU が登場し，そのようなマルチコア型の CPU アーキテクチャが廉価品まで波及する勢いである．これは 4GHz 程度で CPU クロックの高速化が停滞してしまったことに起因する．

しかし，ベクトル計算機が駆逐されたわけではない．例えばベクトル型 CPU は地球シミュレーターの計算ノードとして生き残っている．やはりベクトル計算機の使い方の簡便さは捨てがたい．また，PC の中で使われているグラフィックス描画用プロセッサ (Graphics Processing Unit; GPU) の中にもベクトル演算器が組み込まれている．そのような GPU の高い計算性能 (特に倍精度浮動小数点演算) を科学技術計算に応用する動きも始まった．

このようにスーパーコンピューターがベクトル型か，あるいは並列型か，というような二者択一的な見方はすでに過去のものである．スーパーコンピューターを設計するにあたって，ベクトル型と並列型のそれぞれの長所が生かされている．今後，スーパーコンピューターのアーキテクチャはいっそう複雑化・多様化していくものと思われる．

8.2 並列計算の基本技術

8.2.1 通信ネットワーク・トポロジー

超並列計算機を開発するにあたり，計算ノード間を結ぶためにいったいどのような通信ネットワーク・トポロジーが採用されたのであろうか．それらの例を図 8.2 に示す．木 (Tree) 構造は階層が上位になればなるほど，計算ノードが集約されて，通信のボトルネックが発生する．そのような難点を回避するために考えられたものが太い木 (Fat Tree) 構造である．階層の上昇に応じて通信性能が強化される．太い木構造は Thinking Machines 社の CM-5 で用いられた．メッシュ (Mesh) 構造は Intel 社の Paragon の通信ネットワークである．トーラス (Torus) 構造はメッシュ構造の境界を無くしたもので，Cray 社の T3D に用いられた．ハイパーキューブ (Hypercube) 構造は nCUBE 社の超並列計算機の通信ネットワークである．図 8.2 は4次元のハイパーキューブを3次元空間に射影して表示している．この構造を用いると，計 $2^4 = 16$ 個の計算ノードに対するネットワークを構築できる．d 次元のハイパーキューブならば，

計 2^d 個の計算ノードを接続でき，2 つのノード間の結線数は高々 d 本である．しかし，常にノードの数を 2 倍，また各ノードに新しい配線を必要として拡張性に乏しいのが難点である．クロスバー (Cross Bar) 構造は元々電話の交換機に使われていて，ノード間の通信がいったん確立されれば通信速度は確実に保証される．また，後から計算ノードを追加することが容易であり，拡張性が高い．他方，数多くのハードウェアスイッチを必要として高価であることが欠点である．このようにそれぞれのネットワーク・トポロジーには長所と短所があり，計算機の利用目的や経済性の観点などから適切なネットワーク・トポロジーを選ぶ必要がある．

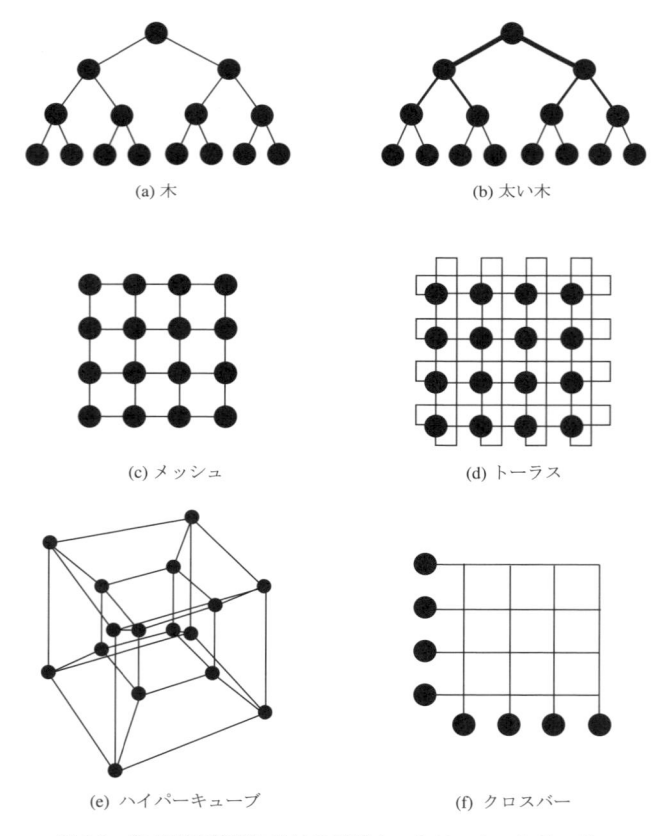

(a) 木

(b) 太い木

(c) メッシュ

(d) トーラス

(e) ハイパーキューブ

(f) クロスバー

図 8.2 超並列計算機における通信ネットワーク・トポロジー

8.2.2 MPI

並列計算を行う場合には，コンピューター間でデータのやりとりが必須である．MPI (Message Passing Interface) とは，並列計算用に標準化されたコンピューター間の通信プロトコルである．MPI フォーラムがその管理運営を行っている [112]．たとえ異種のコンピューター同士であっても，MPI が規格通りに実装されていれば，データを互いにやり取りすることができる．MPI ライブラリーの中で代表的なものは MPICH である．様々なプラットフォーム用の MPI ライブラリーが無償で提供されている [111]．MPI を用いれば，バイト単位でデータの送受信を制御できる．また，どのコンピューターを用いるかについて指示することもできる．そのようなデータ通信の自由自在性への代償として，ユーザーは1つひとつの手続きを明示的に書かなければならない．プログラムのエラーに起因してジョブがハングアップした場合などには，ユーザーが個々のコンピューターにログインして対処しなければならない．

MPI には 100 以上の関数が用意されている．しかし，数個の制御関数と2つの一対一通信関数 **MPI_Send**, **MPI_Recv** の使い方さえ知っていれば，基本的な並列計算プログラムを書くには十分である．

MPI ライブラリーの簡単な利用例をプログラム 8.1 に示す．これは1から max (= 1 億) までの足し算を2つのプロセスに分割して行うプログラムである．プロセス0が親であり，子供のプロセス1へ指令を出し，プロセス1に奇数についての足し算を行わせる．自分自身は偶数についての足し算を並行して実行する．計算終了後にプロセス1はプロセス0に対して結果を送る．プロセス0はその結果と自分の結果の合計をとる．理想的には計算時間が計算ノード単独で実行した場合に比べて半分になるはずである．実際には max が小さいと MPI 利用準備のためのオーバーヘッドが並列化効果を抑えてしまう．何でも並列化すればよいというものでもない．

プログラム 8.1　MPI の簡単な利用例

```
1  #include <stdio.h>
2  #include <mpi.h>
3  int main(int argc, char **argv)
4  {
5    double i, max, sum=0.0, sum1=0.0;
6    int myid;
7    MPI_Status status;
8    MPI_Init(&argc, &argv);
9    MPI_Comm_rank(MPI_COMM_WORLD, &myid);
10   if (myid == 0) {
```

```
11    max = 100000000.0;
12  }
13  if (myid == 0)
14    MPI_Send(&max, 1, MPI_DOUBLE, 1, 100, MPI_COMM_WORLD);
15  else
16    MPI_Recv(&max, 1, MPI_DOUBLE, 0, 100, MPI_COMM_WORLD, &status);
17  for (i=myid; i<=max; i += 2.0)
18    sum += i;
19  if (myid == 0)
20    MPI_Recv(&sum1, 1, MPI_DOUBLE, 1, 200, MPI_COMM_WORLD, &status);
21  else
22    MPI_Send(&sum, 1, MPI_DOUBLE, 0, 200, MPI_COMM_WORLD);
23  if (myid == 0) {
24    sum += sum1;
25    printf("sum=%f\n", sum);
26  }
27  MPI_Finalize();
28  return 0;
29 }
```

2 行目　MPI 用ヘッダーファイルの読み込み
7 行目　MPI 受信時のステータス変数の定義
8 行目　MPI 利用の準備
9 行目　各プロセスがランク (p 個のプロセスがあれば $0, 1, ..., p-1$) を取得
14 行目　プロセス 0 がプロセス 1 へ max 値を送信
15 行目　プロセス 1 がプロセス 0 からの max 値を受信
20 行目　プロセス 0 がプロセス 1 から計算結果を受信
22 行目　プロセス 1 がプロセス 0 へ計算結果を送信
24 行目　プロセス 0 が 2 つの結果を合算
25 行目　プロセス 0 が最終結果を端末に表示
27 行目　MPI 利用の終了処理

送信関数 MPI_Send と受信関数 MPI_Recv の使い方は次の通りである．

MPI_Send(buffer, count, datatype, destination, tag, comm)
　　buffer　　　　送信バッファの先頭アドレス
　　count　　　　送信バッファ内の要素数
　　datatype　　　送信バッファの各要素のデータ型
　　destination　送信先プロセスのランク
　　tag　　　　　メッセージ・タグ
　　comm　　　　コミュニケータ (MPI による通信世界の規定)

8.2 並列計算の基本技術

```
MPI_Recv(buffer, count, datatype, source, tag, comm, status)
        buffer     受信バッファの先頭アドレス
        count      受信バッファ内の要素数
        datatype   受信バッファの各要素のデータ型
        source     受信元プロセスのランク
        tag        メッセージタグ
        comm       コミュニケータ (MPI による通信世界の規定)
        status     ステータスのオブジェクト
```

これら 2 つの通信関数を組み合わせれば，計算ノード同士が一対一でデータをやりとりできる．その際，送り手側と受け手側が指定する情報 (ランク，メッセージタグ，コミュニケータ) が一致しない限り，データの送受信は行われない．実は通信方式として**ブロッキング通信**と**非ブロッキング通信**とがある．MPI_Send と MPI_Recv はブロッキング通信用の関数である．ブロッキング通信では受け手 (送り手) 側は送信 (受信) リクエストを相手側へ送るとデータの通信が完了するまで次の処理へ進まない．ブロッキング通信を用いると，データの送受信状態をプログラムで確実にコントロールできる利点がある．しかし，これには潜在的に危険なバグが潜んでいる．もし受け手 (送り手) 側が受信 (送信) 待ちの状態になったのにもかかわらず，送り手 (受け手) 側がデータを送信 (受信) しなかったとすると，プロセスがデッドロック状態に陥ってしまうからである．他方，計算ノードをより効率的に用いるために非ブロッキング通信用の関数 MPI_Isend, MPI_Irecv も用意されている．非ブロッキング通信では受け手 (送り手) 側は送信 (受信) リクエストを相手側へ送るとすぐに次の処理に取りかかれる．その反面，プログラムはデータの送受信状態を論理的に把握できない難点がある．非ブロッキング通信でデータの送受信を確認するための関数として MPI_Wait が用意されている．

ところで例題のプログラム (sum.c) は以下のように実行すればよい:

```
$ mpicc sum.c
sum.c
$ mpirun -np 2 -machinefile hostsfile ./a.out
sum=5000000050000000.000000
$ cat hostsfile
bw01
bw02
```

まず MPI 用にカスタマイズされたコンパイラー mpicc (今の場合は C コンパイラー) でプログラムをコンパイルする．次に MPI 用の実行コマンド mpirun を用いて実行ファイル a.out を走らせる．その際に "-np 2" で 2 個のプロセスを使うことを指

示している．また，使用する計算ノードは "`-machinefile hostsfile`" で具体的に指定できる．ファイル hostsfile の中には使用する計算ノードの名前を与えておけばよい．上の例ではプロセス 0 が計算ノード bw01 上で，プロセス 1 が計算ノード bw02 上で実行される．もし計算ノード同士がファイル・サーバーを介してファイル共有を行っていなければ，あらかじめ同じ実行ファイルを各計算ノードへ配っておく必要がある．

上述のプログラム例から分かるように，MIMD 型の並列計算機では，プロセスのランクに基づく分岐によって各プロセスでまったく内容の異なる計算処理を並行して行わせるプログラムを書くこともできる．このようなプログラミングにおける柔軟性は，SIMD 型のベクトル計算機では味わえない並列計算機の大きな醍醐味でもある．

8.2.3 自家版並列計算機

科学技術の発展によって，誰もが容易に手に入れることができる最近の PC は，計算速度およびメモリー量の両面において 1980 年代後半から 90 年代前半に登場したスーパーコンピューターをはるかに凌ぐ能力をもっている．当時は CPU のクロック数はメガヘルツ，メモリー搭載量はメガバイトを単位として表示された．ところが現在では両者ともギガ単位である．また，ネットワークの高速化も著しく，多量の情報も瞬時に送れるようになってきた．それらの技術革新を活かして，PC 同士を高速ネットワークでつないで複数の PC を同時に使えるようにした，いわゆる **PC クラスター** (PC Cluster) が，自前でも構築可能となっている．このような PC クラスター構築の試みは，1994 年に ESS (Earth and Space Sciences) プロジェクトのもと，NASA の Goddard Space Flight Center 中に設置された CESDIS (The Center of Excellence in Space Data and Information Sciences) で開始された Beowulf プロジェクト [18] までさかのぼる．

1 つの計算を分割し，並列に処理することができれば，PC の台数に比例して計算処理を高速化することができる．また，ハードウェアばかりではなくソフトウェア面においても精力的に並列計算用のツールの開発が行われ，誰もが容易に並列プログラムを書き，実行できるようになってきた [27]．PC クラスターの大きな特徴は優れた価格対性能比である．それは PC クラスターが汎用ハードウェアと無料で手に入るソフトウェアを利用しているからである．今では様々な研究分野において PC クラスターが用いられるようになってきた．大学の研究室でも当たり前のように構築されている（図 8.4）．数台の PC からなる小型クラスターから大きいものでは千台規模の PC がつながった大型クラスターまである．

8.2 並列計算の基本技術　　343

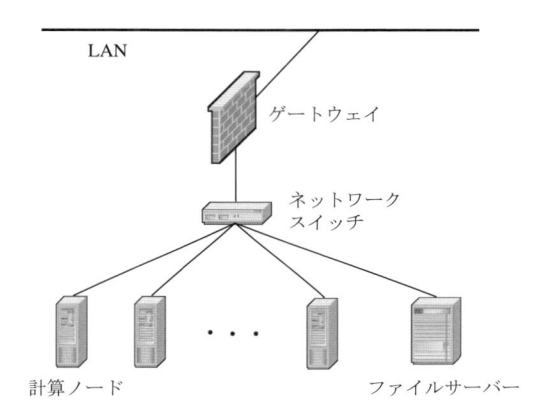

```
                    LAN
        ━━━━━━━━━━━━━━━━━━━━━━━
                    │
                 ┌──┴──┐
                 │     │ ゲートウェイ
                 └─────┘
                    │
              ┌─────────┐
              │ネットワーク│
              │ スイッチ  │
              └─────────┘
           ┌────┬───┬────┬─────┐
          ノード ノード ... ノード ファイルサーバー
         計算ノード              ファイルサーバー
```

図 8.3　PC クラスターの基本構成図

　PC クラスターの構築にとって必要な物は, PC 複数台, ネットワーク・スイッチ, LAN ケーブル, OS (Linux, FreeBSD など), 並列計算用通信ライブラリー (MPI, PVM など) である. PC クラスターの基本的な構成を図 8.3 に示す. ハードウェアは汎用品でよい. ギガビットのネットワーク・スイッチでも以前に比べるととても安くなり, また通信バスのバンド幅も十分確保されるようになった. 必要なソフトウェアは無料でインターネットからダウンロードできる. 基本的な UNIX の知識をもつ読者ならばソフトウェアをインストールすることは難しくない [153]. セキュリティの観点からゲートウェイを設けて外部からのアクセスについては十分注意を払う. 他方, PC クラスター内ではパスワード認証を無くし, 計算ノード間で自由にデータ通信を行える方が便利である. また, NFS (Network File Service) を利用し, データをファイルサーバーで一括管理すると, PC クラスターの利便性が格段に増す.

8.2.4　グリッド・コンピューティング

　グリッド・コンピューティング (Grid Computing) とは, 遠隔地にある様々なコンピューターをネットワークを介して仮想的に統合し, ユーザー側から見て 1 つのシステムとしてシームレスに利用できるようにしようとする試みである [53]. 各地に分散した計算資源が統合されることによって, 資源の効率的な活用が可能となる. また, 単独のコンピューターではとても実行不可能な超大規模計算が視野に入る. グリッドの呼称は電力網 (Power Grid) になぞらえて付けられた. 電力網から送電される電

図 8.4　PC クラスターの例

力は，電源プラグをコンセントに挿すだけでいつでも，どこででも簡単に使える．計算パワーも PC をインターネットにつなぐだけで電気と同じように自由自在に利用可能となることを意味している．

　近年，光ケーブルの普及によってネットワークの高速化が格段に進み，このような理想的な状況が急速に実現しつつある．暗号解読 [35]，地球外生命体からの電波通信の探索 [143]，タンパク質の折り畳み過程 [51] などの問題に対して，インターネットを通じて各家庭にある PC の空いている CPU パワーを集めて立ち向かうプロジェクトがすでに始まっている．また，1 つの物質シミュレーションを日本にある PC クラスターと米国にある PC クラスターを同時に使って実行することが可能であることが実証された [84]．その際，MPI を使っての PC 間のデータ送受信が太平洋を越えて行われたのである．

　ハードウェア面ばかりではなく，グリッド・コンピューティングを実行するソフトウェア環境も整いつつある．例えば Sun Microsystems 社からグリッド・システム構築用ソフトウェア・パッケージである Grid Engine [154] が無料で公開されている．そのパッケージを導入すれば，ユーザーは容易にバッチジョブや対話型ジョブをグリッド上で実行したり，実行ホストを気にせずにジョブを投入することができる．また分散資源の管理ソフトも付属する．さらに Globus [58] と組み合わせることによっ

て，世界規模のグリッド環境を実現することも可能である．

8.3 代表的な並列計算プログラミング

並列計算機を使って計算を効率よく行うためには，プログラミングする際に様々な工夫を要する．ここでは並列計算アルゴリズムの代表例として，基本的な行列計算の並列化とそれに伴うデータ転送の高速化について説明する．また，空間領域分割法と高速多重極展開法についても簡単に紹介する．並列計算ととても親和性が高いこれらの手法は，元々は物理現象を効率よくかつ高速にシミュレーションするために開発されたものである．後で述べるように，それらの手法は複雑なネットワーク構造の可視化を含めて社会・経済現象を研究する上で大いに役立つ．

8.3.1 行列計算の並列化

行列計算の代表例として n 次元正方行列 $\mathbf{M} = \{M_{kl}\}$ と n 次元ベクトル $\boldsymbol{x} = \{x_k\}$ の積を考える．n 次元ベクトル $\boldsymbol{x}$ は，行列 $\mathbf{M}$ によってやはり n 次元のベクトル $\boldsymbol{y} = \{y_k\}$ へ一次変換される:

$$y_k = \sum_{l=1}^{n} M_{kl} x_l. \tag{8.2}$$

この種の計算はまさにベクトル計算機が得意とするものである．さて並列計算機ではどのように計算を並列化すればよいであろうか．

3つの並列化手法がすぐに思いつく．図 8.5 はそれらの並列化手法を 4 つの計算ノードを使用すると仮定して可視化したものである．いずれの方法においても各計算ノードは行列 $\mathbf{M}$ とベクトル $\boldsymbol{x}$ に関する情報を均等に分割して，分担所持している．ベクトル $\boldsymbol{x}, \boldsymbol{y}$ については共通に上から下に向かって均等に 4 分割されている．他方，行列 $\mathbf{M}$ の分割法は三者三様である．

方法 1 では各ノードは行列 $\mathbf{M}$ に関する情報を列方向で分割してもっている．まずノードが分担してもっているベクトル $\boldsymbol{x}$ の情報を互いに通信することによって各ノードが $\boldsymbol{x}$ に関する全情報を寄せ集める．それから各ノードは $\mathbf{M}$ の部分行列とベクトル $\boldsymbol{x}$ との積を計算する．

方法 2 では行列 $\mathbf{M}$ に関する情報は行方向に分割されている．この方法ではまず $\mathbf{M}$ の部分行列と $\boldsymbol{x}$ の部分ベクトルとの積を計算する．その結果，各ノードはベクトル $\boldsymbol{y}$ について部分和の情報をもつ．次に $\boldsymbol{y}$ を得るためのノード間の通信を行う．

方法 3 では行列 $\mathbf{M}$ はブロック分割されている．まず $\mathbf{M}$ のブロック分割に合わせ

(a) 方法 1

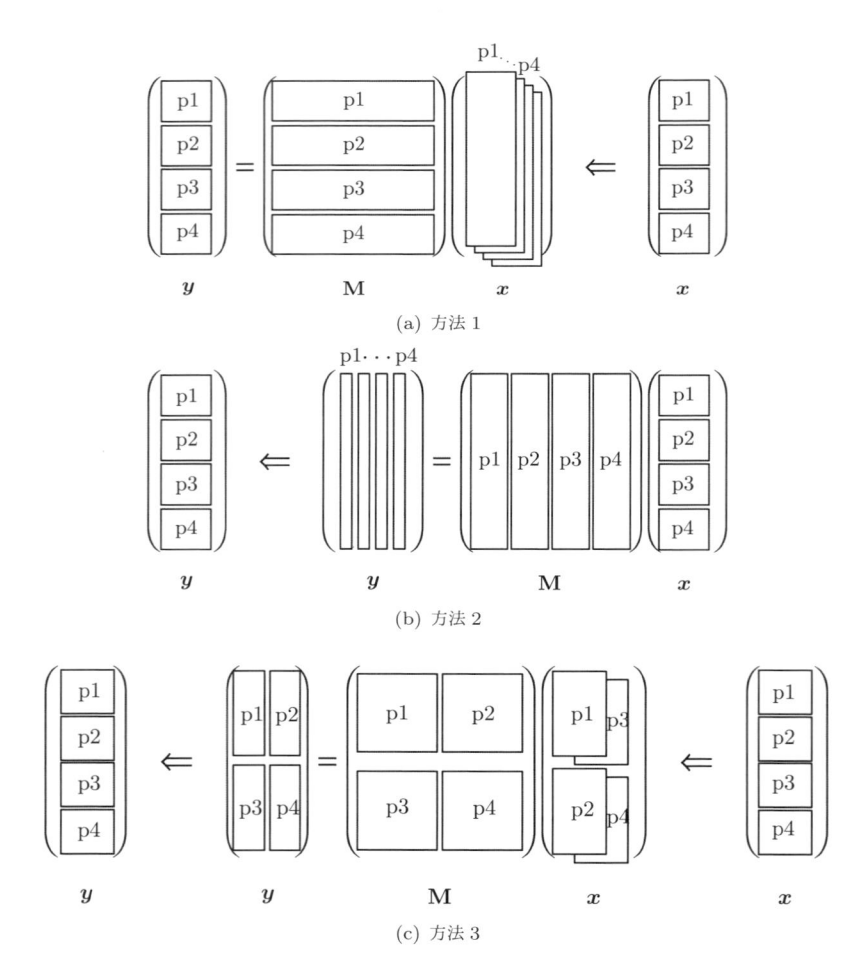

(b) 方法 2

(c) 方法 3

図 8.5 行列計算の並列化手法の例

8.3 代表的な並列計算プログラミング

て, 各ノードはベクトル x に関する情報を通信によって集める. 次に各ノードは M の部分行列と x の部分ベクトルとの積を計算する. さらに各ノードは相互通信によってベクトル y の部分和情報の寄せ集めと分割を行う. この第3の方法は第1の方法と第2の方法のハイブリッド版である. 先の2つの方法に比べてデータ分割が一見複雑に見える. しかし, もっとも計算ノード間の通信が少なくなる方法である (章末の演習問題 8.1 を参照).

以上は行列計算の並列化について簡単に述べた. LAPACK が定評ある行列計算ライブラリーとしてしばしば用いられている. その並列版 ScaLAPACK [118] が利用可能である.

8.3.2 データ転送の高速化

ベクトル計算機を有効に使うにあたってはプログラムのベクトル化効率が重要関心事であった. 並列計算機では計算ノード間の通信が大きなボトルネックとなる. そのため, いかに計算ノード間の通信を減らし, 効率化を図るかが, プログラムを書く際のポイントとなる.

例えば前述のベクトルと行列の積について再び考える. 並列計算手法 1 ではまず各計算ノードが他のノードが分担してもっているベクトル x の情報を集めて, x 全体を再現する必要がある. そのための相互通信のパターンは一通りではない. もっとも原始的な通信パターンは図 8.6 (a) である. しかし, 図 8.6 (b) のような通信パターンも可能である. ノード間の通信回数が図 8.6 (a) のものに比べて減少している. ただし, データ通信の総量は同じである. 特に計算ノードが多くなれば, このようなちょっとした工夫でも重要な役割を果たす.

8.3.3 階層的空間領域分割法

物理空間を領域分割して, それぞれの部分領域 (セル) における計算を各計算ノードに割り当てることが並列計算アルゴリズムの常套手段である (図 8.7). もし, 領域分割による計算の局所化が完全であれば, ノード間の通信は不要となる. 並列計算機においては通信コストが高く, なるべくノード間の通信を減らすように領域分割することを心がけるべきである. また, 領域分割にあたって各ノードの負荷が同程度になるようにすることも大切である.

対象とする空間は物理空間に限らず何でもよい. ただし, 領域分割に必要な計量が定義されている必要がある. また, 計量も並列計算にふさわしいものを採用する. 物

(a) 通信パターン 1

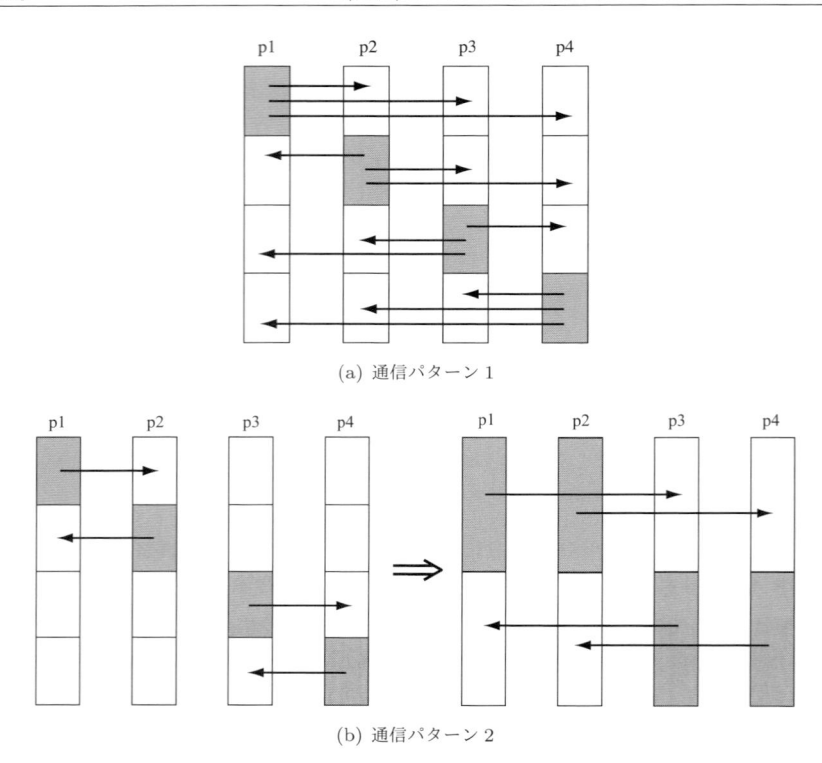

(b) 通信パターン 2

図 8.6　行列計算並列化の方法 1 における 2 つの通信パターン

理現象と同じように 2 つの要素間の距離が遠くなるほど，それらの間の相互作用が弱くなっていくような計量が並列化にとって望ましい．

　さらに空間領域分割を階層化してみよう．その様子を図 8.8 に例示する．この例では 2 次元空間領域を 4 等分しながら再帰的に分割の階層を深くし，合計 4 階層を設けている．最下層のレベル 3 の各セルにその中に存在する粒子 (要素) に関するすべての微視的情報をもたせる．上位のレベル 2 の各セルは所属するレベル 3 のセル 4 個に含まれている微視的情報を粗視化した情報のみをもたせる．重力の場合，レベル 3 のセルの微視的情報は粒子の質量および位置座標である．レベル 2 のセルの粗視化情報は，例えば含まれている粒子の総質量や重心である．レベル 2 からレベル 1 へ，レベル 1 からレベル 0 への粗視化過程も同様である．その結果，最上層であるレベル 0 の

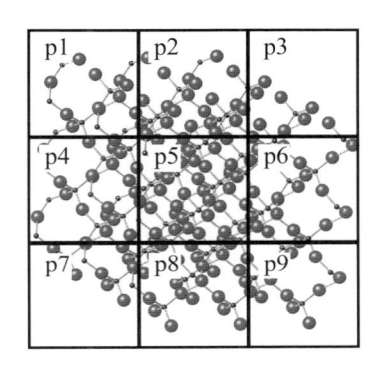

8.3 代表的な並列計算プログラミング   349

図 8.7 空間領域分割と計算ノードへの割り当て

セルがもつ情報は系の全質量や重心となる．

このような**階層的空間領域分割法**は，重力相互作用の計算の高速化にとってどのような利益をもたらすのであろうか．1つの粒子に働く重力を求める際，他の粒子をすべて個別的に扱うと $O(N)$ の計算量が必要である．しかし，離れた粒子群による寄与は，セル単位で考えればよい．そのセル中に含まれる総質量がその重心に集中しているとして計算したもので精度よく近似できる．あるいはセル中に含まれる粒子がセル中心につくる多重極子を用いれば近似が改善される．距離が離れれば離れるほどより上位の階層へ移動する．そのようなアルゴリズムを採用すると，セルの大きさが倍々に大きくなっていくので，1粒子当たりの重力相互作用の計算量が $O(\log N)$ まで減少する．この手法はグラフィックスの高速化に対してもしばしば利用される．観測者にとって遠景は階層上位の大きなセルに含まれている粗い情報を用いて描画し，近景については階層下位の小さなセルにある詳細情報を使う．また，観測者の動きが速い場合には上位セルの粗い情報，動きが遅い場合には下位セルの詳細情報を使えばよい．具体的な階層の切り替え方法の実例については次節 8.3.4 で述べる．

8.3.4 高速多重極展開法

長距離の重力相互作用やクーロン相互作用を高速に計算する手法である**高速多重極展開法** (Fast Multipole Method; FMM) について簡単に紹介する [63, 62]．この方法は空間領域の階層化分割を上手に利用している．FMM は，J. Dongarra と F. Sullivan による「20世紀におけるトップ10アルゴリズム」の中にクイック・ソー

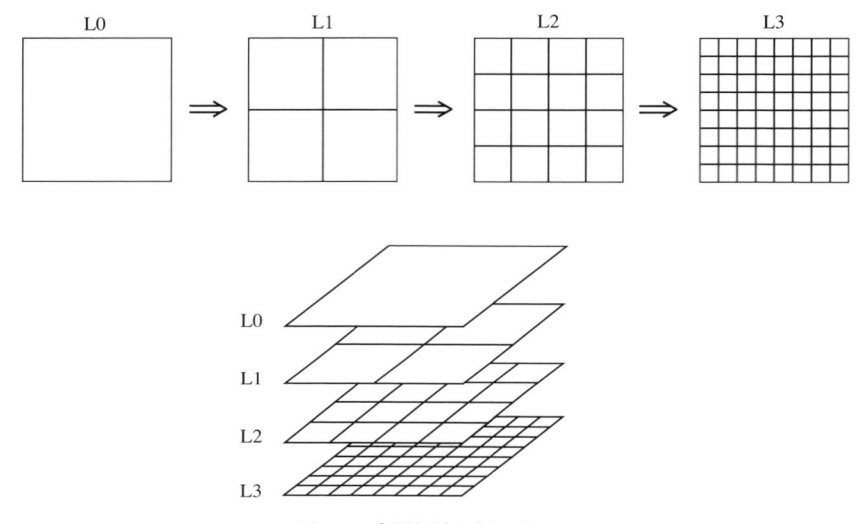

図 8.8　空間領域分割の階層化

ト (Quick Sort) や高速フーリエ変換 (Fast Fourier Transform; FFT) などと並んで選ばれている [37]．また，6.7 節で紹介した Metropolis 法もその中の 1 つである．

N 体系で各粒子に働く長距離相互作用を計算しようと，単純に考えれば粒子対の数 $O(N^2)$ だけの計算量が必要となる．ところが FMM を用いると $O(N)$ で長距離相互作用を計算できるようになり，これは物理シミュレーションにとって画期的なことである．大規模シミュレーションを行うために粒子数を 10 倍にすることが必要だったとしよう．もし $O(N)$ の計算アルゴリズムがあれば，その分だけ並列計算機の計算ノードを増やすことによって，計算時間の増加を防げるからである (通信コストは低いことが並列計算の前提)．$O(N^2)$ のアルゴリズムしか使えないとなると，計算規模を 10 倍に拡大しようとすると，計算時間を同じにしようとすると計算ノードは少なくとも 100 倍にしなければならない．これでは並列計算機の開発計画はすぐに頓挫してしまう．それに比べて CPU 自身のスカラー演算が速くなれば，どのようなアルゴリズムでも計算は応じて速くなる．このように $O(N)$ の計算アルゴリズムの開発は単に計算の高速化のみならず，並列計算機の開発にとってもたいへん重要である．

FMM を利用するにあたっては，各領域階層におけるセル中の多重極モーメント

8.3 代表的な並列計算プログラミング

M_{lm} を計算することから始める:

$$M_{lm} = \sum_{i \in \text{cell}} q_i r_i^l Y_{lm}^* (\theta_i, \phi_i). \tag{8.3}$$

ここで q_i, (r_i, θ_i, ϕ_i) および "$*$" は,それぞれ粒子の質量 (電荷),セル中心を原点とした位置極座標,複素共役演算を表す.また,球面調和関数 $Y_{lm}(\theta, \phi)$ は Legendre の陪多項式 $P_n^m(\cos\theta)$ を使って次のように定義される:

$$Y_{lm}(\theta, \phi) = \sqrt{\frac{(l-|m|)!}{(l+|m|)!}} P_l^{|m|}(\cos\theta) e^{im\phi}. \tag{8.4}$$

各階層のセルにおける多重極モーメントを求めるためにいちいち粒子の個別情報までさかのぼる必要はない.ある階層のセルの多重極モーメントが得られたとする.1つ上位の階層の親セルの多重極モーメントは,それに所属する子セル (図 8.8 の例では 1 つの親セルが 4 つの子セルをもつ) の多重極モーメントを足し合わせればよい.ただし,多重極モーメントは展開中心に依存することを忘れてはならない.そのため子セルの多重極モーメントの展開中心を並進演算子 $T_{lm}^{l'm'}(\boldsymbol{a})$ を使って親セルの中心までシフトする:

$$M_{lm}(\boldsymbol{a}) = \sum_{l',m'} T_{lm}^{l'm'}(\boldsymbol{a}) M_{l'm'}. \tag{8.5}$$

ここで $\boldsymbol{a}$ はセル中心のシフトベクトルである.このように多重極モーメントは下位層から上位層に向かって再帰的に計算できる.以上で必要な計算量は明らかに $O(N)$ である.

各セルにおける多重極モーメントが得られれば,そのセルに含まれる電荷が外部につくるポテンシャル $\Phi(\boldsymbol{r})$ は次の多重極展開式を用いて計算できる:

$$\Phi(\boldsymbol{r}) = \sum_{l=0}^{\infty} \sum_{m=-l}^{l} \frac{M_{lm}}{r^{l+1}} Y_{lm}(\theta, \phi). \tag{8.6}$$

ここで $\boldsymbol{r}$ はセル中心から測った観測点の位置ベクトルである.問題は階層化された領域分割をどのようにポテンシャルの計算に利用するかである.図 8.9 を例にとり,その方法を説明する.

1. 着目する粒子が最下層のレベル 3 では灰色に塗ったセル,上位のレベル 2 では太線の枠をもったセルの中にあるとする.

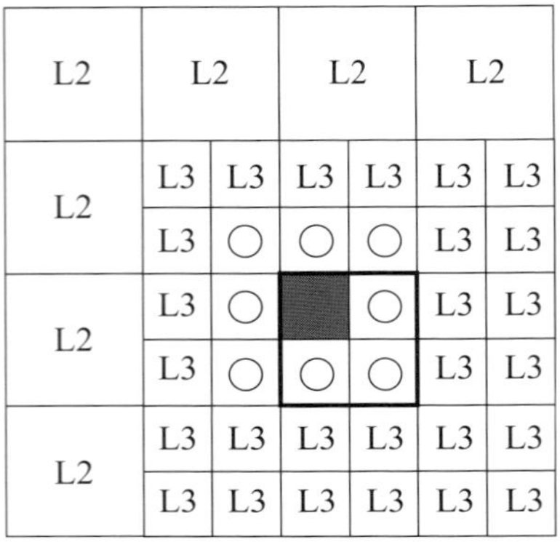

図 8.9 空間分割階層と FMM

2. まずレベル 2 で見る. 自分自身のセルに隣接していないセル (L2) に含まれている粒子からの寄与は遠距離であるので多重極展開公式 (8.6) を用いて計算する.
3. 他方, 隣接するレベル 2 のセルについては近距離であるのでレベル 3 で考える. レベル 3 において自分自身のセルとそれに隣接するセル (丸印) の中にある粒子に対しては近距離であるので相互作用を直接計算する.
4. それ以外のレベル 3 のセル (L3) についてはそれらの寄与を多重極モーメントで代表させる.

このように遠距離になればなるほど, 上位層に移動し, 粗視化を進める.

しかし, 階層的空間領域分割法と多重極展開式とを組み合わせただけでは, すでに述べたように 1 粒子当たり $O(\log N)$ の計算量を必要とし, 全体では $O(N \log N)$ の計算が必要である. 計算量を $O(N)$ まで落とすためにはもう一工夫必要である. そこでそれぞれの階層において多重極展開式を着目するセル中心のまわりで局所展開した式を利用する:

$$\Phi(\boldsymbol{r}) = \sum_{l=0}^{\infty} \sum_{m=-l}^{l} L_{lm} r^l Y_{lm}(\theta, \phi). \tag{8.7}$$

図 8.9 の例では各階層で着目するセルのまわりで局所展開に関わるセル数は 27 ($= 36 - 9$) 個である (3 次元の場合には 189 個). このような局所展開係数 L_{lm} を各階層のすべてのセルに対して用意しておけば, 任意の位置でのポテンシャルは各階層

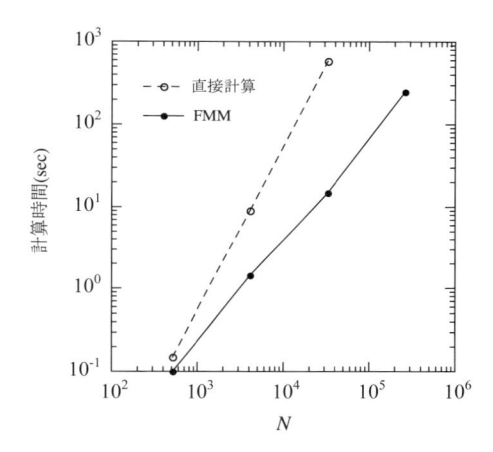

8.3 代表的な並列計算プログラミング

図 8.10 FMM の有効性: NaCl 立方体クラスターへ適用 (鶴田健二氏 (岡山大学) からのデータ提供)

からの寄与を足し挙げることによって直ちに得られる.まず最上位の階層で局所展開係数を計算する.次にその展開中心を一段下層の子セルの展開中心へシフトさせた親セルの局所展開係数を求め,子セルにある局所展開係数と足し合わせる.子セルの合算された局所展開係数の展開中心をさらに一段下層の孫セルのものへシフトさせる.先と同様に子セルからの寄与と孫セルの寄与とを足し合わせ,孫セルでの合算された局所展開係数を求める.この手続きを繰り返すことによって,最下層の各セルは上位層からの寄与がすべて合算させた局所展開係数をもつことができる.このように局所展開係数の計算においては,多重極モーメントを計算した場合とちょうど逆向きに階層を上位から下位へとたどることになる.

多重極モーメントから局所展開係数を求めるための計算は,セルの分割数のみに依存するので,粒子数に対する依存性の観点からは $O(1)$ の計算である.これで確かに全相互作用の計算量は $O(N)$ となることが分かる.図 8.10 は FMM を NaCl[*1] の立方体クラスターへ適用した例であり,実際に力の計算量が $O(N^2)$ から $O(N)$ へ減少することを示している.

[*1] 塩化ナトリウム.塩の一種で面心立方格子の構造をもつ.

8.4 ネットワーク構造の可視化

8.4.1 物理シミュレーション

　社会・経済現象で実現されている複雑なネットワークを読み解くためには，そのネットワークをいかに美しく描くかが重要である．まさに「百聞は一見にしかず」である．人間の脳は，視覚を利用することによって，スーパーコンピューターも遙かに及ばない高速で高度な情報処理能力をもっている．美しい図がさらに人間の直感力を触発するはずである．もちろん，ネットワークの特性を解析的に明らかにすることが事実を客観化するために不可欠であることは言わずもがなである．

　さてネットワークの審美的な描画とは何であろうか．それを明確に定義することは難しい．例えば，なるべくエッジの交差が少なく，ノード間の距離が同じ程度に描かれていると，人はその描画を美しく感じるかもしれない．1つの描画方法として物理モデルを使う方法がある．人は自然による造形を美しいと感じる．したがって，自然法則をネットワーク描画に適用すれば美しい図が描けるかもしれない．

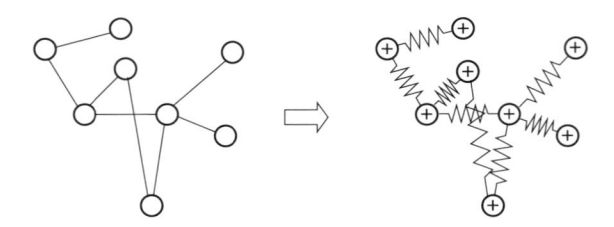

図 8.11　ネットワーク描画のためのばね電気モデル

　ネットワークを描画するために用いる物理モデルはどのようなものでもよい．ここではそのような物理モデルの典型例として**ばね電気モデル**を考える [55, 73]．図 8.11 に示すように，各ノードを粒子とみなし，エッジを自然長 0 のばねで置き換える．つまりエッジでつながっているノード間にはばねによる引力が働く．また，各ノードに正電荷を与え，すべてのノード対の間に遠距離力であるクーロン斥力が働くものとする．このようなばね電気モデルを採用すると，例えば，ネットワーク系のポテンシャル・エネルギーは次のように与えられる：

$$\Phi(\{\boldsymbol{x}\}) = \frac{1}{3K} \sum_{\langle i,j \rangle}{}' |\boldsymbol{x}_i - \boldsymbol{x}_j|^3 + CK^3 \sum_{\langle i,j \rangle} \frac{1}{|\boldsymbol{x}_i - \boldsymbol{x}_j|} \ . \tag{8.8}$$

8.4 ネットワーク構造の可視化

ここで $\boldsymbol{x}_i$ はノード i の空間座標である．式 (8.8) の右辺第 1 項はばねの弾性エネルギーに相当し，和はエッジでつながったノード対についてのみ実行する．また，これまでのネットワーク可視化法に倣い，粒子間距離の 2 乗に比例した弾性力が働くばねを仮定する．物理系で現れる通常のばねは線形的に応答する．右辺第 2 項はクーロン・エネルギーであり，すべてのノード対について和をとる．パラメータ K は弾性力の大きさを特徴づけ，パラメータ C はクーロン力の大きさを表す．

最適なネットワーク構造は，エネルギー関数 (8.8) を最小にすることで求められる．実は，どのようにポテンシャル・パラメータ K, C を与えても，最安定構造は本質的に変化しない．もし 2 つのノードしか存在しないネットワークの場合 (2 原子分子に対応) を考えると，そのノード間に働く力がつり合う平衡距離は $\sqrt[4]{CK}$ である．この平衡距離で無次元化された座標，

$$\boldsymbol{\xi}_i := \frac{\boldsymbol{x}_i}{\sqrt[4]{CK}} \tag{8.9}$$

を使って式 (8.8) を書き直すと，

$$\Phi(\{\boldsymbol{\xi}\}) = C^{3/4} K^2 \left[\frac{1}{3} {\sum_{\langle i,j \rangle}}' |\boldsymbol{\xi}_i - \boldsymbol{\xi}_j|^3 + \sum_{\langle i,j \rangle} \frac{1}{|\boldsymbol{\xi}_i - \boldsymbol{\xi}_j|} \right] \tag{8.10}$$

となる．つまり，K や C をいくら変化させても，最安定構造は相似的に変化するだけなのである．異なった最安定構造を得るためにはポテンシャル形そのものを変化させる必要がある．

さて，エネルギー関数を最小にする方法の 1 つが**最急降下法**である．最急降下法とは，各ノードをそれに働く力の方向に沿って少しずつ動かしていき，平衡点 (各ノードに働く力が 0 となる点) を逐次的に見つける方法である．常に一番楽な方向へ下っていく山下りをイメージすればよい．各ステップでのノードの移動距離は，エネルギー関数をモニターしながら決めるのが一法である．もしエネルギー値が大きく下降したならば，移動距離を大きく，もしエネルギー値が上昇したならば，移動距離を小さくする．図 8.11 のネットワークに対し，このようにして得られた最適化構造を図 8.12 に示す．行列計算アルゴリズムのベンチマーク用に，数多くの行列データが米国国立標準技術研究所のホームページで提供されている [128]．図 8.13 は，そのようなデータの 1 つである jagmesh1 (実際の有限要素計算に現れたもの) について，隣接行列とそれを基にばね電気モデルから得られた最適化ネットワーク構造 (2 次元空間) である．また，add20 行列データ (実際の 20 ビット加算器の電子回路設計に現れたもの) の隣接行列とばね電気モデルによる最適化ネットワーク構造 (3 次元空間) を図 8.14 に示す．

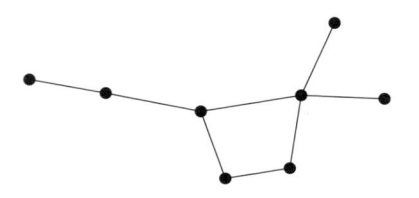

図 8.12　ばね電気モデルによる図 8.11 のネットワークの最適化構造

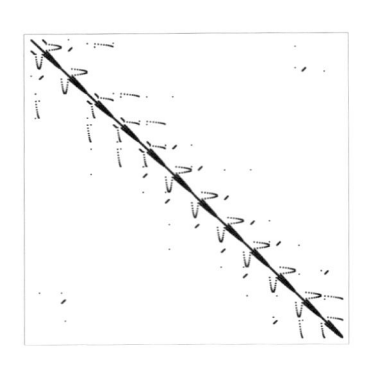

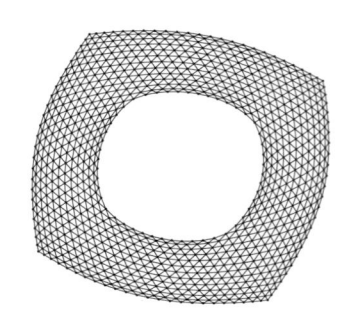

図 8.13　jagmesh1 ネットワーク (936 ノード) の隣接行列とばね電気モデルを用いて得られた最適化構造 (2 次元空間)

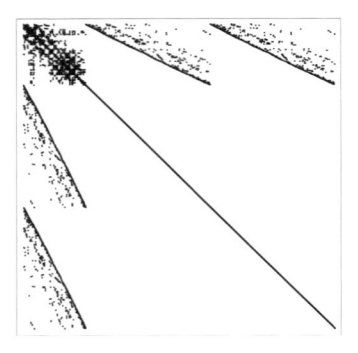

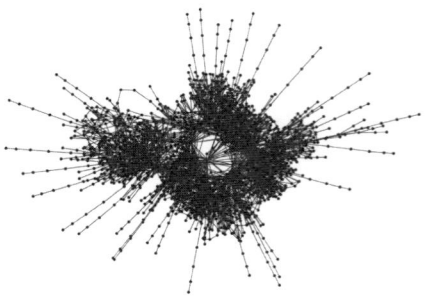

図 8.14　add20 ネットワーク (2,395 ノード) の隣接行列とばね電気モデルを用いて得られた最適化構造 (3 次元空間)

8.4 ネットワーク構造の可視化

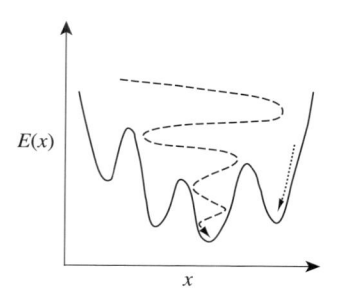

図 8.15 多重の極小点をもったエネルギー関数: 最急降下法 (点線) と焼きなまし法 (破線)

しかし，模式図 8.15 で示すように，ノードの数が増すとエネルギー関数にたくさんの準安定平衡点 (極小点) が現れる．そのため最安定の平衡点 (最小点) を得ることが，ノード数の増加とともに急速に困難となる．初期状態の選択が幸運でない限り，近くの極小点にトラップされてしまう．このような極小点問題を解決するためには，例えば**焼きなまし法** (Simulated Annealing Method) を用いればよい．焼きなましは，金属材料を熱した後で徐々に冷却し，材料中に含まれている欠陥を減らす作業工程である．熱運動によって原子は初期の準安定位置 (欠陥を含んだ結晶状態) から遊離し，よりエネルギーの高い状態を徘徊する．ゆっくり冷却することで，原子が最安定位置 (完全結晶状態) を見つける可能性が高くなる．原子にエネルギーの山を登らせるランダムな熱駆動が重要な役割を果たす．焼きなまし法はこの熱効果を数学的な最適化問題に応用したものであり，物理学発の数学アルゴリズムである．焼きなまし法は常に最適解を与えるわけではないが，非常に有力で汎用性が高い．その詳細については文献 [138] に譲る．

ここまで来ると，先に述べた物理シミュレーションのために開発された並列計算手法がネットワーク科学に対しても大いに有用であることがお分かりであろう．N 個のノードからなるネットワークの構造可視化の問題は N 粒子からなる物理系の動力学シミュレーションとその内容はまったく同じである．力の計算は何も工夫しなければ $O(N^2)$ の計算量を必要とする．階層的空間領域分割法を活用した FMM を用いれば，たとえ遠方まで到達するクーロン力であっても $O(N)$ の計算量で済み，並列計算機を有効に用いることができる．最近，情報の電子化が急速に進み，社会・経済現象に関する情報量も飛躍的に増大している．百万個規模あるいはそれ以上のノード数をもつネットワークも研究対象として取り扱う必要がでてきた．

8.4.2 ネットワーク構造の粗視化

　適切な物理モデルを用いて得られた最適化構造では，ノード間がそれらの関係性を特徴づける距離に応じて空間配置されている．そのため物理空間での粗視化を行うことによって，様々なスケールでのネットワーク構造のバックボーンに関する情報を抽出することができると期待される．また，そのような粗視化はネットワーク構造に潜むクラスター性の解析にも役立つであろう．

　ところで階層的空間領域分割法には粗視化プロセスが自然に組み込まれている．階層的領域分割によるネットワーク構造の粗視化プロセスをたどるには木構造グラフを用いるのが便利である．図 8.16(a) がある構造最適化されたネットワークとする．そのネットワーク構造の粗視化に対応した木構造グラフが図 8.16(b) である．最上位層 (L0) から最下位層 (L3) へ向かって，それぞれのセルに含まれるノードを調べていく．セルの中にノードが 1 つしか含まれなくなったら，そのセルで階層の深化は停止する．各階層でノードが中に存在しないセルは描かない．また最下位層のセルはノードを複数含んでもよい．木構造グラフを見ることによって，各層でのクラスター性についてある程度知ることができる．しかし，ネットワークのバックボーンやクラスター性についての詳しい知見は，各階層でネットワーク構造を可視化する必要がある．

　図 8.17(a) は図 8.16(a) のネットワークを L2 レベルで可視化したものである．各セルにおいて，含まれるノードの重心に 1 つの集積ノードが置かれ，その大きさは集めた元のノード数に応じて描いている．また集積ノード間のリンクの描画にも工夫を凝らし，リンクの太さに元のノード間のリンク数を反映させている．図 8.17(b) は与えられたネットワークをさらに L1 レベルで粗視化したものである．

　このように各階層でのネットワークのバックボーンは集積ノード間のリンクの様子を見ることにより理解できる．またクラスター度は集積ノードの大きさに反映され，大きな集約ノード同士の相対的配位からクラスター性についても一目瞭然である．

　階層的空間領域分割法を利用してネットワークを粗視化した例として図 8.18 を示す．このネットワークは米国西部における電力網であり，D. J. Watts と S. H. Strogatz によってスケールフリー・ネットワークの代表例として挙げられた．ノード数とリンク数はそれぞれ 4,941 と 6,594 である．ネットワークの構造はこれまでと同様にばね電気モデルを用いて最適化された (図 8.18(a))．3 次元空間を仮定して最適化構造を求めたところ，自発的にほぼ平面状の構造が得られた．元々のネットワークは地表のものであり，興味深い．ネットワークの構造最適化がネットワークのリンク情報の中に埋め込まれている空間次元性を抽出した．基幹的なリング構造やコミュニ

8.4 ネットワーク構造の可視化

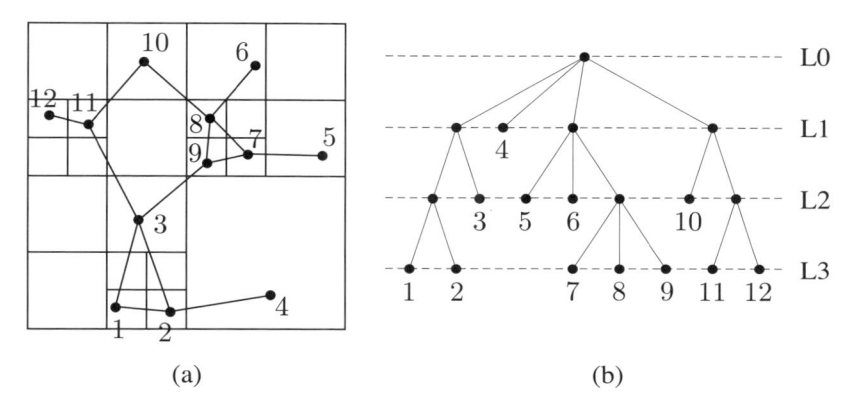

図 8.16 階層的領域分割 (a) と対応する木構造グラフ (b)

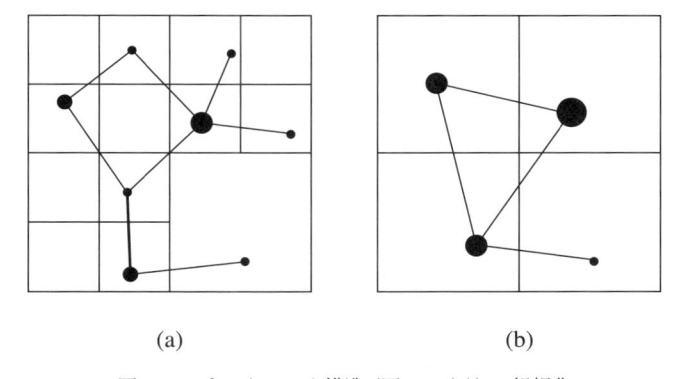

図 8.17 ネットワーク構造 (図 8.16(a)) の粗視化

ティー構造などを容易に見て取ることができる．図 8.18(b) は全空間を $512 = 8^3$ のセルに分割したときの粗視化されたネットワーク構造である．図 8.18(c) ではさらに各空間軸方向に 2 倍の粗視化を行った (セル数は $64 = 4^3$)．これらの結果は各粗視化レベルでのネットワークのバックボーンやクラスター性を明らかにする．

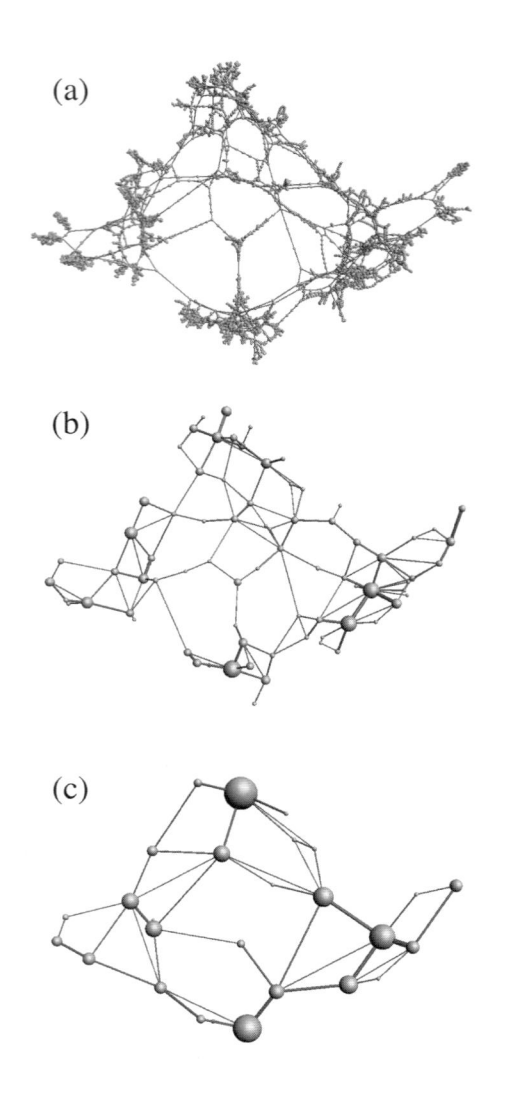

図 8.18 米国西部における電力網の最適化構造と粗視化

8.5 大規模取引ネットワークの構造と可視化

ここまで述べてきたハイパフォーマンス・コンピューティングを用いた，大規模計算の具体的な例として，7.8 節で述べた企業間の取引ネットワークの構造と可視化について述べる．

日本の法人企業数は，約 200 万社とされる．[*2] それらの数の企業が「上流」の企業から原材料や商品などの中間財となる財やサービスを買い，それに付加価値をつけたものをその「下流」にある企業，最終的には消費者に売るという一連のネットワークを形成している．

企業間の膨大な取引を鉛筆一本の購入まですべて記録することは困難だが，各企業にとって大切な仕入先企業はどれか，販売先企業はどれか，という情報があれば，ネットワーク全体の中で，より重要なリンクを調べることができるはずである．これは人のつながりを調べるのに，各人にとって重要な友人は誰かという一種の投票を利用するのに似ている．近年，そのような大規模データが整備されて利用可能になりつつある．ここでは 2006 年 10 月時点に蓄積された，国内企業の主要取引先データを用いる．[*3] ノード数は約 100 万社であり，リンク数は約 400 万取引数である．国内の法人企業の中で信用調査の対象となるような企業はかなり網羅されていると考えられる．

7.8 節では，取引ネットワーク上の重要なダイナミクスの 1 つである，連鎖倒産，信用リスクの伝播という問題を扱った．そこで述べたように，伝播は決してリンクの異なる方向に一様に起こるわけではなく，特に業種や地域などに依存して，ネットワークの異なる場所では不均質な影響を受けるはずである．そして，それら業種や地域に応じて，企業群は互いに密な構造を形成していたり，疎なリンクを散在させていると考えられる．そこで，まず取引ネットワークの粗密構造すなわちコミュニティ構造の大規模計算の結果を紹介する．[*4]

3.3.5 節の後半 (137 ページ) で述べたように，式 (3.25) で定義されるモジュラリティ Q 値を最大にするようなコミュニティ分割を求める手法 [125] がある．その最適化手法の 1 つであるアルゴリズム [32] は，100 万のオーダーのノード数をもつ疎なグ

[*2] 国税庁「統計調査年報」などによる．なお，総務省「事業所・企業統計調査」や法務省「民事・訟務・人権統計年報」では過小評価や過大評価 (休眠状態の企業など) の問題がそれぞれにあると言われている．

[*3] 株式会社 東京商工リサーチとの共同研究による．データの詳細は文献 [56] を見よ．

[*4] この取引ネットワーク上での連鎖倒産については文献 [15] (藤原 義久「生産ネットワークの大規模構造と連鎖倒産」)，また大規模構造の統計的性質については文献 [56] を参照．

ラフ全体のコミュニティ抽出法として実用的な計算時間で使える数少ないものの 1 つである．しかし

- データ構造を工夫しない場合の汎用計算機での計算時間の長さ
- コミュニティ抽出の分解能の限界 [52]

という問題がある．後者は，コミュニティとして直観的にはふさわしくない解を与えうる問題であり，特に大きなサイズのコミュニティ解が，ネットワークのサイズとリンクの密度に依存して，場合によっては複数のコミュニティを含む可能性があるという意味である．この問題に対しては，コミュニティ抽出を再帰的にかけて解析を階層的に行いながら結果を調べることが可能であるが，そのために前者の計算時間が問題となる．実際，商社や流通を含む卸売・小売業や運輸業などの影響を除くために，取引ネットワークデータに含まれる製造業約 12 万社からなる部分グラフを無向グラフとして扱い，文献 [32] の実装アルゴリズムを適用すると，$Q = 0.566 \pm 0.001$ の高い Q 値を得たが，サイズが 1 万以上のコミュニティが数個含まれていた．この Q 値は，ネットワーク中にコミュニティが有意に存在することを意味する一方で，上の分解能の限界によって，それらの大きなコミュニティは房 (ふさ) のようにコミュニティを内包している可能性を示唆している．

そこで，まずコミュニティ p, q 間のリンクの割合を表す行列 e_{pq} (式 (3.25)) の，コミュニティの合体計算による変更を，対称性を用いてより高速で行えるようなデータ構造を用いる．[*5] そのため，数時間の計算が数分に短縮でき，結果的に再帰的にコミュニティ抽出を実用的な時間で行えるようになった．このようにして得た階層的なコミュニティの結果の一部を表 8.1 に示す．コミュニティは，サイズが数千から数個に及ぶ 1,000 個以上が存在している．表に示したのは，コミュニティサイズの大きなもののうち，9 つだけを選んだ．小さなコミュニティとしては，一連の仕入と販売の流れを作っていて同じ地域や地方にある小企業群が含まれていた．

また，次のような階層的なコミュニティ構造が存在する．例えば，最初のコミュニティ抽出ではサイズが大きな集団に含まれていた電気機器 (a)〜(d) は，次のレベルの抽出で分解される．各企業の業種番号は，日本標準産業分類 (平成 14 年 3 月改訂) 中分類に基づく主業種/従業種/従々業種である．分類番号については，参考文献 [126] を参照のこと．同じコミュニティは，同じまたは近い業種に属しており，このことを用いて，表 8.1 のコミュニティ名の注釈をつけた．また，ここに挙げた企業名は次数が大きな上位の企業だけであることを注意しておく．

[*5] Y. I. Leon Suematsu (NiCT/ATR) による実装を用いた．

表 8.1 製造業に対するコミュニティ抽出

注釈	企業名 (中分類による主業種/従業種/従々業種) [コミュニティのサイズ]
重工業	三菱重工 (30/26), 川崎重工 (26/30), 神戸製鋼 (23/25), 石川島播磨 (30/26), 住友重機 (26), 新日本製鐵 (23), クボタ (30/27/23), 三井造船 (30), 日立造船 (26), 住友金属 (23), … [7,447]
食品	伊藤ハム (09), プリマハム (09), 山崎製パン (09), 日清製粉 (09), マルハ (09), 日本製粉 (09), キユーピー (09), 日本食研 (09), 東洋水産 (09), 一番食品 (09), … [7,115]
輸送用機器	本田技研 (30/27), 日産 (30), トヨタ (30), アイシン精機 (25/30/27), 三菱 (30), デンソー (30/27), 富士重工 (30), 豊田自動織機 (30/26), スズキ (30), いすゞ (30), … [5,769]
パルプ・紙	王子製紙 (15), レンゴー (15), 日本製紙 (15), 王子チヨダコンテナー (15), トーモク (15), 森紙業 (15), セッツカートン (15), 森紙販売 (15), クラウンパッケージ (15), 大和紙器 (15/19), … [3,697]
電気機器 (a)	日立製作所 (28/29/27), 富士通 (32/28), 日本電気 (28/29), ＴＤＫ (27/29), 沖電気 (28/29), 日立ハイテクノロジー (31/26), ローム (29), 村田製作所 (27), 日本アイビーエム (28), 日本無線 (28/27), … [3,082]
電気機器 (b)	松下 (27/31), シャープ (29/27/28), 三洋 (27/25), パナソニック四国 (29/27/28), 日本 CMK (29), … [2,921]
電気機器 (c)	松下電池 (27), 鳥取三洋電機 (28), 松下冷機 (27/26), 三洋電機 (27/26), ケンウッド (28), … [2,692]
電気機器 (d)	キヤノン (28/26/31), セイコーエプソン (28/29), オムロン (27), ニコン (31/26), リコー (26/28), フジシン (31), HOYA (31), カシオ計算機 (26/31/28), ペンタックス (31/28), ソニー EMCS (27/28), … [2,692]
衣服・その他	東芝 (27/28/29), スタンレー電気 (27/26), 東芝ライテック (27/26/29), サンヨー電機 (25/27/26), 浜松ホトニクス (29/27), 日本電気硝子 (22), 東芝テック (26/27), GS ユアサ (27/29), 岩崎電気 (27), … [2,320] レナウン (12), オンワード樫山 (12), エムシーニット (12), ワールド (12), 三陽商会 (12), イトキン (12), サンエー・インターナショナル (12), YKK スナップファスナー (32), … [1,567]

それぞれのコミュニティで,それらの企業が互いにリンクを形成しているわけではない.実際にこれらのコミュニティ構造を調べると,同じコミュニティに属している企業は,仕入先企業と販売先企業を共通に,かつ数多くもっていることが多い.例えば,本田技研,日産,トヨタは機械部品,電子部品,車体,工作機器など多くの仕入先企業を多く共有している.このために,これらの部分グラフは密度の高いかたまりになっている.また,電気機器 (a)〜(d) が階層的に抽出できたのも,同じ構造が理由である.すなわち,共有する仕入先や販売先が,系列・地域・その他歴史的な理由からかたまりの構造を複数もっていて,それらの構造が抽出されたコミュニティに反映されていることがいえる.今後,これらの構造についてより詳しく調べる必要があるだろう.

次に,このようにして得られたコミュニティ構造は,3.3.5 節 (137 ページ) で述べたように,基本的にノード間にあるリンクの粗密構造を反映しているのだから,8.4.1 節で述べたネットワーク描画を行えばその粗密を可視化することができるはずである.その節で述べたばね電気モデルを用いて,製造業のネットワーク描画を行い,コミュニティがより密な部分グラフに対応しているか可視化してみよう.そのモデルでは,ノードを質点とする運動方程式として,式 (8.8) のポテンシャルエネルギーに対応するものである.質点に及ぼされる力は,リンクの存在により決まるばねの復元力と,それぞれのノードがもっているクーロン力の 2 種類であった.後者に対する運動方程式をあらわに書くと,ノード i の位置を $\boldsymbol{x}_i$,電荷を q_i,クーロン相互作用の定数を C とすると

$$m_i \frac{d^2 \boldsymbol{x}_i}{dt^2} = C q_i \sum_{j \neq i}^{N} \frac{q_j (\boldsymbol{x}_i - \boldsymbol{x}_j)}{|\boldsymbol{x}_i - \boldsymbol{x}_j|^3} = C q_i \sum_{j \neq i}^{N} \boldsymbol{f}_{ij} \qquad (8.11)$$

となる.ノード j がノード i に及ぼす力をすべてのノードに対して計算して,その和 $\sum_{j \neq i} \boldsymbol{f}_{ij}$ を計算するための計算コスト $O(N^2)$ が,このような力学計算によるネットワーク描画のボトルネックであった.

この運動方程式において,電荷を質量に,クーロン相互作用を重力相互作用に読みかえると,重力多体系計算と本質的に同じである.そこで,上で問題となっているすべてのノードからの斥力 (引力) 和の計算を専用計算機で行うことが考えられる.GRAPE (GRAvity PiPE) はそのような粒子間重力相互作用の計算を専用に行うハードウェアであり,クーロン相互作用にも直接使うことができる.ばね力や運動方程式の積分などは,GRAPE に接続した汎用計算機上で行う.したがって,例えば 8.3.3 節で述べた階層的空間領域分割法などのアルゴリズムは,原理的にはそのまま組み合わせることができる.

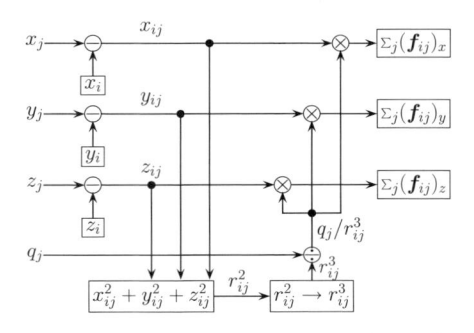

8.5 大規模取引ネットワークの構造と可視化

図 8.19 GRAPE のクーロン力 (重力) 計算パイプライン

そこで以下の計算では，階層的空間領域分割法の一種である Barnes-Hut アルゴリズム [16] と専用計算機 GRAPE を組み合わせた力学計算 ($O(N \log N)$) を組み合わせて用いる．GRAPE については文献 [101] を参照されたい．図 8.19 は式 (8.11) において，和 $\sum_{j \neq i} \boldsymbol{f}_{ij}$ を計算するための，GRAPE 上のパイプラインを簡略化したものである．[*6] パイプラインとは計算機ハードウェア上で並列計算を実現したものである．汎用計算機よりも高い性能が得られるのは，次のような理由がある．

1. 相互作用計算のパイプライン化:
   あるクロックサイクルで，j 番目の質点がパイプラインの最終段にあり，この質点からの力を積算中であるとする．このとき同時に，$j+1$ 番目の質点について $q_{j+1}/r_{i,j+1}^3$ の割算を実行しながら，$j+2$ 番目の質点について $r_{i,j+2}^2$ を 1.5 乗して $r_{i,j+2}^3$ を計算しつつ，さらに $j+3$ 番目の質点については $x_{i,j+3}^2 + y_{i,j+3}^2 + z_{i,j+3}^2$ を計算する，などができる．すなわち，図 8.19 における j の並列性を利用している．

2. 複数のパイプラインの並列化:
   一方，パイプラインの本数が増えると，メモリーからそれだけ質点データ x_i, y_i, z_i, q_i などを送り込まなければならない．その速度がパイプラインの動作に追い付かなくなっては困る．そこで複数のパイプラインが 1 つのメモリーから同一の質点データを受け取るようにしている．これら複数のパイプラインは，異なる番号 $i, i+1, i+2, \ldots$ をもつ質点への同じ j 番目の質点からの力を並列

[*6] ここで，$x_{ij}^2 = (x_i - x_j)^2$ などと，$r_{ij}^2 = x_{ij}^2 + y_{ij}^2 + z_{ij}^2$ を定義した．また，たまたま近づいた質点間の距離が数値計算の精度内でゼロにならないよう，質点ごとに設定可能なパラメータ ϵ_i を入れて $x_{ij}^2 + y_{ij}^2 + z_{ij}^2 + \epsilon_i^2$ を実際には計算する．

に計算するので，メモリーからのデータ供給速度を上げることなく，パイプライン数を増やせる．すなわち，図 8.19 における i の並列性を利用している．

また専用計算機であるために，データの語長やフォーマットの最適化なども工夫することができ，それによる高性能化もある．

計算速度の例として，1 枚のボード当たりの重力演算パイプラインが 128 本搭載されている GRAPE-7 では，これが 170MHz で動作するので，毎秒 $128 \times 170\mathrm{M} = 21.76\mathrm{G}$ 組の相互作用を計算できる．重力相互作用の演算量を 1 組当たり 30 浮動小数点演算と考えると，演算速度は $21.76\mathrm{G/sec} \times 30\mathrm{flops} \approx 650\mathrm{Gflops}$ に相当する．ボード自体は安価であるので，例えば GRAPE と Barnes-Hut を組み合わせた計算は，単位資金当たりの計算速度についてパフォーマンスが優れているといえる [82]．

実際にこれらを用いて，製造業 12 万社のネットワーク描画を 3 次元におけるノード配置として行った結果を図 8.20 に示す．[7] 図上段は，製造業全体のネットワークのノードを薄い灰色の点で共通に，その部分グラフであるそれぞれのコミュニティ内のノードを黒点で表した．リンクはすべて省略されている．上段の 4 つは，比較的サイズの大きなコミュニティとして 4 つ選択したものに対応している．特に丸印のある図は，表 8.1 にある電気機器すべてを含むコミュニティである．そのコミュニティから再帰的に得られたコミュニティを 3 つ選んで下段に図示した．これらの結果から，抽出されたコミュニティは確かにノード間にあるリンクの粗密構造を反映しているので，同じコミュニティに属するノードは互いにより近くに，異なるコミュニティに属するノードは遠くに配置されていることが確認できる．なお，灰色や黒色の点群中に見られる小さな小集団それぞれは，次数の大きな企業の取引先企業群に対応する．

---

[7] 系をエネルギー的に緩和させるため，各質点には速度に比例する抵抗が働くようにしている．すなわち，式 (8.11) の右辺に，$-\gamma_i d\boldsymbol{x}_i/dt$ を入れて計算した．この図の色付き版が参考文献 [56] にある．

8.5 大規模取引ネットワークの構造と可視化

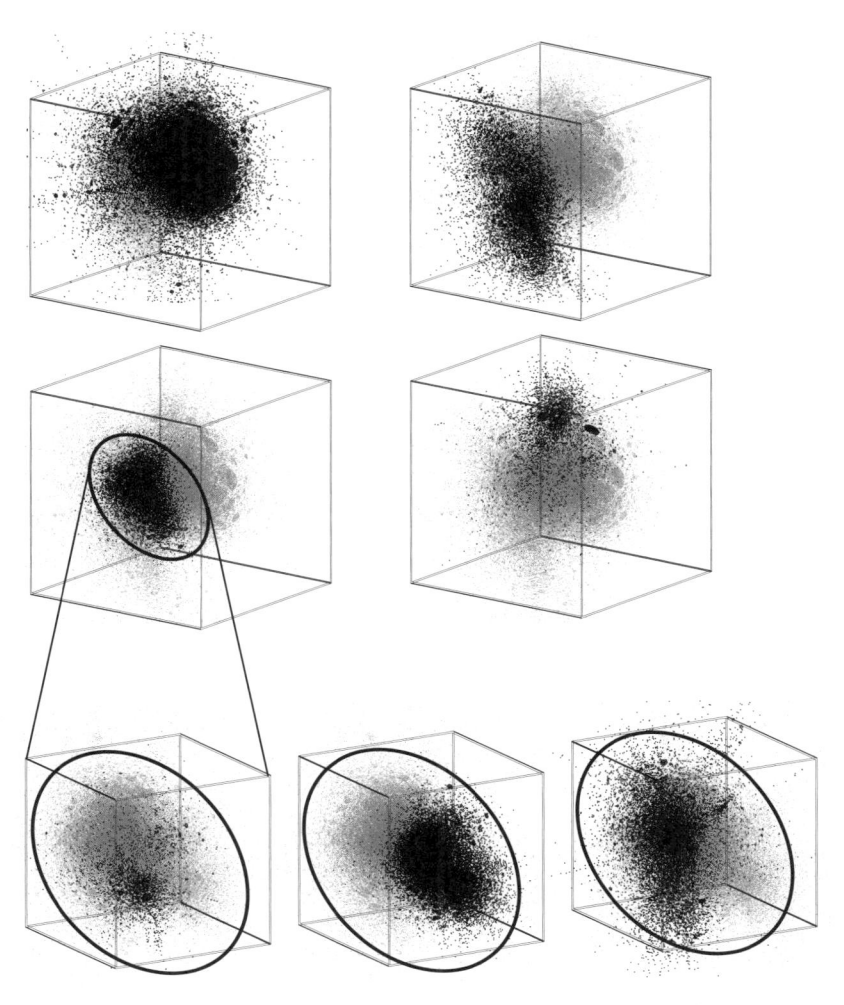

図 8.20 製造業全体 (12 万ノード) といくつかのコミュニティの可視化

企業は，その「上流」の企業から原材料や商品などの中間財を買い，それに付加価値をつけ，製品をその「下流」にある企業に売るという**生産**を行っている．中間財以外に投入物として**労働**と**金融**を必要とし，利潤を求めて生産活動を行っており，これら3つの基本的な要素が実体経済のエンジンである．ここでは，大規模とはいえ，限られた関係性だけに着目した．実際には，金融ネットワークや，労働者の雇用や失業における移動とそのダイナミクスに関わるネットワークという，経済の根幹である別の種類のネットワークが存在し，それらは互いに絡み合っているはずである．本節では，生産に関わる取引ネットワークの静的な構造だけを調べることだけについてその端緒に触れたに過ぎない．このように，経済や社会の大規模な関係性とその構造を調べるには，不用意な計算手法ではまったく役に立たない．このような静的な構造だけでなく

- 非均質な構造をもつネットワーク上でのさまざまなダイナミクス
- ネットワークの構造自体を変化させるエージェントモデルとその上でのエージェントダイナミクス
- ネットワークの粗視化やそのダイナミクスの集約化

などについての問題も重要になってくると考えられる．さまざまな種類の関係性について，膨大なデータが蓄積され，利用できるようになってきている現在，これらの問題を巡って従来とは異なる視点が必要とされる．

　6.1節以降では付加価値を投入物として捉えて，企業の生産性について述べた．また，7.8節では，取引ネットワークと連鎖倒産という信用リスクの伝播について述べた．これらは，経済におけるエージェント(経済主体)の振る舞いとつながりに関する重要なものではあるが，これらの問題の深耕を含めて未開拓な広野が拡がっている．7.5節で述べた産業連関表とミクロな企業間取引ネットワークとの関係，需要や価格ゆらぎの伝播，GDPや総生産に対する時間的・空間的なゆらぎと景気循環との関係など，ミクロな経済主体の振る舞いとマクロ経済学的な経済データとの間を橋渡しするような方法論を構築していく必要があるだろう．そのためには，物理学者，経済学者，計算機科学者等の有志が互いに対話や議論を重ねて，本書で述べたような道具や考え方，その拡張，現象論と理論を築き，これまでにない新しいアイデアを生み出していくことが必要であり，それによって今後大きな成果が得られると我々は考えている．

演習問題

8.1 本文で行列とベクトルとの積を並列化する 3 種類の方法を示した (図 8.5). 方法 3 に対して効率的な通信パターンを考え, 方法 1 の通信パターン (図 8.6(b)) と比較せよ.

8.2 Hello world プログラムはプログラム例としてもっとも有名である.

プログラム 8.2 Hello world プログラム

```
1  #include <stdio.h>
2  int main(void) {
3   printf("Hello, world!\n");
4   return 0;
5  }
```

MPI を使って各プロセスから "Hello, world!" を出力するようにこのプログラムを書き換えよ.

8.3 ポテンシャル・エネルギー (8.8) から各ノードに働く力を求めよ.

8.4 3 つのノードが互いに連結したネットワーク (3 ノードの完全グラフ) をばね電気モデル (8.8) を使って描画する. このときの最適化構造を求めよ. 力は中心力であることから, 対称性の考察より「正三角形」あるいは「一直線形」が最安定配位の候補であることに注意せよ.

☕ S. Cray の敗北

　S. Cray (1925-1996) が述べたと伝えられている言葉 "If you were plowing a field, which would you rather use? Two strong oxen or 1024 chickens?" があります．

　まさにスーパーコンピューターの旗手であった Cray は，第二次世界大戦中に無線技師として働き，終戦後，ミネソタ大学で電気工学を学びました．その後，コントロール・データ・コーポレーション (CDC) 社で往年の名機 CDC6600 をはじめとする高性能コンピューターの開発に当たり，成功を収めました．しかし，Cray は高性能コンピューターの開発における自分の理想を追求するため，CDC 社と 1972 年にたもとを分かち，Cray Research 社を立ち上げたのでした．その後の発展は本文に記したとおりです．

　さて Cray は，独自に設計された高価格の高性能 CPU を勇猛な雄牛，多量に生産される低価格の汎用 CPU をか弱い鶏に例え，耕作するにはどちらを使うのかと，高性能 CPU の優位性をそのような挑戦的な例え話を使って強調しました．しかしながら現在では科学技術計算分野でも高性能 CPU が汎用の CPU にとって代わられようとしています．コンピューター技術の発展は日進月歩で，設計から製造まで時間のかかる高性能 CPU は世の中に現れた時点ですでに時代遅れのものになってしまいます．その点，汎用 CPU は高性能 CPU に比べて瞬時に最新の技術を取り込めます．この辺の事情はまさにクローズド・イノベーション対オープン・イノベーションの図式と酷似しています．かつての大企業は，必要な技術はすべて自前で研究・開発し，技術の流出を防ぎながら自社の優位を保っていこうという経営方針「クローズド・イノベーション」を貫いてきました．IBM の Thomas J. Watson 研究所に代表されます．我が国の企業間にも 1980 年代に「基礎研ブーム」が広がりました．しかし，1990 年代になると，必要な技術があれば，積極的に社外へ働きかけ，最新技術を共有しながら機動性のある経営を行っていこうとするビジネスモデル「オープン・イノベーション」にその優越性が奪われました．半導体産業におけるシリコンバレーの例を挙げるまでもありません．

　さしもの高性能 CPU の信奉者の Cray も最晩年には汎用 CPU を使った超並列計算機の開発に取りかかりました．しかし，Cray-2 以降の Cray Resaerch 社のビジネスは成功せず，Cray Research 社は Cray の死と相前後して SGI 社に買収されたのでした．とはいってもスーパーコンピューターの開発史における Cray の大きな足跡は色あせるものではありません．

(H. I.)

*science, in spite of having no ultimate foundations, really is
the north-west passage between cynicism and credulity.*

John Constable

A
計算言語

本書の随所に見られるように，経済や社会の現象についてデータの解析や理論的な計算をするには，その場その場で適切な計算言語を使う必要がある．計算言語は世の中に数多くあり，どれを使うかはその人の好みと目的によって千差万別である．この付録では，この分野で研究をしてきた著者たちが特に役に立つと思われる言語を取り上げ，ごく簡単な紹介をしておく．実際に，これらを使うかどうかは別として，これらの存在とその概要について知っておくことは有益である．

A.1 Mathematica

Mathematica はここで紹介される言語のうち，最も有名なものである．本書執筆時では ver.6 が最新版であり，公式サイトは

http://www.wolfram.com/index.ja.html

である．

その強みをざっと挙げると，

代数計算: 厳密な代数計算ができる．複雑な積分なども (できるものは) できる．

初心者が使いやすい: 関数を組み合わせていろいろな計算ができるので，プログラミングの腕がなくてもすぐに複雑な計算が可能である．

数値計算: 任意精度で数値計算ができる．

グラフィック: 2次元，3次元の図を簡単に描ける．本書の図の多くは Mathematica で描かれた．

である．一方，Mathematica は PC の計算時間やメモリーを大量に消費する傾向がある．したがって，数値計算で Mathematica でできるものの時間がかかりすぎるような場合には，他の言語，例えば Fortran などに移行した方がよい場合もある．また，Mathematica は (学生版を除いて) 価格が高いという欠点もあるが，利点が多いので，本書の著者たちにとって必須の言語とも言える．

3次元グラフィックスの例として，コピュラの図 1.6 の左下図の作り方をプログラム A.1 に示しておく．

プログラム A.1 図 1.6 の作成

```
1  SetDirectory[NotebookDirectory[]]
2  c[u_, v_] := Min[u, v]
3  Plot3D[c[u, v], {u, 0, 1}, {v, 0, 1}, ColorFunction -> Function[{x, y, z},
       GrayLevel[z]]]
4  Export["c1.eps", %]
```

A.1 Mathematica

このプログラムでは 2 行目で無相関コピュラを定義し，3 行目で 3 次元図を作っている．ここでは ColorFunction を使って上に行くほど白くなるようにしている．(何も指定しなければ，色つきでの照明が当たっているような図ができる．) そして 4 行目で eps ファイルに出力している．この際，1 行目の指定によって，このプログラム (Notebook) が存在するフォルダーに eps ファイルが出力される．

また，べき分布を生成してその累積分布関数をプロットするものをプログラム A.2 に示す．ここでは 2.2.1 節の式 (2.7) で定義された II 型 Pareto 分布で $x_P = 1$, $\mu = 1.5$ として，$n = 10^6$ 個からなるデータを 1 セット生成している．

プログラム A.2　べき分布のシミュレーション

```
1  n = 10^6;
2  mu = 1.5;
3  inversePareto[y_] := y^(-1/mu) - 1
4  simdata = Table[inversePareto[Random[]], {n}];
5  ranksizedata = Transpose[{Sort[simdata, Greater], Table[k/n, {k, 1, n}]}];
6  ListLogLogPlot[ranksizedata, PlotRange -> All, Frame -> True, PlotStyle ->
      Black]
```

ここでは 3 行目で累積分布関数の逆関数 inversePareto を定義し，4 行目では Random[] で発生させた 0 から 1 まで一様分布する擬乱数にこの関数を作用させている．そして後半，5 行目では，これを大きい (Greater) 順にソートして，累積分布関数のテーブルを作り，6 行目で両対数 (LogLog) 図にしている．この計算は手元の Windows Vista (64bit) PC で，前半に約 3 秒，後半に約 30 秒かかる．

このように大量のデータ点を含む累積分布関数図では，多くの点が重なり合って，無駄にサイズが大きい．したがって，適度に間引きするのが望ましい．プログラム A.3 はこの間引きを簡単に，しかも適切に行うプログラムである．

プログラム A.3　間引きの方法

```
1  mabikiranksizedata=10^Union[Round[Log[10, ranksizedata], 10^(-2)]]
```

このようにすると，10^6 個のデータが約 1200 個のデータに変換される．その間引きデータの累積分布関数図が図 A.1 であるが，これは元の全データの累積分布関数図と見比べて，肉眼では識別不可能である．

また，データ解析をするには，元のデータを読み込む必要がある．読み込めるファイル形式は数多いが，例えば EXCEL のファイル data.xls を読み込むにはプログラム A.4 のようにする．

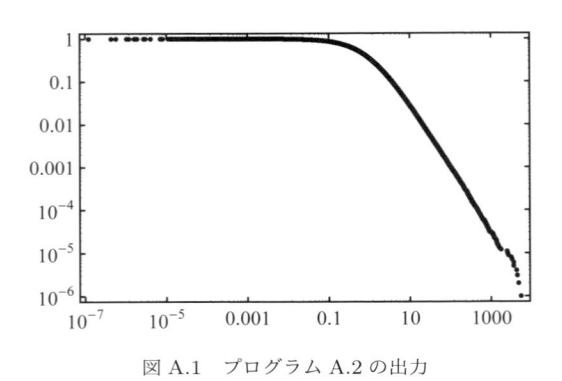

図 A.1　プログラム A.2 の出力

プログラム A.4　EXCEL のファイルを読み込む方法
```
1  mydata=Import["data.xls"]
```

こうすると, `data.xls` の中に

1	2	3
4	5	6

というデータがあると, `mydata` が

$$\text{mydata} = \{\{1., 2., 3.\}, \{4., 5., 6.\}\} \tag{A.1}$$

というストリングになる.

A.2　ruby: グラフ探索アルゴリズムの実装

3.1 節のグラフ探索のアルゴリズムは, 自分で実装していろいろ実験できるとより理解が進む. 小規模な例題で簡単にプログラムを書くために, スクリプト言語 ruby[*1] を用いた簡単な実装を紹介する.

まず, プログラム A.5 は, グラフデータのファイルからノードと隣接リストを読み込むプログラムである. ノードを配列 `$nodes` に, 隣接リストをノードからノードの

[*1] http://www.ruby-lang.org. フリー (無償) ソフトウェアであり, Mac, Unix, Windows を含む多くの OS 上で動作する.

A.2 ruby: グラフ探索アルゴリズムの実装

配列へのハッシュ[*2] $adj に格納する．変数名に$があるのは，他で使うために大域変数とするためである．

プログラム A.5　ノードと隣接リストの読み込み

```ruby
 1  require 'getopts'
 2  getopts("d")
 3
 4  (STDERR.print "args: [-d] nodes.dat edges.dat\n"; exit) if ARGV.length != 2
 5  fn_n = ARGV[0]
 6  fn_e = ARGV[1]
 7
 8  $nodes = Array.new
 9  $adj = Hash.new
10  fin = File.open(fn_n)
11  while line = fin.gets
12    n = line.chomp.strip
13    $nodes.push(n)
14    $adj[n] = Array.new
15  end
16  fin.close
17
18  fin = File.open(fn_e)
19  while line = fin.gets
20    line.chomp!
21    f = line.split(/\s+/,2)
22    m = f[0]
23    n = f[1]
24    $adj[m].push(n)
25    $adj[n].push(m) unless $OPT_d
26  end
27  fin.close
28
29  p $nodes
30  p $adj
```

図 3.7 の無向グラフに対応するノードとリンクのファイル (左・中段) と，実際に読み込みを行った結果 (右段) を示す．

[*2] キーからその値への写像を実現するためのデータ構造で，マップとも呼ばれる．ノード (「キー」) からその隣接ノードたち (「値」) を取り出す．

```
# ex1.n      # ex1.e      $ ruby readgraph.rb ex1.n ex1.e
r            r v
s            s w          ["r", "s", "t", "u", "v", "w", "x", "y"]
t            s r          {"r"=>["v", "s"],
u            w t           "s"=>["w", "r"],
v            w x           "t"=>["w", "u", "x"],
w            t u           "u"=>["t", "y", "x"],
x            t x           "v"=>["r"],
y            u y           "w"=>["s", "t", "x"],
             x u           "x"=>["w", "t", "u", "y"],
             x y           "y"=>["u", "x"]}
```

図 3.2 のような有向グラフに対しては,読み込みのときにオプション-d をつける.

```
# ex2.n      # ex2.e      $ ruby readgraph.rb -d ex2.n ex2.e
a            a b
b            a d          ["a", "b", "c", "d", "e", "f"]
c            b d          {"a"=>["b", "d"],
d            b e           "b"=>["d", "e"],
e            c e           "c"=>["e", "f"],
f            c f           "d"=>[],
             e d           "e"=>["d"],
             f f           "f"=>["f"]}
```

プログラム A.5 を用いて,大域変数 $nodes と $adj がファイルから読み込まれたとして,3.1.3 節の幅優先探索を実装したものがプログラム A.6 である.

プログラム A.6　幅優先探索

```
1  # bfs.rb
2  color = Hash.new
3  distance = Hash.new
4  predecessor = Hash.new
5
6  # Initialize
7  $nodes.each{|v|
8    color[v] = "WHITE"
9    distance[v] = -1  # for infinity
10   predecessor[v] = v  # for nil
11 }
12 color[s] = "GRAY"
13 distance[s] = 0
14
15 Q = Array.new
16 Q.push(s)
17 print "Q= "; p Q
18 while !(Q.empty?)
19   v = Q.shift  # pop
```

A.2 ruby: グラフ探索アルゴリズムの実装

```ruby
20    print v,": distance= ",distance[v],"\n"
21    $adj[v].each{|w|
22      if color[w] == "WHITE"
23        print "(",v,",",w,":white): a tree edge\n"
24        color[w] = "GRAY"
25        distance[w] = distance[v] + 1
26        predecessor[w] = v
27        Q.push(w)
28      elsif color[w] == "GRAY"
29        print "(",v,",",w,":gray): "
30        if distance[w] == distance[v] + 1
31          print "a cross edge /dist.diff.= 1\n"
32        elsif distance[w] == distance[v]
33          print "a cross edge /dist.diff.= 0\n"
34        else
35          print "this case should be impossible!\n"
36        end
37      else
38        print "(",v,",",w,":black): already done\n"
39      end
40    }
41    print "Q= "; p Q
42    color[v] = "BLACK"
43  end
```

上の無向グラフに幅優先探索を実行した結果を次に示す.

```
$ ruby bfs.rb ex1.n ex1.e              (t,x:gray): a cross edge /dist.diff.= 0
                                        x: distance= 2
s: distance= 0                          (x,w:black): already done
(s,w:white): a tree edge                (x,t:black): already done
(s,r:white): a tree edge                (x,u:gray): a cross edge /dist.diff.= 1
w: distance= 1                          (x,y:white): a tree edge
(w,s:black): already done               v: distance= 2
(w,t:white): a tree edge                (v,r:black): already done
(w,x:white): a tree edge                u: distance= 3
r: distance= 1                          (u,t:black): already done
(r,v:white): a tree edge                (u,y:gray): a cross edge /dist.diff.= 0
(r,s:black): already done               (u,x:black): already done
t: distance= 2                          y: distance= 3
(t,w:black): already done               (y,u:black): already done
(t,u:white): a tree edge                (y,x:black): already done
```

同様に, 3.1.2 節の深さ優先探索を実装したものがプログラム A.7 である. ここでは有向グラフを仮定して, 出力ログを表示するようにした. また, 再帰的に関数

dfs_visitを呼び出すため,すべての変数を大域変数にしてある.[*3]

プログラム A.7 深さ優先探索

```ruby
1  # dfs_dir.rb
2
3  # DFSvisit
4  def dfs_visit(v)
5    $color[v] = "GRAY"
6    $discover[v] = ($time += 1)
7    $tab += "  |";  print $tab,v," discovered at time= ",$discover[v],"\n"
8    $adj[v].each{|w|
9      if $color[w] == "WHITE"
10       print $tab,"(",v,",",w,":white): a tree edge\n"
11       $predecessor[w] = v
12       dfs_visit(w)
13     elsif $color[w] == "GRAY"
14       if $predecessor[v] != w
15         print $tab,"(",v,",",w,":gray): a back edge\n"
16       end
17     else
18       print $tab,"(",v,",",w,":black): "
19       if $discover[v] > $discover[w]
20         print "a cross edge\n"
21       else
22         print "a forward edge\n"
23       end
24     end
25   }
26   $color[v] = "BLACK"
27   $finish[v] = ($time += 1)
28   print $tab,v," finished at time= ",$finish[v],"\n";  $tab.sub!("  |","")
29 end
30
31 # DFS
32 $color = Hash.new
33 $discover = Hash.new
34 $finish = Hash.new
35 $predecessor = Hash.new
36 $tab = ""   # for log
37
38 # Initialize
```

[*3] このように大域変数を用いると,これらのプログラムをモジュールとして別のプログラムから呼び出すとき,変数がどこで変更を受けたか,その影響を把握しにくくなる.ここではそのことを注意した上で,アルゴリズムの実装の分かりやすさを最優先にした.

A.3 R

```
39  $nodes.each{|v|
40    $color[v] = "WHITE"
41    $discover[v] = -1
42    $finish[v] = -1
43    $predecessor[v] = v
44  }
45
46  $time = 0
47  $nodes.each{|v|
48    if $color[v] == "WHITE"
49      dfs_visit(v)
50    end
51  }
```

上の有向グラフに深さ優先探索を実行した結果を次に示す.

```
$ ruby dfs_dir.rb ex2.n ex2.e          |   |  |e finished at time= 6
                                        |   |b finished at time= 7
|a discovered at time= 1                |(a,d:black): a forward edge
|(a,b:white): a tree edge               |a finished at time= 8
|  |b discovered at time= 2             |c discovered at time= 9
|  |(b,d:white): a tree edge            |(c,e:black): a cross edge
|  |  |d discovered at time= 3          |(c,f:white): a tree edge
|  |  |d finished at time= 4            |  |f discovered at time= 10
|  |(b,e:white): a tree edge            |  |(f,f:gray): a back edge
|  |  |e discovered at time= 5          |  |f finished at time= 11
|  |  |(e,d:black): a cross edge        |c finished at time= 12
```

読者は, プログラム A.6 や A.7 を多くの例に適用したり, 3.1.2 節や 3.1.3 節で述べた他の目的のためにプログラム自体を改変して, 実験を行ってみられたい.

A.3 R

R はフリーソフトウェアで, CRAN からダウンロードできる [34]. これは, Windows, Mac, Linux の OS 上で動作する. R のマニュアルは詳しく書かれていて, help コマンドで呼び出して読むことができる. そのため, 特別に書籍を購入して利用方法を学習しなくても問題なく利用できるが, R のインストールから説明している初心者向けの書籍や, 統計学, 経営学, バイオインフォマティックスなどの観点から書かれた専門書も数多く出版されている. また, 個人が作成したホームページや, ユーザーグループが作成した RjpWiki [139] など, 情報も充実している.

R でプログラムを書く感覚は, *Mathematica* やスクリプト言語 (perl や ruby) に

近い．例えば，第 5 章で説明したカイラル Gauss 型ランダム行列で，標準正規分布 $N(0,1)$ に従う確率変数を成分とし，大きさが 1000×2000 の行列 **H** を作る．そして，大きさが 1000×1000 の相関行列 **C** を計算し，固有値の分布を確率密度で表示する．その後，ランダム行列理論の理論曲線を書き込む．という一連の操作はプログラム A.8 で実行できる．

プログラム A.8 カイラル Gauss 型ランダム行列の固有値分布

```
1  T <- 2000
2  N <- 1000
3  r <- rnorm(T*N)
4  H <- matrix(r,T,N)
5  C <- cor(H)
6
7  ev <- eigen(C, symmetric=TRUE)
8
9  Q <- T/N
10 xp <- 1+(1/Q)+2*sqrt(1/Q)
11 xm <- 1+(1/Q)-2*sqrt(1/Q)
12 x <- seq(xm,xp,length=200)
13 rmt <- function(x,Q){
14  y<- Q*sqrt((xp-x)*(x-xm))/(2*pi*x)
15 }
16
17 hist(ev$values, probability=TRUE, ylim=c(0,1))
18 lines(x, rmt(x,Q), type='l', lwd=2)
```

A.4 ネットワーク解析ソフトウェア

ネットワーク解析に関しては，多くのフリーウェア (無償のソフトウェア) が公開されている．例えば，草分け的なものとして UCINET がある．これは，Windows でのみ動作する．また，Pajek も有名で，これは Windows でのみ動作する．日本語に翻訳されたマニュアルも入手可能である．また，最近のものとしては Network Workbench が有名で，Windows, Mac, Linux で動作する．また，社会学者の間では，Siena が注目を集めている．

ネットワークの可視化については，Graphviz が有名である．また，*Mathematica*, Pajek, Network Workbench にも，いくつかのグラフ描画手法が実装されている．

シェアウェア (有料のソフトウェア) としては，NetMiner が有名である．フリーウェアでは比較的小さなネットワークしか扱えないが，NetMiner では最大で 10 万

A.4　ネットワーク解析ソフトウェア

ノードのネットワークが扱える．

以下に，ここで挙げたソフトウェアの入手先を紹介する．

- UCINET (フリーウェア)
  http://www.analytictech.com/ucinet/ucinet.htm
- Pajek (フリーウェア)
  http://vlado.fmf.uni-lj.si/pub/networks/pajek/
- Network Workbench (フリーウェア)
  http://nwb.slis.indiana.edu/
- Siena (フリーウェア)
  http://stat.gamma.rug.nl/siena.html
- Graphviz (フリーウェア)
  http://www.graphviz.org/
- NetMiner (シェアウェア，試用期間は 14 日間)
  http://www.netminer.com/NetMiner/home_01.jsp

演習問題解答

第 1 章

1.1 硬貨の表が出る確率を 0.7 とするモデルを p_A, 0.5 とするモデルを p_B とすると

$$D(q, p_A) = 0.6 \times \log\left(\frac{0.6}{0.7}\right) + 0.4 \times \log\left(\frac{0.4}{0.3}\right) = 0.0226, \tag{X.1}$$

$$D(q, p_B) = 0.6 \times \log\left(\frac{0.6}{0.5}\right) + 0.4 \times \log\left(\frac{0.4}{0.5}\right) = 0.0201 \tag{X.2}$$

となるので, モデル p_B がより良い.

1.2 KL 距離 $D(q, p)$ は

$$D(q, p) = \frac{1}{2}\left[\log\frac{\tau^2}{\sigma^2} + \frac{\sigma^2 + (\mu - \xi)^2}{\tau^2} - 1\right] \tag{X.3}$$

となる. ここで $\mu = 0$, $\sigma^2 = 1$ とおくと

$$D(q, p) = \frac{1}{2}\left[\log \tau^2 + \frac{1 + \xi^2}{\tau^2} - 1\right] \tag{X.4}$$

となる. したがって, この等高線図は図 X.1 のようになる (この図から 2 次元の双曲空間と関係がありそうだと思われた読者は文献 [7] を参照されたい).

1.3 データ数を $n = 10$ とすると, 対数尤度はそれぞれ

$$\sum_{i=1}^{n} \log p_A(x_i) = -\frac{n}{2}\log(2\pi) - \frac{1}{2}\sum_{i=1}^{n} x_i^2, \tag{X.5}$$

$$\sum_{i=1}^{n} \log p_B(x_i) = -n \log \pi - \sum_{i=1}^{n} \log(1 + x_i^2) \tag{X.6}$$

となるので, 生成した乱数 $\{x_i\}$ ($i = 1, \ldots, n$) について計算し比較する.

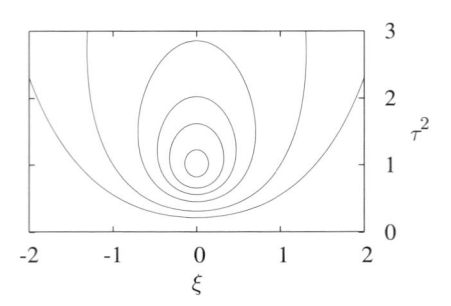

図 X.1 (ξ, τ^2) 平面上で $D(q,p)$ の値がとる等高線

1.4 D の非負性の証明は次の通りである：

$$\begin{aligned}
D &= \sum_i \langle \psi_i | \hat{\rho} \log \hat{\rho} | \psi_i \rangle - \sum_{i,n} \langle \psi_i | \hat{\rho} | \varphi_n \rangle \langle \varphi_n | \log \hat{\rho}_{eq} | \varphi_n \rangle \langle \varphi_n | \psi_i \rangle \\
&= \sum_i w_i \log w_i - \sum_{i,n} w_i \langle \psi_i | \varphi_n \rangle \log v_n \langle \varphi_n | \psi_i \rangle \\
&= \sum_{i,n} w_i \log w_i \langle \psi_i | \varphi_n \rangle \langle \varphi_n | \psi_i \rangle - \sum_{i,n} w_i \langle \psi_i | \varphi_n \rangle \log v_n \langle \varphi_n | \psi_i \rangle \\
&= -\sum_{i,n} w_i \log \left(\frac{v_n}{w_i} \right) \langle \psi_i | \varphi_n \rangle \langle \varphi_n | \psi_i \rangle \\
&\geq \sum_{i,n} w_i \left(1 - \frac{v_n}{w_i} \right) \langle \psi_i | \varphi_n \rangle \langle \varphi_n | \psi_i \rangle \\
&= \sum_{i,n} w_i \langle \psi_i | \varphi_n \rangle \langle \varphi_n | \psi_i \rangle - \sum_{i,n} v_n \langle \varphi_n | \psi_i \rangle \langle \psi_i | \varphi_n \rangle \\
&= \sum_i w_i - \sum_n v_n = 1 - 1 = 0.
\end{aligned} \qquad \text{(X.7)}$$

ここで不等式 $\log x \leqslant x - 1$ $(x > 0)$ を用いた．等号が成立するのは $x = 1$ に限るので，$D = 0$ となるためには密度行列 $\hat{\rho}$, $\hat{\rho}_{eq}$ が同時に対角化される必要がある．そうしないと，得られる条件 (任意の i, n に対して $w_i = v_n$) が過剰となり，w_i に対する解が存在しない．2 つの密度行列が同時に対角化されると，等号が成立するための条件が $w_i = v_i$ に減じられる．以上より，$\hat{\rho}$ が $\hat{\rho}_{eq}$ に等しいときのみ，$D = 0$ となることが分かる．

1.5 以下のように計算すればよい:
$$\begin{aligned}
p_{12}(x_1,x_2) &= \frac{\partial^2 C_{\text{PC}}(u_1,u_2)}{\partial u_1 \partial u_2} p_1(x_1)p_2(x_2) = \delta(u_1-u_2)\,p_1(x_1)p_2(x_2) \\
&= \delta(P_{>2}(g(x_1)) - P_{>2}(x_2))\,p_1(x_1)p_2(x_2) \\
&= \left[\frac{d}{dx_1}P_{>2}(g(x_1))\right]^{-1}\delta(x_1-f(x_2))\,p_1(x_1)p_2(x_2) \\
&= \delta(x_1-f(x_2))\,p_2(x_2). \tag{X.8}
\end{aligned}$$

1.6 コピュラ密度の定義式 (1.209) から順次偏微分すればよい. ただし, 任意の微分可能な関数 $y=\eta(x)$ に対して成り立つ次の関係式に注意する:
$$\frac{d}{dy}\eta^{-1}(y) = \frac{dx}{dy} = \left(\frac{dy}{dx}\right)^{-1} = \left(\frac{d}{dx}\eta(x)\right)^{-1}. \tag{X.9}$$
この関係式を使えば, 母関数の逆関数についての微分を母関数の微分で表現できる.

1.7 式 (1.263) の被積分関数は次のよう計算される:
$$\frac{\eta(u)}{\eta'(u)} = \begin{cases} \dfrac{u\log u}{\theta} & (\text{Gumbel}), \\ \dfrac{u^{\theta+1}-u}{\theta} & (\text{Clayton}). \end{cases} \tag{X.10}$$
これらを代入して積分を実行すれば式 (1.267) の結果を得る.

第 2 章

2.1 まず, $N=2$ では式は自明に正しい. 次に, ある N でこの表式が正しいとして, $N+1$ で計算すると
$$\begin{aligned}
G_{N+1}(x) &= \int_0^x dx_1 p(x_1) \frac{1}{(N-1)!}\left(\int_0^{x_1} p(x')dx'\right)^{N-1} \\
&= \int_0^x dx_1 \frac{d}{dx_1}\frac{1}{N!}\left(\int_0^{x_1} p(x')dx'\right)^N \\
&= \frac{1}{N!}\left(\int_0^{x_1} p(x')dx'\right)^N\bigg|_0^x \\
&= \frac{1}{N!}\left(\int_0^x p(x')dx'\right)^N \tag{X.11}
\end{aligned}$$

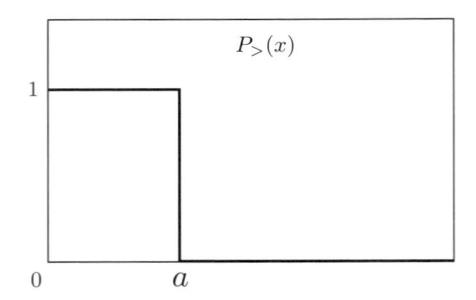

図 X.2　X が必ず値 x_0 をとる場合の累積分布関数

となる．したがって，式 (2.61) は任意の N について正しい．

2.2

1. 累積確率は
$$P_>(x) = \theta(a - x) \tag{X.12}$$

で与えられる．その形を図 X.2 に示す．

2. 上の累積確率を使うと
$$\langle X_N^{(\max)} \rangle = -\int_0^\infty x \frac{d}{dx} \left(1 - \theta(a - x)\right)^N dx \tag{X.13}$$
$$= -\int_0^\infty x \frac{d}{dx} \left(1 - \theta(a - x)\right) dx \tag{X.14}$$
$$= \int_0^\infty x \, \delta(x - a) dx = a \tag{X.15}$$

となる．ここで，最初の行では式 (2.58) を使った．確率変数 X は必ず値 a しかとれないので，最大値も a である．上の結果はこれに合致する．

2.3　まず，$S(x)$ を p, q で展開すると

$$S(x) = -\log N^{(A)} + \left(\frac{\nu}{p} + \frac{\mu}{q}\right) \log 2 + \frac{1}{2}\left(\nu \log\left(\frac{x_1}{x}\right) + \mu \log\left(\frac{x}{x_0}\right)\right)$$
$$+ \frac{p\nu}{8} \log^2\left(\frac{x_1}{x}\right) + \frac{q\mu}{8} \log^2\left(\frac{x}{x_0}\right)$$
$$- \frac{p^3 \nu}{192} \log^4\left(\frac{x_1}{x}\right) - \frac{q^3 \mu}{192} \log^4\left(\frac{x}{x_0}\right) + \cdots. \tag{X.16}$$

を得る．これを A 分布の定義 (2.13) に代入すると

$$p^{(\mathrm{A})}(x) \simeq N^{(\mathrm{A})} 2^{-(\nu/p + \mu/q)} \frac{1}{x} \frac{x_0^{\mu/2} x_1^{-\nu/2}}{x^{(\mu-\nu)/2}} \tag{X.17}$$

$$\times \exp\left[-\frac{1}{8}\left(p\nu \log^2\left(\frac{x_1}{x}\right) + q\mu \log^2\left(\frac{x}{x_0}\right)\right)\right]$$

$$\propto \frac{1}{x^{1+(\mu-\nu)/2}} \exp\left[-\frac{p\nu + q\mu}{8} \log^2\left(\frac{x}{\tilde{x}_{\ln}}\right)\right] \tag{X.18}$$

を得る．これが式 (2.23) である．

また，この展開の適用領域は

$$p|\log(x_1/x)| \ll 1, \quad q|\log(x/x_0)| \ll 1 \tag{X.19}$$

である．これを書き換えると

$$x_1 e^{-1/p} \ll x \ll x_1 e^{1/p}, \quad x_0 e^{-1/q} \ll x \ll x_0 e^{1/q}, \tag{X.20}$$

すなわち，

$$\max[x_1 e^{-1/p}, x_0 e^{-1/q}] \ll x \ll \min[x_1 e^{1/p}, x_0 e^{1/q}] \tag{X.21}$$

となって，領域 (2.26) を得る．

2.4 計算するべきは，

$$J(A) \equiv \int_0^\alpha e^{At \log t} dt \tag{X.22}$$

の $A \to +\infty$ での近似である．($\tilde{t}$ は簡単のために t と表記する．) まず，

$$u = -At \log t \tag{X.23}$$

と積分変数を変換して

$$J(A) = \int_0^{u_\alpha} e^{-u} \frac{dt}{du} du \tag{X.24}$$

を得る．ここで，u_α は $t = \alpha$ の積分上限に対応する．この式の評価には，t を u の関数として求め，Jacobian dt/du を計算する必要がある．そのためには，

$$t_0 = \frac{u}{A}, \quad t_{n+1} = -\frac{u}{A \log t_n} \tag{X.25}$$

として得られる摂動展開をすればよい．

その結果は

$$t_1 = -\frac{u}{A \log(u/A)} \simeq \frac{u}{A \log A}\left(1 + \frac{\log u}{\log A}\right) \tag{X.26}$$

となる．これを使うと Jacobian は
$$\frac{dt_1}{du} \simeq \frac{1}{A \log A}\left(1 + \frac{\log u + 1}{\log A}\right) \tag{X.27}$$
となる．この Jacobian のうち，定数項は
$$\int_0^{u_\alpha} e^{-u} du \simeq \int_0^\infty e^{-u} du = 1, \tag{X.28}$$
$\log u$ に比例する項は
$$\int_0^{u_\alpha} e^{-u} \log u \, du \simeq \int_0^\infty e^{-u} \log u \, du = -\gamma_E \tag{X.29}$$
をもたらす．したがってこれより，式 (X.22) は，
$$J(A) \simeq \frac{1}{A \log A}\left(1 + O\left(\frac{1}{\log A}\right)\right) \tag{X.30}$$
と評価できる．

以上で，この演習問題の解答は終わりだが，せっかくだから次の次数も同様に求めると
$$t_2 = \frac{u}{A \log A}\left(1 + \frac{\log u}{\log A} - \frac{\log(\log A)}{\log A} + O\left(\frac{1}{\log^2 A}\right)\right) \tag{X.31}$$
を得る．これを使うと Jacobian は
$$\frac{dt_2}{du} \simeq \frac{1}{A \log A}\left(1 + \frac{\log u + 1}{\log A} - \frac{\log(\log A)}{\log A} + O\left(\frac{1}{\log^2 A}\right)\right) \tag{X.32}$$
となる．結局，(X.22) は
$$J(A) \simeq \frac{1}{A \log A}\left(1 + \frac{1 - \gamma_E - \log(\log A)}{\log A} + O\left(\frac{1}{\log^2 A}\right)\right) \tag{X.33}$$
と評価できる．

これら近似式と，実際の積分値との比較を下の図に示した．

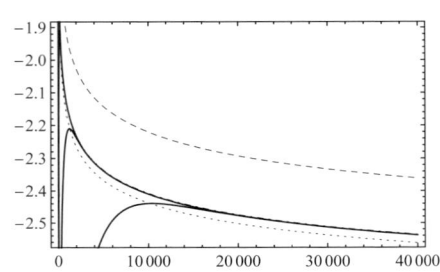

この図の縦軸は $\log(AJ(A))$, 横軸は A である. 実曲線は式 (X.22) の右辺を数値積分して得たもので, 上から $\alpha = 1/e, 10^{-1}/e, 10^{-2}/e, 10^{-3}/e, 10^{-4}/e$ と選んでいる. (ただし, $\alpha = 1/e$ の曲線と $\alpha = 10^{-1}/e$ の曲線はほぼ重なっていて, 判別しがたい.) また, 近似式 (X.33) において最初の項 $1/(N \log A)$ の振る舞いを破線, 第 2 項までの振舞いを点線で表した. また, 近似の次数をもう 1 つ上げた式も計算し, その振る舞いを点破線で示してあるが, これは実線とほぼ重なっている. この図から, ここで行っている近似が次数を上げるにつれて実際の値に近づいていく, 良い近似であることが分かる.

第 3 章

3.1 無向グラフの隣接リストは問題に与えられた通りである. 隣接ノードの訪問順をその隣接リストに従って行う. 始点を頂点 a として深さ優先探索を行うと, 探索の経過は図 X.3 のようになる. その結果, 深さ優先探索木として, 図 X.4 が得られる. 木を張る枝を太線, 後退枝を破線で表した.

3.2 アルゴリズム 3.8 では, 幅優先探索を変更して, 始点 s からの最短経路の数え上げを行った. そこでは, ノードの初訪問の判定のために, 色の変数ではなく, 距離を直接用いていた. これと同じようにして, 始点 s から距離 n にあるノード数を重複することなく計算する.

引数 n は 0 から始まり, 始点 s から最も遠い距離までであることに注意しよう. そこで, 固定された長さの配列ではなく, 必要に応じて後ろに要素を入れて長さが可変の配列を用いる. それを vector とここでは呼ぶ. アルゴリズム A.9 の初期化では, まず 2 行目で, 長さが 1 の vector を用意する. また, 6 行目で, 始点 s から距離 0 にあるノード (つまり始点自身) 数に 1 を代入しておく.

幅優先探索では, ノードを初訪問したときに始点からの距離が計算できることに注意しよう. ノード数を重複することなく計算するには, その時点で初訪問したノードをちょうど 1 回だけ数えればよい. 16 行目で, 初訪問して距離を決定したノード w がこれまでの最長距離よりも大きいかどうかを判定する. もしそうであれば, vector T の長さを伸ばして, 末尾にカウント 1 を入れる (17). もしそうでなければ, w の距離に対応するカウントを 1 だけ増やす. 最後に, すべての探索が終了した段階で, データ T を順番に出力すれば目的の計算ができたことになる.

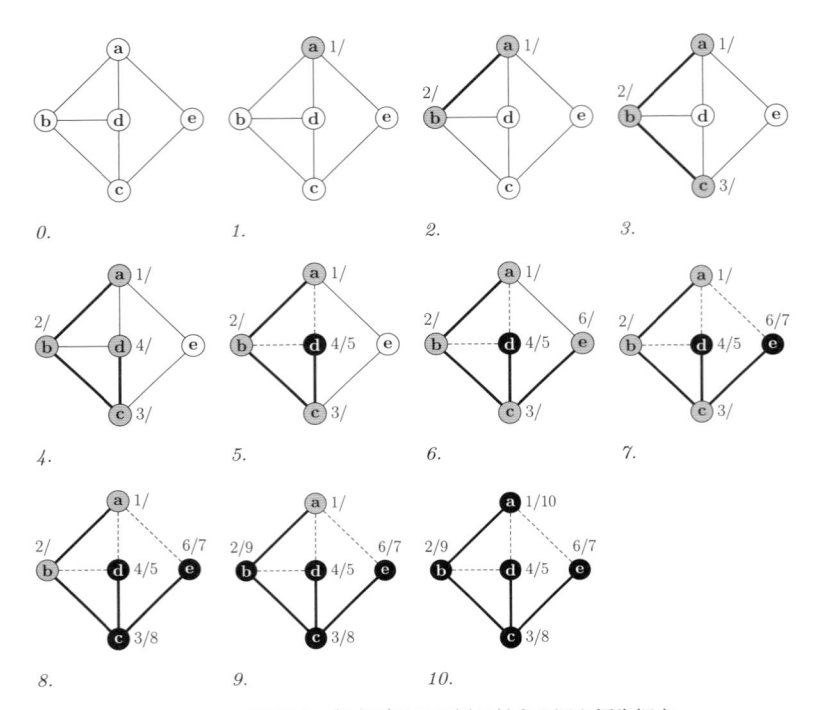

図 X.3　無向グラフの例に対する深さ優先探索

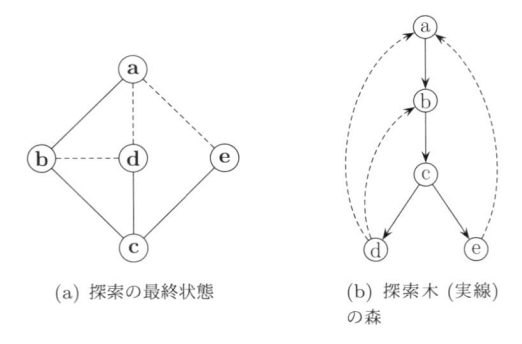

図 X.4　深さ優先探索木
(a) 探索の最終状態
(b) 探索木 (実線) の森

プログラム A.9 始点 s からの距離 n にあるノード数 $T_n(s)$ の計算

```
1   // Initialize
2   T ← vector of length 1
3   for each vertex v in V
4       d[v] ← −1
5   d[s] ← 0
6   T[0] ← 1
7
8   Q ← empty queue
9   ENQUEUE (Q,s)
10  while Q ≠ empty
11      v ← DEQUEUE (Q)
12      for each vertex w in Adj[v]
13          if d[w] < 0   // w found for the first time
14              d[w] ← d[v] + 1
15              ENQUEUE (Q,w)
16              if d[w] ≥ ( length of T )
17                  PUSH (T, 1)
18              else
19                  T[d[w]] ← T[d[w]] + 1
20  // Report
21  for i = 0 to ( ( length of T ) − 1 )
22      print T[i]
```

3.3

1. 次数分布は以下のようになっている:

$$(K_0(k)) = (3, 1, 1), \tag{X.34}$$

$$(p_0(k)) = \left(\frac{3}{5}, \frac{1}{5}, \frac{1}{5}\right). \tag{X.35}$$

これにより,

$$\langle L \rangle = \frac{8}{5}, \quad \langle L^2 \rangle = \frac{16}{5} \tag{X.36}$$

である. これより

$$S_2 = \frac{8}{5} \tag{X.37}$$

を得る. 実際に数え上げると, この結果が正しいことが分かる.

2. まず, 式 (X.35) より
$$\langle L^3 \rangle = \frac{38}{5} \tag{X.38}$$
を得る. 2-ストリングについては,
$$(K_1(k_0, k_1)) = \begin{pmatrix} 0 & 1 & 2 \\ 1 & 0 & 1 \\ 2 & 1 & 0 \end{pmatrix} \tag{X.39}$$
である. これより,
$$\sum_{k_0,k_1=1}^{\infty} k_0 k_1 K_1(k_0, k_1) = 28, \quad r_1 = -\frac{2}{3} \tag{X.40}$$
であることが分かる. 式 (3.93) に従って S_3 を計算すると,
$$S_3 = \frac{4}{5} \tag{X.41}$$
を得る. 実際に数え上げると, この結果が正しいことが分かる.

3.4 このネットワークでは, $N-1$ 個のノードがすべて, リンク 1 本で中心の 1 つのノードに繋がっている. したがって, 閉ストリングは無く, すべての n について $S_n = T_n$ である. また, $n \geq 3$ では $T_n = 0$ である.

1. このネットワークの全ノード数は N であり, ゼロでないストリング数は以下の通り.
$$n = 0; \quad K_0(1) = N-1, \quad K_0(N-1) = 1, \tag{X.42}$$
$$n = 1; \quad K_1(1, N-1) = K_1(N-1, 1) = N-1, \tag{X.43}$$
$$n = 2; \quad K_2(1, N-1, 1) = (N-1)(N-2). \tag{X.44}$$

2. リンクのモーメントは以下のようになっている.
$$\langle L^m \rangle = \frac{1}{N} \left((N-1) \times 1^m + 1 \times (N-1)^m \right) \tag{X.45}$$
$$= \frac{1}{N}(N-1)\left(1 + (N-1)^{m-1}\right) \tag{X.46}$$
$$= \begin{cases} \dfrac{2(N-1)}{N} & (m=1), \\ N-1 & (m=2), \\ \dfrac{(N-1)(N^2-2N+2)}{N} & (m=3). \end{cases} \tag{X.47}$$

演習問題解答

3. 以上より, S_2 を求めると

$$S_2 = \langle L^2 \rangle - \langle L \rangle = \frac{(N-1)(N-2)}{N} \tag{X.48}$$

であり, これは直接に求めた値と等しい.

4. $n = 3$ を求めるにはまず, 式 (3.85) で定義された次数の 2 体相関係数 r_1 を求める.

$$r_1 = \frac{(N-1) - (N/2)^2}{(N^2 - 2N + 2)/2 - (N/2)^2} = -1. \tag{X.49}$$

ここで, どのリンクも片方に次数 1 のノード, もう片方に次数 $N-1$ のノードがあることから $\langle L_i L_j \rangle = N-1$ であることを使った. これらを式 (3.93) に代入すると,

$$\begin{aligned}S_3 &= 2\frac{N(N-1)}{2} - \frac{(N-1)(N^2 - 2N + 2)}{N} - 2(N-1) + \frac{2(N-1)}{N} \\ &= 0\end{aligned} \tag{X.50}$$

となる. これが正しい値であることは一目瞭然である. この計算で分かるように, 次数の 2 体相関係数 r_1 は非常に重要な役割をする. これ無しでは, このネットワークでの S_3 は正しい値 0 とはほど遠い N^2 の大きさになってしまうからである.

第 4 章

4.1 $s = e^x = g(x)$ であるので, $dg/dx = s$, $d^2g/dx^2 = s$, $dg/dt = 0$ である. 最後の関係式は, 関数 $g(x)$ が陽に時間に依存しないことを意味する. 関数 $g(x)$ が従う確率微分方程式は, 伊藤のレンマを用いて

$$ds = dg = \frac{dg}{dx}dx + \frac{dg}{dt}dt + \frac{1}{2}\sigma^2 \frac{d^2g}{dx^2}dt \tag{X.51}$$

となる. ここで, $g(x)$ の微分へ上の 3 つの関係式を, dx へ標準 Brown 過程 (4.46) を代入すると, 株価 s が従う確率微分方程式

$$ds = \left(\mu + \sigma^2/2\right) s dt + \sigma s dz \tag{X.52}$$

を得る. したがって, 株価 s は幾何 Brown 過程に従う.

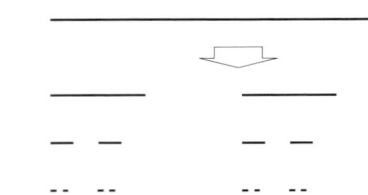

図 X.5 線分を 4 つに等分し，1 つ飛ばしに線分を取り除いて得られる図形

4.2 図 X.5 に示す図形において, $r = 1/4$, $a = 2$ であるので, フラクタル次元は $D_s = 0.5$ である.

4.3 式 (4.71) より
$$x_t = (1-B)^{-d} \frac{\pi(B)}{\phi(B)} \xi_t \tag{X.53}$$

を得る. 次に, 演算子 $(1-B)^{-d}$ を, 二項展開して

$$(1-B)^{-d} = \sum_{k=0}^{d} \binom{-d}{k} (-B)^k = \sum_{k=0}^{d} \frac{\Gamma(d+k)}{\Gamma(d)\Gamma(k+1)} (B)^k \tag{X.54}$$

を得る. ここで, 負の二項係数の性質

$$\binom{-d}{k} = (-1)^k \binom{d+k-1}{d-1} = (-1)^k \frac{\Gamma(d+k)}{\Gamma(d)\Gamma(k+1)} \tag{X.55}$$

を用いた. 以上をまとめると

$$x_t = \frac{1}{\Gamma(d)} \frac{\pi(B)}{\phi(B)} \sum_{k=0}^{d} \frac{\Gamma(d+k)}{\Gamma(k+1)} \xi_{t-k} \tag{X.56}$$

となる.

4.4 Stirling の近似式

$$\Gamma(n) = e^{-n} n^{n-\frac{1}{2}} \sqrt{2\pi} \left(1 + \frac{1}{12n} + \frac{1}{288n^2} + \cdots \right) \tag{X.57}$$

の第 1 項を用いる. $\tau \gg 1$, $\tau \gg d$ とすると

$$\frac{\Gamma(\tau+d)}{\Gamma(\tau+1-d)} = \tau^{2d-1} \tag{X.58}$$

演習問題解答   **395**

である. 本式を自己相関関数 (4.74) へ代入して, 関係式 (4.75) を得る.

4.5 式 (4.84) において
$$\frac{dx}{dt} = \frac{dy}{dt} = \frac{dz}{dt} = 0 \tag{X.59}$$

とおくと, 定常解 $x = y = \pm 8.25, z = 25.5$ を得る. 2 つの定常解は, 図 4.18 における「2 つの貝殻」の中心に位置する. Lorenz モデルの定常解は, アトラクタではないことに注意しよう.

第 5 章

5.1 式 (5.22) より
$$\frac{1}{G_{00}^{(N+1)}(\lambda)} = \frac{\det(\lambda \mathbf{1} - \mathbf{H})}{\text{minor}(\lambda \mathbf{1} - \mathbf{H})_{00}} \tag{X.60}$$

となる. ここで, 右辺の行列式を第 0 列で余因子展開すると
$$\det(\lambda \mathbf{1} - \mathbf{H}) = (\lambda - h_{00})\text{minor}(\lambda \mathbf{1} - \mathbf{H})_{00}$$
$$- \sum_{i=1}^{N} h_{i0}(-1)^i \text{minor}(\lambda \mathbf{1} - \mathbf{H})_{i0} \tag{X.61}$$

となる. 右辺第 2 項を更に第 0 行で余因子展開すると
$$\det(\lambda \mathbf{1} - \mathbf{H}) = (\lambda - h_{00})\text{minor}(\lambda \mathbf{1} - \mathbf{H})_{00}$$
$$- \sum_{i=1}^{N}\sum_{j=1}^{N} h_{i0} h_{0j}(-1)^{i+j} \text{minor}(\lambda \mathbf{1} - \mathbf{H})_{ij} \tag{X.62}$$

となる. これを式 (X.60) に代入すると
$$\frac{1}{G_{00}^{(N+1)}(\lambda)} = \lambda - h_{00} - \sum_{i=1}^{N}\sum_{j=1}^{N} h_{i0} h_{0j} \frac{(-1)^{i+j}\text{minor}(\lambda \mathbf{1} - \mathbf{H})_{ij}}{\text{minor}(\lambda \mathbf{1} - \mathbf{H})_{00}} \tag{X.63}$$

となる. ここで, $\text{minor}(\lambda \mathbf{1} - \mathbf{H})_{00}$ は, 行列 $(\lambda \mathbf{1} - \mathbf{H})$ から 0 行 0 列を除いた部分の行列式なので
$$G_{ij}^{(N)}(\lambda) = \frac{(-1)^{i+j}\text{minor}(\lambda \mathbf{1} - \mathbf{H})_{ij}}{\text{minor}(\lambda \mathbf{1} - \mathbf{H})_{00}} \tag{X.64}$$

と考えられる. したがって, 式 (5.23)
$$\frac{1}{G_{00}^{(N+1)}(\lambda)} = \lambda - h_{00} - \sum_{i,j=1}^{N} h_{i0} h_{0j} G_{ij}^{(N)}(\lambda) \tag{X.65}$$

が得られる.

5.2 式 (5.60) より

$$\mathrm{Cov}\,[r_i, r_j] = \frac{1}{T} \sum_{t=1}^{T} (r_{i,t} - \langle r_i \rangle)(r_{j,t} - \langle r_j \rangle) \tag{X.66}$$

$$= \frac{1}{T} \sum_{t=1}^{T} (r_{i,t} r_{j,t} - r_{i,t}\langle r_j \rangle - \langle r_i \rangle r_{j,t} + \langle r_i \rangle\langle r_j \rangle) \tag{X.67}$$

$$= \frac{1}{T} \sum_{t=1}^{T} r_{i,t} r_{j,t} - \frac{\langle r_j \rangle}{T} \sum_{t=1}^{T} r_{i,t} - \frac{\langle r_i \rangle}{T} \sum_{t=1}^{T} r_{j,t} + \frac{\langle r_i \rangle\langle r_j \rangle}{T} \sum_{t=1}^{T} \tag{X.68}$$

$$= \langle r_i r_j \rangle - \langle r_i \rangle\langle r_j \rangle - \langle r_i \rangle\langle r_j \rangle + \langle r_i \rangle\langle r_j \rangle \tag{X.69}$$

$$= \langle r_i r_j \rangle - \langle r_i \rangle\langle r_j \rangle \,. \tag{X.70}$$

5.3 いま

$$f(x) = \frac{1}{T} \sum_{t=1}^{T} \{x(r_{i,t} - \langle r_i \rangle) + (r_{j,t} - \langle r_j \rangle)\}^2 \tag{X.71}$$

とおくと

$$f(x) = \frac{x^2}{T} \sum_{t=1}^{T} (r_{i,t} - \langle r_i \rangle)^2 + \frac{2x}{T} \sum_{t=1}^{T} (r_{i,t} - \langle r_i \rangle)(r_{j,t} - \langle r_j \rangle)$$

$$+ \frac{1}{T} \sum_{t=1}^{T} (r_{j,t} - \langle r_j \rangle)^2 \tag{X.72}$$

$$= x^2 \sigma_i^2 + 2x \sigma_{ij} + \sigma_j^2 \tag{X.73}$$

となる. $f(x) \geq 0$ だから判別式 D は

$$D = 4\sigma_{ij}^2 - 4\sigma_i^2 \sigma_j^2 \leq 0, \tag{X.74}$$

つまり

$$\frac{\sigma_{ij}^2}{\sigma_i^2 \sigma_j^2} \leq 1 \tag{X.75}$$

となり, 式 (5.65) で与えた C_{ij} の定義より

$$C_{ij}^2 \leq 1 \tag{X.76}$$

となるので

$$-1 \leq C_{ij} \leq 1\,. \tag{X.77}$$

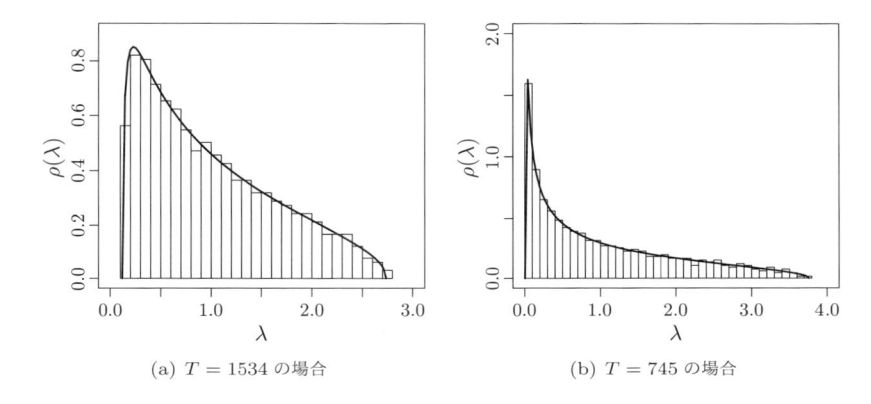

(a) $T = 1534$ の場合   (b) $T = 745$ の場合

図 X.6　$N = 658$ の場合の固有値分布

5.4　A.3 節のサンプルプログラム A.8 で，$N = 658$ とし，$T = 1534$ または $T = 745$ とすれば，図 X.6 が得られる．ただし，解析結果をうまく出力するには，描画範囲の指定に工夫が必要である．

5.5　5 つの条件式を満たす領域は，図 X.7(a) の灰色で塗られた 5 角形となる．この 5 角形の頂点は，原点から反時計回りで，$P_0(0,0)$, $P_1(2.2, 0)$, $P_2(2, 3)$, $P_3(1, 7)$, $P_4(0, 8)$ である．また，目的関数の等高線をいくつか描いたものが，図 X.7(b) の破線である．5 角形の各頂点で目的関数の値を求めると，$U(P_0) = 0$, $U(P_1) = 15.4$, $U(P_2) = 17$, $U(P_3) = 14$, $U(P_4) = 8$ となり，P_2 で最大となる．これが最適解である．

5.6　Lagrange の未定係数を λ と μ とすると，Lagrangian は

$$L = \sum_{i,j=1}^{N} \sigma_{ij} x_i x_j - \lambda \left(\sum_{i=1}^{N} r_i x_i - R \right) - \mu \left(\sum_{i=1}^{N} x_i - 1 \right) \tag{X.78}$$

となる．最小値を与える条件は

$$\frac{\partial L}{\partial x_i} = 2 \sum_{j=1}^{N} \sigma_{ij} x_j - \lambda r_i - \mu = 0 \qquad (i = 1, 2, \ldots, N) \tag{X.79}$$

(a) 条件を満たす領域   (b) 最適解

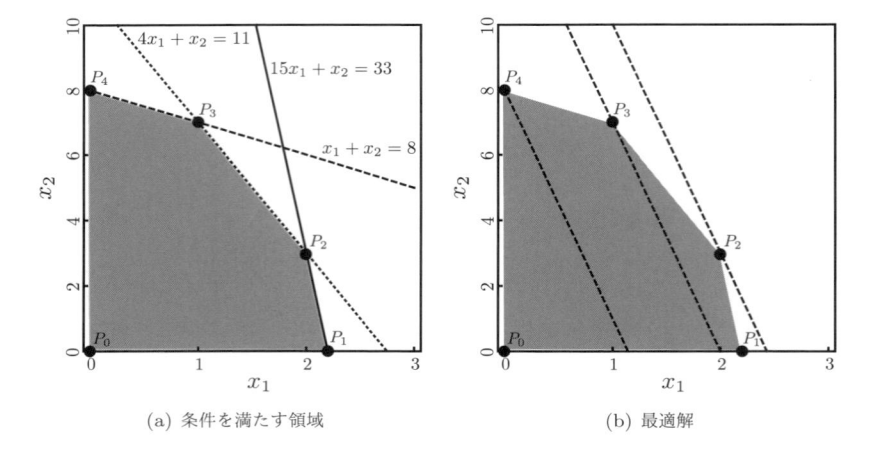

図 X.7　線形計画法の条件領域と最適解

である. したがって, Markowitz の平均・分散モデルは

$$0 = 2\sum_{j=1}^{N} \sigma_{ij} x_j - \lambda r_i - \mu \qquad (i = 1, 2, \ldots, N), \tag{X.80}$$

$$R = \sum_{i=1}^{N} r_i x_i, \tag{X.81}$$

$$\sum_{i=1}^{N} x_i = 1 \tag{X.82}$$

となり, $N+2$ 個の未知数 (x_i, $i=1,2,\ldots,N$ と λ, μ) に対する $N+2$ 本の連立方程式の解を求める問題へと変形される.

第6章

6.1　これは以下のように計算していけばよい.

1. まず, Cobb-Doulas 型生産関数の定義式 (6.15) より,

$$\left.\frac{dK}{dL}\right|_F = -\frac{\beta}{\alpha}\frac{K}{L} \tag{X.83}$$

となる. そこで, $x := K/L$ として,
$$\log\left|\frac{dK}{dL}\right|_F = \log\frac{\beta}{\alpha} + \log x. \tag{X.84}$$
これより,
$$\frac{1}{\sigma} = \frac{d\log|dK/dL|_F}{d\log x} = 1, \tag{X.85}$$
すなわち $\sigma = 1$ を得る.
2. CES 型生産関数の場合は
$$\left.\frac{dK}{dL}\right|_F = -\frac{\delta L^{cp-1}}{(1-\delta)K^{cp-1}} \tag{X.86}$$
となる. したがって,
$$\log\left|\frac{dK}{dL}\right|_F = \log\frac{\delta}{1-\delta} + (1-cp)\log x. \tag{X.87}$$
これより, 式 (6.24) を得る.
3. 式 (6.23) の対数をとり, 有限の L, K について, $p \to 0$ の極限をとると,
$$\begin{aligned}
&\log\left(F^{(\text{CES})}(L,K)\right) \\
&= \log A + \frac{1}{p}\log(\delta L^{cp} + (1-\delta)K^{cp}) \\
&= \log A + \frac{1}{p}\log(1 + cp(\delta\log L + (1-\delta)\log K) + O(p^2)) \\
&= \log A + c(\delta\log L + (1-\delta)\log K) + O(p))
\end{aligned} \tag{X.88}$$
となる. これで証明された.

6.2 水平面上で (dq_1, dq_2) 動いたときに得る高度差 $d\Pi$ は
$$d\Pi = \frac{\partial \Pi}{\partial q_1}dq_1 + \frac{\partial \Pi}{\partial q_2}dq_2 \tag{X.89}$$
である. 以下ではこの式を元に計算を進める.
1. 上の $d\Pi$ は $\nabla\Pi$ と (dq_1, dq_2) の内積だから, ベクトル (dq_1, dq_2) の長さを固定したときに,
$$\nabla\Pi \parallel (dq_1, dq_2) \tag{X.90}$$

で最大化される．したがって，求めるベクトルは

$$\boldsymbol{g} = \left(\frac{\partial \Pi}{\partial q_1}, \frac{\partial \Pi}{\partial q_2}\right) \bigg/ \sqrt{\sum_{i=1,2}\left(\frac{\partial \Pi}{\partial q_i}\right)^2} \tag{X.91}$$

で与えられる．

2. 勾配が一番急な方向に水平距離 dr だけ移動するには，$\boldsymbol{g}\,dr$ だけ移動すればよい．それによって得られる高度差 $d\Pi$ は

$$d\Pi = \left(\frac{\partial \Pi}{\partial q_1}, \frac{\partial \Pi}{\partial q_2}\right)\cdot \boldsymbol{g}\,dr = \left[\sum_{i=1,2}\left(\frac{\partial \Pi}{\partial q_i}\right)^2\right]^{1/2} dr = |\boldsymbol{\nabla}\Pi|\,dr \tag{X.92}$$

である．したがって

$$\frac{d\Pi}{dr} = |\boldsymbol{\nabla}\Pi| \tag{X.93}$$

であることが分かる．

6.3 確率の規格化条件 $P_<(\infty, \infty, \infty) = 1$ を丹念に領域分割していけばよい．例えば次の通りである：

$$1 = \Pr[X_1 < x_1 \cup X_2 < x_2] + \Pr[X_1 > x_1 \cap X_2 > x_2], \tag{X.94}$$

$$\Pr[X_1 < x_1 \cup X_2 < x_2] = P_<(x_1) + P_<(x_2) - P_<(x_1, x_2), \tag{X.95}$$

$$\Pr[X_1 > x_1 \cap X_2 > x_2] = P_>(x_1, x_2, x_3) \\ + \Pr[X_1 > x_1 \cap X_2 > x_2 \cap X_3 < x_3], \tag{X.96}$$

$$\Pr[X_1 > x_1 \cap X_2 > x_2 \cap X_3 < x_3] = P_<(x_3) - P_<(x_1, x_3) \\ - P_<(x_2, x_3) + P_<(x_1, x_2, x_3). \tag{X.97}$$

これらをまとめると，次の関係式が得られる：

$$P_<(x_1) + P_<(x_2) + P_<(x_3) - P_<(x_1, x_2) - P_<(x_1, x_3) - P_<(x_2, x_3) \\ + P_<(x_1, x_2, x_3) + P_>(x_1, x_2, x_3) = 1. \tag{X.98}$$

この式をコピュラに読み替えれば，求める関係式が得られる．

6.4 平衡状態にある時系列データが従う確率密度を $p(x)$ とする．まず確率流束 $J(x, x')$ は遷移確率 $w(x, x')$ と $p(x)$ の積であることに注意する．また，Metropolis 法では

$$w(x, x') = \min\left(1, \frac{p_{\text{eq}}(x')}{p_{\text{eq}}(x)}\right) \tag{X.99}$$

のように遷移確率が設定される．仮定された詳細釣り合い則 $J(x, x') = J(x', x)$ は，次の関係が $p_{\text{eq}}(x)$ と $p_{\text{eq}}(x')$ との大小関係とは無関係に成り立つことを導く：

$$\frac{p(x)}{p(x')} = \frac{w(x', x)}{w(x, x')} = \frac{p_{\text{eq}}(x)}{p_{\text{eq}}(x')}. \tag{X.100}$$

これより $p(x)$ は $p_{\text{eq}}(x)$ と一致することが分かる．

第 7 章

7.1 時間変化のない Fokker-Planck 方程式 (7.46) は，

$$\frac{d}{dx}\left(\gamma x f(x) + \frac{Q}{2}\frac{d}{dx}f(x)\right) = 0 \tag{X.101}$$

と書くことができ，

$$\gamma x f(x) + \frac{Q}{2}\frac{d}{dx}f(x) = \text{const.} \tag{X.102}$$

を得る．境界条件として，$x \to \pm\infty$ のとき $f(x) \to 0$, $df/dx \to 0$ を仮定すると，

$$\text{const.} = 0 \tag{X.103}$$

となる．したがって，

$$\frac{df}{dx} = \frac{2K(x)}{Q}f \tag{X.104}$$

を得る．上式の左辺に定常解 (7.47) を代入すると，

$$\frac{df}{dx} = -\frac{2}{Q}\frac{dV}{dx}f \tag{X.105}$$

となり，式 (7.48) より得られる関係式 $dV/dx = -K(x)$ を代入すると，右辺に等しくなる．ここで，$V(x)$ は一種のポテンシャルであることに注意しよう．

7.2 式 (7.49), (7.53) より，

$$f(x, t) = \frac{1}{\sqrt{\pi a(t)}} e^{-\frac{(x - b(t))^2}{a(t)}} \tag{X.106}$$

である．これより，

$$\frac{\partial f}{\partial x} = f\left(-\frac{2(x-b(t))}{a(t)}\right), \tag{X.107}$$

$$\frac{\partial^2 f}{\partial x^2} = f\left(-\frac{2(x-b(t))}{a(t)}\right)^2 + f\left(-\frac{2}{a(t)}\right) \tag{X.108}$$

を得る．これらの関係式を，Fokker-Planck 方程式 (7.44) の右辺に代入すると，

$$\text{r.h.s.} = f\left[\gamma - \gamma x \frac{2(x-b(t))}{a(t)} + \frac{Q}{2}\left(\frac{2(x-b(t))}{a(t)}\right)^2 - \frac{Q}{a(t)}\right] \tag{X.109}$$

となる．

一方，Fokker-Planck 方程式 (7.44) の左辺は，上の $f(x,t)$ を代入すると，

$$\text{l.h.s.} = f\left[-\frac{da/dt}{2a(t)} + \frac{2(x-b(t))db/dt}{a(t)} + \frac{(x-b(t))^2 da/dt}{a(t)^2}\right] \tag{X.110}$$

となる．ここで，式 (7.51)，(7.52) を代入して，整理すると右辺に等しくなる．

7.3 伊藤のレンマ (4.52) を用いると，確率密度 $f(x,t)$ が従う確率偏微分方程式は，

$$df = \frac{\partial f}{\partial x}dx + \frac{\partial f}{\partial t}dt + \frac{1}{2}b^2\frac{\partial^2 f}{\partial x^2}dt \tag{X.111}$$

である．Langevin 方程式 (7.27) は，

$$dx = -\gamma x dt + \sqrt{Q}dz \tag{X.112}$$

のように書くことができるので，式 (4.45) と比較して，

$$b(x,t) = \sqrt{Q} \tag{X.113}$$

を得る．また，Langevin 方程式の別の表式である式 (7.36) を用いると，微小時間 ($\Delta t = 0$) での揺らぎは

$$\Delta x(t) = \Delta F(t), \tag{X.114}$$

となる．この関係式を，$f(x,t)$ が従う偏微分方程式に代入すると，

$$df = \frac{\partial}{\partial x}\left(\frac{\partial f}{\partial t} + \frac{dx}{dt}\right)fdt + \frac{1}{2}Q\frac{\partial^2 f}{\partial x^2}dt \tag{X.115}$$

を得る.次に,微小変位 ($\Delta x = 0$) の条件を右辺第 1 項の括弧の中の dx/dt へ,さらに微小変位での揺らぎの関係式

$$\frac{\Delta F(t)}{\Delta t} = \gamma x(t) \qquad (\text{X.116})$$

を右辺第 1 項の括弧の中の df/dt へ代入して,両辺を dt で割ると,Fokker-Planck 方程式

$$\frac{\partial f}{\partial t} = \frac{\partial}{\partial x}(\gamma x f) + \frac{1}{2} Q \frac{\partial^2 f}{\partial x^2} \qquad (\text{X.117})$$

を得る.

7.4 事業価値は,$V_0 = 4.95$, $V_1^u = 89.1$, $V_1^d = -109.$ である.したがって,1 年後に製品価格が上昇した場合に投資を行うのが,合理的な投資意思決定である.

7.5 容疑者二人ともが黙秘の戦略をとるのが Nash 均衡である.もし,二人とも自白すれば,懲役期間は Nash 均衡より短くなる.このような事例は,囚人のジレンマと呼ばれる.個別合理的な行動は,必ずしも全体最適を意味しないことに注意しよう.

第 8 章

8.1 両者におけるノード間通信の回数は同じであるが,方法 3 を用いることによってデータ通信の総量が減少することが分かる.

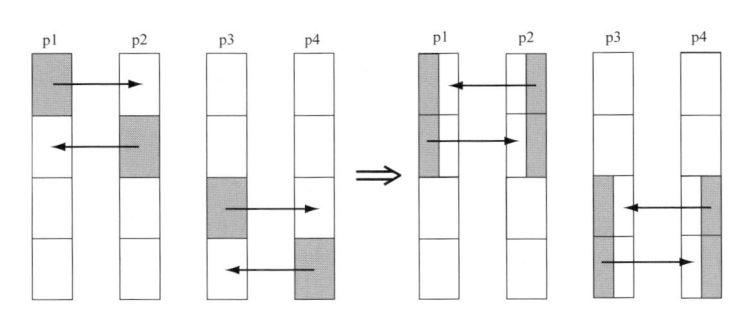

図 X.8 演習問題 8.1 の解答例

8.2 一例として次のように書き換えればよい.

プログラム A.10 Hello world プログラム (MPI 版)

```
1  #include <stdio.h>
```

```
 2  #include "mpi.h"
 3  int main(int argc, char **argv) {
 4    int myid;
 5    MPI_Init(&argc, &argv);
 6    MPI_Comm_rank(MPI_COMM_WORLD, &myid);
 7    printf("Hello, world! from process %d\n", myid);
 8    MPI_Finalize();
 9    return 0;
10  }
```

8.3 ノード i に働く力 $\boldsymbol{F}_i$ は，ポテンシャルのノード座標 $\boldsymbol{x}_i$ に関する勾配にマイナスをつけたものである:

$$\boldsymbol{F}_i = -\boldsymbol{\nabla}_i \Phi(\{\boldsymbol{x}\}). \tag{X.118}$$

上式に式 (8.8) を代入すれば，

$$\boldsymbol{F}_i = \frac{1}{K} \sum_{j(\neq i)}{}' |\boldsymbol{x}_i - \boldsymbol{x}_j|(\boldsymbol{x}_j - \boldsymbol{x}_i) + CK^3 \sum_{j(\neq i)} \frac{\boldsymbol{x}_i - \boldsymbol{x}_j}{|\boldsymbol{x}_i - \boldsymbol{x}_j|^3} \tag{X.119}$$

となる．ここで

$$\boldsymbol{\nabla}_i |\boldsymbol{x}_i - \boldsymbol{x}_j| = \frac{\boldsymbol{x}_i - \boldsymbol{x}_j}{|\boldsymbol{x}_i - \boldsymbol{x}_j|} \tag{X.120}$$

に注意．

8.4 正三角形配位および一直線配位についてエネルギー関数 (8.10) を最小化し，どちらのエネルギーが低いかを比べればよい．正三角形の一辺を a とすると，エネルギー関数は

$$\Phi(a) = C^{3/4} K^2 \left(\frac{1}{3} a^3 + \frac{1}{a} \right) \times 3 \tag{X.121}$$

である．微分 $\Phi'(a)$ が 0 との条件から，平衡距離 $a^* = 1$ とそのときのエネルギー値 $\Phi(a^*) = 4C^{3/4} K^2$ が得られる．他方，一直線配位の最近接距離を d とすると，エネルギー関数は

$$\Phi(d) = C^{3/4} K^2 \left[\frac{1}{3} d^3 \times 2 + \frac{1}{3} (2d)^3 + \frac{1}{d} \times 2 + \frac{1}{2d} \right] \tag{X.122}$$

である．先と同様に平衡距離とそのときのエネルギー値は，それぞれ $d^* = 1/\sqrt{2}$, $\Phi(d^*) = 20/(3\sqrt{2}) C^{3/4} K^2 \approx 4.71 C^{3/4} K^2$ と求められる．したがって，正三角形が最適化構造である．

エピローグ

サルビアッチ「さて，サグレド君，シンプリチオ君，この本を読んでみてどういう感想をもったかな？」

サグレド「同じ著者たちの前著『パレート・ファームズ』の読み物スタイルと違って，この本では，きっちりと一から勉強をするというスタイルで，実にためになったよ.」

シンプリチオ「いや，でも経済学で育った僕にはやっぱりピンとこないなあ．経済学では，最初に言いたいことがあって，数学はそれを表現する道具なんだ．この本ではいろいろと数学的な道具が並んでいるけど，それらはすでにある理論に沿っていなきゃいけないし，難しすぎちゃ困る.」

サグレド「おいおい，シンプリチオ君は今頃何を言っているんだ．君は恩師 Galileo 先生を忘れたのかい？君はガリレオ先生の天体望遠鏡を覗くのを拒否して怒られたけど，相変わらずだね．最初から言いたいことが決まっていて，それで相手を説得するだけなんてのは科学じゃないよ．それじゃまるで，うまく物事を表現して相手を感心させることだけが学問みたいじゃないか．そんなばかなことがあるものか.」

サルビアッチ「まあまあ，落ち着きたまえ，サグレド君．なにも彼が経済学を代表しているわけじゃないんだから．でもシンプリチオ君，サグレド君の言うとおりだよ.」

シンプリチオ「君たちとはやっぱり意見が合わないね．理論には合理性と論理的整合性が重要なんで，それは理想化されたものだ．現実は他の様々なノイズで汚れているから，データ解析の結果が理論と合わなくても別にいいじゃないか.」

サルビアッチ「いいかね，シンプリチオ君．真実は人間の思い込みを遥かに超えたところにある．シンプリチオ君の言う通りやっていたら，我々人類はまだ天動説を信じていただろう．実証科学とは，そのような人間の思い込みを克服して，真実に近づく姿勢なんだ．それをもってして，我々人間はその小さくて堅い殻を打

ち破って，地動説，相対論，量子力学などを打ち立ててきた．その歴史を思うとき，また，その一端に参加して真実を追い求めるときに，本当に人間は素晴らしい，生きててよかったとつくづく思うよ．」

サグレド「あはは，君の方が熱くなってるよ，サルビアッチ君．」

サルビアッチ「ふー．いやいや，とにかく，この本に並べられたことは，著者たちが経済的な現象を実証的に調べるのに必要な道具と，それらを通じて獲得された知見だ．だから，これらは必然的なんだよ．」

サグレド「そうそう，シンプリチオ君がもし Einstein 先生に会ったら，Galileo 先生のお説教をすっかり忘れて，『Newton 力学は理論的に美しいから正しいに決まっている．Riemann 幾何学は難しいし，直観に反するから相対性理論は不要だ．』なんてばかなことを言って，相対論の実験的な検証なんて無視して Newton 力学が正しいと言い続けるんだろうね．」

シンプリチオ「そうかね，いやこれは趣味の問題で，君たちが間違っていると言ってるわけじゃないんだ．ただ僕はこう思うということだ．」

サグレド「そんな風にしたり顔で逃げちゃいけないよ．それじゃまるで伝統的な経済学術誌の人たちと同じだ．そんな風に個人のレベルに話を落として済まそうという考え方が君たちの頭にこびりついているなら大変なことだ．真っ向からきっちりと物事を見て，議論し，何が正しいかを見つけ出すのが科学だけど，それが分かっていないね．科学的なものの見方がなけりゃ，これからの良い社会なんか作れないよ．」

サルビアッチ「そうそう，その通りだ．でもサグレド君，皆が皆，シンプリチオ君と同じというわけじゃない．それに，「社会や経済のことが物理学で分かるはずがない」と拒絶反応を起こす物理学者もいるし，いずれにせよ，分かっている人は分かっているよ．著者たちの考え方に賛同する，いやそれが当然と思っている人たちは沢山居て，実りある成果を求めて，一緒に新しい学問を切り開いて行こうとしている．」

サグレド「それは素晴らしい．シンプリチオ君，君もせっかくこの 2 冊の本で多くのことを学んだんだ．仲間に加わりたまえ．」

シンプリチオ「うん，そうだね．いろいろと考えてみたいとは思うよ．」

サルビアッチ「話をもとに戻すと，これからの経済や社会を見ていくには，こういうことは知っておいて欲しいというのが著者たちの願いだよね．沢山の読者がこの本で少しでも新しい手法や考え方を身につけることができたなら，それは著者の本望だろう．きっと，この本はそういう役にたつと思うよ．ではまた会うのを楽しみにしているよ，サグレド君，シンプリチオ君．」

謝辞

著者たちが経済物理学の研究を推進するにあたって，大変多くの方々にお世話になりました．とてもすべての方のお名前を挙げることはできません．部分的にではありますが，ここで感謝の意を述べさせていただきます．

実証的研究のためには，質の良い高精度データが必要です．その意味で，中小企業の財務データについて有限責任中間法人 CRD 協会 (代表理事: 引馬滋氏)，企業の倒産に関して独立行政法人中小企業基盤整備機構，大規模な企業間取引ネットワークに関して株式会社東京商工リサーチからのご協力や共同研究は大変有意義でした．ここに厚く感謝いたします．

本書の「前がき」をお書きいただいた UCLA (米国) 経済学部の青木正直名誉教授に感謝いたします．また，共同研究者でもある東京大学大学院経済学研究科の吉川洋教授にもマクロ経済学を踏まえたアドバイスと激励をいつもいただいており，著者一同，大変元気づけられてきました．マルケ州立大学 (イタリア) の Mauro Gallegati 教授にも，経済学への新しい視点をめぐって意見や励ましをいただいています．そして，ソニー CSL の高安秀樹氏には，経済物理学への誘いについて感謝いたします．

宇野毅明，川井敦，倉都康行，高安美佐子，服部彦，福田健介，藤田裕二，増川純一，村里英樹，湯田聴夫，尹熙元，Y. I. Leon Suematsu，汪金芳，各氏を含む方々には，本書の一部に関するご議論やご教示をいただきました．

本書で紹介された研究の一部には，京都大学基礎物理学研究所での研究会「経済物理学 I–III」(2003, 2005, 2007 年) における参加者の方々との議論が大いに役立ちました．また同研究所の計算機システムでの大規模計算も有意義でした．

一部分 (3.1–3 節) に関する，近代科学社の許可 (参考文献 [69]) について感謝します．

イラストレーターの nao 氏には，心よく本書のイラストを提供していただきました．

最後に，株式会社日立製作所，株式会社日立総合計画研究所には，ここ数年にわたって産学連携共同研究の推進をご支持をいただき，自由な環境の下で大きく研究を進めることができました．著者一同，感謝の意を表したいと思います．

追記： 本書は 2020 年 5 月に多くの細かな修正を入れたものです．それに伴い，著者略歴も更新しました。

図目次

1.1	経験分布 $\hat{q}$, 真の分布 q, 最尤推定量 $\hat{\boldsymbol{\theta}}$, 最適パラメータ $\bar{\boldsymbol{\theta}}$ の関係	15
1.2	多項式によるあてはめ	28
1.3	多項式によるあてはめのモデル比較	30
1.4	最尤法による指数・対数正規・B 分布の実データへのフィット	32
1.5	確率変数間の非線形依存性 (1.190) と相関係数 (1.192)	39
1.6	コピュラの典型例: (a) 完全反相関, (b) 無相関, (c) 完全相関	42
1.7	正規コピュラの密度分布	46
1.8	t コピュラの密度分布	47
1.9	Archimedean コピュラの母関数.	48
1.10	Frank コピュラの密度分布	49
1.11	Gumbel コピュラの密度分布	50
1.12	Clayton コピュラの密度分布	51
1.13	Frank コピュラと順位相関係数	54
2.1	いくつかの初等的 Pareto 分布	73
2.2	様々な q 分布の確率密度 (左) と累積分布関数 (右)	76
2.3	A 分布におけるパラメータ p, q の役割	77
2.4	A 分布と擬対数正規分布 (2.23) の比較	79
2.5	$q = 0.7, 1, 2, 5, 10$ での B 分布	81
2.6	任意の分布関数 $P_>(x)$ に従う乱数を発生させる方法	83
2.7	Monte Carlo 法で発生させたデータの累積シェア図 (悪魔の階段) . .	85
2.8	$\tilde{P}_N^{(\max)}(\tilde{x})$ の振る舞い	90
2.9	$H_N(t)$ の $\mu = 0.8$(左) と $\mu = 1.2$(右) の場合の振る舞い	92
2.10	$\mu > 1$ での $\langle R_N^{(\max)} \rangle$ の $N \to \infty$ での振る舞い	94
2.11	$\mu = 1$ における $\langle R_N^{(\max)} \rangle$ の振る舞い	96

2.12	最大値のシェア $\langle R_N^{(\max)}\rangle$	98
2.13	第 2 最大値のシェア $\langle R_N^{(2)}\rangle$	100
2.14	上位の合計シェア (2.116) の振る舞い	102
3.1	無向グラフの例 (左) とその隣接リスト (中) および隣接行列 (右)	109
3.2	有向グラフの例 (左) とその隣接リスト (中) および隣接行列 (右)	109
3.3	2 部グラフ (左) とその縮約グラフ (右)	110
3.4	有向グラフの例に対する深さ優先探索	112
3.5	深さ優先探索木	113
3.6	強連結成分への分解	116
3.7	無向グラフの例	117
3.8	無向グラフの例に対する幅優先探索	118
3.9	幅優先探索木	118
3.10	式 (3.50) の例	137
3.11	コミュニティの例	138
3.12	次数が $k_0, k_1, \ldots, k_{j-1}, k_j$ のストリング	142
3.13	S_n での Milgram 臨界点の範囲	158
3.14	無向グラフの例	160
4.1	株価指数の日次推移	165
4.2	Dow Jones 工業平均株価の定常化	167
4.3	日経 225 銘柄株価平均株価の定常化	169
4.4	時系列 x_n と時間遅れ τ	172
4.5	ボラティリティの計算値とその代理変数の日次推移	172
4.6	Nikkei225 対数収益率の自己相関とボラティリティの自己相関	173
4.7	ARMA(1,2) により計算した対数収益率の日次推移	175
4.8	標準 Brown 運動により計算した収益率の日次推移	178
4.9	Hurst 指数と自己相関関数	180
4.10	Cantor 集合	181
4.11	期間 τ と標準化したレンジ S/V	183
4.12	ARFIMA(1,2) により計算した収益率の日次推移	185
4.13	GARCH(1,2) により計算した収益率の日次推移	186
4.14	収益率ボラティリティの自己相関関数	187
4.15	安定平衡点と不安定平衡点	188

4.16	周期アトラクタ	190
4.17	準周期アトラクタ	190
4.18	ストレンジアトラクタ	191
4.19	Henon 写像のアトラクタ	193
4.20	ロジスティック写像のアトラクタ	194
4.21	埋め込みベクトルの定義	195
4.22	株価収益率の平均相互情報量と時間遅れ τ	195
4.23	距離 ϵ と相関積分 $C(m,\epsilon)$	197
4.24	埋め込み次元 m と相関次元 D_c	198
5.1	Gauss 型ランダム行列の固有値・固有ベクトル成分の分布	205
5.2	一様ランダム行列の固有値・固有ベクトル成分の分布	206
5.3	カイラル Gauss 型ランダム行列の固有値・固有ベクトル成分の分布	212
5.4	カイラル一様ランダム行列の固有値・固有ベクトル成分の分布	213
5.5	相関行列の成分の確率密度	219
5.6	固有値の確率密度	221
5.7	時系列の強度に対する Lorenz 曲線	222
5.8	いくつかの固有ベクトル成分の確率密度	224
5.9	いくつかの固有ベクトルの成分の大きさ	225
5.10	規格化された $g_{\mathrm{T},t}$ と $g_{\mathrm{M},t}$	226
5.11	固有ベクトルの寄与率	230
5.12	擬相関行列 $\mathbf{C}^a, a \in (\mathrm{m,g,r})$ の非対角成分の確率密度	233
5.13	株式の期待収益率, リスク, 効率的フロンティア	238
5.14	相関行列の予測誤差	240
5.15	素数定理と素数の個数関数	245
5.16	$\zeta(s)$ の振る舞い	246
5.17	非自明な零点の最近接間隔 y_k の分布	249
6.1	2006 年の上場企業 (製造業) の (L, K, Y) 空間での散布図	257
6.2	図 6.1 を水平面内で様々な角度で回転させたもの	258
6.3	$c = 1, \delta = 1/2$ での CES 型生産関数	262
6.4	Cobb-Douglas 型生産関数と実データ	265
6.5	CES 型生産関数と実データ	266
6.6	実データの $(x, Y/L)$ 散布図と最適 $f(x)$	267

6.7	全要素最大化された利潤 Π	269
6.8	利率として実際の平均値 $\langle r \rangle$ を使ったときの利潤 Π	270
6.9	利率 r の度数分布	271
6.10	利潤地形の等高線図と最速上昇線 (破線)	272
6.11	実際の分布と利潤地形	274
6.12	x の分布, 最適 B 分布, リッジ	275
6.13	上場企業 (製造業) の 2006 年財務データの累積分布関数	276
6.14	図 6.1 の 2 変数相関に最適化されたコピュラ	279
6.15	3 変数相関 (K, L, Y) のコピュラ・キュムラントの等高線図	281
6.16	Frank コピュラの 3 変数キュムラント	282
6.17	Gumbel コピュラの 3 変数キュムラント	283
6.18	Clayton サバイバル・コピュラの 3 変数キュムラント	284
6.19	生産コピュラを用いたシミュレーションの結果	285
7.1	複雑適応系	294
7.2	経路積分法	298
7.3	Fokker-Planck 方程式の時間依存解	302
7.4	2000 年度における 13 部門の総生産額	308
7.5	最終需要の変化による総生産への影響	310
7.6	混合戦略の均衡点	313
7.7	Cournot-Nash 均衡	316
7.8	加算的確率過程の成長率と売り上げ	317
7.9	乗算的確率過程の成長率と売り上げ	318
7.10	相互作用の効果	318
7.11	商流と金流	321
7.12	信用リスク伝播の機構	322
7.13	連鎖倒産のシミュレーション結果	325
7.14	陽解法による 1 次元拡散方程式の解	329
7.15	Crank-Nicholson 法による 1 次元拡散方程式の解	329
7.16	格子モデル	330
8.1	並列計算アルゴリズムを利用した大規模物質シミュレーション [146]	335
8.2	超並列計算機における通信ネットワーク・トポロジー	338
8.3	PC クラスターの基本構成図	343

8.4	PCクラスターの例	344
8.5	行列計算の並列化手法の例	346
8.6	行列計算並列化の方法1における2つの通信パターン	348
8.7	空間領域分割と計算ノードへの割り当て	349
8.8	空間領域分割の階層化	350
8.9	空間分割階層とFMM	352
8.10	FMMの有効性: NaCl立方体クラスターへ適用	353
8.11	ネットワーク描画のためのばね電気モデル	354
8.12	ばね電気モデルによる図8.11のネットワークの最適化構造	356
8.13	jagmesh1ネットワークの隣接行列と最適化構造 (2次元表示)	356
8.14	add20ネットワークの隣接行列と最適化構造 (3次元表示)	356
8.15	多重の極小点をもったエネルギー関数	357
8.16	階層的領域分割(a)と対応する木構造グラフ(b)	359
8.17	ネットワーク構造 (図8.16(a)) の粗視化	359
8.18	米国西部における電力網の最適化構造と粗視化	360
8.19	GRAPEのクーロン力(重力)計算パイプライン	365
8.20	製造業全体 (12万ノード) といくつかのコミュニティの可視化	367
A.1	プログラムA.2の出力	374
X.1	(ξ, τ^2) 平面上で $D(q,p)$ の値がとる等高線	384
X.2	X が必ず値 x_0 をとる場合の累積分布関数	386
X.3	無向グラフの例に対する深さ優先探索	390
X.4	深さ優先探索木	390
X.5	線分を4つに等分し、1つ飛ばしに線分を取り除いて得られる図形	394
X.6	$N=658$ の場合の固有値分布	397
X.7	線形計画法の条件領域と最適解	398
X.8	演習問題8.1の解答例	403

表目次

- 1.1 最大対数尤度と AIC 29
- 1.2 最大対数尤度と平均対数尤度の中央値とその差 31
- 1.3 指数・対数正規・B 分布に対するパラメータの最尤推定量 ... 34
- 1.4 下位および上位テール依存指数 53
- 2.1 A 分布のパラメータとその役割 78
- 2.2 式 (2.116) で与えられる上位 10 社, 50 社, 100 社のシェア (%) 102
- 3.1 人種間の性的関係数. 1992 年サンフランシスコ市での調査 126
- 4.1 株価の ARIMA$(p,1,q)$ モデルの AIC 174
- 4.2 対数収益率の ARIMA$(p,0,q)$ モデルの AIC 174
- 4.3 Hurst 指数 H 183
- 4.4 Hurst 指数 H の比較 187
- 5.1 固有ベクトル $u_2,\ldots,u_7$ の上位・下位成分 227
- 5.2 固有ベクトル $u_8,\ldots,u_{11},u_{200},u_{400}$ の上位・下位成分 228
- 5.3 インデックス・ファンドのパフォーマンス比較 242
- 6.1 Archimedean コピュラを用いた財務諸量間相関のモデル化 278
- 6.2 Archimedean コピュラ・キュムラントの最尤推定 282
- 7.1 産業連関表 307
- 7.2 2000 年度における 13 部門の産業連関表 309
- 7.3 非ゼロ和 2 人ゲーム 312
- 8.1 製造業に対するコミュニティ抽出 363

参考文献

[1] A. V. Aho, J. E. Hopcroft, and J. D. Ullman. *The Design and Analysis of Computer Algorithms*. Addison-Wesley, 1974. 野崎昭弘，野下浩平 (監訳).『アルゴリズムの設計と解析』. サイエンス社, 1977.

[2] 合原一幸（編著），香田徹，小室元政，松本隆，L.O. Chua，徳永隆治，相沢洋二，大石進一，八幡英雄，奈良重俊，P. Davis，高橋智.『カオス』. サイエンス社, 1990.

[3] 合原一幸（編著），池口徹，山田泰司，小室元政.『カオス時系列解析の基礎と応用』. 産業図書, 2000.

[4] 赤池弘次.「エントロピーとモデルの尤度」. 日本物理学会誌, Vol. 35, pp. 608–614, 1980.

[5] 赤坂隆.『数値計算』. コロナ社, 1997.

[6] R. Albert and A. L. Barabási. Statistical Mechanics of Complex Networks. *Reviews of Modern Physics*, Vol. 74, No. 1, pp. 47–97, 2002.

[7] 甘利俊一，長岡浩司.『情報幾何の方法』. 岩波講座 応用数学. 岩波書店, 1993.

[8] 青木正直（青山秀明・藤原義久監訳）.『経済における確率的モデルへの招待』, 別冊数理科学. サイエンス社, 2004.

[9] H. Aoyama and J. Constable. Word Length Frequency and Distribution in English: Part I. Prose. *Literary and Linguistic Computing*, Vol. 14, pp. 339–358, 1999.

[10] H. Aoyama and H. Kikuchi. A New Valley Method for Instanton Deformation. *Nuclear Physics B*, Vol. 369, pp. 219–234, 1992.

[11] H. Aoyama, H. Kikuchi, I. Okouchi, M. Sato, and S. Wada. Valley Views: Instantons, Large Order Behaviors, and Supersymmetry. *Nuclear Physics B*, Vol. 553, pp. 644–710, 1999.

[12] 青山秀明.「言語物理学の夜明け」. パリティ, pp. 58–61, 2003 年 12 月号.

[13] 青山秀明, 家富洋. 「大学は競争にさらされているか？」. 科学, pp. 1239–1242, 11 2007.
[14] 青山秀明, 家富洋, 池田裕一, 相馬亘, 藤原義久. 『パレート・ファームズ ―企業の興亡とつながりの科学―』. 日本経済評論社, 2007.
[15] 青山秀明, 相馬亘, 藤原義久 (編著). 『ネットワーク科学への招待―世界の"つながり"を知る科学と思考―』. サイエンス社, 2008.
[16] J. Barnes and P. Hut. A hierarchical O(N log N) force-calculation algorithm. *Nature*, Vol. 324, No. 6096, pp. 446–449, 1986.
[17] T. A. Bass. *The Predictors*. Henry Holt & Co, New York, 1999. 栗原百代 (訳). 『マネーゲームの預言者たち』. 徳間書店, 2001.
[18] Beowulf. http://www.beowulf.org.
[19] P. L. Bernstein. *Against the Gods: The Remarkable Story of Risk*. Wiley, 1996. 青山護 (訳). 『リスク 〈上〉〈下〉 ―神々への反逆―』. 日本経済新聞社, 2001.
[20] F. Black and M. Scholes. The Pricing of Options and Corporate Liabilities. *Journal of Political Economy*, Vol. 81, pp. 637–654, 1973.
[21] T. Bollerslev. Generalized Autoregressive Conditional Heteroskedasticity. *Journal of Econometrics*, Vol. 31, pp. 307–327, 1986.
[22] J. P. Bouchaud and M. Potters. *Theory of Financial Risk and Derivate Pricing: From Statistical Physics to Risk Management*. Cambridge University Press, 2nd edition, 2003. 森平爽一郎, 森谷博之, 熊谷善彰 (訳). 『金融リスクの理論 ―経済物理からのアプローチ―』. 朝倉書店, 2003.
[23] G. E. P. Box and G. M. Jenkins. *Time Series Analysis, Forecasting and Control*. Holden-Day, San Francisco, 1970.
[24] U. Brandes. A Faster Algorithm for Betweenness Centrality. *Journal of Mathematical Sociology*, Vol. 25, No. 2, pp. 163–177, 2001. http://ella.slis.indiana.edu/~katy/L579/brandes.pdf.
[25] W. A. Brock, D. A. Hsieh, and B. LeBaron. *Nonlinear Dynamics, Chaos, and Instability: Statistical Theory and Economic Evidence*. The MIT Press, 1991.
[26] A. Broder, R. Kumar, F. Maghoul, P. Raghavan, S. Rajagopalan, R. Stata, A. Tomkins, and J. Wiener. Graph Structure in the Web. *Computer Networks*, Vol. 33, No. 1-6, pp. 309–320, 2000.
[27] R. Buyya, editor. *High Performance Cluster Computing: Architectures and*

Systems, Vol. 1&2. Prentice Hall, 1999.

[28] G. Caldarelli. *Scale-Free Networks: Complex Webs in Nature and Technology*. Oxford University Press, 2007.

[29] S. Chandrasekhar. Stochastic Problems in Physics and Astronomy. *Rev. Mod. Phys.*, Vol. 15, pp. 1–89, 1943.

[30] U. Cherubini, E. Luchiano, and W. Vecchiatio. *Copula Methods in Finance*. Wiley, 2004.

[31] A. Clauset, C. Moore, and MEJ Newman. Hierarchical structure and the prediction of missing links in networks. *Nature*, Vol. 453, No. 7191, pp. 98–101, 2008.

[32] A. Clauset, M. E. J. Newman, and C. Moore. Finding community structure in very large networks. *Physical Review E*, Vol. 70, No. 6, p. 66111, 2004.

[33] T. H. Cormen, C. E. Leiserson, R. L. Rivest, and C. Stein. *Introduction to Algorithms*. MIT Press, Cambridge, MA, 2001.

[34] CRAN. http://cran.r-project.org/.

[35] distributed.net. http://www.distributed.net/.

[36] A. K. Dixit and R. S. Pindyck. *Investment under Uncertainty*. Princeton University Press, Princeton, New Jersey, 1996.

[37] J. Dongarra and F. Sullivan. Guest Editors' Introduction: The Top Ten Algorithms. *Computing in Science and Engineering*, Vol. 2, No. 1, pp. 22–23, 2000.

[38] S. N. Dorogovtsev and J. F. F. Mendes. Evolution of Networks. *Advances in Physics*, Vol. 51, No. 4, pp. 1079–1187, 2002.

[39] S. N. Dorogovtsev and J. F. F. Mendes. *Evolution of Networks: From Biological Nets to the Internet and WWW*. Oxford University Press, 2003.

[40] P. G. Doyle and J. L. Snell. Random Walks and Electric Networks. *Arxiv preprint math.PR/0001057*, 2000.

[41] M. Du Sautoy. *The Music of the Primes: Searching to Solve the Greatest Mystery in Mathematics*. Harper Perennial, 2004. 富永星 (訳). 『素数の音楽』. 新潮社, 2005.

[42] A. Edelman. Eigenvalues and Condition Numbers of Random Matrices. *SIAM Journal on Matrix Analysis and Applications*, Vol. 9, No. 4, pp. 543–560, 1988.

[43] B. Efron and R. Tibshirani. *An Introduction to the Bootstrap*. Chapman &

Hall/CRC, 1993.

[44] E. J. Elton, M. J. Gruber, S. J. Brown, and W. N. Goetzmann. *Modern Portfolio Theory and Investment Analysis*. Wiley, 7th. edition, 12 2006.

[45] E. J. Elton, M. J. Gruber, and T. J. Urich. Are Betas Best. *Journal of Finance*, Vol. 33, No. 5, pp. 1375–1384, 1978.

[46] R. F. Engle. Autoregressive Conditional Heteroskedasticity with Estimates of the Variance of United Kingdom Inflation. *Econometrica*, Vol. 50, pp. 987–1007, 1982.

[47] E. Fama. Efficient Capital Markets: II. *Journal of Finance*, Vol. 46, pp. 1575–1617, 1991.

[48] J. D. Farmer and J. J. Sidorowich. Predicting Chaotic Time Series. *Physical Review Letters*, Vol. 59, pp. 845–848, 1987.

[49] R. P. Feynman. *Statistical Mechanics*. Perseus Books, 1998.

[50] F. M. Fisher. The Existence of Aggregate Production Functions. *Econometrica*, Vol. 37, No. 4, pp. 553–577, 1969.

[51] Folding@home. http://www.scei.co.jp/folding/jp/.

[52] S. Fortunato and M. Barthelemy. Resolution limit in community detection. *Proceedings of the National Academy of Sciences*, Vol. 104, No. 1, pp. 36–41, 2007.

[53] I. Foster and C. Kesselman, editors. *The Grid2: Blueprint for a New Computing Infrastructure*. Morgan Kaufmann Pub., 2003.

[54] L. C. Freeman. A Set of Measures of Centrality Based on Betweenness. *Sociometry*, Vol. 40, No. 1, pp. 35–41, 1977.

[55] T. M. J. Fruchterman and E. M. Reigold. Graph Drawing by Force-Directed Placement. *Software: Practice and Experience*, Vol. 21, No. 11, pp. 1129–1164, 1991.

[56] Y. Fujiwara and H. Aoyama. Large-scale structure of production network. preprint; arXiv. 0806.4280.

[57] M. Girvan and M. E. J. Newman. Community Structure in Social and Biological Networks. *Proceedings of the National Academy of Sciences*, Vol. 99, No. 12, p. 7821, 2002.

[58] GLOBUS. http://www.globus.org/.

[59] D. E. Goldberg. *Genetic Algorithms in Search, Optimization and Machine Learning*. Addison Wesley, 1989.

[60] C. W. J. Granger and R. Joyeaux. An Introduction to Long-Memory Time Series Models and Fractional Differencing. *Journal of Time Series Analysis*, Vol. 1, pp. 15–20, 1980.

[61] P. Grassberger and I. Procaccia. Measuring the Strangeness of Strange Attractors. *Physica D*, Vol. 9, pp. 189–208, 1983.

[62] L. Greengard. Fast Algorithms for Classical Physics. *Science*, Vol. 265, pp. 909–914, 1994.

[63] L. Greengard and V. Rokhin. A Fast Algorithm for Particle Simulations. *J. Comp. Phys.*, Vol. 73, pp. 325–348, 1987.

[64] T. Guhr, A. Müller-Groeling, and H. A. Weidenmüller. Random-Matrix Theories in Quantum Physics: Common Concepts. *Physics Reports*, Vol. 299, No. 4-6, pp. 189–425, 1998.

[65] E.J. Gumbel. *Statistics of Extremes*. Columbia University Press, 1958.

[66] H. Haken. *Synergetics. An Introduction*. Springer-Verlag, Berlin, Heidelberg, 1978. 牧島邦夫, 小森尚志 (訳).『共同現象の数理』. 東海大学出版会, 1980.

[67] H. Haken. *Advanced Synergetics: Instability Hierarchies of Self-Organizing Systems and Devices*. Springer-Verlag, Berlin, Heidelberg, 1983. 斎藤信彦, 小森尚志, 長島知正 (訳).『シナジェティクスの基礎』. 東海大学出版会, 1986.

[68] J. P. Hansen and I. R. McDonald. *Theory of Simple Liquids*. Academic Press, 3rd. edition, 2006.

[69] 林幸雄, 大久保潤, 藤原義久, 上林憲行, 小野直亮, 湯田聴夫, 相馬亘, 佐藤一憲.『ネットワーク科学の道具箱 ―つながりに隠れた現象をひもとく―』. 近代科学社, 2007.

[70] B. M. Hill. A Simple General Approach to Inference about the Tail of a Distribution. *The Annals of Statistics*, Vol. 3, No. 5, pp. 1163–1174, 1975.

[71] J. H. Holland. *Hidden Order*. Basic Books, New York, 1995.

[72] J. H. Holland. *Emergence: From Chaos to Order*. Oxford University Press, Oxford, 1998.

[73] Y. Hu. Efficient, High-Quality Force-Directed Graph Drawing. *The Mathematica Journal*, Vol. 10, pp. 37–71, 2006.

[74] J. C. Hull. *Options, Futures and Other Derivatives*. Prentice Hall, 2005. 三菱証券商品開発本部 (訳).『フィナンシャルエンジニアリング』. 金融財政事情研究会, 2005.

[75] H. E. Hurst. Long-Term Storage Capacity of Reservoirs. *Transaction of the American Society of Civil Engineers*, Vol. 116, pp. 770–808, 1951.

[76] 伊庭斉志. 『遺伝的アルゴリズムの基礎』. オーム社, 1994.

[77] Y. Ikeda, H. Aoyama, H. Iyetomi, Y. Fujiwara, W. Souma, and T. Kaizoji. Response of Firm Agent Network to Exogenous Shock. *Physica A*, Vol. 382, pp. 138–148, 2007.

[78] Y. Ikeda, W. Souma, H. Aoyama, H. Iyetomi, Y. Fujiwara, and T. Kaizoji. Quantitative Agent-Based Firm Dynamics Simulation with Parameters Estimated by Financial and Transaction Data Analysis. *Physica A*, Vol. 375, pp. 651–667, 2007.

[79] 伊理正夫, 白川功, 梶谷洋司, 篠田庄司ほか. 『演習グラフ理論』. コロナ社, 1983.

[80] 伊理正夫, 藤野和建. 『数値計算の常識』. 共立出版, 1985.

[81] 家富洋. 「数式と概念」. 栗原 隆・浜口 哲 編 『大学における共通知のありか』, pp. 26–35, 2005.

[82] A. Kawai and T. Fukushige. \$158/GFLOPS astrophysical N-body simulation with reconfigurable add-in card and hierarchical tree algorithm. In *SC '06: Proceedings of the 2006 ACM/IEEE conference on Supercomputing*, p. 48, New York, NY, USA, 2006. ACM.

[83] 河村哲也. 『応用編微分方程式』. 共立出版, 1998.

[84] H. Kikuchi, R. K. Kalia, A. Nakano, P. Vashishta, H. Iyetomi, S. Ogata, T. Kouno, F. Shimojo, K. Tsuruta, and S. Saini. Collaborative Simulation Grid: Multiscale Quantum-Mechanical/Classical Atomistic Simulations on Distributed PC Clusters in the US and Japan. *Proc. Supercomputing 2002*, pp. 1–8, 2002.

[85] D. H. Kim and H. Jeong. Systematic Analysis of Group Identification in Stock Markets. *Physical Review E*, Vol. 72, No. 4, p. 46133, 2005.

[86] 気象庁. http://www.data.kishou.go.jp/climate/riskmap/.

[87] C. Kleiber and Samuel Kotz. *Statistical Size Distributions in Economics and Actuarial Sciences*. John Wiley and Sons, Inc., Hoboken, New Jersey, 2004.

[88] 小針晛宏. 『確率・統計入門』. 岩波書店, 1973.

[89] W. Kohn. Nobel lecture: Electronic structure of matter — wave functions and density functionals. *Reviews of Modern Physics*, Vol. 71, No. 5, pp.

1253–1266, Oct 1999.

[90] 今野浩.『理財工学 I』. 日科技連出版社, 1995.

[91] 黒川信重.『オイラー，リーマン，ラマヌジャン—時空を超えた数学者の接点—』. 岩波書店, 2006.

[92] L. Laloux, P. Cizeau, J. P. Bouchaud, and M. Potters. Noise Dressing of Financial Correlation Matrices. *Physical Review Letters*, Vol. 83, No. 7, pp. 1467–1470, 1999.

[93] T. Li and J. A. Yorke. Period Three Implies Chaos. *The American Mathematical Monthly*, Vol. 82, pp. 985–992, 1975.

[94] E. N. Lorenz. Atmospheric Predictability as Revealed by Naturally Occurring Analogues. *Journal of the Atmospheric Sciences*, Vol. 26, No. 4, pp. 636–646, 1969.

[95] H. W. Lorenz. *Nonlinear Dynamical Economics and Chaotic Motion*. Springer-Verlag, Heidelberg, 1993. 小野崎保, 笹倉和幸 (訳).『非線形経済動学とカオス』. 日本経済評論社, 2000.

[96] R. E. Lucas. Expectations and the Neutrality of Money. *Journal of Economic Theory*, Vol. 4, No. 2, pp. 103–24, 1972.

[97] R. E. Lucas. Econometric Policy Evaluation: A Critique. *Carnegie-Rochester Conference Series on Public Policy*, Vol. 1, No. 2, pp. 19–46, 1976.

[98] R. E. Lucas. Asset Prices in an Exchange Economy. *Econometrica*, Vol. 46, pp. 1426–1445, 1978.

[99] R. E. Lucas and E. C. Prescott. Investment under uncertainty. *Econometrica*, Vol. 39, No. 5, pp. 659–681, 1971.

[100] D.G. Luenberger. *Investment Science*. Oxford University Press, USA, 1998. 今野浩, 枇々木規雄, 鈴木賢一 (訳).『金融工学入門』. 日本経済新聞社, 2002.

[101] J. Makino and M. Taiji. *Scientific Simulations with Special-Purpose Computers*. John Wiley and Sons, Chichester, UK, 1998.

[102] B. B. Mandelbrot. *The Fractal Geometry of Nature*. W. H. Freeman, New York, 1983. 広中平祐 (監訳).『フラクタル幾何学』. 日本経済新聞社, 1985.

[103] H. Markowitz. Portfolio Selection. *Journal of Finance*, Vol. 7, No. 1, pp. 77–91, 1952.

[104] 松葉育雄.『長期記憶過程の統計 -自己相似な時系列の理論と方法』. 共立出版, 2007.

[105] K. Mehlhorn. *Data Structures and Efficient Algorithms*. Springer-Verlag, 1984. http://www.mpi-inf.mpg.de/~mehlhorn/DatAlgbooks.html.

[106] K. Mehlhorn and S. Näher. *LEDA: A Platform for Combinatorial and Geometric Computing*. Cambridge University Press, 1999. http://www.mpi-inf.mpg.de/~mehlhorn/LEDAbook.html.

[107] M. L. Mehta. *Random Matrices*. Academic Press, 3rd. edition, 2004.

[108] 蓑谷千凰彦. 『計量経済学』. 東洋経済新報社, 1997.

[109] 宮沢健一. 『産業連関分析入門』. 日本経済新聞社, 2002.

[110] M. Molloy and B. Reed. The Size of the Giant Component of a Random Graph with a Given Degree Sequence. *Combinatorics, Probability and Computing*, Vol. 7, No. 03, pp. 295–305, 1998.

[111] MPI-ANL. http://www-unix.mcs.anl.gov/mpi/mpich/.

[112] MPI-Forum. http://www.mpi-forum.org/.

[113] 武藤滋夫. 『ゲーム理論入門』. 日本経済新聞社, 2001.

[114] 長尾太郎. 『ランダム行列の基礎』. 東京大学出版会, 2005.

[115] 中山幹夫. 『はじめてのゲーム理論』. 有斐閣ブックス, 1997.

[116] J. F. Nash. Non-cooperative games. *Annals of Mathematics*, Vol. 54, pp. 286–295, 1951.

[117] R. B. Nelsen. *An Introduction to Copulas*. Springer, 2006.

[118] NETLIB. http://www.netlib.org/scalapack/scalapack_home.html.

[119] M. E. J. Newman. Ego-Centered Networks and the Ripple Effect. *Social Networks*, Vol. 25, No. 1, pp. 83–95, 2002.

[120] M. E. J. Newman. Mixing Patterns in Networks. *Physical Review E*, Vol. 67, No. 2, p. 026126, 2003.

[121] M. E. J. Newman. The Structure and Function of Complex Networks. *SIAM Review*, Vol. 45, No. 2, pp. 167–256, 2003.

[122] M. E. J. Newman. Detecting Community Structure in Networks. *European Physical Journal B*, Vol. 38, No. 2, pp. 321–330, 2004.

[123] M. E. J. Newman and M. Girvan. Finding and Evaluating Community Structure in Networks. *Physical Review E*, Vol. 69, No. 2, p. 026113, 2004.

[124] M. E. J. Newman, S. H. Strogatz, and D. J. Watts. Random Graphs with Arbitrary Degree Distributions and their Applications. *Physical Review E*, Vol. 64, No. 2, p. 026118, 2001.

[125] MEJ Newman. Fast algorithm for detecting community structure in net-

works. *Physical Review E*, Vol. 69, No. 6, p. 66133, 2004.

[126] 日本標準産業分類. http://www.stat.go.jp/index/seido/sangyo/index.htm.

[127] NIKKEI. http://www.nikkei.co.jp/needs/.

[128] NIST. http://math.nist.gov/MatrixMarket/.

[129] 小国力（編著）, 村田健郎, 三好俊郎, J. J. ドンガラ, 長谷川秀彦（著）. 『行列計算ソフトウェア』. 丸善, 1991.

[130] 小倉久直. 『確率過程論』. コロナ社, 1979.

[131] 小倉久直. 『続 確率過程論』. コロナ社, 1985.

[132] 岡田章. 『ゲーム理論』. 有斐閣, 1996.

[133] G. Palla, I. Derenyi, I. Farkas, and T. Vicsek. Uncovering the overlapping community structure of complex networks in nature and society. *Nature*, Vol. 435, pp. 814–818, 2005.

[134] V. Pareto. *Cours D'Économie Politique*. Rouge, Lausanne et Paris, 1896.

[135] V. Plerou, P. Gopikrishnan, B. Rosenow, L. A. N. Amaral, T. Guhr, and H. E. Stanley. Random Matrix Approach to Cross Correlations in Financial Data. *Physical Review E*, Vol. 65, No. 6, p. 66126, 2002.

[136] V. Plerou, P. Gopikrishnan, B. Rosenow, L. A. N. Amaral, and H. E. Stanley. Universal and Nonuniversal Properties of Cross Correlations in Financial Time Series. *Physical Review Letters*, Vol. 83, No. 7, pp. 1471–1474, 1999.

[137] C. E. Porter and R. G. Thomas. Fluctuations of nuclear reaction widths. *Physical Review*, Vol. 104, No. 2, pp. 483–491, Oct 1956.

[138] W. H. Press, S. A. Teukolsky, W. T. Vetterling, and B. P. Flannery. *Numerical Recipes in C: The Art of Scientific Computing*. University of Cambridge, 2nd. edition, 1992.

[139] RjpWiki. http://www.okada.jp.org/RWiki/.

[140] 坂元慶行, 石黒真木夫, 北川源四郎. 『情報量統計学』. 共立出版, 1983.

[141] 佐藤和夫. 『生産関数の理論 —ミクロとマクロの接合—』. 創文社, 1975.

[142] A. M. Sengupta and P. P. Mitra. Distributions of singular values for some random matrices. *Physical Review E*, Vol. 60, No. 3, pp. 3389–3392, 1999.

[143] SETI@home. http://setiathome.berkeley.edu/.

[144] W. F. Sharpe. A Simplified Model for Portfolio Analysis. *Management Science*, Vol. 9, No. 2, pp. 277–293, 1963.

[145] 下平英寿. 『情報量規準によるモデル選択とその信頼性評価』, 第一部, pp. 1–76. 統計科学のフロンティア. 岩波書店, 2004.

[146] F. Shimojo, T. J. Campbell, R. K. Kalia, A. Nakano, P. Vashishta, S. Ogata, and K. Tsuruta. A Scalable Molecular-Dynamics Algorithm Suite for Materials Simulations: Design-Space Diagram on 1024 Cray T3E Processors. *Future Generation Computer Systems*, Vol. 17, No. 2, pp. 279–291, 2000.

[147] J. Siek, L. Q. Lee, and A. Lumsdaine. *The Boost Graph Library: User Guide and Reference Manual*. Addison-Wesley, 2002.

[148] H. A. Simon. *The Sciences of the Artificial*. The MIT Press, 3rd. edition, 1996. 稲葉元吉, 吉原英樹 (訳). 『システムの科学』. パーソナルメディア, 1989.

[149] A. Sklar. Fonctions de Répartition à n Dimensions et Leurs Marges. *Publ. Inst. Statist. Univ. Paris*, Vol. 8, pp. 229–231, 1959.

[150] R. M. Solow. Technical Change and the Aggregate Production Function. *The Review of Economics and Statistics*, Vol. 39, pp. 312–320, 1957.

[151] R. M. Solow. Review of "Capical and Growth" by John Hicks. *The American Economic Review*, Vol. 56, No. 5, pp. 1257–1260, 1966.

[152] R. M. Solow. *Growth Theory: An Exposition*. Oxford University Press, 2nd edition, 2000. 福岡正夫 (訳). 『成長理論』. 第 2 版. 岩波書店, 2000.

[153] D. Spector. *Building Linux Clusters*. O'Reilly & Associates, 2000.

[154] SUN. http://gridengine.sunsource.net/.

[155] 高山一. 『スピングラス』(パリティ物理学コースクローズアップ). 丸善, 1991.

[156] 高安秀樹. 『フラクタル』. 朝倉書店, 1986.

[157] 竹内啓.「情報量統計量の分布とモデルの適切さの基準」. 数理科学, Vol. 153, pp. 12–18, 1976.

[158] R. Tarjan. Depth-First Search and Linear Graph Algorithms. *SIAM Journal on Computing*, Vol. 1, pp. 146–160, 1972.

[159] 寺本英. 『ランダムな現象の数学』. 吉岡書店, 1990.

[160] 東京大学教養学部統計学教室 (編). 『統計学入門』. 東京大学出版会, 1991.

[161] 東京大学教養学部統計学教室 (編). 『自然科学の統計学』. 東京大学出版会, 1992.

[162] 東京大学教養学部統計学教室 (編). 『人文・社会科学の統計学』. 東京大学出版会, 1994.

[163] 戸坂凡展, 吉羽要直.「コピュラの金融実務での具体的な活用方法の解説」. 金

融研究別冊, Vol. 24, No. 2, pp. 115–162, 2005.
[164] L. Trigeorgis. *Real Options*. The MIT Press, Massachusetts, 1996.
[165] A. Utsugi, K. Ino, and M. Oshikawa. Random Matrix Theory Analysis of Cross Correlations in Financial Markets. *Physical Review E*, Vol. 70, No. 2, p. 26110, 2004.
[166] H. R. Varian. *Intermediate Microeconomics: A Modern Approach*. W. W. Norton & Company, 5th. edition, 1999. 佐藤隆三 (訳).『入門ミクロ経済学』. 勁草書房, 2000.
[167] 汪金芳, 田栗正章.『ブートストラップ法入門』, 第一部, pp. 1–64. 統計科学のフロンティア. 岩波書店, 2003.
[168] E. P Wigner. Characteristic Vectors of Bordered Matrices with Infinite Dimensions. *Annals of Mathematics*, Vol. 62, No. 3, pp. 548–564, 1955.
[169] J. Wishart. The Generalized Product Moment Distribution in Samples from a Normal Multivariate Population. *Biometrika*, Vol. 20, No. 1-2, pp. 32–52, 1928.
[170] D. H. Wolpert. Information Theory - The Bridge Connecting Bounded Rational Game Theory and Statistical Physics. *Arxiv preprint cond-mat/0402508*, 2004.
[171] K. Yuta, N. Ono, and Y. Fujiwara. A Gap in the Community-Size Distribution of a Large-Scale Social Networking Site. *Arxiv preprint physics/0701168*, 2007.
[172] 湯田聴夫, 小野直亮, 藤原義久.「ソーシャル・ネットワーキング・サービスにおける人的ネットワークの構造」. 情報処理学会論文誌, Vol. 47, pp. 865–874, 2006.

索引

記号／数字

1次元カオス 193
2項格子モデル 329
2次計画問題 237, 241
3項格子モデル 329
3周期点 192, 193
6次の隔たり 141

A

Actor .... → Node
Adaptive Agent 295
Adjacency List 108
Adjacency Matrix 109
Agent 292
AIC 21
　── と英語の単語長分布 69
　── 多項式回帰の例 27
　── の導出 25
Akaike Information Criterion ...... → AIC
AR 173
ARCH 185
ARFIMA 183
ARIMA 174
ARMA 174
Artificial Life 295
Assortativity 125
　── Coefficient 127
Attractor
　Periodic ── 189
　Quasi-Periodic ── 189
　Reconstruction of ── 194
　Strange ── 191
Auto Regression Model .... → AR
Auto Regressive Conditional
　　Heteroscedasticity Model ... → ARCH
Auto Regressive Fractionally Integrated
　　Moving Average Model . → ARFIMA
Auto Regressive Integrated Moving Average
　　Model .... → ARIMA
Auto Regressive Moving Average Model .. →
　　ARMA
Autocorrelation Function 171
Autonomous 295
Average Mutual Information 171

B

Backward-Looking 292
Banach 空間 208
Barnes-Hut アルゴリズム 364
BDS test .... → BDS 検定
BDS 検定 196
Beowulf プロジェクト 342
Bertrand の逆説 121
Best Response 312
Beta Distribution 8
Betweenness 134
BFS .... → Breadth-First Search
Black-Scholes Formula . → Black-Scholes の価
　　格式
Black-Scholes Partial Differential Equation→
　　Black-Scholes の偏微分方程式
Black-Scholes の価格式 306
Black-Scholes の偏微分方程式 304
Boltzmann 定数 18
Bond .... → Link
Bootstrap Method 35
Bounded Rationality 319
Box-Counting Dimension 182
Box-Muller 法 84
Breadth-First Search 115
Brownian Motion .... → Brown 運動
　Fractional ── ...... → 非整数 Brown 運動
　Geometrical ── .... → 幾何 Brown 運動
　Standard ── .... → 標準 Brown 運動
Brown 運動 177

幾何 — 178
非整数 — 179
標準 — 177

C

Cantor Set .... → Cantor 集合
Cantor 集合 181
Capacity Dimension 182
Capital Asset Pricing Model 235
CAPM ...... → Capital Asset Pricing Model
Cellular Automaton 295
Central Processing Unit 336
CES 型生産関数 263
Chapman-Kolmogorov Equation .... →
    Chapman-Kolmogorov 方程式
Chapman-Kolmogorov 方程式 296
Classifier 295
Clique 138
Closed Itemset 162
Clustering Coefficient 131
Cobb-Douglas 型生産関数 261
Complex Adaptive System 295
Confluent Hypergeometric Function 9
Constable, John 69
Constant Elasticity of Substitution 263
Constant Returns to Scale 260
Conway's Game of Life 295
Copula 38
        — Density 41
        Clayton — 51
        Frank — 48
        Gaussian — 45
        Gumbel — 50
        Survival — 44
        t — 46
Correlation Dimension 196
Correlation Integral 196
Correlation Matrix 204
        Cross — 204
        Meaningful — 204
        Noise — 232
        Pseudo — 233
Cournot-Nash Equilibrium . → Cournot-Nash
    均衡
Cournot-Nash 均衡 314
CPU .... → Central Processing Unit
Cramér-Rao の不等式 59, 61
CRAN 379
Crank-Nicholson Method .... →
    Crank-Nicholson 法
Crank-Nicholson 法 328
CRD 407
Cumulant 4

— Generating Function 4
Cumulative Distribution Function 2
Cumulative Probability ...... → Cumulative
    Distribution Function

D

Dantzig
        —, G. B. 236
de la Vallée-Poussin
        —, C. J 245
Decreasing Returns to Scale 260
Degree 108
        — Correlation 129
        — Distribution 108, 125
        Excess — 123
        In- — 108
        Out- — 108
        — Sequence 123
Density Function 2
Depth-First Search 110
Detector 295
Determinant 207
        Minor — 208
Deterministic Chaos 188
Devil's Staircase 84
DFS .... → Depth-First Search
Diffusion Equation 297
        Backward-Time Drift — 306
        Drift — 301, 329
Digraph .... → Graph, Directed
Dissipation 189
Dissipative System 189
Distance 117
Distribution
        Beta — 8
        Exponential — 7
        Gamma — 7
        Gaussian — 5
        Lognormal — 6
        Normal — 5
Distribution Function .... → Cumulative
    Distribution Function
Downhill Simplex Method 33
Dynamic Programming 293
Dynamical System 188

E

Econophysics vii
Edge .... → Link
Effector 295
Efficient
        — Frontier 237
        — Market 199

索引

Einstein 406
Elasticity of Substitution 259
Embedding Dimension 196
Emprirical Distribution 13
Ensemble 204
Erdős–Rényi のランダム・グラフ → Poisson ランダム・グラフ
Error Function 6
Euclid
— 幾何学 180
— の原論 244
Euclidean Geometry .... → Euclid 幾何学
Euler
— Explicit Method ...... → Euler 陽解法
— Implicit Method ...... → Euler 陰解法
—, L 247, 251
— 陰解法 327
— 積 247
— の定数 94
— 陽解法 327
EXCEL 373
Expected Mean Log-Likelihood → Likelihood
Explicit Method 327
Exponential Distribution 7
Extensive 260
Extreme Value Theory 290

F

Fast Multipole Method 349
Financial Economics 199
Financial Engineering 199
Finite Difference Method 327
Fisher Information Matrix 17
Fisher, F. M. 255
Fitness 295
FMM .... → Fast Multipole Method
Fokker-Planck Equation . → Fokker-Planck 方程式
Fokker-Planck 方程式 299, 316
Forward-Looking 293
Fractal 179
— Dimension 181
Fréchet 分布 90
Fréchet-Hoeffding の限界 41

G

GA 295, 319
Galileo 405
Gallegati, M. 407
Gamma Distribution 7
GARCH 185
Gauss
—, J. C. F. 251

—, J. C. F. 244
— 型アンサンブル 248
— 型シンプレクティックアンサンブル . 205, 248
— 型直交アンサンブル 204, 224, 248
— 型ユニタリーアンサンブル 205, 248
— 型ランダム行列 205
— 積分 208, 214
— 分布 5, 205, 207
Gaussian
— Orthogonal Ensemble 204
— Symplectic Ensemble 205
— Unitary Ensemble 205
Gaussian Distribution 5
GDP 285
Generalized Auto Regressive Conditional Heteroscedasticity Model → GARCH
Genetic Algorithem .... → GA
Geodesic Distance 117
Geodesic Path 117
Gibbs-Bogoliubov-Feynman 不等式 19
Globus 344
GOE ..... → Gaussian Orthogonal Ensemble
Goldbach
—, C 251
— 予想 251
GPU .... → Graphics Processing Unit
GRAPE 364
Graph 106
　　Bipartite — 110
　　Dense — 109
　　Directed — 107
　　Sparse — 109
　　Undirected — 107
Graphics Processing Unit 337
Graphviz 380
Grid
— Computing 343
— Engine 344
— Power 343
GSE ...... → Gaussian Symplectic Ensemble
GUE .... → Gaussian Unitary Ensemble

H

Hadamard
—, J. S 245
Hamiltonian 18, 204
Heaviside Step Function 196
Henon Map .... → Henon 写像
Henon 写像 193
Heterogenious Agent 293
High-Frequency Data 170
Hilbert

—, D 247
— 空間 209
Hill の推定法 36, 125
— の導出 62
— の標準誤差 37
Hill's Estimate .... → Hill の推定法
Hurst Index .... → Hurst 指数
Hurst 指数 179

I

i.i.d. 4
Implicit Method 327
Incomplete Beta Function 9
Incomplete Gamma Function
— of the First Kind 8
— of the Second Kind 8
Increasing Returns to Scale 260
Input-Output
— Analysis 306
— Table 306
Interior Point Algorithm 236
Inverse Gamma Distribution 75
Inverse Weibull Distribution 75
Isolated System 189
Ito Process 177
Ito's Lemma 179

J

Jackknife Method 36
Jacobian 3
Joint Distribution Function 39

K

Karmarkar
—, N. K. 236
Kendall の τ 52
KL 距離 .... → Kullback-Leibler 距離
Kronecker のデルタ 59
Kullback-Leibler Divergence .... →
Kullback-Leibler 距離
Kullback-Leibler 距離 10
— の意味 11
— の三角不等式の不成立 11
— の非対称性 10
— の非負性 10
— と Boltzmann エントロピー 12
Kurtosis 5

L

Lagrange の未定定数法 250, 273
Langevin Equation .... → Langevin 方程式
Langevin 方程式 299, 303, 316, 331
LAPACK 347

Legendre
—, A. L 251
—, A. M. 244
Leontief 型生産関数 263
Leontief's Inverse Matrix → Leontief の逆行列
Leontief の逆行列 308
Li-Yorke Theorem .... → Li-Yorke の定理
Li-Yorke の定理 192
Likelihood
— Equation 13
Expected Mean Log- — 22
Log- — 12
Mean Log- — 12
Limit Cycle 189
Linear Operator 209
Link 107
Weight 108
Local Linear Prediction Model 198
Log-Likelihood .... → Likelihood
Logistic Map 193
Lognormal Distribution 6
Long-tail phenomenon . → ロング・テール現象
Long-Term Memory Process 171
Lorenz
— モデル 191
— 曲線 223
Lucas Critique .... → Lucas 批判
Lucas 批判 293
LU Decomposition .... → LU 分解
LU 分解 328

M

MA 173
Marginal Distribution Function 40
Market Index 37
Markov Process .... → Markov 過程
Markov 過程 296
Markowitz
—, H. M. 204
Master Equation 297
Mathematica 33, 153, 372
Mathematical Programming 236
Maximal Clique 162
Maximum Likelihood Estimate 12, 13
Asymptotic Consistency of — 15
Asymptotic Efficiency of — 15
Asymptotic Normality of — 17
Asymptotic Unbiasedness of — 15
Estimator 13
Mean Log-Likelihood .... → Likelihood
Mean-Variance Model 204
Message Passing Interface 339
Metropolis Method 283

索引

Metropolis 法 283, 350
Milgram
    —, S. 141
    — 条件 156
    — 臨界 156
MIMD → Multiple Instruction Multiple Data
MLE ..... → Maximum Likelihood Estimate
Möbius 関数 245
Modularity 128
Moment 3
    — Generating Function 3
Monte Carlo シミュレーション . 83, 93, 95, 97, 100, 317, 331
Moore の法則 334
Moving Average Model .... → MA
MPI .... → Message Passing Interface
    フォーラム 339
    — ライブラリー 339
Multi-Agent Model 295
Multiple Edge 108
Multiple Instruction Multiple Data 336

N

nao 140, 407
Nash Equilibrium .... → Nash 均衡
Nash 均衡 312, 319
NetMiner 380
Network 106
Network Workbench 380
Neumann 201
New York Stock Exchange 226
Newton 力学 406
Node 107
    Adjacent — 107
Noise 204
Nonextensive Statistical Physics 75
Nonliner Dynamical System 188
Normal Distribution 5
NYSE .... → New York Stock Exchange

O

Order Statistics 5

P

Pajek 380
Parallel Edge 108
Parametric Bootstrap Method 35
Pareto Distribution
    q-Distribution 76
    A-Distribution 76
    B-Distribution 80
    Classical — 74
    Inverse Gamma Distribution 75
    Inverse Weibull Distribution 75
    Type I 74
    Type II 51, 74
Pareto-Zipf 分布 .... → Pareto 分布
Pareto 指数 72
    第 2 — 78
Pareto スケール 72
    第 2 — 78
Pareto 分布 72, 125
    A 分布 76
    B 分布 80
    I 型 — 74
    II 型 — 51, 74, 75, 87, 373
    q 分布 76, 87
    逆 Weibull 分布 75, 87
    逆ガンマ分布 75, 87
    古典 — 74, 75, 87, 91
Participation Ratio 204
    Inverse — 229
Path Integral 297
PC .... → Personal Computer
PC Cluster .... → PC クラスター
PC クラスター 342
Periodic Orbit 189
perl 380
Personal Computer 336
Phase Space 188
Player 292
Poisson ランダム・グラフ 121
Policy Recommendation 292
Porter-Thomas 分布 207, 213, 224
Portfolio 204
Prime Number 204
    — Theory 245
Probability Density Function 2
Production
    — Function 254, 257
    Factors of — 254
Production Function 254
Pseudo-code 107

Q

Quadratic Programming 237
Quasi-Periodic Orbit 189
q 分布 76

R

R 379
Random Matrix Theory 204
Real Option 310
Rejection Method 283
Rényi's Representation Theorem. → Rényi の表現定理

Rényi の表現定理 64
　一様分布に対する ── 64
Replica Trick 214
Replicating Portfolio 304
Representative Agent 293
Resolvent 207
Richardson 201
Ridge 272
Riemann
　──, G. F. B 251
　──, G. F. B........................ 245
　── 幾何学 406
　── のゼータ関数 247
　── の素数定理 245
　── 予想 204, 247
Risk 216
　── Neutral Method 311
　── Neutral Probability 311
RjpWiki 379
RMT .... → Random Matrix Theory
ruby 374
Runge-Kutta Method .... → Runge-Kutta 法
Runge-Kutta 法 188

S

S&P500 226
Saddle Point 215
ScaLAPACK 347
Scale-Free Network 156
Self-Affine 179
Self-Averaging 214
Self-Loop 108
Self-Similarity 179
　── Dimension 181
Sharp
　──, W. F 217
　── Ratio 238
Short-Term Memory Process 171
Shortest Path 117
Siena 380
SIMD ... → Single Instruction Multiple Data
Simplex Algorithm 236
Simulated Annealing Method 357
Single Instruction Multiple Data 336
Site .... → Node
Six Degrees of Separation 141
Skewness 5
Sklar の定理 40
Solow, R. M. 254
Spearman の ρ_S 52
Spectrum 209
Stable Equilibrium Point 189
Standard Error 35

State Variable 188
Steepest Ascent Line 272
Stochastic Process 295
　Additive ── 317
　Multiplicative ── 317
Strongly Connected Component 113

T

t 分布 46
Tie .... → Link
TOPIX 217, 225, 235, 241
Torus 190
Trace 210
Trajectory 188
Transition Probability 295
Tsallis 75

U

UCINET 380
Uniform Distribution 9
Universality 102
Unstable Equilibrium Point 189

V

van der Pol 発振器 189
Vertex .... → Node
Volatility 170, 173
　── Clustering 170

W

Weak Form Efficiency 199
Wiener Process .... → Wiener 過程
Wiener 過程 177
Wigner
　──, E. P 206
　── の半円則 206, 209, 212, 214
Wigner's Semicircle Law . → Wigner の半円則
Wishart
　──, J 204
　── 行列 213

あ

青木正直 .... i, 407
赤池情報量規準 .... → AIC
アクター .... → ノード
アクティブ
　── 運用 235
　── ・ファンド 235
悪魔の階段 84
アセット・アロケーション 234
アトラクタ
　周期 ── 189
　準周期 ── 189
　ストレンジ ── 191

索引

— の再構成 194
アメリカンオプション 331
暗号理論 251
アンサンブル 204, 214
安全資産 304
安定平衡点 189
鞍点 215

い

異質的エージェントモデル 293
異常気象 290
位相空間 188
一様分布 9, 206, 213
一般化ランダム・グラフ 122
遺伝的アルゴリズム 295
伊藤過程 177
伊藤のレンマ 179, 303
移動平均 166
— モデル 173
陰解法 327
インデックス 217
市場 — 37, 241
— ・ファンド 234, 235

う

埋め込み
— 次元 196
— ベクトル 194
売上 319
売掛金 321
— の回収率 323

え

営業利益 319
英語の単語長分布 69
エージェント 292
枝 . . . . → リンク
エッジ . . . . → リンク
エネルギーの散逸 189
エントロピー 18

お

尾根道 . . . . → リッジ
オプション価格 306

か

階差 166
外生変数 292
階層的空間領域分割法 349
科学 . . . . vii, 405
科学研究費補助金 104
拡散方程式 297
移流 — 301
逆向き時間 — 329
逆向き時間移流 — 306
確率過程 295
加算的 — 317
乗算的 — 317
確率差分方程式 298
確率変数 37, 72
確率密度関数 2, 277
周辺 — 277
同時 — 277
家計可処分所得 292
家計最終消費支出 292
崖線 273
寡占 102
滑降シンプレックス法 33
貨幣供給量 292
空売り 234
完全代替型生産関数 263
完全法 235
準 — 235
ガンマ関数 8, 46, 184
ガンマ分布 7
指数分布に従う変数の和と — 8
— の平均と分散 8
— のモーメント母関数 8

き

幾何 Brown 運動 303
棄却法 283
企業エージェント 297, 332
企業価値 332
木構造 337
— グラフ 358
太い — 337
擬似コード 107
期首株主資本 322
技術 257
技術的代替率 259
期待平均対数尤度 . . . . → 尤度
軌道 188
帰納法 89
規模
— に関して収穫一定 260
— に関して収穫逓減 260
— に関して収穫逓増 260
期末株主資本 322
逆 Weibull 分布 75
逆関数 42
逆ガンマ分布 75
逆行列 207, 208
逆分布関数法 83, 283

け

キュムラント	4, 57
―― 関数	57
―― 母関数	4
供給関係	307
強定常	165
京都大学基礎物理学研究所	407
共分散	216, 218, 237
行列計算	345
行列式	207, 208
小 ――	208
強連結成分	113
局所線形予測モデル	198
極値理論	290
虚数単位	207
虚部	207
距離	117
寄与率	204, 229
―― の逆数	229
均衡価格モデル	310
金融	
―― 経済学	199
―― 工学	vii, 199, 204, 310, 329
―― 債利回り	292
―― 資産残高	292
―― デリバティブ	303
金流	321

く

矩形行列	212
クラスター性	358
クラスタ係数	131
局所的 ――	131
大局的 ――	131
グラフ	106
一般化ランダム・――	122
疎な ――	109
―― 探索	106
―― の直径	118
定義	107
2 部 ――	110
幅優先探索	115
深さ優先探索	110
Poisson ランダム・――	121
密な ――	109
無向 ――	107
有向 ――	107
ランダム・――	120
隣接行列	109
隣接リスト	108
クリーク	138
極大 ――	162
グリッド・コンピューティング	343

け

経験分布	13
経済学	406
経済主体	292
経済物理学	vii, 204
計算機	
超並列 ――	336
ベクトル ――	336
計算ノード	336
計算量	
空間 ――	108
時間 ――	108
経路積分法	19, 273, 297, 302
ゲーム理論	312
結合則	48
決定論的カオス	188, 191
限界生成物	259
減価償却	319
原材料費	306, 319
検出器	295
限定合理的	319

こ

効果器	295
行使価格	306
格子モデル	331
合成数	244
高速多重極展開法	349
後退差分	327
行動ルール	295, 332
高頻度データ	170
効用	293
効率的	
―― 市場	199
―― フロンティア	237
合理的投資家	235, 237
合流型超幾何関数	9
コールオプション	303
国内総生産	292
国立大学法人	104
誤差関数	6
固定資産	277
固定比率型生産関数	263
コピュラ	38
Archimedean ――	47, 278
Clayton ―― 密度	51
Clayton ――	51, 278
Frank ―― 密度	49
Frank ――	48, 278
Gumbel ―― 密度	50
Gumbel ――	50, 278
t ――	46

索引   437

t — 密度 47
　 — ・キュムラント 58
サバイバル — 44, 280
サバイバル — 密度 44
3 変数 — 280
3 変数 — ・キュムラント 280
正規 — 45
正規 — 密度 45
生産 — 256, 277, 285
多変数 — 54
部分完全相関 — 287
　 — 密度 41, 277
コミュニティ抽出 137
　　Girvan-Newman — 137
　　Modularity による — 139, 362
コモディティ 234
固有値 209, 220
固有ベクトル 209, 223
孤立系 189
クロスバー構造 338
混合戦略 314
コンビニ 162
コンピューター
　パーソナル・ — 336
　量子 — 251

さ

最急降下法 355
最終需要 306
最終需要額ベクトル 306
最速上昇線 272
最大値 87
　 — のシェア 87
最短経路 117
最適化 80
　 — ネットワーク構造 355
　 — 法 235
最適反応 312
サイト .... → ノード
最頻値 220
財務データ 320
最尤推定 12, 13, 125, 278
　 — と Cramér-Rao の不等式 59
　 — と最大エントロピー原理 12
　 — 正規分布の例 14
　 — 漸近一致性 15
　 — 漸近正規性 17
　 — 漸近不偏性 15
　 — 漸近有効性 15
　 — の統計的誤差 34
　 — の標準誤差 35
　 — Hill の推定 37

分布フィットの例 32
変数変換に対する不変性 33
　 — 量 13
最尤法 .... → 最尤推定, → 最尤推定
差分法 327, 331
散逸系 189
産業連関
　 — 表 306
　 — 分析 306
産出量モデル 310
散布図 225

し

仕入先企業 321, 361
時間依存解 302
時間変動性 164, 194
事業価値 310
時系列の強度 204, 222
自己アフィン 179, 182
自己回帰
　 — 移動平均モデル 174
　 — 非整数次和分移動平均モデル .. 183
　 — モデル 173
　 — 和分移動平均モデル 174
自己相関関数 171
自己相似性 179
自己平均性 214
自己閉路 108
資産配分 234
次数 108
　 — 系列 123
　出 — 108
　 — 相関 129
　入 — 108
　 — 分布 108, 125
　余 — 123
指数分布 7
　 — の平均と分散 7
　 — の無記憶性 7
　 — のモーメント母関数 7
実体経済 vii
実部 207
資本 256
資本稼働率 257
資本資産価格モデル 235
資本と労働の代替の弾力性 259
シミュレーション 37, 283, 334
　分子動力学 — 334
シャープ・レシオ 238, 241, 243
社会物理学 104
弱定常 165
ジャックナイフ法 36

収益率 168, 216, 242
　　期待 — 238
　　— 対数 168, 216, 237
　　超過 — 241, 243
自由エネルギー 18
　　— 最小原理 18
周期軌道 189
自由処分 258
周辺分布関数 40
重力多体系専用計算機 364
主曲率 261
需要関係 307
準周期軌道 189
順序統計量 5
　　一様分布の — 9
　　指数分布の — 64
純粋戦略 314
純輸出 292
条件付対数尤度 .... → 尤度
条件付分布モデル .... → 統計モデル
条件付平均対数尤度 .... → 尤度
状態変数 188, 293
消費額 306
情報レシオ 241, 243
商流 321
初期値鋭敏性 192
ショック 173
自律的 295
示量的 259, 260
人件費 277, 319
人工生命 295

す

数値予報 201
スーパーコンピューター 334, 335
数理計画問題 236
スケール因子 72, 76
スケールフリー・ネットワーク 125, 156
スケール変化 166
ステップ関数 196
ストリング 141
スペクトル 209
　　点 — 209

せ

正規分布 5, 38, 44, 84, 317
　　標準 — 205, 213
　　— の平均と分散 5
　　— のモーメント母関数 6
　　— の歪度と尖度 6
制御変数 293
政策提言 292

生産 254, 256
　　— 額ベクトル 306
　　国内総 — 292
　　— の資本弾力性 261
　　— の労働弾力性 261
生産関数 254, 257
　　確率的 — 278
　　マクロ — 254
　　ミクロ — 254, 319
正則 208
成長率 298
政府支出 292
正方行列 208
制約条件 236, 240
ゼータ関数 247, 251
世界同時株安 37
絶対収益 234
接地条件 58, 281
設備投資 319
セルラオートマトン 295
遷移確率 295
漸化的表現 153
漸近領域 72
線形回帰 217, 225
線形作用素 209
前進差分 327
尖度 5, 220

そ

層化抽出法 235
相関
　　— 関係 37
　　完全 — 41
　　完全反 — 41
　　— 係数 38
　　— 構造 38
　　— 次元 196
　　— 積分 196
　　無 — 41
相関行列 56, 204, 216, 218, 237, 239
　　擬 — 233
　　相互 — 204
　　ノイズ — 231, 232, 241
　　有意 — 204, 231, 232, 234, 239, 241
相関係数 38, 151
　　Pearson の積率 — 38
　　次数の — 147
　　順位 — 53
相似性次元 181
相互作用 295, 306, 331
　　クーロン — 349
　　重力 — 349

索引

長距離 —.............................350
　　— 定数............................316
総生産額.................................306
相対論....................................406
測地線....................................117
　　— 距離............................117
粗視化....................................358
素数...................204, 244, 251
　　— 定理............................245
　　— の個数関数....................244
　　双子 —............................251

た

対角行列.................................232
対角和..................................→ トレース
対数正規分布...............6, 78, 317
　　擬 —................................80
　　— の平均と分散....................6
　　— のモーメント母関数............6
対数積分.................................244
対数変換した成長率..................298
対数尤度....................→ 尤度, 320
代替の弾力性...........................259
代表的エージェント..................293
代理変数.................................172
高安秀樹.................................407
多重枝....................................108
多重極
　　高速 — 展開法...................349
　　— 展開式.........................351
　　— モーメント....................351
単位行列.................................209
短期記憶過程...........................171
短期予測モデル........................198
単体法....................................236

ち

地動説....................................406
中間需要額..............................307
中間投入額..............................307
中小企業基盤整備機構...............407
中心極限定理....................46, 211
紐帯...→ リンク
長期記憶......................... 164, 183
　　— 過程............................171
長期予測.................................192
頂点..→ ノード
直径.......................................118
直交行列.................................232

つ

通信ネットワーク・トポロジー....337

て

低次元アトラクタ.....................196
定常化....................................166
定常解....................................301
定常過程.................................165
テール依存指数
　　下位 —..............................52
　　上位 —..............................52
データ通信..............................347
データマイニング.....................162
適応的エージェント..................295
適合度....................................295
デルタ関数.............13, 207, 215
天動説....................................405
伝播現象.................................321
電力網.............................343, 358

と

東京商工リサーチ.............361, 407
統計物理学................................18
統計モデル................................10
　　条件付分布モデル.................26
　　分布モデル.........................10
統計力学.................................315
　　液体の —...........................19
倒産.......................................321
投資
　　オルタナティブ —..............234
　　代替 —............................234
投資意思決定...................319, 331
投資額....................................306
動的計画法..............................293
投入係数行列...........................307
投入物....................................254
等量曲線.................................259
同類選択.................................125
　　— の強さ.........................127
トーラス.................................190
　　— 構造............................337
独占.......................................102
独立同分布...........4, 209, 210, 215
友達の (友達の)^n 数.........119, 140, 160
トラッキング・エラー........241, 243
取引ネットワーク.............320, 361
　　— の可視化......................361
　　— のコミュニティ構造........361
　　大規模 —.........................361
ドリフト.................................177
トレース.................................210
トレンド除去...........................166

な

内生変数.................................292

内点法 236
ナノテクノロジー 334

に
二項展開 184
日経平均株価 217, 235
2部グラフ .... → グラフ
ニューヨーク証券取引所 226
ニューラルネットワーク 198

ね
ネットワーク 106
　　スケールフリー・― 125, 156, 358
　　― の直径 118
　　描画 354, 366
　　レギュラー・― 145, 153
熱平衡状態 18

の
ノイズ 204, 230
ノード 107, 321
　　隣接 ― 107
ノンパラメトリック 40

は
バイ・アンド・ホールド 241
媒介中心性 134
ハイパーキューブ構造 337
バックボーン 358
バックワードルッキング 292
パッシブ
　　― 運用 235
　　―・ファンド 235
ばね電気モデル 354
幅優先探索 115, 376
　　― 木 117
　　木を張る枝 117
　　距離 117
　　最短経路の計算 119
　　直径の計算 118
　　友達の (友達の)n 数の計算 119, 160
　　媒介中心性の計算 134
パラメトリックなブートストラップ法 35
汎関数 18
汎関数空間 273
販売先企業 321, 361

ひ
非加法的統計物理学 75
非協力ゲーム 312
引馬滋 407
非周期軌道 191

非ゼロ和2人ゲーム 314
非線形性 38
非線形力学系 188
日立
　　― 製作所 408
　　― 総合計画研究所 408
非定常過程 165
非定常性 164
標準誤差 35
標準偏差 217
平等 101
頻出飽和集合 162

ふ
ファットテール 145
不安定平衡点 189
ブートストラップ法 25, 35
フォワードルッキング 293
付加価値 254, 277, 306, 319
　　― ベクトル 306
深さ優先探索 110, 377
　　― 木 112
　　横断枝 113
　　木を張る枝 113, 117
　　後退枝 113
　　前進枝 113
　　強連結成分の計算 113
不完全ガンマ関数
　　第1種 ― 8, 97
　　第2種 ― 8, 94
不完全ベータ関数 9, 46, 81
複雑適応系 295, 332
複製ポートフォリオ 304
複素数 207
不等式
　　Gibbs-Bogoliubov-Feynman ― 19
　　変分 ― 20
不偏推定量 59
プライベート・エクイティ 234
フラクタル 179
　　― 構造 191
　　― 次元 181
ブラック・マンデー 168
プレイヤー 292
ブロッキング通信 341
非 ― 341
分散 4, 217
　　― の加法性 218
　　標本 ― 4
分布
　　― 関数 .... → 累積分布関数
　　ガンマ ― 7

索引

指数 — 7
周辺 — 関数 40
正規 — 5
対数正規 — 6
ベータ — 8
分類器 295

へ

平均 4, 216
 標本 — 4
平均最短距離 118
平均相互情報量 171
平均対数尤度 .... → 尤度
平均値 86, 219
 — の加法性 217
平均場近似 144, 148, 151
平均・分散モデル 204, 234, 237, 240
並行枝 108
閉作用素 209
並列計算アルゴリズム 345
ベータ 217
ベータ関数 9, 46
ベータ分布 8
 一様分布の順序統計量と — 9
 — の平均と分散 9
 — のモーメント母関数 9
べき分布 .... → Pareto 分布, 317
ベクトル化効率 347
ヘッジファンド 234
ベンチマーク 235
ベンチャー・キャピタル 234
変分原理 19
変分理論 18

ほ

方程式
 Newton — 334
 Schrödinger — 334
ポートフォリオ 204, 234
母関数 47
ボックス・カウンティング次元 182
ボラティリティ 170, 173, 216
 — ・クラスタリング 170, 184–186, 198
ボンド .... → リンク

ま

マクロ経済予測 326
マクロ生産関数 254
マスター方程式 297
窓 193
間引き 373
マルチエージェントモデル 295

マルチ・ファクター・モデル 239
満期 306

み

ミクロ生産関数 254, 319
密度関数 2
密度行列 18
密度汎関数理論 40
民間企業設備投資 292

む

無記憶性 .... → 指数分布

め

メッシュ構造 337

も

モーメント 3
モーメント母関数 3
 ガンマ分布の — 8
 指数分布の — 7
 正規分布の — 6
 対数正規分布の — 6
 ベータ分布の — 9
目的関数 236, 293
モジュラリティ 128, 362

や

焼きなまし法 357

ゆ

有意成分 204, 223, 231
有形固定資産 319
尤度
 期待平均対数 — 22
 条件付対数 — 26
 条件付平均対数 — 26
 対数 — 12, 21, 278
 平均対数 — 12
 — 方程式 13
輸出額 306
ユニバーサリティ 102
ユニバース 238, 243
輸入額 306

よ

余因子 208
 — 行列 208
陽解法 327
容量次元 182
吉川洋 407
予測分布 21
弱い意味での効率性 199

ら

ライフゲーム............................295
ラグ演算子............................184
ランダム・ネットワーク............128, 146
ランダム行列............................204
  Gauss 型 —........................205
  一様 —............................206
  カイラル Gauss 型 —......213, 220, 380
  カイラル一様 —....................213
  — 理論............204, 213, 220, 244
乱分割原理..............................69

り

リアルオプション........................310
利益................................→ 利潤
力学系.................................188
利潤............................254, 266
リスク..............216, 217, 237, 241, 243
  異常気象 — マップ..................290
  信用 —............................321
  — 中立確率........................311
  — 中立法..........................311
  投資 —.............................37
  — 評価.........................37, 39
  マクロ経済全体の —................293
リゾルベント......................→ レゾルベント
リッジ.................................272
リミットサイクル.......................189
両側指数分布...........................317
量子力学..........................19, 406
稜線............................→ リッジ
利率...................................266
リンク............................107, 321
  — の重み..........................108

始点と終点............................108
隣接行列..........................109, 355
  記憶域............................109
隣接リスト.............................108
  記憶域............................109
  データ構造........................109

る

累積確率......................→ 累積分布関数
累積シェア図............................84
累積分布関数....................2, 39, 373
  同時 —.........................39, 277
ループ.................................143

れ

レギュラー・ネットワーク..........145, 153
レゾルベント......................209, 210
  — 集合............................209
レプリカ法.............................214
連鎖倒産...............................321

ろ

労働...................................256
労務費.................................319
ロジスティック写像.....................193
ロング
  — ・オンリー戦略..............234, 240
  — ・ショート戦略..................234
ロング・テール現象......................62
  — と Hill の推定法.................62

わ

歪度................................5, 220

著者略歴 (50 音順)

青山 秀明 (あおやま ひであき) 1982 年 Caltech 博士課程修了. Ph.D.. SLAC 理論部博士研究員, ハーバード大学客員研究員, 京都大学大学院理学研究科教授, 京都大学大学院総合生存学館 (思修館) 特任教授等を経て, 現在, 京都大学名誉教授, 経済産業研究所ファカルティフェロー, 理研 iTHEMS 客員主管研究員, (株) iBEST 代表取締役会長, Big data for Economy, Science and Technology (B.E.S.T.) Society 会長. 著書に『力学』(学術図書出版社), 参考文献 [14], [15]. 訳書に『ワインバーク場の量子論』全 6 巻 (共訳, 吉岡書店), 参考文献 [8] 他. American Physical Society (APS), Sigma-Xi, 日本物理学会, Society for Economic Science with Heterogeneous Interacting Agents (ESHIA), 各会員.

家富 洋 (いえとみ ひろし) 1984 年東京大学大学院理学系研究科博士課程修了. 理学博士. 東京大学理学部助手, アルゴンヌ国立研究所研究員, (株) 日立製作所エネルギー研究所研究員, 東京大学大学院経済学研究科特任教授等を経て, 現在, 新潟大学自然科学系教授, キヤノングローバル戦略研究所上席研究員. 訳書に『現代の凝縮系物理学 (上), (下)』(共訳, 吉岡書店). 著書に参考文献 [14], [81]. 日本物理学会会員.

池田 裕一 (いけだ ゆういち) 1989 年九州大学大学院理学研究科博士課程修了. 理学博士. 東京大学原子核研究所博士研究員, (株) 日立製作所 日立研究所研究員等を経て, 現在, 京都大学大学院総合生存学館 (思修館) 教授. 著書に参考文献 [14]. 日本物理学会, エネルギー・資源学会, Institute of Electrical and Electronics Engineers, Network Science Society, APS, ESHIA 各会員.

相馬 亘 (そうま わたる) 1996 年金沢大学大学院自然科学研究科博士課程修了. 理学博士. 京都大学博士研究員等を経て, (株) 国際電気通信基礎技術研究所 (ATR) 主任研究員, (独) 情報通信研究機構 (NiCT) 専門研究員等を経て, 現在日本大学准教授. 著書に参考文献 [14], [69], [15]. 日本物理学会, 日本シミュレーション学会, 情報処理学会, 各会員.

藤原 義久 (ふじわら よしひさ) 1992 年東京工業大学大学院理工学研究科博士課程修了. 理学博士. 京都大学基礎物理学研究所研究員, (株) 国際電気通信基礎技術研究所 (ATR) 主任研究員, (独) 情報通信研究機構 (NiCT) 専門研究員等を経て, 現在, 兵庫県立大学大学院シミュレーション学研究科教授. 著書に参考文献 [14], [69], [15], 訳書に参考文献 [8]. European Physical Society (EPS), ESHIA, 各会員.

経済物理学	著　者　青山秀明・家富　洋・池田裕一
Econophysics	相馬　亘・藤原義久　ⓒ 2008
	発行者　南條光章
2008 年 10 月 25 日　初版 1 刷発行	発行所　共立出版株式会社
2020 年 9 月 1 日　初版 4 刷発行	〒 112–0006
	東京都文京区小日向 4-6-19
	電話　03-3947-2511（代表）
	振替口座　00110-2-57035
	URL　www.kyoritsu-pub.co.jp
	印　刷　錦明印刷
	製　本　ブロケード
検印廃止	一般社団法人
NDC 331.19, 417	自然科学書協会
ISBN 978-4-320-09639-4	会員
	Printed in Japan

JCOPY ＜出版者著作権管理機構委託出版物＞
本書の無断複製は著作権法上での例外を除き禁じられています．複製される場合は，そのつど事前に，出版者著作権管理機構（TEL：03-5244-5088，FAX：03-5244-5089，e-mail：info@jcopy.or.jp）の許諾を得てください．

A Dictionary of Statistics Second Edition

統計学辞典

Graham Upton, Ian Cook [著]

白旗慎吾 [監訳]

内田雅之・熊谷悦生・黒木　学 [訳]
阪本雄二・坂本　亘・白旗慎吾

"A Dictionary of Statistics, Second Edition"（Oxford University Press）の翻訳書である。統計学，統計科学は今や自然科学，社会科学，人文科学，医学・薬学に至るさまざまな分野に応用されている。本辞典は，そのような統計に関する幅広い用語を，できるだけわかりやすく解説している。著者たちはみな統計学分野の権威であり，2000以上の統計学関連項目すべてが簡潔に説明され，統計学を学ぶ学生だけでなく，統計学用語を調べたい人の誰にでも使える内容となっている。収録した項目は細かな図表を盛り込んでおり，統計学に関する幅広い用語と同様に，数学，OR，確率論，統計ソフトウェア，統計学史上の人物や業績，伝記などに関する項目を収録している。さらに，統計学に関連した学会，組織，機関誌，学術雑誌などの情報と，そのWebサイトをも紹介した有用かつ引きやすい五十音順小項目辞典である。　　　〔日本図書館協会選定図書〕

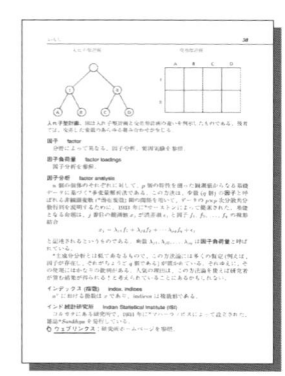

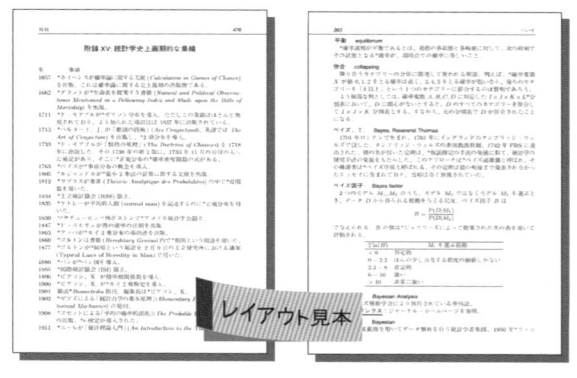

レイアウト見本

◪ 四六判・ソフト上製本・524頁・定価（本体3,800円＋税）◪

http://www.kyoritsu-pub.co.jp/　　共立出版　（価格は変更される場合がございます）

https://www.facebook.com/kyoritsu.pub